Jugendliche Wähler
in den neuen Bundesländern

Hans-Peter Kuhn
Karin Weiss
Hans Oswald (Hrsg.)

Jugendliche Wähler in den neuen Bundesländern

Eine Längsschnittstudie
zum Verhalten von Erstwählern
bei der Bundestagswahl 1998

Leske + Budrich, Opladen 2001

Gedruckt auf säurefreiem und alterungsbeständigem Papier.

Die Deutsche Bibliothek – CIP-Einheitsaufnahme
Ein Titeldatensatz für diese Publikation ist bei Der Deutschen Bibliothek erhältlich

ISBN 3-8100-3305-7

© 2001 Leske + Budrich, Opladen

Das Werk einschließlich aller seiner Teile ist urheberrechtlich geschützt. Jede Verwertung außerhalb der engen Grenzen des Urheberrechtsgesetzes ist ohne Zustimmung des Verlages unzulässig und strafbar. Das gilt insbesondere für Vervielfältigungen, Übersetzungen, Mikroverfilmungen und die Einspeicherung und Verarbeitung in elektronischen Systemen.

Druck: Druck Partner Rübelmann, Hemsbach
Printed in Germany

Inhaltsverzeichnis

Hans Oswald und Karin Weiss
Vorwort 9

Kapitel 1
Hans-Peter Kuhn und Hans Oswald
Zur Theorie der Erstwähler 17
   1.1 Die rituelle Bedeutungslosigkeit der ersten Wahl 17
   1.2 Wählen als Schutz vor Willkür 18
   1.3 Politische Sozialisation in Auseinandersetzung mit
       Sozialisationsinstanzen 21
   1.4 Politische Sozialisation, Wählen und sozialer Standort 28
   1.5 Wählen als Ausdruck von Grundüberzeugungen 30

Kapitel 2
Christine Schmid
Die Methode der Untersuchung 37
   2.1 Anlage der Längsschnittuntersuchung 37
   2.2 Datensätze 42
   2.3 Erhebung der Wahlbereitschaft und des Wahlverhaltens 48
   2.4 Beschreibung der unabhängigen Variablen 50

Kapitel 3
Hans-Peter Kuhn
Jungwähler und die Bundestagswahl 1998 75
   3.1 Wahlkampf und die Gesamtergebnisse der Bundestagswahl 75
   3.2 Wahlverhalten im Ost-West-Vergleich 79
   3.3 Wahlverhalten von Jungwählern 82
   3.4 Wahlverhalten der Untersuchungsteilnehmer 84

Kapitel 4
Hans-Peter Kuhn
**Wahlbereitschaft und Parteipräferenzen von Erstwählern –
Entwicklungsverläufe und Determinanten des Wahlverhaltens** 87
   4.1 Entwicklung und Stabilität von Wahlbereitschaft und
        Parteipräferenzen 87
   4.2 Nichtwähler – Determinanten der Wahlenthaltung 95
   4.3 Erstwähler – Wählerprofile der Parteien: bivariate Analysen 98
   4.4 Erstwähler – Wählerprofile der Parteien: multivariate Analysen 113
        Die SPD-Wähler 113
        Die CDU-Wähler 114
        Die FDP-Wähler 116
        Die PDS-Wähler 117
        Die Wähler von Bündnis 90/Die Grünen 119
        Die Wähler von rechtsradikalen Parteien 121
   4.5 Diskussion 123

Kapitel 5
Hilke Rebenstorf und Karin Weiss
**Der rationale Erstwähler oder welche Rolle spielen Sachfragen bei
der Wahlentscheidung?** 127
   5.1 Die Theorie des rationalen Handelns und der rationale Wähler 128
   5.2 Hypothesen 134
   5.3 Operationalisierung und Datenbasis 135
   5.4 Ergebnisse 138
   5.5 Zusammenfassung und Diskussion 147

Kapitel 6
Christine Schmid
**Der Einfluss von Eltern und Gleichaltrigen auf das Wahlverhalten
von Erstwählern** 151
   6.1 Einführung 151
   6.2 Einfluss der Eltern 156
   6.3 Einfluss der Freunde 174
   6.4 Die Übereinstimmung mit Eltern und Freunden im Vergleich 178
   6.5 Zusammenfassung und Diskussion 179

Kapitel 7
Katrin Isermann und Karin Weiss
Der Einfluss unterschiedlicher (Aus-)Bildungswege auf das Wahlverhalten von Erstwählern 185
7.1 Einführung 185
7.2 Die Entwicklung des Wahlverhaltes von Erstwählern aus unterschiedlichen (Aus-)Bildungswegen 188
7.3 Einflüsse des beruflichen Kontextes 201
7.4 Diskussion 208
7.5 Anhang 211

Kapitel 8
Janette Brauer
Die Qual der Wahl 215
8.1 Einführung 215
8.2 Falldarstellungen 216
8.3 Typen der Wahlbereitschaft und ihre Begründung 233
8.4 Parteipräferenz 236
8.5 Kontexteinflüsse 239
8.6 Diskussion 242

Kapitel 9
Hans Oswald und Karin Weiss
Die Brandenburger Erstwählerstudie im Überblick 245

Literaturverzeichnis 259

Autorinnen und Autoren 271

Vorwort

Hans Oswald und Karin Weiss

Das Anliegen

Die Analysen dieses Buches verbinden drei wissenschaftliche Traditionen. Einmal handelt es sich um Analysen des Wählerverhaltens wie sie im Rahmen der politischen Soziologie und der Politikwissenschaften durchgeführt werden. Dies bedeutet, dass wir den Zusammenhang mit sozialstrukturellen Merkmalen und Wertorientierungen analysieren. Dabei beschränken wir uns auf Erstwähler, deren Verhalten noch nicht denselben Mustern folgt wie das Wahlverhalten älterer Bürger, weil sich ihr politisches Weltbild noch nicht gefestigt hat und sie sich in dem durch Unsicherheit gekennzeichneten Prozess der Identitätsbildung befinden.

Zum Zweiten handelt es sich um Sozialisationsforschung. Beim Studium der politischen Sozialisation von Erstwählern orientieren wir uns an soziologischen Untersuchungen, in denen den Einflüssen in der Mikro-Umwelt der Jugendlichen nachgegangen wird. Von besonderer Bedeutung sind hier die Eltern und die Gleichaltrigen, aber auch die Schule und die Berufsausbildung. Der Einfluss der Massenmedien wird in diesem Buch nur gestreift. Unser besonderes Anliegen bei der Verfolgung dieses zweiten Stranges besteht darin, die Sozialisationsbetrachtungen im Sinne der Politikwissenschaften und der Soziologie mit denen der politischen Psychologie (z.B. Krampen, 1991) und der Pädagogik (z.B. Fend, 1991) zu verbinden.

Zum Dritten handelt es sich um einen Beitrag zur Transformationsforschung in den neuen Bundesländern, insofern wir unsere Analysen auf Stichproben Brandenburger Jugendlicher beschränken. Das Anliegen hierbei besteht darin, Informationen über den Prozess zu gewinnen, in dem Bürger auf dem Gebiet der ehemaligen DDR zu einer Identifikation mit einer liberalen Demokratie westlicher Prägung gelangen. Im Rahmen dieses dritten Stranges versuchen wir einen Beitrag zur Fundierung des politischen Unterrichts in der Schule und zur politischen Aufklärung und Erziehung im Alltag der neuen Bundesländer zu leisten.

Die Untersuchung

Die für die Analysen dieses Buches verwendeten Daten stammen aus zwei Projekten zur politischen Sozialisation von Jugendlichen in den neuen Bundesländern, die von der Universität Potsdam und der Fachhochschule Potsdam unter der Leitung des Verfassers und der Verfasserin dieses Vorwortes in Brandenburg durchgeführt wurden.[1]

Das Ziel dieser Untersuchungen besteht darin, die Entstehung von politischen Einstellungen, Verhaltensbereitschaften und Verhaltensweisen von Jugendlichen im Alter von 15 und 16 Jahren längsschnittlich über einen Zeitraum von drei Jahren bis zu ihrer Volljährigkeit und damit der Berechtigung, aktiv als Wähler am politischen Prozess in der Bundesrepublik Deutschland teilzunehmen, nachzuzeichnen und zu erklären. „Politisch" ist dabei weit gefaßt, es werden darunter neben den Einstellungen zu Demokratie und Politik im engeren Sinn auch politisch relevante Einstellungen und Verhaltensweisen im öffentlichen und privaten Raum verstanden wie soziales Engagement, Gewaltbereitschaft und Einstellungen zu Ausländern sowie zur Gleichberechtigung von Frauen.

Für ein Buch über das Erstwählerverhalten und die langsame Herausbildung der Wahlentscheidung junger Erstwähler sind ein gewichtiger Teil der Daten dieser beiden Projekte deshalb besonders gut geeignet, weil die letzte von vier Befragungswellen unmittelbar nach der Bundestagswahl 1998 durchgeführt wurde, bei der die Teilnehmerinnen und Teilnehmer der beiden Studien aufgrund ihres Alters erstmals das Recht hatten, wählen zu gehen. Zuvor waren sie – beginnend mit der 10. Klasse – dreimal mit etwa einjährigem Abstand nach ihrer Wahlbereitschaft und nach ihren Parteipräferenzen befragt worden. Auf diese Weise haben wir die Möglichkeit, die Entwicklung der Wahlbereitschaft und Parteipräferenzen über fast drei Jahre hinweg nachzuzeichnen. Unter Verwendung zahlreicher wahlrelevanter Indikatoren, die in vier Erhebungswellen zwischen 1996 und 1998 gesammelt wurden, versuchen wir, das Verhalten in der Situation der ersten Wahlentscheidung vorhersagen.

Einige dieser Indikatoren ergeben sich aus der Untersuchungsanlage. Eine erste Gruppe von Indikatoren des Schul- und Ausbildungskontextes verdanken wir der fruchtbaren Zusammenarbeit zwischen der Universität und der Fachhochschule Potsdam. Diese Kooperation ermöglichte es, im ersten Untersuchungsjahr 1996 zwei etwa gleich große repräsentative Stichproben von Schülern der 10. Jahrgangsstufe zu befragen. In die Untersuchung der Universität wurde eine Zufallsauswahl von Gymnasien des Landes Brandenburg einbezogen und in jeder dieser Schulen wurden alle Klassen der 10. Jahrgangsstufe erfasst (N = 1359). Diese Untersuchung wird im Folgenden Teil-

---

1 Beide Projekte wurden von der Deutschen Forschungsgemeinschaft (DFG) von 1996 bis 2001 gefördert.

Vorwort

projekt B genannt. Die Untersuchung der Fachhochschule konzentrierte sich auf eine Zufallsauswahl von Real- und Gesamtschulen, in denen ebenfalls die Schüler aller 10. Klassen befragt wurden (N = 1274). Diese Untersuchung wird im Folgenden Teilprojekt A genannt.

In Bezug auf das Problem der politischen Sozialisation waren die Instrumente der beiden Untersuchungen weitgehend identisch, in dieser Hinsicht handelt es sich um Paralleluntersuchungen, deren Daten zusammengespielt und deren Ergebnisse unmittelbar verglichen werden können. Die meisten Analysen dieses Buches stützen sich auf derart zusammengespielte Daten aus beiden Stichproben. In Bezug auf die beiden unterschiedlichen Kontexte, die im Längsschnitt zu erwarten waren - einerseits die Oberstufe des Gymnasiums bis zur 13. Klasse, andererseits die berufliche Ausbildungswelt und die Arbeitswelt, in denen verschiedene politische Sozialisationseffekte wirksam sein müssten - waren die Instrumente unterschiedlich. Insofern entstehen innerhalb des Gesamtprojektes auch zahlreiche Veröffentlichungen, die nur mit jeweils einer der beiden Stichproben arbeiten. Einige wenige Analysen dieses Buches gehören zu diesem Typus.

Eine zweite Gruppe von Indikatoren, die wir der Untersuchungsanlage verdanken, ergibt sich aus der Befragung ganzer Jahrgangsstufen an den einbezogenen Schulen. Die Jugendlichen wurden nach den Namen ihrer Freunde befragt, soweit diese Freunde eine 10. Klasse derselben Schule besuchten. Falls die nominierten Freunde ebenfalls einen Fragebogen ausfüllten, wurden die Datensätze der befreundeten Jugendlichen miteinander verbunden, so dass ihre Antworten verglichen werden können. Auf diese Weise enthält unser Datenmaterial eine große Zahl von Freundespaaren, die es uns ermöglicht, Übereinstimmungen und gegebenenfalls Einflussprozesse unter Gleichaltrigen zu analysieren. Dieser Fragestellung nach dem Einfluss von Peers im Prozess der politischen Sozialisation kann allerdings nur für die erste Befragungswelle – also für die Zehntklässler – in beiden Stichproben und damit vergleichend nachgegangen werden. Da die Real- und Gesamtschüler nach der zehnten Klasse ihren Klassenverband verließen und sich auf die unterschiedlichsten Schulen, Ausbildungsstätten und Arbeitsplätze verteilten, führte dies auch zu einem großen Wechsel in der Peergroup-Zusammensetzung. Aus logistischen und finanziellen Gründen war es unter diesen Umständen unmöglich, die Freunde der Fachhochschulstichprobe auch in der zweiten bis vierten Erhebungswelle zu befragen. Es war für das Teilprojekt A der Fachhochschule ohnehin viel schwerer als für das Teilprojekt B der Universität, die Befragten wieder aufzufinden, Stichprobenpflege zu betreiben und die Stichprobenmortalität gering zu halten. Die Untersuchung der Gymnasiasten konnte dank der Kooperationsbereitschaft der Schulleitungen in allen vier Erhebungswellen relativ unkompliziert in den 18 einbezogenen Gymnasien mit ihrem über vier Jahre hinweg weitgehend gleichbleibenden Schülerstamm durchgeführt werden. Insofern kann der Fragestellung nach dem Einfluss von

Gleichaltrigen auf das in der vierten Welle gemessenen Wahlverhalten nur mit den Daten der Gymnasiastenuntersuchung nachgegangen werden. Eine dritte Gruppe von Indikatoren, die wir der Untersuchungsanlage verdanken, ergibt sich aus der postalischen Befragung beider Eltern. Anders als in vielen Untersuchungen zum Elterneinfluss sind wir nicht auf die Angaben der Kinder zu ihren Eltern angewiesen, sondern wir können die Antworten von Eltern und Kindern direkt vergleichen. Im Längsschnitt ermöglicht dies die Analyse von Einflussprozessen im Elternhaus.

Damit sind die mit der Untersuchungsanlage gegebenen Besonderheiten für die Analyse des Wahlverhaltens von Erstwählern bei einer Bundestagswahl in diesem Buch benannt. Es handelt sich um:

- Die *Kombination zweier Parallelstudien* – durchgeführt mit Gymnasiasten an der Universität Potsdam unter der Leitung von Hans Oswald sowie mit Real- und Gesamtschülern an der Fachhochschule Potsdam unter der Leitung von Karin Weiss – ermöglicht nicht nur den Vergleich zwischen Schülern unterschiedlicher Schultypen, sondern auch das Abschätzen differentieller Effekte schulischer und nichtschulischer Sozialisationskontexte.
- Der *Längsschnitt* über vier Erhebungswellen hinweg war so angelegt, dass er mit Schülern in der 10. Jahrgangsstufe begonnen und mit der vierten Erhebung unmittelbar nach der Bundestagswahl 1998 beendet wurde. Die Gymnasiasten besuchten zum Zeitpunkt der letzten Erhebung die 13. Klasse und wurden ein letztes Mal schriftlich in den Schulen befragt. Die ehemaligen Real- und Gesamtschüler waren bei der letzten Erhebung teilweise ebenfalls in der 13. Klasse eines Gymnasiums oder eines Oberstufenzentrums, zu einem großen Teil befanden sie sich aber in unterschiedlichen schulischen und außerschulischen Ausbildungsverhältnissen. Die längsschnittliche Untersuchungsanlage ermöglicht das Nachzeichnen der Entwicklung politischer Überzeugungen und die Analyse von Prozessen, die das Wahlverhalten beeinflussen.
- Die *Befragung beider Eltern* über die vier Erhebungswellen hinweg ermöglicht den direkten Vergleich der Antworten von Kindern und ihren Eltern und im Längsschnitt die Exploration von Beeinflussungsprozessen, wobei wir sowohl die Möglichkeit der Beeinflussung von Kindern durch Eltern als auch die Möglichkeit der Beeinflussung von Eltern durch ihre jugendlichen Kinder prüfen. Diese Analyse kann vergleichend mit beiden Stichproben durchgeführt werden. Allerdings sind die Stichproben wegen der höheren Verweigerungsrate von Eltern im Vergleich zu den Jugendlichen kleiner als die Stichproben der Jugendlichen. Ein Vergleich des Einflusses von Müttern und Vätern ist möglich, auch wenn die Stichprobe der Mütter größer ist als die der Väter.

Vorwort 13

– Die *Befragung gleichaltriger Freunde* – ermöglicht durch die Erhebung der gesamten Jahrgangsstufen an den einbezogenen Schulen – erlaubt den direkten Vergleich der Antworten befreundeter Jugendlicher. Der Übereinstimmung von Freunden im Wahlverhalten kann allerdings nur mit den Daten der Gymnasiastenuntersuchung nachgegangen werden, da es wegen der Zerstreuung der Stichprobe nach der Beendigung der 10. Klasse aus praktischen Gründen unmöglich war, die Freunde auch in die Untersuchung der Fachhochschule einzubeziehen.

Neben den durch die Untersuchungsanlage gegebenen Indikatoren haben wir eine Fülle von Instrumenten eingesetzt, die im Einzelnen im Kapitel über die Methode und in den inhaltlichen Kapiteln vorgestellt werden.

Die Forschungsgruppe und ihre Arbeit

An der Konzipierung der Projekte war neben Hans Oswald, der die ursprüngliche Idee für Gymnasiasten entwickelte, und Karin Weiss, die das Potential für das Einbeziehen weniger privilegierter Jugendlicher einbrachte, als Mitantragssteller bei der DFG noch unser Kollege Wilhelm Bürklin beteiligt, dessen fruchtbare Anregungen hier ebenso wenig dokumentiert werden können wie die Anregungen der anderen Beteiligten.[2] Der Instrumentenpool ist das Produkt der Zusammenarbeit von – in alphabetischer Reihenfolge – Janette Brauer, Wilhelm Bürklin, Katrin Isermann, Hans-Peter Kuhn, Hans Oswald, Edith Schütte und Karin Weiss. Nach dem Ausscheiden von Frau Dr. Schütte nach dem ersten Bewilligungszeitraum nahm Christine Schmid ihren Platz ein. Bei Beratungen und Analysen halfen uns später noch Michael Mibs und Hilke Rebenstorf.

Die Datenerhebung der Gymnasiastenstudie wurde von Hans-Peter Kuhn und Edith Schütte, letztere später ersetzt durch Christine Schmid, und teilweise unter Mitwirkung der studentischen Hilfskraft Steffi Wienke geleistet. Die Datenerhebung der Studie der Fachhochschule wurde von Janette Brauer, Katrin Isermann und der studentischen Hilfskraft Ulrike Weichelt durchgeführt.

Neben der standardisierten Untersuchung enthält das Gesamtunternehmen noch eine qualitative Studie. Nach den Kriterien Geschlecht und politisches Interesse ausgewählte Schüler wurden – ebenfalls im Längsschnitt – in aus-

---

2 Wilhelm Bürklin hat zu unserem großen Bedauern nach dem ersten Bewilligungszeitraum die Universität Potsdam und das Projekt verlassen, so dass er auch in den Fortsetzungsanträgen an die DFG nicht mehr als Mitantragsteller fungieren konnte. Leider ist er, der Fachmann für Wahlanalysen, auch nicht an diesem Buch beteiligt. Die Autoren haben aber nicht nur während der ersten zwei Jahre der Zusammenarbeit, sondern auch durch die Schriften Wilhelm Bürklins viel gelernt und wir alle hoffen, dass wir mit diesem Buch seinen Ansprüchen gerecht werden können und seinen Einsatz für die Studie vergelten.

führlichen Tonbandinterviews zu denselben Themen wie in der standardisierten Hauptuntersuchung befragt. Die Interviews wurden von Johanna Bahne, Janette Brauer, Jan Reusch, Steffi Wienke und Anna Vey durchgeführt, die Interviewerschulung erfolgte durch Johanna Bahne. Alle Interviews wurden transkribiert.

Die erste Welle dieser qualitativen Befragung diente teilweise zur Validierung der standardisierten Untersuchungsinstrumente und wurde in diesem Sinne für eine Verbesserung einiger Untersuchungsinstrumente in der zweiten Befragungswelle benutzt. Insgesamt handelt es sich aber um einen Datenpool, der zusätzliche wertvolle Erkenntnisse liefern kann und teilweise hilft, die Ergebnisse der quantitativen Studie besser zu verstehen. Ein Beispiel bietet die Analyse von Janette Brauer in Kapitel 8 dieses Buches.

Alle Daten der vier Erhebungswellen wurden von unseren beiden Arbeitsgruppen selbst gesammelt. Das war organisatorisch außerordentlich aufwendig und sehr arbeitsintensiv, da die einbezogenen Schulen über das ganze Bundesland Brandenburg verteilt waren. Wir danken allen Mitarbeitern für ihren oft unzumutbar hohen Einsatz. Neben den bereits genannten Mitarbeitern sind wir Brigitte Hänsch und Iris Kasprzok für ihre organisatorische und verwaltungsmäßige Hilfe zu großem Dank verpflichtet.

Das Buch

In einem Gemeinschaftswerk wie dem unsrigen erscheinen Publikationen meist unter multipler Autorenschaft, weil an den Analysen und Niederschriften fast immer mehrere Personen beteiligt sind. Dies gilt auch für viele unserer bisherigen Veröffentlichungen und Konferenzbeiträge. Das kann bei Bewerbungen für Nachwuchswissenschaftler gelegentlich von Nachteil sein, weil der relative Anteil der Autorenschaft bei mehr als zwei Namen oft schwer zu beurteilen ist. Wir haben uns für dieses Buch über das Erstwählerverhalten deshalb dazu entschlossen, keine Monographie unter gemeinsamer Autorenschaft vorzulegen, sondern eine Monographie mit durchgängiger Fragestellung, deren einzelne Kapitel jeweils von einem, höchstens aber von zwei Mitgliedern unserer Forschungsgruppe verfasst wurden und verantwortet werden. Bei zweifacher Autorenschaft ist der Anteil beider Autoren stets ausgeglichen, weshalb sie in alphabetischer Reihenfolge genannt werden. Erstherausgeber der Monographie ist Hans-Peter Kuhn, weil nur durch seinen Einsatz auf der Grundlage seiner Vorarbeiten (Kuhn, 2000) dieses Buch zu Stande kommen konnte.

Das erste Kapitel enthält unter der Autorenschaft von Hans-Peter Kuhn und Hans Oswald die theoretische Einführung in die empirischen Analysen zum Wahlverhalten von Erstwählern, die wir als eine Skizze zur Theorie der Erstwähler auffassen. Hier versuchen wir den Stand der Diskussion zu dokumentieren und so den weiterführenden Stellenwert der folgenden Analysen für die Wahl- und die Sozialisationsforschung zu bestimmen.

Im zweiten Kapitel beschreibt Christine Schmid die Anlage der Untersuchung detaillierter als es für den eiligen Leser in diesem Vorwort geschah. Insbesondere geht es hier um eine Beschreibung der verwendeten Datensätze und um die Darstellung der eingesetzten Instrumente und ihrer Qualität, so dass der Leser ausreichende Beurteilungsgrundlagen besitzt, um die Gültigkeit und Schlüssigkeit unserer Ergebnisse einschätzen zu können.

Im dritten Kapitel beschreibt Hans-Peter Kuhn kurz den Bundestagswahlkampf 1998 und vergleicht die Ergebnisse der Bundestagswahl auf nationaler und auf Brandenburger Ebene mit den Wahlergebnissen in unseren Stichproben von Erstwählern und ihren Eltern.

Im vierten Kapitel beschreibt Hans-Peter Kuhn die Entwicklung der Wahlbereitschaft und der Parteipräferenzen über drei Jahre. Die Parteipräferenz bzw. die Parteiwahl ist die zentrale abhängige Variable dieses Buches. Sie wurde in der letzten Befragungswelle mit einer Frage nach dem tatsächlichen Wahlverhalten bei der Bundestagswahl 1998 gemessen. In den drei vorangegangenen Befragungswellen wurde sie mit der in der Wahlforschung üblichen Sonntagsfrage gemessen. In enger Anlehnung an die klassische Wahlforschung wird in diesem Kapitel die Wahl einer Partei in Verbindung gesetzt mit einer Auswahl von die Entscheidung beeinflussenden Einstellungen wie Parteiidentifikation, Wertorientierungen, Einstellung zu Demokratie und Sozialismus, politisches Interesse, interne politische Effektivität, Politikverdrossenheit (externe politische Effektivität), Links-Rechts-Orientierung und die Beurteilung der Wiedervereinigung.

In Kapitel 5 erweitern Hilke Rebenstorf und Karin Weiss die Ausführungen des Kapitel 4, indem sie das Erstwählerverhalten im Rahmen der Rational-Choice-Theorie analysieren. Sie gehen der Frage nach, inwieweit Sachfragen und die Kompetenz, die den Parteien zur Lösung dieser Sachfragen von den Jugendlichen zugetraut wird, die Wahlentscheidung beeinflussen.

In den Kapiteln 6 bis 8 wird die zentrale Fragestellung nach der politischen Sozialisation in Bezug auf das Wahlverhalten verfolgt, wie sie in der Untersuchungsanlage unserer zwei Teilprojekte angelegt ist: Der Einfluss der Eltern, der Einfluss der Gleichaltrigen, der Einfluss von Schule versus Berufsausbildung und Berufstätigkeit.

In Kapitel 6 analysiert Christine Schmid das Erstwählerverhalten im Kontext der Familie und der Gleichaltrigenbeziehungen. Zunächst wird für jede Partei dargestellt, in welchem Ausmaß Eltern und Kinder in ihrer Wahlentscheidung übereinstimmen und von welchen Aspekten des Familienklimas diese Übereinstimmung beeinflusst wird. Im Längsschnitt wird geprüft, in welchem Ausmaß diese Übereinstimmung eher als Einfluss der Eltern oder als Einfluss der Kinder interpretiert werden kann.

Im zweiten Teil des Kapitel 6 analysiert Christine Schmid das Erstwählerverhalten im Kontext der Gleichaltrigen. Auch hier wird für jede Partei dargestellt, wieweit befreundete Jugendliche in ihrer Parteiwahl übereinstimmen und durch welche Aspekte der Freundschaft diese Übereinstimmung moderiert wird. In einem gesonderten Analyseschritt wird die Übereinstimmung mit Eltern und die Übereinstimmung mit Freunden verglichen, so dass das relative Gewicht von Eltern- und Freundeseinflüssen abgeschätzt werden kann.

In Kapitel 7 analysieren Katrin Isermann und Karin Weiss das Erstwählerverhalten im Kontext von schulischen und nicht-schulischen Bildungswegen. Zunächst wird das Erstwählerverhalten von Jugendlichen, die auf der Schule verblieben sind, mit dem Verhalten der Jugendlichen verglichen, die in einen beruflichen Werdegang eingetreten sind. Anschließend werden spezifische Indikatoren zur Erfassung des beruflichen Kontextes vorgestellt und mit dem Wahlverhalten der Jugendlichen, die nach der 10. Klasse das allgemeinbildende Schulsystem verlassen haben, in Verbindung gesetzt.

In Kapitel 8 stellt Janette Brauer die Analyse der qualitativen Interviews dar. In diesem Kapitel wird in Parallele zu Kapitel 4 die Entstehung der Wahlentscheidung nachgezeichnet und in Parallele zu den Kapiteln 5 bis 7 mit den beeinflussenden Kontexten der Familie, der Gleichaltrigen und der Ausbildung bzw. der Berufstätigkeit in Beziehung gesetzt. Die andersartige Datenqualität erlaubt dabei Differenzierungen der Analysen, die mit den quantitativen Analysen so nicht möglich sind. Dieses Kapitel enthält demnach Ergänzungen zu fast allen der zuvor angesprochenen Themen. Der hier gewählte methodische Weg wird in der etablierten Wahlforschung sehr selten begangen, weshalb wir uns hiervon eine besondere Bereicherung der Diskussion versprechen.

Im abschließenden Kapitel 9 werden die Ergebnisse zusammengefasst und diskutiert.

Das Manuskript wurde von Brigitte Hänsch und Joachim Scholz auf Fehler durchgesehen, Christine Schmid redigierte das Buch inhaltlich und Thomas Heinze erstellte die Literaturliste. Das Typoskript wurde von Volker Knecht erstellt. Ihnen allen danken wir herzlich für ihre wertvollen Beiträge zur Fertigstellung des Buches.

Potsdam, im September 2001

Hans Oswald   Karin Weiss

Kapitel 1
Zur Theorie der Erstwähler

Hans-Peter Kuhn und Hans Oswald

1.1 Die rituelle Bedeutungslosigkeit der ersten Wahl

Alle Jugendlichen unseres Brandenburger Längsschnittes waren am 27. September 1998 zum ersten Mal berechtigt, bei einer Bundestagswahl ihre Stimme einzubringen. Die Jüngsten waren gerade 18 Jahre alt geworden, der Älteste war bereits 21 Jahre und 11 Monate alt. Sie alle handelten am Tag dieser Wahl erstmals in der Erwachsenenrolle des nationalen Wählers und in diesem Sinne des verantwortlichen Staatsbürgers. Diese Rolle kann man neben der ersten Berufsrolle nach der Ausbildung und neben den Ehepartner- und Elternrollen zu den wichtigsten Rollen rechnen, die die Lebensphase des Erwachsenseins ausmachen (Eisenstadt, 1966), da sie durch eines der wichtigsten Rechte und eine der wichtigsten Pflichten des Staatsbürgers gekennzeichnet ist. Der Wahltermin ist so gesehen der Zeitpunkt einer kollektiven Statuspassage von nationaler Bedeutung. Anders als bei den anderen Übergängen in Erwachsenenrollen ist der Übergang zur Wahlmündigkeit an das biologische Alter gebunden. Faktisch wird dieser Übergang indessen in unterschiedlichem Alter passiert, innerhalb eines Zeitraums, der nahezu vier Jahre umspannt (Oswald, 1994).

Im Unterschied zu den individuellen Statuspassagen der Berufseinmündung und Eheschließung ist der kollektive Erwerb der verantwortlichen Staatsbürgerrolle, der durch vier Altersjahrgänge gleichzeitig getätigt wird, rituell nicht überhöht. Die liberalen Demokratien kennen keine Übergangsriten, die diesen entscheidenden Schritt ins Erwachsenenleben betonen und herausheben. Es gibt kein Dokument, das verliehen wird und das Datum festhält, es gibt keine Verabschiedung aus der politisch verantwortungsfreieren Jugendphase, es gibt keine Begrüßung im Kreis der Wähler, es gibt keine Geschenke und Erstwählerfeiern mit Essen und Alkohol wie bei anderen einschneidenden Übergängen. Kommunion, Konfirmation und selbst die Jugendweihe in den neuen Bundesländern, die mit keiner spezifischen Rollenübernahme verbunden ist, werden als Markierung auf dem Weg zur Erwachsenenverantwortung von zahlreichen Jugendlichen feierlicher begangen als der Tag des erstmaligen Wählens. Der rituellen Nichtbetonung entspricht im Übrigen die forschungsmäßige Missachtung der Erstwähler, über die es keine gesonderten Spezialstudien gibt. Allenfalls werden sie mit den Zweitwählern als 18- bis 24-jährige „Jungwähler" zusammengefasst (Hofmann-Göttig, 1991; Pickel, 2000).

Aus diesem Fehlen einer den ersten Wahlakt akzentuierenden „rite de passage" (van Gennep, 1986) könnte man auf die geringe gesellschaftliche Bedeutung und auf die geringe identitätsstiftende Kraft des Ereignisses schließen, worüber ausführlicher zu räsonieren hier nicht der Platz ist. Es kann aber auch seinen guten Sinn haben, die Wahlhandlung für etwas so selbstverständlich zum Erwachsenenleben Gehörendes zu halten, dass es keiner markierenden Riten bedarf. Doch ist den in den Kreis der Wähler tretenden Jugendlichen die Funktion des Wahlaktes als Herrschaftskontrolle so bewusst, dass sie diese Handlung als Garant eines mündigen und freien Lebens begreifen können und entsprechend handeln? Der sich in dieser Frage ausdrückende Zweifel mag Anlass für eine kurze Erörterung der Relevanz unseres Themas für das Leben in einem liberaldemokratischen Herrschaftssystem sein, bevor wir uns dem Sozialisationsthema und der Wahlforschung im engeren Sinne zuwenden.

1.2 Wählen als Schutz vor Willkür

Die Organisation einer Massengesellschaft erfordert Herrschaft, ein institutionalisiertes System von Entscheidungs- und Anweisungsbefugnissen. Dies wird von der Bevölkerung unter anderem deshalb akzeptiert, weil die zentralen Organisationsziele Sicherheit und Wohlfahrt hohe Priorität besitzen. Diese Organisationsziele können auch ohne demokratische Grundverfassung erreicht werden. Das Grundproblem, das mit einer demokratischen Verfassung gelöst werden soll, besteht darin, wie die Herrschaftsausübung bei der Verfolgung der Organisationsziele wirksam kontrolliert werden kann. Das Ziel der demokratischen Verfassung besteht in der möglichst weitgehenden Ausschaltung von Willkür bei der Verfolgung der Organisationsziele Sicherheit und Wohlfahrt. Hierzu gehört auch, dass die Interessen von Minderheiten geschützt werden.

An diesem Schutz vor Willkür haben alle Herrschaftsunterworfenen, hat die gesamte Bevölkerung ein vitales Interesse. Dieses Interesse kann dem Einzelnen dann besonders bewusst werden, wenn er von Willkürakten der Herrschaftsträger gegen seine körperliche Unversehrtheit, sein Leben oder sein persönliches Eigentum, aber auch gegen das, was er für sein gutes Recht hält, bedroht wird, oder wenn er von derartigen Bedrohungen in Gegenwart oder Vergangenheit erfährt. Die öffentliche Diskussion derartiger Angriffe auf Körper, Leben, Eigentum und gesetzlich geschützte Rechte in den Massenmedien, der Unterricht in der Schule über derartige Ereignisse und Gefahren kann das Interesse an Herrschaftskontrolle jedem Einzelnen immer wieder bewusst machen. Dieses Bewusstmachen mag nötig sein, weil im normalen Alltag liberaler und demokratischer Gesellschaften krasse Willkürakte selten sind und die Angst vor Willkür entsprechend gering ist. In Krisenzeiten kann die Sorge um Sicherheit und Wohlfahrt so im Vordergrund stehen, dass die Angst vor Willkürakten und das vitale Interesse an der Kontrolle von Herrschaft vergessen wird, oder die Prioritäten zugunsten von Sicherheit und Wohlfahrt gesetzt werden. Dies scheint teilweise in den neuen Bundesländern der Fall zu sein, in denen trotz der Erfahrung von Willkür und fehlender Herrschaftskontrolle in der DDR die Sorge um Arbeitsplätze und wirtschaftliche Zukunftsaussichten in Verbindung mit der Angst vor gestiegener Kriminalität und Jugendgewalt in der BRD ein Bewusstsein von Ungerechtigkeit erzeugt (Schmitt & Montada, 1999), das mit einer Unterschätzung der Bedeutung demokratischer Herrschaftskontrolle einhergeht (Fuchs, 1997; Cusack, 1999; für Jugendliche: Gille et al., 2000). Umso wichtiger ist es, dass die Kontrollmechanismen institutionalisiert und damit unabhängig von den Prioritäten der Einzelnen werden.

Um Machtausübung zu kontrollieren und Willkür auszuschalten, wurden im modernen demokratischen Verfassungsstaat zahlreiche Regelungen eingerichtet, die sich auf die Sicherung der Grundrechte, auf das System der Gewaltenteilung und auf die Beteiligungsrechte der Bevölkerung beziehen (z.B. von Beyme, 1999). Das System der Gewaltenteilung ermöglicht über die Gesetzmäßigkeit der Verwaltung und die Verantwortlichkeit der Regierung gegenüber dem Parlament sowie über die Unabhängigkeit der Gerichte und die Weisungsungebundenheit der Volksvertreter in den gesetzgebenden Körperschaften ein hohes Ausmaß an vielfältig verschränkten Kontrollprozessen. Dies braucht an dieser Stelle nicht weiter ausgeführt werden. In unserem Zusammenhang ist indessen Folgendes von entscheidender Bedeutung:

Die vermutlich wichtigste Einrichtung zur Kontrolle von Herrschaft besteht im Beteiligungsrecht des Wählens und damit in der Möglichkeit der Abwahl der jeweils Herrschenden. Die zentrale Bedeutung der Möglichkeit der Abwahl bei gleichzeitiger Anerkennung der Notwendigkeit von Führung wird in Schumpeters Definition von Demokratie treffend formuliert:

„Die demokratische Methode ist diejenige Ordnung der Institutionen zur Erreichung politischer Entscheidungen, bei welcher einzelne die Entscheidungsbefugnis vermittels eines Konkurrenzkampfes um die Stimmen des Volkes erwerben." (Schumpeter, 1950: 428)

Weil Politiker der die Regierung stellenden Parteien bei der nächsten Wahl wieder um Wählerstimmen konkurrieren müssen, sind sie in ihrem politischen Handeln der Kontrolle durch die Wähler ausgesetzt, sofern diese durch eine freie und vielfältige Presse und die Kritik oppositioneller Gruppen ausreichend informiert werden. Weil die Entscheidungsbefugten eine Mehrheit der Stimmen brauchen, müssen sie Kompromisse schließen und widerstreitende

Interessen berücksichtigen, wodurch die Möglichkeiten zu Willkür reduziert und die Chancen zum Schutz von Minderheiten gestärkt werden.

Der Schutz von Minderheiten soll hier besonders hervorgehoben werden, weil dieser Gesichtspunkt im Vergleich zur Mehrheitsregel im Prozess politischer Sozialisation vermutlich eine geringere Betonung erfährt. Die Wähler entscheiden über die Zusammensetzung des Parlaments, des Deutschen Bundestages. Die Mehrheitsverhältnisse im Bundestag setzen den Rahmen für mögliche Koalitionen. In der Regel bestimmt die Mehrheit der Parlamentarier, der eine Mehrheit der Wähler entspricht, die Regierung. Dies und die Mehrheitsentscheidungen über Gesetze können den Eindruck erwecken, als sei die Mehrheitsregel die wichtigste Regel der Demokratie, ein Missverständnis, das unter Jugendlichen weit verbreitet ist. Gegen diese Auffassung ist einzuwenden, dass in liberalen Demokratien die Mehrheitsregel durch das Prinzip des Minderheitenschutzes beschränkt ist (Sartori, 1997: 40ff).

Dass es nicht nur nicht zu Willkürakten der Herrschenden gegenüber den herrschaftsunterworfenen Menschen in der Bevölkerung, sondern auch nicht zu Willkürakten der Mehrheit gegenüber größeren und kleineren Minderheiten kommen kann, wird durch die Verfassung und ein kunstvolles System von Verfahrensregeln, vor allem aber durch die Arbeit der Oppositionsparteien und durch die Berichterstattung der Medien garantiert. Hinzu kommen muss aber die Einsicht in die Rechte von Minderheiten bei den Wählern, weil nur so die notwendige Kompromissbereitschaft und die Akzeptanz der Kompromisse der Entscheidungsträger bei den Wählern entstehen kann. Diese Einsicht bei den jungen und den zukünftigen Wählern zu erzeugen, scheint uns eine der vordringlichen Aufgaben des politischen Unterrichts, der Jugendbildungsarbeit der Parteien und der Medienberichterstattung zu sein.

Kinder und Jugendliche sind in ihrem Alltag häufig der Willkür Erwachsener ausgesetzt. Als Gruppe bilden Kinder und Jugendliche eine Minderheit in der Bevölkerung. Diese Erfahrungen müssten sie empfänglich machen für die hier erörterte Einsicht, dass Wählen und Abwählen der Kontrolle von Macht und Herrschaft und damit dem Schutz vor Willkür dienen. Aber auch wenn dieser Zusammenhang nicht klar bewusst sein sollte, so scheint doch schon früh ein Gefühl dafür zu entstehen, dass Wählen Pflicht ist. Nach den Ergebnissen einer 1999 in 28 Ländern durchgeführten Untersuchung zur politischen Bildung ist die Bereitschaft von 14-Jährigen zu politischer Partizipation im Sinne der Zivilgesellschaft als eher gering einzuschätzen (Torney-Purta et al., 2001: Kapitel 6). In allen Ländern war aber die Bereitschaft, später wählen zu gehen, so weit verbreitet, dass von der Existenz einer Wahlnorm („Wählen ist Pflicht") gesprochen werden kann, auch wenn es Indizien dafür gibt, dass die Zustimmung zur Wahlnorm bei jungen Wählern in Deutschland im letzten Jahrzehnt geringfügig abgenommen hat (Hoffmann-Lange, 2000a). In Deutschland gaben 67 Prozent der 14-Jährigen an, später bei Bundestagswahlen wählen zu wollen. Der Zusammenhang mit dem

Schultyp – in den höheren Schulen war die Wahlbereitschaft und die Zustimmung zur Wahlnorm deutlich höher als in den nicht zu einem Studium führenden Schulen oder Schulzweigen – weist daraufhin, dass die Schule bei der Erzeugung von Wahlbereitschaft eine gewisse Rolle spielt. Der Zusammenhang mit Geschlecht – im Unterschied zu anderen Ländern äußerten in Deutschland mehr 14-jährige Jungen als Mädchen ihre Bereitschaft zum Wählen – zeigt, dass neben der Schule und der Verarbeitung der dort gebotenen Informationen noch andere Einflussquellen und Verarbeitungsprozesse zu beachten sind.

Die Frage an die Forschung zur politischen Sozialisation, zu deren Beantwortung dieses Buch einen Beitrag leisten will, lautet: Warum gehen Jugendliche wählen oder enthalten sich, und warum wählen sie, falls sie sich zur Teilnahme entschließen, eine bestimmte Partei? Diese Frage korrespondiert mit der zentralen Frage der Wahlforschung: Unter welchen Bedingungen und aufgrund welcher Erwägungen trifft der Wähler seine Wahlentscheidung? In den folgenden Abschnitten dieses Kapitels versuchen wir die Fragestellungen der Sozialisationsforschung mit den Fragestellungen der Wahlforschung zu verbinden.

1.3 Politische Sozialisation in Auseinandersetzung mit Sozialisationsinstanzen

Unter politischer Sozialisation wird hier der Prozess verstanden, in welchem sich Kinder und Jugendliche mit den politischen Aspekten ihrer Lebensumwelt auseinandersetzen, dabei Kenntnisse über das politische System erwerben und politische Einstellungen, Motivationen und Fähigkeiten zu politischem Handeln entwickeln. Sie unterliegen dabei den Einflüssen von Personen ihrer unmittelbaren Umwelt, wobei zunächst Eltern, Gleichaltrige und Lehrer am bedeutsamsten sein dürften. Sie unterliegen weiter bestimmten Erfahrungsrestriktionen und Erfahrungschancen, den mit ihrem sozialen Standort verbundenen Gelegenheitsstrukturen für Erfahrungen und Handeln. Dazu gehört insbesondere ihr Leben in einer bestimmten Gemeinde, ihre Verbundenheit mit einem spezifischen Sozialmilieu über die berufliche und soziale Einbindung ihrer Eltern, ihre Geschlechtszugehörigkeit, gegebenenfalls ihre Zugehörigkeit zu einer und ihre Bindung an eine Religionsgemeinschaft. In der Bundesrepublik Deutschland sind darüber hinaus die Bedingungen in den alten und neuen Bundesländern nach wie vor unterschiedlich und bedeutsam, wie die Diskussion um die Verschiedenheit der beiden Elektorate belegt (Dalton & Bürklin, 1995; Arzheimer & Falter, 1998).

Politische Identität entwickelt sich in aktiver Auseinandersetzung der Jugendlichen mit den genannten personalen Einflussquellen und damit mit den Gelegenheitsstrukturen ihres sozialen Standortes. Unter politischer Identität verstehen wir den Teil der allmählich entstehenden kognitiven, motivationalen und affektiven Struktur im Individuum, der sich auf das politische System bezieht und darüber entscheidet, was politisch gewusst wird und in welcher Weise politisch gedacht, gefühlt und gehandelt wird. Die Adoleszenz ist die Lebensphase, in der sich zunehmend die Frage stellt, wer der Einzelne nicht nur gegenüber den vertrauten Personen der näheren Umgebung sein will, sondern auch gegenüber der weiteren Gesellschaft und speziell gegenüber dem politischen Bereich. Zur Beantwortung dieser Frage im Sinne Eriksons (1973) haben die Jugendlichen Zeit, da sie bis zum ersten Wahltermin nach Erreichen der Wahlmündigkeit mit 18 Jahren nicht unter verpflichtendem Handlungsdruck stehen. Dieses psychosoziale Moratorium können sie zur Exploration nutzen, zur Suche nach zu ihnen passenden Antworten und zum Experimentieren mit unterschiedlichen Möglichkeiten. Hierzu gehören auch Versuche und Auseinandersetzungen mit politischen Orientierungen, die von dem in ihrer unmittelbaren Lebenswelt Üblichen abweichen.

Das bedeutet sicherlich nicht, dass für viele Jugendliche Politik und die Entwicklungsaufgabe der politischen Identitätsbildung drängende Probleme sind, weil in und nach der Pubertät andere Identitätsprobleme im Vordergrund stehen, die durch Schule und Ausbildung und die Beziehungen zu Gleichaltrigen des gleichen und des anderen Geschlechts an die Jugendlichen herangetragen werden (Fend, 1991). In der Rangordnung verschiedener Lebensbereiche belegt Politik seit Jahren in West- und Ostdeutschland nur einen hinteren Rangplatz (Gille, 2000: 172). Diese geringe durchschnittliche Bedeutung der Politik lässt sich mit Marcia (1980) dadurch erklären, dass viele Jugendliche lange Zeit im Stadium der politischen Identitätsdiffusion verbleiben, weil sie sich der Explorationsaufgabe ebenso wie der Bindung („commitment") an bestimmte politische Wertesysteme verschließen.

Doch das Recht, zum ersten Mal wählen zu dürfen, bringt alle Jugendlichen in eine Entscheidungssituation, der sie nicht ausweichen können und die deshalb die Bildung einer politischen Identität forciert. Der herannahende Wahltag zwingt auch die Jugendlichen, die sich politisch im Stadium der Identitätsdiffusion befinden, zur Exploration. Der unausweichliche Zwang zum Handeln, die Notwendigkeit, sich für eine bestimmte Partei oder für das Nichtwählen entscheiden zu müssen, bringt alle Jugendlichen in die Situation, in der sie nicht umhin können, über sich in Hinblick auf den politischen Bereich nachzudenken. Das braucht noch nicht zu einer begründeten und ausgearbeiteten „ideologisch-politischen Selbstdefinition" (Nunner-Winkler, 1991: 58) zu führen. Aber die Entscheidungssituation führt zu einer Handlung, die eine Festlegung bedeutet. Diese Festlegung mag vorläufig sein, vielleicht sogar ausdrücklich als vorläufig bezeichnet werden, sie setzt aber ein Faktum, an dem die weitere Beschäftigung mit Politik nicht vorbeikommt. Erstwähler können ihre Wahlhandlung oder Wahlabstinenz nicht rückgängig machen. Deshalb müssen sie dafür Rechtfertigungen finden, wodurch die Wahlhandlung so etwas wie einen Kristallisationskern für die Weiterentwicklung politischer Identität bildet. Bindung an das politische System und Verpflichtungsgefühl gegenüber der Allgemeinheit entstehen nicht nur durch Exploration, sondern auch durch sich selbst festlegende Handlungen. Diese Hypothese der Weiterwirkung der ersten Wahlhandlung kann in unserer Untersuchung nicht geprüft werden, weil der Längsschnitt unmittelbar nach der Wahl beendet wurde.

Identität, auch politische Identität, bedarf der Außenstützung. Die Auffassung der Jugendlichen von sich selbst als politischen Menschen entsteht in Auseinandersetzung mit anderen. In unsicheren Urteilssituationen suchen sie Rat, um Entscheidungshilfen zu bekommen. Zumindest suchen sie die Meinung anderer kennen zu lernen, um sich kognitiv daran zu erproben. Die Eltern dürften zu den ersten gehören, deren politische Meinungen die Kinder erfahren. Je nach Intensität der innerfamilialen Diskussion werden hier erste Kenntnisse erworben und Motive zur Beschäftigung mit Politik erzeugt. Das Interesse wie das Desinteresse an politischen Informationen wird durch das Informationsverhalten der Eltern beeinflusst. Wenn die Eltern Zeitung lesen, politische Nachrichten hören oder sehen, wenn über Gelesenes, Gehörtes und Gesehenes geredet, geschimpft oder gestritten wird, dann weckt dies mit zunehmendem Alter der Kinder deren Neugier. Sie entwickeln je nach Intensität und Inhalt dieses Geschehens Meinungen darüber, ob Politik wichtig ist, ob sich Beteiligung lohnt, welche Parteien oder Entscheidungen den Interessen der Eltern entsprechen und was von dem bestehenden politischen System insgesamt zu halten ist. „Die Entstehung der Disposition zur politischen Teilnahme wird in hohem Maße durch die Familie beeinflusst" schreibt Geißler (1996a: 57) mit Hinweis auf Schulze (1977) und andere empirische Studien in unterschiedlichen Ländern. Neben den in unseren Ausführungen angesprochenen manifesten Prozessen intrafamilialer politischer Meinungsbildung sind hierfür auch die Prozesse latenter politischer Sozialisation beispielsweise durch den Erziehungsstil oder die Bindung an primäre Bezugspersonen verantwortlich (zusammenfassend Hopf & Hopf 1997: Kapitel 2 und 3).

Die These, dass in der Familie die Basis für Partizipationsbereitschaft gelegt wird, müsste vor allem auch für die erste unausweichliche politische Entscheidungssituation gelten, für die erste Wahl nach dem Erreichen der Volljährigkeit. Auch wenn mit zunehmendem Alter andere Einflussquellen für die politische Orientierung an Bedeutung gewinnen, entspringt die politische Identität der Erstwähler, ihre Bereitschaft zu wählen und ihre Stimme einer bestimmten Partei und einer bestimmten Person zu geben, zum Teil der Orientierung an oder der Auseinandersetzung mit den Eltern, wie Untersuchungen zur Parteienvererbung zeigen (Oswald & Völker, 1973; Baker, 1974;

Jennings et al., 1979; Barnes, 1990; Fend, 1991). Die Ergebnisse dieser Untersuchungen können dahingehend interpretiert werden, dass ein Teil der Jugendlichen sich unter explizitem Bezug auf die Eltern frühzeitig festlegt („foreclosure" im Sinne von Marcia, 1980). Andere Jugendliche, denen an der Meinung der Eltern liegt, dürften in Wahlkampfzeiten auch innerhalb der Familie ihre Explorationstätigkeit verstärken, um zu einer überzeugten Selbstfestlegung zu kommen („achievement" im Sinne von Marcia, 1980).

In der Literatur zur politischen Sozialisation wird seit dem großen Interesse an dieser Thematik im Zusammenhang mit den Studentenunruhen der 60er Jahre des letzten Jahrhunderts auch die umgekehrte Einflussrichtung diskutiert (Acock, 1983/84; Klewes, 1983). Übereinstimmungen zwischen Eltern und ihren jugendlichen Kindern – ein oft benutztes Maß für Einfluss – sagen in Querschnittsstudien nichts über die Richtung des Einflusses aus. Es ist durchaus möglich, dass interessierte, informierte und aktive Jugendliche ihre Eltern, möglicherweise vor allem die Mütter (Baranowski, 1978), beeinflussen. Empirische Belege hierfür sind im Bereich der politischen Einstellungen und Meinungen indessen bis heute spärlich. Überhaupt keine Informationen besitzen wir über die wechselseitige Beeinflussung von Eltern und Jugendlichen bei so bedeutsamen Aktivitäten wie der Wahlhandlung. Unsere Hypothese aufgrund des in Kapitel 6 ausführlicher referierten Forschungsstandes zum Einfluss der Eltern und Gleichaltrigen auf die politischen Einstellungen von Jugendlichen lautet, dass in der schwierigen Entscheidungssituation der ersten Wahl viele Jugendliche direkt dem Vorbild der Eltern folgen. Die längsschnittliche Anlage unserer Untersuchung erlaubt durch die Berechnung von Kreuzpfadmodellen sowohl die Testung dieser Annahme als auch die Testung der gegenteiligen Annahme vom Einfluss der Jugendlichen auf ihre Eltern.

Allerdings gilt die Annahme, dass sich die wichtigsten Beeinflussungsprozesse im Rahmen der Familie abspielen, nicht für alle Jugendliche, vielleicht nicht einmal für die Mehrheit. In der Literatur zur politischen Sozialisation wird dabei besonders auf die Bedeutung gleichaltriger Freunde, Cliquen und Subkulturen außerhalb der Schule abgehoben (Sünker, 1996). Tatsächlich werden mit zunehmendem Alter neben den Eltern Gleichaltrige zu wichtigen Bezugspersonen des Handelns. Insbesondere im Hinblick auf Freizeitverhalten und Lebensstil ist der Einfluss von Gleichaltrigen beträchtlich und übertrifft vielfach den Einfluss der Eltern (Lenz, 1986; Schulze, 1989). Im Zusammenhang mit abweichendem Verhalten wird gar von „peer pressure" gesprochen. Dass solche Einflüsse der Gleichaltrigen in Bezug auf die politische Identitätsbildung bestehen, wird zwar postuliert (Silbiger, 1977; Schneider, 1995), ist indessen nicht gewiss; empirische Belege zu diesem Problem liegen kaum vor. Eine Ausnahme, wenngleich mit anfechtbarem Indikator, bildet neuerdings eine Studie zum Spezialproblem der Ausländerfeindlichkeit, nach welcher der Zusammenhang mit dem Verhalten von

Freunden ausgeprägter ist als der Zusammenhang mit dem Verhalten von Eltern (Bacher, 2001). Wir deuten die Ergebnisse einer eigenen älteren Untersuchung, wonach sich Freunde zwar im politischen Interesse, nicht aber in den politischen Meinungen ähneln (Oswald & Völker, 1973), dahingehend, dass befreundete Gleichaltrige zwar der Exploration dienen – man sucht sich seine Freunde unter ähnlich Interessierten – diese aber keine Bezugsgruppe bilden, deren Meinung man direkt übernimmt. Für politisch Desinteressierte wurde deutlich, dass sie sich vor allem mit Gleichgesinnten treffen und sich bevorzugt in apolitischen Freundeskreisen bewegen, in denen auf politische Exploration weitgehend verzichtet wird. In Fends Untersuchung von 12- bis 16-Jährigen bilden diese Nichtexplorierenden, die sich nicht für eine Partei entscheiden können und sich in diesem Sinne im Stadium der politischen Identitätsdiffusion befinden, die größte Teilgruppe (1991, S. 219).

In der neueren Literatur zur Bedeutung der Gleichaltrigen für die Sozialentwicklung im Kindes- und Jugendalter in der Tradition Piagets (1932) wird hervorgehoben, dass Jugendliche vielfältige Beziehungen zu Gleichaltrigen unterhalten und dass die wechselseitigen Beeinflussungsprozesse oder gemeinsamen Konstruktionsprozesse je nach Beziehungstyp unterschiedlich ablaufen (Krappmann, 1993). Hervorgehoben werden besonders die besten gleichgeschlechtlichen Freunde, mit denen man Geheimnisse teilen kann, denen man vertraut und die bei der Entwicklung eines Weltbildes als wichtige Diskussionspartner dienen. Teil dieses Weltbildes ist auch die Sicht auf das politische System, die politischen Parteien und die Haltungen gegenüber drängenden aktuellen politischen Problemen. Doch sind uns keine empirischen Studien bekannt, die die Intensität und Wirkung derartiger Diskussionen belegen. Die spärlichen Belege zu Gesprächen mit Gleichaltrigen über Politik und zur Bedeutsamkeit des Themas Politik im Vergleich zu anderen Themen erwecken eher den Eindruck, dass in der Alltagskommunikation unter Gleichaltrigen wenig wechselseitige Beeinflussung im Bereich Politik stattfindet.

Die politischen Beeinflussungsprozesse unter Gleichaltrigen mögen in jugendlichen Subkulturen mit politischen Themen teilweise stärker sein, insbesondere wenn sich festgefügte Gruppen bilden. Gleichaltrigengruppen werden wie Familien als Primärgruppen bezeichnet (Cooley, 1902; Dunphy, 1972), denen besondere sozialisatorische Kraft zugesprochen wird. Der starke Gruppendruck ist insbesondere für abweichendes Verhalten von Banden in amerikanischen Slums belegt (von Trotha, 1974). In einer hervorragenden qualitativen Studie wird gar die Verbindung des Gruppenhandelns zur Manipulation von Wahlergebnissen bei nationalen Wahlen dargestellt (Whyte, 1996). Entsprechend könnten sowohl im linken Spektrum, etwa der Punk- und Hausbesetzer-Szenen, als auch bei rechtsgerichteten und insbesondere gewaltbereiten Jugendlichen die Gleichaltrigen bei der Meinungsbildung eine größere Bedeutung haben als die Eltern. Die entsprechenden empirischen

Belege sind indessen auch in diesem Bereich spärlich. Die Fallbeispiele der großen Bielefelder Rechtsextremismus-Studie (Heitmeyer et al., 1992) geben zwar Hinweise auf Beeinflussung durch Gleichaltrige, die Zusammenfassung zum „Peer-Milieu" (S. 580) ergibt indessen kein zu verallgemeinerndes Bild von Gruppenbeeinflussung. Ähnliches gilt für Riekers (1997) Darstellung über rechtsradikale junge Männer.

Insofern kann der empirische Nachweis der immer wieder behaupteten politischen Gleichaltrigensozialisation als ausgesprochenes Desiderat betrachtet werden. Mit unserer Untersuchung versuchen wir, empirische Belege zur politischen Beeinflussung unter Freunden zu liefern, indem wir die Antworten von Jugendlichen und ihren Freunden vergleichen. In diesem Buch geht es im zweiten Teil des Kapitels 6 um die Bedeutung der Gleichaltrigen für die Wahlhandlung.

Eine weitere wichtige Quelle für Exploration und Meinungsbildung ist das Wissensangebot der Schule im politischen Unterricht. Lehrer sind zwar zu Neutralität verpflichtet, aber eine ihrer Aufgaben besteht nach den Lehrplänen aller Bundesländer in der Erziehung zum mündigen und partizipierenden Staatsbürger im Sinne einer liberalen Demokratie (Händle et al., 1999). Dabei sind im Rahmen der institutionellen Gegebenheiten auch innerhalb der Schule die Gleichaltrigen wichtig. Mit den Mitschülern kann man sich, anders als mit Lehrern, um politische Standpunkte im Rahmen des oder im Zusammenhang mit dem politischen Unterricht, aber auch im Zusammenhang mit den Mitbestimmungsmöglichkeiten der Schule streiten. Unsere Erhebungen zeigen, dass bereits in der 10. Klassenstufe die Mitschüler nach den Massenmedien und nach dem Schulunterricht, aber noch vor den Freunden und Eltern als wichtige Informationsquellen dienten (Oswald & Schmid, 1998). Nach der bereits zitierten internationalen Vergleichsstudie von 1999 (Torney-Purta et al., 2001) besteht ein deutlicher Zusammenhang zwischen einem offenen Schulklima und Mitbestimmungsmöglichkeiten auf der einen Seite und der Bereitschaft von 14-Jährigen, sich politisch außerhalb der Schule zu beteiligen, auf der anderen Seite. Ähnliche Zusammenhänge konnten zwischen offenem Klassenklima und geringerem Durchschnittsniveau von Gewaltengagement und Rechtsextremismus gefunden werden (Rupf et al., 2001).

Besonders in Wahlkampfzeiten hat die Schule eine wichtige Informations- und Motivationsaufgabe. Wir wissen zwar nicht, wie erfolgreich die schulische Erziehung und Wissensvermittlung im Bereich Politik insgesamt ist (Ackermann, 1996), und wir können im Rahmen dieses Buches dieses Defizit auch nicht beheben. Durch den Vergleich von Abiturienten und Jugendlichen in Berufsausbildung (Kapitel 7 in diesem Buch; Weiss et al., 2000a) wird jedoch deutlich, wie wichtig die Schule für die Entwicklung von politischem Interesse, demokratischen Einstellungen und Partizipationsbereitschaft ist. Auch die qualitativen Interviews in Kapitel 8 dieses Buches werfen ein deutliches Streiflicht auf diese Funktion der Schule.

Welchen Einfluss Massenmedien auf die politische Sozialisation haben, ist umstritten. In der Medienforschung gibt es Thesen zu negativen Auswirkungen, in denen es darum geht, dass die negativistische Berichterstattung und die Art der Politikdarstellung, vor allem durch das Fernsehen, zu einem falschen Politikverständnis sowie zu politischem Desinteresse und politischer Entfremdung beim Rezipienten führt (Robinson, 1976; Noelle-Neumann, 1992; Pöttker, 1988). So konnte Putnam (1996) empirisch nachweisen, dass Vielseher ein geringeres soziales Vertrauen haben und sich seltener in sozialen Gruppen engagieren. Norris (1996) konnte in ihrer empirischen Studie dieses Ergebnis replizieren, Vielseher zeigten ein geringeres politisches Interesse und eine geringere politische Partizipation. Sie fand jedoch ebenfalls, dass Erwachsene, die häufig Nachrichten und politische Informationssendungen im Fernsehen anschauten, über umfangreicheres politisches Wissen verfügten, sich stärker für Politik interessierten und auch eher wählen gingen.

Der wichtigste Beitrag der Massenmedien zur politischen Sozialisation im Jugendalter dürfte in der Vermittlung von politischem Wissen bestehen (Chaffee, 1977; Garramone & Atkin, 1986; Conway et al., 1981). Jugendliche, die Massenmedien zur politischen Information nutzen, wissen jedoch nicht nur mehr über Politik, sie sind darüber hinaus auch stärker an Politik interessiert und eher bereit, sich politisch zu beteiligen, sie fühlen sich politisch kompetent und sind davon überzeugt, politisch etwas bewirken zu können (Kuhn, 2000; Ingrisch, 1997). Jugendliche nutzen das politische Informationsangebot von Massenmedien, um sich mit der politischen Welt auseinander zu setzen und sich eigene politische Standpunkte zu erarbeiten. Massenmedien unterstützen diese Explorationsprozesse, indem sie das Informationsmaterial bereit stellen.

Werden Jugendliche danach gefragt, wer oder was sie in ihren politischen Meinungen am stärksten beeinflusst hat, dann stehen Massenmedien immer an vorderster Stelle (Patzelt, 1988; Chaffee, 1979). Auch in unserer Untersuchung belegen politische Informationsberichte in Massenmedien die ersten drei Rangplätze. Dies braucht jedoch nicht zu bedeuten, dass die Medien direkt beeinflussen. Vielmehr liefern Massenmedien die Informationen, den Gesprächsstoff für politische Diskussionen mit den Bezugspersonen in der unmittelbaren Umgebung (Beckmann & Görtler, 1989) und es gibt einige Anzeichen dafür, dass die Gespräche eine größere Überzeugungskraft in Bezug auf die politische Meinungsbildung besitzen als die Medien selbst (Schulz, 1994). Der Einfluss der Massenmedien auf die politische Sozialisation von Jugendlichen hängt somit vom „Zusammenspiel" mit anderen Sozialisationsinstanzen ab. Die Bedeutung der Medien wurde auch als Aufgabe für die Schule erkannt und in den Curricula zur politischen Bildung unter Stichworten wie „Förderung der Medienkompetenz", „kritischer Umgang mit Medien" u.ä. festgeschrieben (Händle et al., 1999).

Die Rolle der Massenmedien bei der Wahlentscheidung von Jugendlichen, vor allem in der „heißen" Phase von Wahlkämpfen, dürfte in erster Linie im „Agenda-Setting"-Effekt liegen. Agenda-Setting heisst, dass die Massenmedien, auch wenn sie nicht bestimmen können, wie oder was die Menschen denken, dennoch darüber bestimmen, worüber die Menschen nachdenken, welche Themen sie für bedeutsam halten. Massenmedien setzen die Themen (Schenk, 1987; Winterhoff-Spurk, 1986). Wenn Jugendliche ihre Wahlentscheidung eher auf der Grundlage von kurzfristigen Orientierungen an bestimmten Themen, an Sachfragen oder Problemlösekompetenzen der Parteien oder an Kanzlerkandidaten treffen, dann kommt den Massenmedien die Funktion zu, den Jugendlichen die Wichtigkeit von Themen nahe zu legen und ihnen zahlreiche Informationen für die Meinungsbildung und Auseinandersetzung mit diesen Themen zu liefern.

1.4 Politische Sozialisation, Wählen und sozialer Standort

Die Brisanz der Forschungen zur schichtspezifischen Sozialisation lag im Nachweis der mit dem sozialen Standort verbundenen ungleichen Bildungschancen (zusammenfassend Steinkamp, 1991). Diese ungleichen Möglichkeiten von Kindern und Jugendlichen aus unterschiedlichen sozialen Schichten im Bildungssystem waren verbunden mit ungleichen Lebenschancen, zu denen auch die Chancen gehörten, an politischen Prozessen zu partizipieren. Die gesellschaftlichen Umstrukturierungsprozesse durch weitreichende kollektive und individuelle Aufstiegsprozesse (Hradil, 1999) und durch Prozesse der Individualisierung und Pluralisierung von Lebensstilen (Beck, 1986) führten zu einer folgenreichen Kritik an diesen Forschungen. Insbesondere im Zuge der Lebensstilforschung wurden in empirischen Studien zunehmend Wertorientierungen berücksichtigt, die bestimmte Wertegruppierungen in der Bevölkerung unterscheiden (z.B. Gensicke, 1996).

Auf der anderen Seite zeigt sich auch in den neuen Bundesländern, dass die Bildungschancen nach wie vor von der Stellung im System sozialer Schichten beeinflusst werden, die mit sozialstrukturellen Merkmalen für sozialen Status wie Einkommen, Bildung und Berufsprestige zusammenhängen (Geißler, 1996b). Ebenso sind Lebenschancen und politische Partizipationschancen mit diesen Kriterien verbunden (Geißler, 1996c).

Der Blickrichtung der Forschung zur schichtenspezifischen Sozialisation entspricht in der Wahlforschung die sozialstrukturelle Theorie des Wahlverhaltens (Lazarsfeld et al., 1944) und die Cleavage-Theorie, nach der das Wahlverhalten durch traditionelle gesellschaftliche Konfliktlinien bestimmt wird (Lipset & Rokkan, 1967a; Überblick über Theorien des Wahlverhaltens bei Bürklin & Klein, 1998). Kompatibel mit diesen soziologischen Theorien ist der sozialpsychologische Ansatz, der die mit dem sozialen Standort verbundenen Einstellungen und die milieuspezifische langfristige Parteiidentifikation mit der kurz- und mittelfristigen Orientierung an Themen und Kandidaten verbindet (Campbell et al., 1954).

Auch in Bezug auf das Wahlverhalten haben sozialstrukturelle Merkmale und die sozialstrukturell verankerten Konfliktlinien an Bedeutung eingebüßt (Dalton & Wattenberg, 1993; Weßels, 2000) und Lebensstilwerte an Bedeutung gewonnen. Dies führte zu einer Wiederentdeckung der Rational-choice-Theorien (Downs, 1968), welche die Wahlentscheidung auf Kosten-Nutzen-Kalküle zurückführt. In Kapitel 5 wird aus dem sozialpsychologischen Ansatz die Parteiidentifikation, die Themen- und Problemorientierung sowie die Kompetenzzuschreibung an die Parteien, bestimmte Probleme lösen zu können, in Verbindung mit der Theorie des rationalen Wählens den Analysen zugrunde gelegt.

Auch bei den Wahlen nach der deutschen Vereinigung hingen sozialstrukturelle Merkmale nicht nur mit den Bildungs- und Lebenschancen, sondern auch mit den politischen Partizipationschancen und in abgeschwächtem Ausmaß mit dem Wahlverhalten zusammen. Dies zeigte sich nicht nur deutlich bei den Nichtwählern und bei den Wählern rechtsradikaler Parteien (Kleinhenz, 1995; Falter, 1994), sondern auch bei der Wahl von SPD, CDU und Bündnis 90/Die Grünen (Müller, 2000). In Kapitel 4 verwenden wir deshalb klassische sozialstrukturelle Indikatoren der Sozialisations- und Wahlforschung für den Sozialstatus, die Geschlechtszugehörigkeit und die Zugehörigkeit zu einer Religionsgemeinschaft.

- Den Sozialstatus der Herkunftsfamilie der Erstwähler operationalisieren wir als den höchsten Bildungsabschluss der Eltern. Dieser Indikator hängt eng mit dem angestrebten eigenen Bildungsabschluss der Jugendlichen zusammen. Wir prüfen indessen nach, ob beide Indikatoren auch unabhängig voneinander das Wahlverhalten voraussagen.
- Das Wahlverhalten von Männern und Frauen hat sich in der Bundesrepublik zwar weitgehend angeglichen, da sich aber insbesondere bei der Wahl rechtsradikaler Parteien Unterschiede zeigen, beziehen wir den Indikator für die Geschlechtszugehörigkeit als soziales Strukturmerkmal, das für geschlechtsspezifische Sozialisationsbedingungen steht, in die Analysen ein.
- Der traditionelle Zusammenhang zwischen Konfessionszugehörigkeit und Parteiwahl hat sich abgeschwächt (Bürklin & Klein, 1998: 80, Tabelle 4) und die kirchliche Bindung – gleich an welche Konfession – erlaubt bereits seit den 60er Jahren eine bessere Voraussage des Wahlverhaltens als das bloße Faktum der Konfessionszugehörigkeit (Blankenburg, 1967; Wolf, 1996). In Kapitel 4 haben wir dennoch nur die Zuge-

hörigkeit/Nichtzugehörigkeit zu einer Religionsgemeinschaft als sozialstrukturelle Religionsvariable verwendet, weil in Brandenburg und in unserer Stichprobe nur ungefähr ein Fünftel der Jugendlichen einer Religionsgemeinschaft angehören, so dass bei einer Analyse unserer ostdeutschen Stichprobe Fragen zur Häufigkeit des Kirchganges wegen der vielen fehlenden Werte weniger sinnvoll sind als bei Analysen westdeutscher Stichproben. Auch eine Unterscheidung nach der Konfession der Minderheit der kirchlich gebundenen Brandenburger wäre nur für eine spezielle Auswertung der Kirchenmitglieder sinnvoll, die hier nicht beabsichtigt ist.

- In der spezifischen historischen Situation der Bundesrepublik Deutschland seit der Vereinigung muss auch die Zugehörigkeit der Wählerschaft zu Ost- und Westdeutschland als sozialstrukturelles Merkmal verstanden werden. Die Replikation des Jugendsurveys des Deutschen Jugendinstitutes von 1992 im Jahre 1997 zeigte, dass auch noch kurz vor der dritten Bundestagswahl nach der Wende deutliche Unterschiede in wahlrelevanten politischen Einstellungen zwischen ost- und westdeutschen Jugendlichen bestanden (Hoffmann-Lange, 1995a; Gille & Krüger, 2000). In Kapitel 3 wird anhand der Wahlergebnisse dargestellt, wie sich diese Unterschiede im Wahlverhalten widerspiegeln. Da sich unsere Studie auf ein neues Bundesland beschränkt, können wir in unseren eigenen Wahlanalysen die Sozialstrukturvariable Ost/West nicht verwenden. Als Alternative verwenden wir in Kapitel 4 Variablen, die Einstellungen der Jugendlichen, und zwar die Beurteilung der Wende als positiv oder negativ und das Gefühl der Benachteiligung als Ostdeutsche, betreffen. Letzteres wirkt sich nach Falter (2000) und Maier (2000) auf das Wählen rechtsextremistischer Parteien und auf die Wahlabstinenz aus.

1.5 Wählen als Ausdruck von Grundüberzeugungen

Bei der Erforschung der Frage, warum jugendliche Erstwähler sich an der Wahl beteiligen und aufgrund welcher Erwägungen sie sich für eine bestimmte Partei entscheiden, müssen auch die auf Politik und Gesellschaft bezogenen Werte und Einstellungen der Wähler mit berücksichtigt werden, die wir hier Grundüberzeugungen nennen und zu denen wir auch die politische Partizipation und die Protestbereitschaft zählen. Diese sind ebenfalls im Prozess der politischen Sozialisation, in Auseinandersetzung mit den Sozialisationsinstanzen innerhalb der Chancenstrukturen des jeweiligen sozialen Standortes entstanden und machen einen Teil der Identität des Wählers aus. In Kapitel 4 werden zusammen mit den sozialstrukturellen Merkmalen, die den sozialen Standort indizieren, folgende Grundüberzeugungen auf ihren Zusammenhang mit dem Wahlverhalten geprüft: politische Grundorientierungen, Wertorientierungen (Lebensstilwerte), kognitive politische Mobilisierung und Politikverdrossenheit, politische Partizipation und Protestbereitschaft sowie autoritäre Dispositionen.

Politische Grundorientierungen

Unter politischen Grundorientierungen werden nach Hoffmann-Lange (1995b) solche Einstellungen verstanden, welche im politischen Überzeugungssystem eines Befragten einen zentralen Stellenwert einnehmen, über die Zeit stabil und unabhängig von tagesaktuellen Ereignissen sind sowie bis zu einem gewissen Grad andere politische Einstellungen beeinflussen. Dazu zählen Einstellungen zur politischen Ordnung, das heißt zu Demokratie und Sozialismus, die Links-Rechts-Orientierung und das Demokratieverständnis. In gewisser Weise kann auch die Parteibindung zu den Grundorientierungen gerechnet werden, jedoch nur insofern diese schon relativ stabil im individuellen Einstellungssystem verankert ist.

Grundlegende Einstellungen zu den politischen Gesellschaftsordnungen Demokratie und Sozialismus werden – auf der Grundlage des theoretischen Konzeptes von Easton (1965; 1975) – als Komponenten politischer Unterstützung dieser beiden Systeme betrachtet. In der Regel wird zwischen „diffuser" und „spezifischer" Unterstützung unterschieden. Die spezifische Unterstützung resultiert aus der Zufriedenheit mit den alltäglichen Leistungen von Politikern, Parteien und Regierung. Wird die Leistungsfähigkeit von Politikern, Parteien oder Regierung als mangelhaft wahrgenommen, nimmt die spezifische Unterstützung rasch ab. Die diffuse Komponente politischer Unterstützung ist dagegen stabiler und bezieht sich auf das politische System als Ganzes. Diffuse Unterstützung beruht auf der Überzeugung, dass das politische System den eigenen moralischen Werten entspricht. Sie wird zum einen aufgrund der Erfahrungen mit dem politischen System langfristig aufgebaut, zum anderen auch durch frühe Sozialisationsprozesse als Vertrauensvorschuss erworben. Die Erfassung von politischer Unterstützung und die Differenzierung nach spezifischer und diffuser Unterstützung in empirischen Studien ist umstritten (Fuchs, 1989; Westle, 1989; Vetter, 1997). Mit den Fragen nach der Zustimmung zur Idee der Demokratie sowie zur Idee des Sozialismus wurde in unserer Untersuchung diffuse Unterstützung, mit den Fragen nach der Zufriedenheit mit der Demokratie in der BRD sowie der Zustimmung zum Sozialismus der ehemaligen DDR eine Mischform zwischen diffuser und spezifischer Unterstützung erfasst (Westle, 1989). Nach Gabriel (2000) ist die Zustimmung zur Idee der Demokratie wichtiger für die Stabilität des politischen Systems als die Zufriedenheit mit der existierenden Demokratie.

Das Links-Rechts-Schema bildet ein sinnvolles Orientierungsschema zur Bestimmung des individuellen politisch-ideologischen Standorts und der ideologischen Positionen der politischen Parteien (Fuchs & Klingemann, 1989; Hoffmann-Lange, 1995b). Als generalisierte Ideologie hilft die Links-Rechts-Orientierung dem Wähler die Informationskosten zu senken und die Wahlentscheidung zu vereinfachen. Nach der Theorie des expressiven Wählens drücken jugendliche Wähler mit der Wahl einer bestimmten Partei ihre eigene ideologische Positionen aus, welche mehr oder weniger mit den ideologischen Positionen der jeweiligen Parteien übereinstimmen. Linke Positionen sind im Allgemeinen stärker mit sozialen Inhalten wie soziale Gerechtigkeit, soziale Gleichheit, aber auch politisch-ideologischen Inhalten wie Sozialismus, Kommunismus und Marxismus verbunden, rechte Positionen stärker mit konservativ-traditionellen Inhalten, aber auch mit nationalsozialistischen und ausländerfeindlichen Haltungen (Wilanowitz-Moellendorf, 1993).

Beim Demokratieverständnis geht es um das grundlegende Verständnis von demokratischen Regeln und politischer Partizipation sowie um den Umgang mit gesellschaftlichen Konflikten. Das Demokratieverständnis hat mehrere Beurteilungsdimensionen (Bürklin, 1980; Kaase, 1971; Barnes et al., 1979), zwei davon können als zentral bezeichnet werden: zum einen die Einstellungen zu bürgerlichen Freiheitsrechten wie Meinungsfreiheit oder Demonstrationsrecht, zum anderen die Einstellungen zu staatlichen Repressionsmaßnahmen wie ein hartes Durchgreifen der Polizei oder den Verlust des Rechts auf Streiks und Demonstrationen bei Gefährdung der öffentlichen Ordnung (Hoffmann-Lange, 1995b). Der letztgenannte Einstellungskomplex wird auch als Repressionspotential oder „Law and Order" bezeichnet.

Wertorientierungen

Mit dem gesellschaftlichen Prozess der Individualisierung und der damit verbundenen geringeren Intensität der Parteibindungen sowie der abnehmenden Prägekraft sozialstruktureller Milieus sind in der empirischen Wahlforschung zunehmend Wertorientierungen als Determinanten des Wählerverhaltens ins Zentrum des Interesses gerückt.

Die funktionale Wertwandeltheorie nach Klages (1985) sieht den Wertewandel im Übergang zur postindustriellen Gesellschaft in einer Abnahme von konventionalistischen Werten wie Pflichtbewusstsein, Ordnung, Gehorsam, Disziplin, Fleiß, Leistung, Anpassungsbereitschaft und Pünktlichkeit sowie in einer Zunahme von individualistischen Werten wie Unabhängigkeit, Selbstverwirklichung, Kreativität, Fähigkeit zur Gesellschaftskritik und Hedonismus. Wertorientierungen dienen als Leitlinien individuellen Handelns. Wertorientierungen haben aber auch ideologischen Charakter, indem sie bewusste oder unbewusste Vorstellungen des Gewünschten enthalten (Gille, 1995). Der Akt der Präferenzbekundung für eine politische Partei kann deshalb auch ein Ausdruck von Wertorientierungen sein, welche der Wähler vertritt. So sind individualistische Werte wie Selbstverwirklichung und Fähigkeit zur Gesellschaftskritik zusammen mit den Forderungen nach mehr politischer Partizipation, Umweltschutz und Achtung der Minderheitenrechte am stärksten im „Werte-Milieu" der Parteianhängerschaft von Bündnis 90/Die Grünen verankert. Konventionalistische Werte wie Fleiß, Leistung, Disziplin, Pflichtbewusstsein werden stärker von der Anhängerschaft der CDU, aber auch der SPD oder der FDP vertreten. Eine Präferenz für auf Solidarität bezogene prosoziale Werte wie Rücksicht auf andere nehmen, anderen helfen und Verantwortung für andere übernehmen dürfte im Wertekanon der PDS-, aber auch der Wählerschaft von Bündnis 90/Die Grünen eine zentrale Rolle spielen.

Kognitive politische Mobilisierung und Politikverdrossenheit

Im Zuge der Bildungsexpansion und der zunehmenden Verbreitung von elektronischen Massenmedien hat sich die kognitive politische Mobilisierung in der Bevölkerung erhöht. Die kognitive politische Mobilisierung bezieht sich auf die individuelle Bedeutung, welche die Politik im Leben des Einzelnen hat, auf das politische Interesse und das politische Informationsverhalten sowie auf die Einschätzung der eigenen politischen Kompetenz und den Möglichkeiten individueller politischer Einflussnahme (politische Effektivität) (Hoffmann-Lange et al., 1995). Auch das Ausmaß an kognitiver politischer Mobilisierung kann die Präferenz für eine bestimmte Partei bei der Wahl beeinflussen. So konzentriert sich etwa in den alten Bundesländern eine höhere kognitive Mobilisierung verbunden mit Forderungen nach mehr und anderen Formen politischer Partizipation in der Wählerschaft von Bündnis 90/Die Grünen. In unserer Untersuchung wurde die kognitive politische Mobilisierung der jugendlichen Befragten differenziert erfasst. Das politische Interesse wurde allgemein und aufgeteilt nach verschiedenen Politikfeldern erfragt, da unterschiedliche Interessen auch zur Wahl unterschiedlicher Parteien führen können. Ein Interesse an Friedens- und Umweltpolitik wird eher zur Wahl von Bündnis 90/Die Grünen oder der PDS, ein ausgeprägtes Desinteresse an diesen Politikfeldern eher zur Wahl der CDU oder auch rechtsradikaler Parteien führen. Auch das politische Informationsverhalten kann mit der Wahl unterschiedlicher Parteien zusammenhängen, je nachdem, ob häufiger Massenmedien genutzt werden und ob mehr mit Eltern oder mehr mit Gleichaltrigen über Politik gesprochen wird.

Politikverdrossenheit im Sinne der Wahrnehmung, dass das politische System (Politiker, Parteien, die Bundesregierung) die Wünsche der Bürger nicht berücksichtigt – dies wird auch als mangelnde Responsivität des politischen Systems bezeichnet (Hoffmann-Lange, 1997) – wird ebenfalls im Zusammenhang mit der Wahlentscheidung gesehen. Politikverdrossenheit drückt sich in einem Mangel an politischem Vertrauen in Politiker, Parteien, Bundesregierung oder politische Institutionen aus. Politikverdrossenheit kann zu einer Protesthaltung führen, welche zum einen in der Wahlenthaltung, zum anderen aber auch in der Wahl von rechtsradikalen Parteien zum Ausdruck kommt (Falter, 1994; 2000; Maier, 2000).

Politische Partizipation und Protestbereitschaft

In der empirischen Partizipationsforschung werden verschiedene politische Beteiligungsformen nach den Kriterien „konventionell" und „unkonventionell" unterschieden (Kaase, 1990). Unter die konventionellen Formen politischer Beteiligung fallen zum Beispiel eine politische Diskussionsveranstaltung besuchen oder in einer Partei mitarbeiten. Unkonventionelle Formen der Beteiligung werden noch einmal hinsichtlich der Kriterien „legal" oder „illegal" unterschieden (ebd.). Legale unkonventionelle Formen sind z.B. die Teilnahme an einer genehmigten Demonstration, an einer Unterschriftensammlung oder an einer Bürgerinitiative. Illegale Formen werden noch einmal zusätzlich nach zivilem Ungehorsam, wie beispielsweise der Teilnahme an Verkehrsblockaden oder an Hausbesetzungen, und politischer Gewalt, wie beispielsweise der Beteiligung an der Zerstörung von Sachen oder der Gewalt gegen Personen, unterteilt (Schneider, 1995; Uehlinger, 1984).

Zusätzlich wird noch zwischen Partizipationsbereitschaft und Partizipationshandeln unterschieden, weil die Beteiligung insbesondere an unkonventionellen politischen Aktionen wie Demonstrationen in hohem Maße von Gelegenheitsstrukturen abhängig ist. Außerdem kann unterschieden werden zwischen politischem Engagement, sozialem Engagement und institutionell verankerten Partizipationsformen wie Mitarbeit in Kirchen, Vereinen, Jugendklubs und anderen Organisationen. In unserer Untersuchung wurden alle diese verschiedenen Partizipationsformen erfasst. Zusammenhänge mit dem Wahlverhalten werden dahingehend erwartet, dass die Wähler von Bündnis 90/Die Grünen häufiger zu unkonventionellen politischen Beteiligungsformen wie Demonstrationen, Unterschriftensammlungen und Boykotts neigen, die Wähler der CDU dagegen häufiger zu konventionellen Formen wie dem Besuch einer politischen Diskussionsveranstaltung oder zur Mitarbeit in kirchlichen Organisationen. Von den Wählern der PDS wird ein stärkeres soziales Engagement, von den Wählern rechtsradikaler Parteien eine höhere politische Gewaltbereitschaft erwartet.

Autoritäre Einstellungen

Seit den Studien zur „autoritären Persönlichkeit" (Adorno et al., 1982) werden autoritäre Dispositionen mit politischen Einstellungen wie der Neigung zu Antisemitismus und faschistischen Ideologien sowie entsprechenden Parteipräferenzen in Zusammenhang gebracht. Bei der Sozialisation der „autoritären Persönlichkeit" wurde und wird bis heute der Familie, den Interaktionsbeziehungen und dem Erziehungsstil innerhalb der Familie eine zentrale Bedeutung eingeräumt (Hopf & Hopf, 1997; Rebenstorf et al., 2000). In unserer Untersuchung wurden autoritäre Dispositionen nach einem neueren Ansatz in der Autoritarismusforschung erfasst, in welchem die psychologische Bereitschaft, autoritär zu reagieren, im Mittelpunkt steht (Oestereich, 1993; 1996). Die Bereitschaft zur autoritären Reaktion zeigt sich in zweifacher Hinsicht, nämlich in der Tendenz, sich in Krisensituationen an mächtigen Autoritäten zu orientieren und feindselig gegenüber Schwächeren aufzutreten oder mit Ängstlichkeit und erhöhter konventioneller Anpassungsbereitschaft zu reagieren.

Eng verbunden mit solchen autoritären Dispositionen sind ausländerfeindliche Haltungen sowie traditionalistische Einstellungen zur Rolle von Mann und Frau in Familie, Beruf, Gesellschaft und Politik. Letzteres richtet sich gegen die Gleichstellung von Männern und Frauen in allen Lebensbereichen und vertritt eine Unvereinbarkeit zwischen der Rolle der Frau in Familie und Öffentlichkeit (Gille, 1995; 2000). Autoritäre Dispositionen, Ausländerfeindlichkeit und traditionalistische Geschlechtsrollenorientierungen hängen eng zusammen und können als Teilaspekte eines „autoritären Syndroms" betrachtet werden. Allen Dispositionen und Einstellungen liegt die aus der Sozialpsychologie bekannte „Soziale-Dominanz-Orientierung" zugrunde (Pratto et al., 1997). In Bezug auf das Wählerverhalten wird erwartet, dass ein „autoritäres Syndrom" und insbesondere ausländerfeindliche Haltungen zur Wahl von rechtsradikalen Parteien führen.

Schlussbemerkungen

Die in diesem Unterkapitel vorgestellten Grundüberzeugungen werden in der Wahlforschung als Prädiktoren des Wahlverhaltens verwendet. Dabei wird angenommen, dass es sich um relativ stabile und die einzelnen Wahlen überdauernde Einstellungen handelt. Wir haben uns dieser Vorgehensweise angeschlossen, obgleich in Bezug auf Erstwähler die Stabilitätsannahme noch nicht zuzutreffen braucht. Diese Entscheidung wurde in der Annahme getroffen, dass auch noch nicht verfestigte Grundüberzeugungen bei den Erstwählern bereits prädiktive Kraft haben. Die Annahme der prädiktiven Kraft von Grundüberzeugungen liegt auch anderen Studien zur politischen Sozialisation zu Grunde, die die gleichen oder ähnliche Indikatoren verwenden wie die hier vorgelegte Untersuchung (z.B. Hoffmann-Lange, 1995a; Pickel et al., 2000).

In einer Theorie der Erstwähler muss indessen berücksichtigt werden, dass sich die Jugendlichen mitten im Prozess der politischen Identitätsbildung befinden. Die hier behandelten Grundüberzeugungen bilden Aspekte der sich entwickelnden Identität. Dies bedeutet im Sinne der Identitätstheorie von Marcia (1980), dass sich die Jugendlichen in den der Wahl vorangehenden Jahren und insbesondere in der Zeit des Wahlkampfes mit politischen Problemen mehr oder weniger intensiv beschäftigen, die mit diesen Grundüberzeugungen zusammenhängen. Dies führt dazu, dass jeweils Teile der Jugendlichen Alternativen explorieren (moratorium) und sich vorläufige Meinungen bilden (beginnendes achievement), während andere sich vorzeitig auf die Meinung der Eltern oder anderer Bezugspersonen und Bezugsgruppen festgelegt haben (foreclosure) oder es vorziehen, im Zustand der Identitätsdiffussion zu verharren, sei es aus mangelndem Interesse oder wegen fehlender Identifikationsfiguren. Nach einer oben formulierten Hypothese übt die nicht vermeidbare Situation des Wahltages einen Zwang zur Festlegung durch eine Handlung oder deren Unterlassung aus. Für welchen Anteil der Jugendlichen dies bedeutet, dass sie sich auch schon dauerhafter auf politische Grundüberzeugungen festlegen, ist eine offene, empirisch zu beantwortende Frage.

Aus diesen Erwägungen folgt, dass eine der dargestellten Problematik gerecht werdende empirische Analyse der Determinanten des Erstwählerverhaltens nicht nur die Entstehung der Wahlbereitschaft und der Parteipräferenz, sondern auch die allmähliche Verfestigung von Grundüberzeugungen und Änderungen des Identitätsstatus in Bezug auf die Grundüberzeugungen einbeziehen müsste. Dies würde allerdings den Rahmen dieses Buches sprengen. Wir beschränken uns deshalb in Kapitel 4 auf die Darstellung der Entwicklung der Wahlbereitschaft und der Parteipräferenz und beziehen die Grundüberzeugungen als Prädiktoren der Wahlhandlung 1998 jeweils in der Ausprägung ein, für die sich die Jugendlichen zum Zeitpunkt der Befragung nach dem Wahlsonntag entschieden haben. Die Entwicklung der Grundüberzeugungen zwischen 1996 und 1998 wird an anderer Stelle dargestellt.

Kapitel 2
Die Methode der Untersuchung

Christine Schmid

2.1 Anlage der Längsschnittuntersuchung

Die hier vorgestellte Untersuchung ist in zwei Teilprojekte gegliedert. Das Teilprojekt A wurde an der Fachhochschule Potsdam durchgeführt und bezog sich auf Real- und Gesamtschüler der 10. Klasse, die danach entweder in die Oberstufe wechselten oder eine Berufsausbildung begannen. Das Teilprojekt B wurde an der Universität Potsdam durchgeführt und galt der Untersuchung von Gymnasiasten von der 10. bis zur 13. Klasse.[3]

Die Untersuchung war als Längsschnitt über vier Wellen angelegt. Beginnend im Januar 1996 wurden drei Erhebungen mit etwa einjährigem Abstand durchgeführt. Die vierte und letzte Erhebung wurde mit einem etwa halbjährigen Abstand zur dritten Welle nach der Bundestagswahl im Herbst 1998 durchgeführt. In der ersten Erhebungswelle besuchten alle Jugendlichen die 10. Klasse und waren im Schnitt 16 Jahre alt. Bei Abschluss der Studie waren die Jugendlichen über 18 Jahre alt und hatten zum ersten Mal ihr Wahlrecht ausüben können.

Die Daten wurden per Fragebogen erhoben. Die Fragebögen waren in beiden Projekten weitgehend identisch gestaltet. Ein Unterschied bestand darin, dass der Fragebogen des Teilprojekts A (Gesamt- und Realschüler) zusätzliche Fragen zur zukünftigen Berufswahl und ab der zweiten Erhebungswelle Fragen zur beruflichen Sozialisation enthielt, während der Fragebogen des Teilprojekts B (Gymnasiasten) weiterhin Fragen zur Schulmotivation und zum Studienwunsch beinhaltete.

Beiden Untersuchungen lag in der ersten Erhebungswelle eine repräsentative Stichprobe für die jeweilige Brandenburger Schülerpopulation zugrunde. Die Stichprobenziehung erfolgte durch das Institut für angewandte Familien-, Kindheits- und Jugendforschung unter der Leitung von Dr. Dietmar Sturzbecher. Es wurden zwei nach Ortsgrößen stratifizierte Zufallsstichproben gezogen. Aus der Grundgesamtheit ausgeschlossen wurden einige wenige Schulen, an denen das genannte Institut zur selben Zeit eine Längsschnittstu-

---

3 Genauere Beschreibungen der beiden Studien, sowie erste Auswertungen über die ersten drei Erhebungswellen im Längsschnitt finden sich in Weiss et al. (2000b; 2000c) sowie in Oswald et al. (1997; 1999).

die durchführte, bei der es ebenfalls um politische Themen ging. Es sollte verhindert werden, dass eine Schule in beide Studien einbezogen wurde.

Im Teilprojekt A umfasste die Stichprobe zunächst 29 Real- und Gesamtschulen, die aus einer Grundgesamtheit von 283 Gesamtschulen und 78 Realschulen stammten. In den 10. Klassen dieser 361 Schulen befanden sich zu diesem Zeitpunkt insgesamt 23 792 Schüler. Da für eine Schule vom Schulamt keine Genehmigung zur Durchführung der Befragung erteilt wurde und die Teilnahmequote an den anderen Schulen niedriger war als erwartet, wurden noch einmal 27 Schulen nachgezogen. Von diesen 27 Schulen nahmen dann 15 Schulen an der Untersuchung teil. Die Befragung wurde somit in 43 Schulen durchgeführt, davon waren 30 Gesamtschulen und 13 Realschulen. Insgesamt beteiligten sich im Teilprojekt A in der ersten Erhebungswelle 1274 Schüler, wobei die Ausschöpfung 44 Prozent betrug. Das Verhältnis von Gesamt- zu Realschülern beträgt unter den Teilnehmern 68 zu 32 Prozent und weicht damit etwas vom Verhältnis in der Grundgesamtheit (79 zu 21 Prozent) ab. Die Verzerrung resultiert zum einen aus einer leichten Überrepräsentation von Realschülern in der Stichprobe (30%) gegenüber der Grundgesamtheit (21%) und zum anderen aus einer höheren Ausschöpfung bei den Realschülern (47%) im Vergleich zu den Gesamtschülern (43%).

Im Teilprojekt B wurde aus einer Grundgesamtheit von 103 Gymnasien, deren 10. Klassen von 9639 Schülern besucht wurden, eine Stichprobe von 18 Gymnasien gezogen, von denen alle an der Untersuchung teilnahmen. Die Schülerzahl an den 18 Gymnasien betrug 1789. 1359 Schüler beteiligten sich an der ersten Erhebungswelle, was einer Ausschöpfungsquote von 76 Prozent entspricht.

In beiden Projekten war die Ausschöpfungsquote bei den weiblichen Jugendlichen höher als bei den männlichen Jugendlichen. Im Teilprojekt A führte dies zu einer Umkehrung des Geschlechterverhältnisses unter den Teilnehmern (45% männlich, 55% weiblich) gegenüber dem Verhältnis in den ausgewählten Schulen (51% männlich, 49% weiblich). Im Teilprojekt B verstärkte sich das ungleiche Verhältnis unter den Teilnehmern (38% männlich, 62% weiblich) noch etwas gegenüber dem Verhältnis in den ausgewählten Schulen (41% männlich, 59% weiblich).

Aufgrund der geringen Ausschöpfung kann die Befragung im Teilprojekt A zum ersten Messzeitpunkt nicht als repräsentativ für Brandenburger Gesamt- und Realschüler gelten. Im Teilprojekt B kann die Befragung dagegen mit leichten Einschränkungen als repräsentativ für Gymnasiasten der 10. Klassen in Brandenburg angesehen werden.

Die längsschnittliche Erhebung erfolgte in den beiden Teilprojekten auf unterschiedliche Weise. Da ein Teil der Schüler des Teilprojekts A nach der 10. Klasse die Schule verließ, der andere Teil an verschiedene Oberstufen (Gesamtschulen, Oberstufenzentren, gymnasiale Oberstufen) wechselte, war es nicht möglich, die Befragung weiterhin im Klassenverband durchzuführen.

Die Methode der Untersuchung

Die Fortführung erfolgte postalisch, was eine sehr viel höhere Ausfallquote im Teilprojekt A vom ersten auf den zweiten Messzeitpunkt (61%) im Vergleich zum Teilprojekt B (29%) zur Folge hatte. Angeschrieben wurden alle Jugendlichen, die sich an der ersten Erhebungswelle beteiligt hatten. Die Befragung des Teilprojekts B wurde weiterhin an den Gymnasien durchgeführt, und zwar in der Regel während einer Leistungskursschiene, wenn sich alle Schüler in der Schule befanden. Die Befragung beschränkte sich nicht auf die Schüler, die schon während der ersten Erhebungswelle an der Untersuchung teilgenommen hatten, sondern bezog alle Schüler der Jahrgangsstufe mit ein, die sich zur Teilnahme bereit erklärten. Tabelle 2.1 dokumentiert die Fallzahlen der jugendlichen Teilnehmer zu allen vier Messzeitpunkten.

Wie alle Längsschnittstudien mit Ausfällen ab der zweiten Welle kann auch unsere Untersuchung in beiden Teilprojekten ab der zweiten Welle nicht mehr als repräsentativ gelten. Die Verweigerung der weiteren Teilnahme geschieht in der Regel nicht zufällig, und so zeigt sich auch bei uns eine Selbstselektion der Teilnehmer zugunsten politisch stärker interessierter Jugendlicher.[4]

Ein Anliegen der Studie war es, den Einfluss der Eltern auf die politischen Orientierungen und Verhaltensweisen der Jugendlichen zu untersuchen. Zu diesem Zweck wurden Eltern, wenn möglich Vater und Mutter, über alle vier Erhebungswellen hinweg befragt. Die Befragung der Eltern erfolgte im Teilprojekt A in der ersten Erhebungswelle auf dieselbe Weise wie in allen vier Erhebungswellen des Teilprojekts B. Den Schülern wurde zusammen mit ihrem eigenen Fragebogen ein Umschlag für die Eltern ausgehändigt mit der Bitte, diesen an die Eltern weiterzureichen. Der Umschlag enthielt neben den Fragebögen für den Vater und die Mutter einen Brief sowie einen Freiumschlag zur Rücksendung der Fragebögen. Im Teilprojekt A wurden ab der zweiten Erhebungswelle die Fragebögen für die Eltern zusammen mit den Fragebögen für die Jugendlichen postalisch versandt. Bezogen auf die Anzahl jugendlicher Untersuchungsteilnehmer lag der Rücklauf an Elternfragebögen in der ersten Erhebungswelle im Teilprojekt A niedriger als im Teilprojekt B, ab der zweiten Erhebungswelle lag er dann aber aufgrund der veränderten Erhebungsmethode im Teilprojekt A höher als im Teilprojekt B. In absoluten Zahlen sank die Teilnahme der Eltern jedoch in beiden Projekten über die

---

4   Eine umfassende Überprüfung von Unterschieden zwischen den Jugendlichen, die sich im Längsschnitt über alle vier Messzeitpunkte hinweg an der Untersuchung beteiligten im Vergleich zu den Jugendlichen, die sich nur zum ersten Messzeitpunkt oder nicht kontinuierlich beteiligten, ergab folgendes Bild: Die Jugendlichen des Längsschnittdatensatzes von der ersten bis zur vierten Welle zeigten in der ersten Welle eine stärkere Bereitschaft, wählen zu gehen und hatten häufiger eine Parteineigung. Sie waren politisch interessierter, hatten stärker das Gefühl, politisch etwas bewirken zu können, waren stärkere Anhänger der Idee der Demokratie wie des Sozialismus und zeigten ein größeres Vertrauen in die politischen Institutionen. Sie waren darüber hinaus weniger autoritär, weniger rechts eingestellt und weniger ausländerfeindlich.

vier Messzeitpunkte hinweg kontinuierlich ab. Tabelle 2.1 dokumentiert die genauen Zahlen.

Tabelle 2.1: Übersicht über Fallzahlen der Jugendlichen, über Fallzahlen und Anteile der Eltern sowie über Fallzahlen und Anteile von Freunden[1]

Messzeitpunkte	Jugendliche N	Mütter N	Anteil[2]	Väter N	Anteil[2]	Freunde N	Anteil[3]
Teilprojekt A (Gesamt- und Realschüler)							
t_1, 1996	1274	399	(31%)	302	(24%)	1088	(85%)
t_2, 1997	507	342	(68%)	262	(52%)	-	
t_3, 1998(1)	415	244	(59%)	189	(46%)	-	
t_4, 1998(2)	314	160	(51%)	125	(40%)	-	
Teilprojekt B (Gymnasiasten)							
t_1, 1996	1359	678	(50%)	582	(43%)	1263	(93%)
t_2, 1997	947	378	(40%)	312	(33%)	822	(87%)
t_3, 1998(1)	961	341	(36%)	292	(30%)	793	(83%)
t_4, 1998(2)	995	292	(29%)	250	(25%)	775	(78%)

1 Die 1., 2. und 3. Erhebungswelle wurde jeweils im Frühjahr 1996, 1997 und 1998 durchgeführt, die 4. Erhebungswelle im Herbst 1998 nach der Bundestagswahl vom 27. September.
2 Teilnahme von Müttern und Vätern, Anteil in Prozent von jugendlichen Teilnehmern.
3 Verbindung des Datensatzes eines befreundeten Mitschülers mit dem der Jugendlichen, Anteil in Prozent von jugendlichen Teilnehmern.

Die Fragebögen der Eltern enthielten weitgehend dieselben Fragen zu politischen Orientierungen und politischen Verhaltensbereitschaften wie die Fragebögen der Jugendlichen. Zusätzlich wurden die Eltern jedoch ausführlicher als die Jugendlichen zu ihren Wendeerfahrungen befragt, und außerdem wurde ihr Erziehungsstil erhoben. Die Fragebögen der Eltern waren mit derselben Identifikationsnummer gekennzeichnet wie die Fragebögen der Jugendlichen, so dass nach Eingabe der Daten die entsprechenden Datensätze miteinander verbunden werden konnten. Auf diese Weise können die politischen Vorstellungen der Jugendlichen direkt mit denen ihrer Eltern verglichen werden.

Ein weiteres Anliegen der Studie war es, neben dem Einfluss der Eltern, auch den Einfluss befreundeter Gleichaltriger auf die politischen Orientierungen und Verhaltensweisen der Jugendlichen zu analysieren. Die Erfassung ganzer Jahrgangsstufen an den einzelnen Schulen ermöglichte es, befreundete Mitschüler der Jugendlichen zu identifizieren und die Datensätze dieser befreundeten Mitschüler mit den Datensätzen der Jugendlichen zu verbinden. Die Jugendlichen sollten am Ende des Fragebogens aufzählen, mit wem in derselben Jahrgangsstufe sie befreundet sind. Außerdem sollte der beste Freund bzw. die beste Freundin genannt werden, sofern er/sie sich in derselben Jahrgangsstufe befand. Wenn beste Freunde genannt wurden, wurde der entsprechende Datensatz mit dem Datensatz des Jugendlichen verbunden.

Die Methode der Untersuchung 41

Falls keine besten Freunde genannt wurden oder die Daten der entsprechenden Person nicht vorlagen, wurde der Datensatz des erstgenannten befreundeten Mitschülers herangezogen. Wenn von diesem ebenfalls keine Daten vorlagen, wurde auf den nächstgenannten zugegriffen. Berücksichtigt wurden die ersten sechs Nennungen befreundeter Mitschüler. Jedem Jugendlichen wurde auf diese Weise, sofern Angaben zu Freunden gemacht wurden, genau ein Datensatz zugeordnet. Tabelle 2.1 dokumentiert, in wie vielen Fällen dies möglich war. Im Teilprojekt A erübrigten sich ab der zweiten Erhebungswelle die Fragen zu den befreundeten Mitschülern, da aufgrund der Schulabgänge und Schulwechsel nicht mehr an den Schulen erhoben werden konnte.

Neben der Erhebung per Fragebogen wurden mit einer Auswahl von Jugendlichen leitfadengestützte Interviews geführt. Der Leitfaden war am Inhalt der Fragebögen orientiert und enthielt Fragen zum politischen Interesse, zur politischen Partizipationsbereitschaft, zur Kenntnis und Präferenz von Parteien, zum Links-Rechts-Verständnis, zu Einstellungen gegenüber Ausländern und zum Geschlechtsrollenverständnis, zum Demokratieverständnis, zum Klima in der Familie, in der Schule oder am Ausbildungsplatz und zu den Zukunftsplänen der Jugendlichen. Die Auswahl an Jugendlichen wurde auf der Grundlage der Fragebögen der ersten Erhebungswelle getroffen und war nach Geschlecht und politischem Interesse stratifiziert (vgl. Tabelle 2.2).

Tabelle 2.2: Übersicht über die Fallzahlen der qualitativen Interviews

| | politisches Interesse | | | | |
| | gering | | stark[1] | | |
Messzeitpunkte	männlich	weiblich	männlich	weiblich	Gesamt
Teilprojekt A (Gesamt- und Realschüler)					
t_1, 1996	2	3	5	2	12
t_2, 1997	2	3	4	0	9
t_3, 1998	1	1	4	0	6
t_4, 1998	1	0	4	0	5
Teilprojekt B (Gymnasiasten)					
t_1, 1996	5	8	8	7	28
t_2, 1997	3	8	7	4	22
t_3, 1998	2	7	7	4	20
t_4, 1998	2	7	7	4[2]	20

1 Im Teilprojekt A bedeutet starkes politisches Interesse, dass im Fragebogen die Kategorie 3 (mittel) oder 4 (stark) angekreuzt wurde, im Teilprojekt B bedeutet starkes politisches Interesse, dass im Fragebogen die Kategorie 4 (stark) oder 5 (sehr stark) angekreuzt wurde.
2 Mit einer Jugendlichen aus dieser Gruppe konnte aufgrund eines Auslandsaufenthalts zum zweiten Messzeitpunkt kein Interview geführt werden und bei einer zweiten Jugendlichen wurde ein Interview aufgrund technischer Probleme nicht vollständig auf Tonband aufgezeichnet.

Die Unterscheidung zwischen politisch interessierten und nichtinteressierten Jugendlichen wurde in den beiden Teilprojekten unterschiedlich getroffen. Da in den Gesamt- und Realschulen das politische Interesse durchschnittlich geringer ausfiel und die Kategorie 5 (sehr stark) fast nie angekreuzt wurde, definierten wir im Teilprojekt A diejenigen als interessiert, die die Kategorie 3 (mittel) oder 4 (stark) angekreuzt hatten. Im Teilprojekt B wurden diejenigen als Interessierte in die Auswahl aufgenommen, die die Kategorie 4 oder 5 angekreuzt hatten.

Auch die Interviews wurden im Längsschnitt fortgeführt. Mit einer Ausnahme liegen von den Jugendlichen, die zum vierten Messzeitpunkt interviewt wurden, die Interviews zu allen vier Messzeitpunkten vor. Die Ausnahme bildet eine Gymnasiastin, die sich zum zweiten Messzeitpunkt im Ausland befand, danach aber weiter an der Untersuchung teilnahm. In der vierten Erhebungswelle wurde ausführlich das Wahlverhalten der Jugendlichen exploriert. Die Interviews wurden auf Tonband aufgezeichnet und anschließend transkribiert.

2.2 Datensätze

Die hier vorgestellten Analysen zum Wahlverhalten Brandenburger Jugendlicher beruhen in erster Linie auf den Daten der vierten Erhebungswelle. In einigen Analysen wird aber auch auf die Informationen im Längsschnitt zurückgegriffen. Die Analysen zur Übereinstimmung mit Eltern und Freunden beruhen auf Datensätzen, in denen die Angaben von Jugendlichen und Eltern oder von Jugendlichen und Freunden miteinander verbunden wurden.

Im Folgenden wird zunächst der Querschnittdatensatz der Jugendlichen für die vierte Erhebungswelle beschrieben, dieser wird in Kapitel 3, 4 und 7 verwendet. Anschließend wird der Längsschnittdatensatz der Jugendlichen über alle vier Erhebungswellen hinweg dokumentiert, der ebenfalls in Kapitel 4 und 7, sowie für kleinere Zusatzanalysen in Kapitel 6 Verwendung findet. Außerdem werden der Triadendatensatz (Jugendliche-Mütter-Väter), der Dyadendatensatz (Jugendliche-Freunde) sowie der Tetradendatensatz (Jugendliche-Mütter-Väter-Freunde) der vierten Erhebungswelle beschrieben, welche die Grundlage der Analysen in Kapitel 6 bilden. Die Analysen in Kapitel 5 beruhen auf Längsschnittinformationen über die dritte und vierte Erhebungswelle hinweg, der entsprechende Datensatz wird dort beschrieben. Die Auswahl an Fällen in Kapitel 8 wird ebenfalls dort begründet.

Die Methode der Untersuchung 43

Querschnittdatensatz der Jugendlichen in der 4. Welle

Der Querschnittdatensatz der Jugendlichen in der 4. Welle (N = 1309) umfasst alle Jugendlichen, die sich zum vierten Messzeitpunkt an der Untersuchung beteiligt haben. Dies waren zu 24 Prozent ehemalige Gesamt- und Realschüler (Teilprojekt A) und zu 76 Prozent Gymnasiasten (Teilprojekt B). Der niedrige Anteil ehemaliger Gesamt- und Realschüler ist vor allem auf die unterschiedliche Vorgehensweise bei der Erhebung im Längsschnitt zurückzuführen. Im Teilprojekt A konnten nur Jugendliche wieder befragt werden, die sich schon zum ersten Messzeitpunkt an der Untersuchung beteiligt hatten. Die notwendige Umstellung auf eine postalische Befragungsweise führte außerdem ab der zweiten Erhebungswelle zu hohen Ausfallquoten. Im Teilprojekt B wurden in jeder Erhebungswelle die gesamten Jahrgänge an den Schulen befragt, wodurch eine relativ hohe Beteiligung zustande kam. Außerdem konnten in jeder Erhebungswelle auch Jugendliche teilnehmen, die sich zu den vorangegangenen Messzeitpunkten nicht beteiligt hatten.

Die Teilnehmer des Teilprojekts A setzen sich zu 37 Prozent aus Jugendlichen zusammen, die im Laufe der Erhebung an eine Oberstufe wechselten, um das Abitur zu machen. Die anderen 63 Prozent befanden sich zum Zeitpunkt der Erhebung entweder in einer Ausbildung, arbeiteten ungelernt oder im gelernten Beruf, waren ohne Beschäftigung oder gingen einer anderen Tätigkeit nach. Tabelle 2.3 zeigt eine genaue Aufschlüsselung.

Tabelle 2.3: Verbleib der ehemaligen Gesamt- und Realschüler des Teilprojekts A (N = 314)

Tätigkeit 4. Welle	Fallzahlen
Oberstufe in Gesamtschule, Oberstufenzentrum, gymnasiale Oberstufe	116
Ausbildung	171
Arbeit, ungelernte	8
ohne Beschäftigung	7
Arbeit im gelernten Beruf	6
Studium an (Fach-)Hochschule	4
Berufsgrundbildungsjahr	1
Freiwilliges soziales Jahr/Praktikum	1

Die Untergruppe der ehemaligen Gesamt- und Realschüler des Teilprojekts A, die an die Oberstufe einer Gesamtschule, an ein Oberstufenzentrum oder in eine gymnasiale Oberstufe wechselte, wird im Folgenden als „Oberschüler" bezeichnet. Die Jugendlichen des Teilprojekts B, die schon in der 10. Klasse ein Gymnasium besuchten, werden im Gegensatz dazu „Gymnasiasten" genannt. Beide Untergruppen zusammen bilden die „Abiturienten" und stellen 85 Prozent aller Jugendlichen im Querschnittdatensatz der 4. Welle. Die ehemaligen Gesamt- und Realschüler, die nicht an eine Oberstufe wechselten, bilden die „Schulabgänger". Sie setzen sich zum größten Teil aus

Auszubildenden zusammen, aber auch aus Jugendlichen, die ungelernt oder im gelernten Beruf arbeiteten, ohne Beschäftigung waren oder einer anderen Tätigkeit nachgingen. Ihr Anteil liegt im Querschnittdatensatz der 4. Welle lediglich bei 15 Prozent. Sowohl die Oberschüler als auch die Schulabgänger sind im Querschnittdatensatz der 4. Welle stark unterrepräsentiert. Tabelle 2.4 dokumentiert die Verteilung.

Tabelle 2.4: Beschreibung des Querschnittdatensatzes der Jugendlichen in der 4. Welle

Untergruppen	Fallzahlen		Anteil Elternhäuser mit Abitur	Anteil weiblicher Jugendlicher
Teilprojekt A				
Schulabgänger (Auszubildende, Berufstätige und andere)	198	(15%)	15%	62%
Oberschüler	116	(9%)	27%	64%
Teilprojekt B				
Gymnasiasten	995	(76%)	52%	62%
Gesamt	1309	(100%)	45%	62%

Der Anteil an Elternhäusern, in denen mindestens ein Elternteil das Abitur gemacht hat, ist in der Untergruppe der Schulabgänger mit 15 Prozent deutlich niedriger als in der Untergruppe der Oberschüler (27%). In der Untergruppe der Gymnasiasten liegt er bei 52 Prozent. Insgesamt stammen die Jugendlichen zu 45 Prozent aus Elternhäusern, in denen mindestens ein Elternteil das Abitur gemacht hat.

Weibliche Jugendliche sind mit einem Anteil von 62 Prozent im Querschnittdatensatz der 4. Welle insgesamt überrepräsentiert. Da im Schuljahr 1998/99 an den Brandenburger Gymnasien, genauso wie an den Oberstufen der Gesamtschulen und an den Oberstufenzentren, der Anteil an weiblichen Schülern bei 59 Prozent lag, ist die Geschlechterverteilung in der Untergruppe der Oberschüler und der Gymnasiasten im Vergleich zur Grundgesamtheit nur relativ leicht verzerrt. Stärker verzerrt ist dagegen wahrscheinlich die Geschlechterverteilung in der Untergruppe der Schulabgänger, denn hier dürften die männlichen Jugendlichen in der Grundgesamtheit die Mehrheit bilden.

Zum Zeitpunkt der vierten Erhebung hatten ausnahmslos alle Jugendlichen das Wahlalter erreicht. 48 Prozent der Jugendlichen waren 18 Jahre alt, 51 Prozent waren 19 Jahre alt und 1 Prozent war 20 oder 21 Jahre alt.

Längsschnittdatensatz der Jugendlichen 1. - 4. Welle

Der Längsschnittdatensatz der Jugendlichen über vier Erhebungswellen (N = 795) umfasst nur Jugendliche, die sich zu allen vier Messzeitpunkten an

Die Methode der Untersuchung 45

der Untersuchung beteiligt haben. Diese stammen zu 30 Prozent aus Teilprojekt A und zu 70 Prozent aus Teilprojekt B. Der niedrigere Anteil an Jugendlichen aus Teilprojekt A in diesem Datensatz ist – sieht man von der leichten Ungleichverteilung in der ersten Welle einmal ab – durch die höheren Ausfallquoten bei den ehemaligen Gesamt- und Realschülern zu erklären. Von den ursprünglich 1274 Jugendlichen des Teilprojekts A beteiligten sich nur 19 Prozent kontinuierlich über alle vier Messzeitpunkte hinweg. Im Teilprojekt B waren es von den ursprünglich 1359 Jugendlichen 41 Prozent.

Im Längsschnittdatensatz 1. - 4. Welle wechselten von den ehemaligen Gesamt- und Realschülern 38 Prozent an eine Oberstufe. Die anderen 62 Prozent absolvierten zum vierten Messzeitpunkt zum größten Teil eine Ausbildung, einige waren aber auch ohne Beschäftigung oder gingen einer anderen Tätigkeit nach. Tabelle 2.5 dokumentiert den Verbleib.

Tabelle 2.5: Verbleib der ehemaligen Gesamt- und Realschüler des Teilprojekts A (N = 237)

Tätigkeit 4. Welle	Fallzahlen
Oberstufe in Gesamtschule, Oberstufenzentrum, gymnasialer Oberstufe	89
Ausbildung	127
Arbeit, ungelernte	6
ohne Beschäftigung	5
Arbeit im gelernten Beruf	5
Studium an (Fach-)Hochschule	3
Berufsgrundbildungsjahr	1
Freiwilliges soziales Jahr/Praktikum	1

Im Längsschnittdatensatz 1. - 4. Welle ist der Anteil der Schulabgänger und der Oberschüler relativ höher als im Querschnittdatensatz der 4. Welle, dennoch bleiben die Gymnasiasten stark überrepräsentiert (vgl. Tabelle 2.6).

Tabelle 2.6: Beschreibung des Längsschnittdatensatzes der Jugendlichen 1. - 4. Welle

Untergruppen	Fallzahlen		Anteil Elternhäuser mit Abitur	Anteil weiblicher Jugendlicher
Teilprojekt A				
Schulabgänger (Auszubildende, Berufstätige und andere)	148	(19%)	18%	67%
Oberschüler	89	(11%)	25%	64%
Teilprojekt B				
Gymnasiasten	558	(70%)	51%	60%
Gesamt	795	(100%)	42%	65%

Der Anteil an Elternhäusern mit höherer Bildung liegt im Längsschnittdatensatz 1. - 4. Welle in der Untergruppe der Schulabgänger etwas höher, in den beiden Untergruppen der Oberschüler und der Gymnasiasten dagegen etwas niedriger als im Querschnittdatensatz der 4. Welle. Insgesamt ergab sich ein etwas niedrigerer Anteil an Elternhäusern mit höherer Bildung im Längsschnittdatensatz 1. - 4. Welle im Vergleich zum Querschnittdatensatz der 4. Welle.

Der Anteil weiblicher Jugendlicher ist im Längsschnittdatensatz 1. - 4. Welle in der Untergruppe der Schulabgänger etwas höher, in der Untergruppe der Oberschüler gleich hoch, und in der Untergruppe der Gymnasiasten etwas niedriger als im Querschnittdatensatz der 4. Welle. In der letztgenannten Untergruppe entspricht der Anteil weiblicher Jugendlicher mit 60 Prozent sogar nahezu dem Anteil weiblicher Jugendlicher in der Grundgesamtheit der Gymnasiasten in der vierten Welle (59%). Insgesamt sind weibliche Jugendliche mit einem Anteil von 65 Prozent jedoch auch im Längsschnittdatensatz 1. - 4. Welle überrepräsentiert.

Im Längsschnittdatensatz 1. - 4. Welle waren 47 Prozent der Jugendlichen zum Zeitpunkt der vierten Befragung 18 Jahre alt, 53 Prozent waren 19 Jahre alt und weniger als 1 Prozent war 20 Jahre alt.

Triadendatensatz 4. Welle (Mutter, Vater, Kind)

Der Triadendatensatz der 4. Welle (N = 352) umfasst alle Fälle, bei denen sowohl die Angaben der Jugendlichen als auch die der Väter und der Mütter vorliegen. Analysen mit diesem Datensatz beschränken sich somit auf Jugendliche aus vollständigen Familien, wobei wir nicht zwischen leiblichen Eltern und Stiefeltern unterscheiden können. 33 Prozent der Triaden stammen aus Teilprojekt A, 67 Prozent aus Teilprojekt B.

Von den 314 Jugendlichen des Teilprojekts A, die sich zum vierten Messzeitpunkt an der Untersuchung beteiligten, liegen in 116 Fällen die Angaben beider Eltern vor, das entspricht einem Anteil von 37 Prozent. Von den 995 Jugendlichen des Teilprojekts B liegen in 236 Fällen die Angaben beider Eltern vor, was einem Anteil von 24 Prozent entspricht.

Tabelle 2.7: Beschreibung des Triadendatensatzes der 4. Welle

Untergruppen	Fallzahlen		Anteil Elternhäuser mit Abitur	Anteil weiblicher Jugendlicher
Teilprojekt A				
Schulabgänger (Auszubildende, Berufstätige und andere)	76	(22%)	17%	50%
Oberschüler	40	(11%)	35%	55%
Teilprojekt B				
Gymnasiasten	236	(67%)	53%	63%
Gesamt	352	(100%)	43%	59%

Die Methode der Untersuchung 47

Tabelle 2.7 zeigt, dass auch im Triadendatensatz der 4. Welle die beiden Gruppen der Schulabgänger und der Oberschüler stark unterrepräsentiert sind. Hieraus resultiert eine Verzerrung im Bildungsniveau der Eltern zugunsten von Elternhäusern, in denen mindestens ein Elternteil Abitur gemacht hat. Ihr Anteil liegt im Triadendatensatz bei insgesamt 43 Prozent und entspricht damit in etwa dem Anteil an Elternhäusern mit hohem Bildungsgrad im gesamten Querschnittdatensatz der 4. Welle (45%). Hinsichtlich der Geschlechterverteilung zeigen sich im Triadendatensatz der 4. Welle in den beiden Untergruppen der Schulabgänger und der Oberschüler etwas weniger starke Verzerrungen als im gesamten Querschnittdatensatz 4. Welle. Insgesamt bleiben weibliche Jugendliche mit einem Anteil von 59 Prozent jedoch überrepräsentiert. Das Alter der Eltern zum Zeitpunkt der vierten Erhebungswelle verteilt sich wie in Tabelle 2.8 dargestellt.

Tabelle 2.8: Alter von Vätern und Müttern des Triadendatensatzes der 4. Welle

	Fallzahlen Mütter		Fallzahlen Väter	
bis 40 Jahre	84	(24%)	31	(9%)
41 bis 45 Jahre	161	(46%)	141	(40%)
46 bis 50 Jahre	77	(22%)	111	(32%)
über 50 Jahre	30	(9%)	67	(19%)
Gesamt	352	(100%)	350[1]	(100%)

1 Zwei Väter machten keine Angaben zu ihrem Alter.

Dyadendatensatz 4. Welle (zwei befreundete Jugendliche)

Der Dyadendatensatz der 4. Welle beschränkt sich auf Teilnehmer des Teilprojekts B, also auf Gymnasiasten, da die Teilnehmer des Teilprojekts A in der vierten Erhebungswelle nicht mehr im Klassenverband befragt werden konnten. In 775 Fällen konnten die Datensätze der Jugendlichen mit den Datensätzen von Freunden verbunden werden, das entspricht 78 Prozent der Gymnasiasten, die sich zum vierten Messzeitpunkt an der Untersuchung beteiligten. In 24 Prozent der Fälle handelt es sich um beste Freunde, die sich gegenseitig als solche bezeichneten (Gruppe 1). In weiteren 22 Prozent der Fälle wurde der beste Freund bzw. die beste Freundin von den Jugendlichen einseitig benannt (Gruppe 2). In den restlichen 54 Prozent der Fälle handelt es sich um befreundete Mitschüler, die nicht als beste Freunde bezeichnet wurden (Gruppe 3). Die Intensität der Freundschaftsbeziehungen nimmt aus Sicht der Jugendlichen also über die drei Gruppen hinweg ab.

Weibliche Jugendliche machten etwas häufiger Angaben zu ihren Freunden als männliche Jugendliche, ihr Anteil liegt im Dyadendatensatz mit

66 Prozent über dem Anteil, den sie in der entsprechenden Untergruppe im Querschnittdatensatz der 4. Welle hatten (62%). Der Anteil an Elternhäusern mit Abitur entspricht mit 52 Prozent exakt dem Anteil, den Elternhäuser mit Abitur in der entsprechenden Untergruppe im Querschnittdatensatz der 4. Welle hatten.

Tetradendatensatz 4. Welle (Mutter, Vater, Kind, Freund)

Der Tetradendatensatz der 4. Welle beschränkt sich ebenfalls auf Untersuchungsteilnehmer des Teilprojekts B. Er umfasst alle Fälle (N = 201), bei denen sowohl die Angaben beider Eltern als auch die Angaben eines Freundes bzw. einer Freundin vorliegen. In 24 Prozent der Fälle handelt es sich dabei um beste Freunde, die sich gegenseitig benannt haben (Gruppe 1). In weiteren 16 Prozent der Fälle lag nur eine einseitige Nennung der besten Freunde durch die Jugendlichen vor (Gruppe 2). In den restlichen 60 Prozent handelt es sich einfach nur um befreundete Mitschüler (Gruppe 3).

Der Anteil weiblicher Jugendlicher im Tetradendatensatz beträgt 65 Prozent, 52 Prozent der Jugendlichen stammen aus Elternhäusern, in denen mindestens ein Elternteil das Abitur hat.

2.3 Erhebung der Wahlbereitschaft und des Wahlverhaltens

Von der ersten bis zur dritten Erhebungswelle wurde die Wahlbereitschaft in Anlehnung an die sogenannte Sonntagsfrage[5] gestellt. Die Frage lautete:

Wenn am nächsten Sonntag Bundestagswahl wäre und Du wählen dürftest, welche Partei würdest Du dann wählen? Kreuze bitte nur eine Partei an![6]

Als Antwortvorgaben standen die CDU, die SPD, die PDS, die FDP, B90/-Grüne, Republikaner, „sonstige, und zwar: ___" und „ich würde nicht wählen" zur Verfügung.

Die Frage in den Fragebögen der Eltern war gleichlautend, es wurde lediglich der Einschub „,.. und du wählen dürftest" weggelassen.[7]

---

5 Quelle: Zentralarchiv für empirische Sozialforschung an der Universität zu Köln (1994)
6 Der Fragetext wurde gegenüber dem Originalwortlaut leicht abgeändert. Im Original lautet die Frage: „Wenn am nächsten Sonntag Bundestagswahl wäre, welche Partei würden Sie dann mit Ihrer Zweitstimme wählen?"
7 Die Jugendlichen wurden von der ersten bis zur dritten Erhebungswelle geduzt, erst in der vierten Welle sind wir zum Sie übergegangen. Die Eltern wurden über alle vier Wellen hinweg gesiezt.

Die Methode der Untersuchung 49

In der vierten Erhebungswelle wurde im Anschluss an die Bundestagswahl 1998 das Wahlverhalten erhoben. Zunächst wurde die Frage gestellt:

Sind Sie am 27. September 1998, als die Wahlen für den Deutschen Bundestag waren, wählen gegangen?

Hier konnte nur entweder „ja" oder „nein" angekreuzt werden. Falls „nein" angekreuzt wurde sollte die nächste Frage übersprungen werden. Diese lautete:

Welche Partei haben Sie bei der <u>Bundestagswahl</u> am 27. September mit Ihrer <u>Zweitstimme</u> gewählt? (Diese Frage bitte nur ausfüllen, wenn Sie wählen gegangen sind!)

Die folgenden beiden Hinweise wurden gegeben:

„Mit der Erststimme wählt man einen Wahlkreiskandidaten bzw. eine Wahlkreiskandidatin. Die <u>Zweitstimme</u> ist die Stimme, mit der man die Partei wählt. Uns interessiert, welche <u>Partei</u>, nicht welche Person Sie gewählt haben. Bei der Wahl am 27. September wurden Erst- und Zweitstimme beide auf demselben weißen Stimmzettel abgegeben. Die Parteien, denen man die Zweitstimme geben konnte, waren in blauer Schrift gedruckt."

„An dieser Stelle möchten wir noch einmal darauf hinweisen, daß wir uns streng an die Regeln des Datenschutzes halten. Das Wahlgeheimnis bleibt somit im vollem Umfang gewahrt. Es widerspricht weder dem Wahlgeheimnis noch dem Datenschutz wenn Sie uns mitteilen, welche Partei Sie gewählt haben."

Als Antwortvorgaben standen die CDU, die SPD, die PDS, B90/Grüne, die FDP, die DVU, die Republikaner, die NPD sowie „sonstige Partei, und zwar: ___ (bitte eintragen)" zur Verfügung.

Die drei Parteien Republikaner, DVU und NPD wurden zur Kategorie der rechtsradikalen Parteien zusammengefasst. Zwar standen die beiden Parteien DVU und NPD bei der Sonntagsfrage als Antwortkategorien nicht zur Verfügung, sie wurden aber in einigen Fällen unter den sonstigen Parteien genannt. Diese Angaben wurden bei der Bildung der Variablen berücksichtigt.

Für die Analysen steht zu jedem Messzeitpunkt eine Variable für die Parteiwahl mit den Kategorien CDU, SPD, PDS, B90/Grüne, rechtsradikale Partei, FDP, „sonstige Partei" und „nicht gewählt" zur Verfügung. Außerdem wurde für jede Kategorie dieser Variablen eine Dummyvariable gebildet, bei denen die Wähler der jeweiligen Partei eine (1) erhielten und alle anderen inklusive der Nichtwähler auf (0) gesetzt wurden.

Von den 1309 Jugendlichen, die sich in der vierten Welle an der Untersuchung beteiligten, verweigerten nur 5 Jugendliche (weniger als 1%) jegliche Antwort zum Wahlverhalten, weitere 52 Jugendliche gaben zwar an, wählen gegangen zu sein, kreuzten aber keine Partei an. Insgesamt fehlen somit von 57 Jugendlichen (4%) die Angaben zur Parteiwahl.

Bei den 795 Jugendlichen, die sich im Längsschnitt über alle vier Wellen an der Untersuchung beteiligten, fehlen zum ersten Messzeitpunkt nur

5 Angaben (weniger als 1%), zum zweiten Messzeitpunkt 16 Angaben (2%), zum dritten Messzeitpunkt 7 Angaben (1%) und zum vierten Messzeitpunkt 27 Angaben (3%). Insgesamt stehen über alle vier Messzeitpunkte hinweg 747 Fälle für Analysen des Wahlverhaltens zur Verfügung, das entspricht 94 Prozent aller Längsschnittjugendlichen. Von den Eltern, die sich beide in der vierten Welle an der Untersuchung beteiligten, verweigerte nur ein Vater jegliche Antwort. Keine Angaben zur Parteiwahl machten aber 19 Mütter (5%) und 13 Väter (4%). Insgesamt stehen 317 Triaden für die Analysen des Wahlverhaltens von Eltern und Kindern zur Verfügung.

2.4 Beschreibung der unabhängigen Variablen

In diesem Unterabschnitt wird das Instrumentarium zur Erhebung der unabhängigen Variablen beschrieben.

Geschlecht

Das Geschlecht der Jugendlichen wird durch eine Dummyvariable mit den Werten (0) „männlich" und (1) „weiblich" abgebildet. Tabelle 2.9 dokumentiert die Verteilung und Fallzahl der Jugendlichen in der vierten Welle.

Tabelle 2.9: Geschlecht der Jugendlichen in der 4. Welle, Verteilung (in %) und Fallzahl

	(0) männlich	(1) weiblich	N
Geschlecht	38	62	1309

Bildung der Jugendlichen

Die Bildung der Jugendlichen wird ebenfalls durch eine Dummyvariable abgebildet, die auf der Grundlage der Daten der vierten Erhebungswelle gebildet wurde. Sie hat die Abstufungen (0) „ohne Abitur" und (1) „Abitur angestrebt". Bei den Jugendlichen, die das Abitur anstrebten, handelt es sich um die Gruppe der Abiturienten, die zum vierten Messzeitpunkt ein Gymnasium, die Oberstufe einer Gesamtschule oder ein Oberstufenzentrum besuch-

Die Methode der Untersuchung 51

ten und somit kurz vor dem Abitur standen. Tabelle 2.10 dokumentiert die Verteilung und Fallzahl der Jugendlichen in der vierten Welle.

Tabelle 2.10: Bildung der Jugendlichen in der 4. Welle, Verteilung (in %), Mittelwert, Standardabweichung und Fallzahl

	(0) ohne Abitur: alle Schulabgänger	(1) Abitur angestrebt: Gymnasiasten und Oberschüler auf Gesamtschule oder Oberstufenzentrum	N
Bildung der Jugendlichen	15	85	1309

Bildungsweg der Jugendlichen

Die Bildungswegvariable der Jugendlichen wurde auf Grundlage der Daten der vierten und der ersten Erhebungswelle gebildet. Die Variable hat drei Abstufungen und unterscheidet (1) die Gymnasiasten, die bereits in der 10. Klasse ein Gymnasium besuchten (Untersuchungsteilnehmer des Teilprojekts B) von (2) den Oberschülern, die nach der 10. Klasse von einer Gesamt- oder Realschule in eine Oberstufe wechselten (Untersuchungsteilnehmer des Teilprojekts A). Die Oberstufe kann dabei entweder in einem Oberstufenzentrum oder in einer Gesamtschule, in seltenen Fällen auch an einem Gymnasium angesiedelt sein. Die dritte Gruppe bilden (3) ehemalige Gesamt- und Realschüler (Untersuchungsteilnehmer des Teilprojekts A), die zum vierten Messzeitpunkt die Schule verlassen hatten und zum größten Teil einer Ausbildung nachgingen. Tabelle 2.11 dokumentiert die Verteilung und Fallzahl dieser Variable unter den Jugendlichen der vierten Welle.

Tabelle 2.11: Bildungsweg der Jugendlichen in der 4. Welle, Verteilung (in %) und Fallzahl

	(1) Gymnasiasten ab 10. Klasse	(2) Oberschüler (ehemals Gesamt- oder Realschule)	(3) Schulabgänger (ehemals Gesamt- oder Realschule)	N
Bildungsweg der Jugendlichen	76	9	15	1309

Bildung der Eltern

Die Bildung der Eltern wurde über die Jugendlichen und über die Eltern erhoben. Im Teilprojekt A wurden die Jugendlichen nur in der ersten Erhebungswelle zur Bildung der Eltern befragt, im Teilprojekt B dagegen zu allen vier Messzeitpunkten. Es wurde nach dem Schulabschluss beider Elternteile gefragt. Die Fragen lauteten:

„Welchen Schulabschluss hat Ihre Mutter (oder Stiefmutter)?"
„Welchen Schulabschluss hat Ihr Vater (oder Stiefvater)?"

Die Antwortvorgaben reichten von (1) „unter 8 Klassen" über (2) „8-Klassen-Abschluss", (3) „10-Klassen-Abschluss" bis (4) „12-Klassen-Abschluss (Abitur)". Außerdem konnte die Kategorie „ich weiß nicht" angekreuzt werden.

Die Eltern wurden in beiden Teilprojekten zu allen vier Messzeitpunkten gefragt:

„Welchen Schulabschluss haben Sie?"

Den Eltern standen die Antwortvorgaben (1) „kein Abschluss", (2) „abgeschlossene Grundschulbildung (8 Klassen)", (3) „Abschluss POS (auch 10 Klassen Schule)", (4) „Abitur an EOS (auch mit Berufsausbildung)" und (5) „Berufsausbildung mit Abitur" zur Verfügung.

In den Angaben der Jugendlichen wurden die Kategorien 1 bis 3 zur Kategorie 0 (ohne Abitur) zusammengefasst, und die Kategorie 4 wurde zur Kategorie 1 (mit Abitur) umkodiert. In den Angaben der Eltern wurden die Kategorien 1 bis 3 zur Kategorie 0 (ohne Abitur) zusammengefasst, und die Kategorien 4 und 5 zur Kategorie 1 (mit Abitur).

Bei der Bildung der Dummyvariablen wurden möglichst die Angaben der Eltern herangezogen. Falls von den Eltern keine Angaben vorlagen, wurde auf die Angaben der Jugendlichen zugegriffen. Tabelle 2.12 dokumentiert die Verteilungen und Fallzahlen der Bildungsvariablen der Mütter und Väter für die Jugendlichen der vierten Welle.

Tabelle 2.12: Bildung von Müttern und Vätern der Jugendlichen in der 4. Welle, Verteilungen (in %) und Fallzahlen

	(0) ohne Abitur	(1) mit Abitur	N
Bildung der Mütter	69	31	1272
Bildung der Väter	65	35	1217

Die Dummyvariable „Bildung der Eltern" erhielt eine (1), wenn mindestens ein Elternteil Abitur hatte und eine (0), wenn kein Elternteil Abitur hatte. Es wurden auch dann Werte vergeben, wenn nur von einem Elternteil Angaben

Die Methode der Untersuchung 53

vorlagen. Tabelle 2.13 dokumentiert die Verteilung und Fallzahl dieser Variable für die vierte Welle.

Tabelle 2.13: Bildung der Eltern der Jugendlichen in der 4. Welle, Verteilung (in %) und Fallzahl

	(0) ohne Abitur	(1) mindestens ein Elternteil hat Abitur	N
Bildung der Eltern	55	45	1286

Religionszugehörigkeit

Die Frage zur Religionszugehörigkeit lautete:

„Gehören Sie einer Religionsgemeinschaft an?"

Die Frage konnte mit (0) „nein" oder mit (1) „ja, und zwar ____" beantwortet werden. Tabelle 2.14 dokumentiert die Verteilung und Fallzahl der Religionszugehörigkeit für die Jugendlichen in der vierten Welle.

Tabelle 2.14: Religionszugehörigkeit der Jugendlichen in der 4. Welle, Verteilung (in %) und Fallzahl

	(0) ohne	(1) mit	N
Religionszugehörigkeit	79	21	1309

Parteiidentifikation (Parteineigung)

Die Parteiidentifikation wurde anhand einer Frage zur Parteineigung[8] über alle vier Messzeitpunkte hinweg auf dieselbe Weise erhoben. Die Frage lautete:

„Wenn Sie es einmal insgesamt betrachten, würden Sie dann sagen, Sie neigen alles in allem einer bestimmten Partei eher zu als den anderen Parteien? Wenn ja, welcher?"[9]

---

8   Quelle: Gluchowski (1983: 452).
9   Auch hier wurde der Fragetext gegenüber dem Originalwortlaut leicht verändert. Im Original lautet die Frage: „Wenn Sie es einmal insgesamt betrachten, würden Sie dann sagen, Sie neigen alles in allem einer bestimmten Partei eher zu als den anderen Parteien oder ist das bei Ihnen nicht der Fall?" „Wenn ja, welcher?"

Als Antwortvorgaben standen wie bei der Sonntagsfrage die CDU, die SPD, die PDS, die FDP, B90/Grüne, die Republikaner und „sonstige, und zwar: ___" zur Verfügung. Außerdem konnte die Kategorie „nein, ich neige keiner Partei zu" angekreuzt werden. Die DVU und die NPD standen als Antwortkategorien nicht zur Verfügung, wurden in einigen Fällen aber unter den sonstigen Parteien genannt. Bei der Bildung der Variablen wurden diese Nennungen berücksichtigt. Die Variable Parteineigung hat die Kategorien CDU, SPD, PDS, B90/Grüne, rechtsradikale Partei (DVU, NPD, Republikaner), FDP, „sonstige Parteien" und „keine Parteineigung". Außerdem wurde wieder für jede Kategorie eine Dummyvariable gebildet, die eine (1) erhielt, wenn die jeweilige Parteineigung vorlag. Alle anderen Personen einschließlich derjenigen ohne Parteineigung wurden auf (0) gesetzt. Die Verteilung und Entwicklung dieser Variablen wird in Kapitel 4 dargestellt.

Kompetenzzuschreibungen an die Parteien

Die Kompetenzzuschreibungen an die Parteien wurden mittels zweier Fragenkomplexe erhoben. Der erste Fragenkomplex diente der Ermittlung der subjektiven Bedeutung verschiedener politischer Problemlagen. Die Anweisung lautete:

„Auf der folgenden Liste stehen einige politische Aufgaben. Bitte sagen Sie zu jeder Aufgabe, für wie wichtig Sie diese zum gegenwärtigen Zeitpunkt halten, ob für sehr wichtig (5) oder für ganz unwichtig (1)."

Die folgenden Probleme sollten anhand von fünfstufigen Skalen, die von (1) „ganz unwichtig" bis (5) „sehr wichtig" reichten, bewertet werden:

- Lehrstellen schaffen
- Die Bürger wirksamer vor Verbrechen schützen
- Soziale Sicherheit gewährleisten
- Für den Umweltschutz sorgen
- Den Rechtsextremismus bekämpfen
- Arbeitsplätze sichern und neue schaffen
- Den Frieden in der Welt sichern
- Den Zuzug von Ausländern einschränken

Der zweite Fragenkomplex diente der Ermittlung der Kompetenzzuschreibungen für die einzelnen Parteien, unabhängig davon, ob ein Thema subjektiv für wichtig erachtet wurde. Die Anweisung lautete:

„Wenn es um die Probleme unserer Zeit geht, kann man unterschiedliches Vertrauen in die Fähigkeiten der Parteien haben, die Probleme zu lösen. Lesen Sie die Aufgaben noch einmal einzeln durch und geben Sie bitte für jede an, welcher Partei Sie am ehesten die Lösung zutrauen würden."

Die Methode der Untersuchung 55

Aufgelistet waren dieselben Aufgaben wie im vorangegangenen Fragenkomplex. Als Antwortkategorien standen die Parteien „CDU/CSU", „SPD", „FDP", „B90/Die Grünen", „PDS" und die „Republikaner" zur Verfügung. Außerdem konnten die Kategorien „andere Partei", „allen Parteien" sowie „keiner Partei" angekreuzt werden. Die Konstruktion der Variablen der Kompetenzzuschreibung für die einzelnen Parteien erfolgte in Abhängigkeit davon, ob ein Thema subjektiv als wichtig empfunden wurde. Die genaue Vorgehensweise wird in Kapitel 5 beschrieben.

Unterstützung der politischen Ordnung

Die Fragen zur grundlegenden Unterstützung zweier verschiedener politischer Ordnungen (Demokratie und Sozialismus), sowie zur Bewertung ihrer jeweiligen Umsetzung in der BRD bzw. der ehemaligen DDR, wurden auf dieselbe Weise wie im DJI-Jugendsurvey 1 (Hoffmann-Lange, 1995b) gestellt. Die erste Frage bezieht sich auf die grundlegende Einstellung zur Idee der Demokratie und erfaßt die diffuse Unterstützung für diese Gesellschaftsform:

„Die folgenden Fragen beschäftigen sich mit der Demokratie. Zunächst geht es nicht um die tatsächlich bestehenden Demokratien, sondern um die Idee der Demokratie. Bitte sagen Sie uns anhand der folgenden Abstufung, wie sehr Sie grundsätzlich für oder grundsätzlich gegen die Idee der Demokratie sind."

Die Antwortvorgabe war fünfstufig und reichte von „sehr für die Idee der Demokratie" (5) bis „sehr gegen die Idee der Demokratie" (1). Die zweite Frage bezieht sich auf die Bewertung der konkreten Umsetzung der Idee der Demokratie in der Bundesrepublik Deutschland. Hierbei handelt es sich um eine Mischform von diffuser und spezifischer Unterstützung.

„Kommen wir nun zu der Demokratie in der Bundesrepublik Deutschland. Wie zufrieden oder wie unzufrieden sind Sie – alles in allem – mit der Demokratie so wie sie in der Bundesrepublik besteht?"

Die Antwortabstufungen reichten hier von „sehr zufrieden" (5) bis „sehr unzufrieden" (1). Die dritte Frage richtete sich auf die generelle Unterstützung der Idee des Sozialismus.

„Bei dieser Frage geht es nicht um den Sozialismus, wie er in der DDR bestand, sondern um die Idee des Sozialismus. Bitte sagen Sie uns anhand der folgenden Abstufung, wie sehr Sie grundsätzlich für oder grundsätzlich gegen die Idee des Sozialismus sind."

Hier war der eine Pol mit „sehr für die Idee des Sozialismus" (5) und der andere mit „sehr gegen die Idee des Sozialismus" (1) bezeichnet. Zuletzt wurde auch noch nach der konkreten Umsetzung der Idee des Sozialismus in der DDR gefragt.

„Und wie denken Sie heute über den Sozialismus, so wie er in der DDR bestand? Bitte antworten Sie wieder anhand der folgenden Abstufung."

Die Abstufungen reichten von „sehr gut" (5) bis „sehr schlecht" (1). Tabelle 2.15 gibt die Verteilungen, Mittelwerte, Standardabweichungen und Fallzahlen der vier Variablen bei den Jugendlichen zum vierten Messzeitpunkt wieder.

Tabelle 2.15: Unterstützung der politischen Ordnung bei den Jugendlichen in der 4. Welle, Verteilungen (in %), Mittelwerte, Standardabweichungen und Fallzahlen

	(1)	(2)	(3)	(4)	(5)	M	SD	N
Idee der Demokratie	0	2	24	36	38	4.1	0.83	1302
Demokratie in BRD	3	16	52	27	2	3.1	0.79	1303
Idee des Sozialismus	5	15	37	29	14	3.3	1.05	1300
Sozialismus in DDR	14	37	38	10	1	2.5	0.89	1298

Links-Rechts-Orientierung

Die Links-Rechts-Orientierung der Jugendlichen wurde in der vorliegenden Untersuchung anhand der in der Umfrageforschung häufig verwendeten zehnstufigen Skala zur Links-Rechts-Selbsteinstufung[10] erfasst. Die Anweisung lautete:

„Viele Leute verwenden die Begriffe LINKS und RECHTS, wenn es darum geht, unterschiedliche politische Einstellungen zu kennzeichnen. Wir haben hier einen Maßstab, der von links nach rechts verläuft. Wenn Sie an Ihre eigenen politischen Ansichten denken, wo würden Sie diese Ansichten auf dieser Skala einstufen? Machen Sie bitte ein Kreuz in eines der Kästchen!"

Neben der Skala, die von (1) „links" bis (10) „rechts" reichte, wurde zusätzlich die Antwortkategorie „Mit diesen Begriffen kann ich nichts anfangen" angeboten. Diese Kategorie wurde von 44 Jugendlichen (2%) angekreuzt. Tabelle 2.16 zeigt für die Jugendlichen, die eine Links-Rechts-Selbsteinstufung vornahmen, die Verteilung, Mittelwert, Standardabweichung und Fallzahl in der vierten Welle.

---

10 Quelle: Zentralarchiv für empirische Sozialforschung an der Universität zu Köln (1994)

Die Methode der Untersuchung 57

Tabelle 2.16: Links-Rechts-Orientierung der Jugendlichen in der 4. Welle, Verteilung (in %) Mittelwert, Standardabweichung und Fallzahl

	(1)	(2)	(3)	(4)	(5)	(6)	(7)	(8)	(9)	(10)	M	SD	N
Links-Rechts-Orientierung	2	4	11	14	26	22	12	6	2	2	5.2	1.78	1253

Demokratieverständnis

Das Demokratieverständnis der Jugendlichen wurde wiederum auf dieselbe Weise wie im DJI-Jugendsurvey 1 (Hoffmann-Lange, 1995b) erhoben. Neun Aussagen zu Formen der politischen Partizipation, zu demokratischen Regeln, zum Umgang mit politischen Konflikten und zu staatlichen Repressionsmaßnahmen sollten bewertet werden. Die Anweisung lautete:

„Hier haben wir eine Reihe von häufig gehörten Behauptungen zusammengestellt und möchten Sie bitten, uns Ihre persönliche Stellungnahme zu jeder Behauptung zu sagen. Dabei bedeutet +3 volle Übereinstimmung und -3 volle Ablehnung."

Die Antwortvorgaben waren sechsstufig und reichten von „volle Übereinstimmung" (+3) bis „volle Ablehnung" (-3). Für die Analysen wurden die Antworten so umkodiert, dass ein hoher Wert (6) „volle Übereinstimmung" und ein niedriger Wert (1) „volle Ablehnung" bedeutet. Eine Faktorenanalyse ergab zwei Dimensionen, welche die Aussagen wie im Folgenden dokumentiert zusammenfassen:

Freiheitliche Demokratie

- Jeder sollte das Recht haben, für seine Meinung einzutreten, auch wenn die Mehrheit anderer Meinung ist.
- Jeder Bürger hat das Recht, notfalls für seine Überzeugung auf die Straße zu gehen.
- Eine lebensfähige Demokratie ist ohne politische Opposition nicht denkbar.
- Jede demokratische Partei sollte grundsätzlich die Chancen haben, an die Regierung zu kommen.

Law and Order (staatliche Repression)

- Der Bürger verliert das Recht zu Streiks und Demonstrationen, wenn er damit die öffentliche Ordnung gefährdet.
- Die Auseinandersetzungen zwischen den verschiedenen Interessengruppen in unserer Gesellschaft und ihre Forderungen an die Regierung schaden dem Allgemeinwohl.
- Zur Aufrechterhaltung von Ruhe und Ordnung sollte die Polizei mit harten Maßnahmen durchgreifen können.
- Vieles spricht dafür, für bestimmte Verbrechen die Todesstrafe auch in der Bundesrepublik einzuführen.

Die Aussage „Auch wer in einer Auseinandersetzung Recht hat, sollte einen Kompromiss suchen" wies eine Doppelladung auf beiden Faktoren auf und wurde in der Skalenbildung nicht berücksichtigt. Die Skalen wurden additiv gebildet und durch die Anzahl der Items dividiert. Auf diese Weise bleibt der ursprüngliche Wertebereich erhalten. Tabelle 2.17 dokumentiert die Kennwerte der beiden Skalen für die Jugendlichen der vierten Welle.

Tabelle 2.17: Skalenkennwerte für das Demokratieverständnis der Jugendlichen in der 4. Welle

	Anzahl Items	Cronbachs Alpha	Werte-bereich	M	SD	N
Freiheitliche Demokratie	4	.50	1 - 6	5.02	0.65	1296
Law and Order	4	.60	1 - 6	4.02	1.03	1296

Wertorientierungen

Zur Erfassung von Wertorientierungen wurde ebenfalls das Instrumentarium des DJI-Jugendsurveys 1 (Gille, 1995) übernommen. Die Jugendlichen sollten zu insgesamt 18 verschiedenen Eigenschaften und Verhaltensweisen Stellung nehmen. Die Anweisung lautete:

„In jeder Gesellschaft gibt es unterschiedliche Vorstellungen darüber, welche Eigenschaften und Verhaltensweisen von Menschen wünschenswert sind und welche nicht. Bitte sagen Sie zu jeder Verhaltensweise auf dieser Liste, wie wichtig es für Sie persönlich ist, so zu sein oder sich so zu verhalten. Kreuzen Sie bitte an, ob es für Sie sehr wichtig (5) oder überhaupt nicht wichtig (1) ist."

Die Antwortvorgaben waren fünfstufig und reichten von (1) „überhaupt nicht wichtig" bis (5) „sehr wichtig". Die 18 Items wurden zu sieben Wertebereichen zusammengefasst, die im Folgenden dokumentiert sind.

Pflicht/Akzeptanz
- pflichtbewusst sein
- sich anpassen

Leistung
- ehrgeizig sein
- etwas leisten

Materialismus
- auf Sicherheit bedacht sein
- ein hohes Einkommen anstreben

Die Methode der Untersuchung 59

Selbstverwirklichung
- unabhängig sein
- sich selbst verwirklichen
- eigene Fähigkeiten entfalten

Kritikfähigkeit
- kritisch sein
- durchsetzungsfähig sein
- sich gegen Bevormundung wehren

Prosozialität/Verantwortungsbereitschaft
- Verantwortung für andere übernehmen
- anderen Menschen helfen
- Rücksicht auf andere nehmen

Hedonismus
- das Leben genießen
- tun und lassen, was man will
- ein aufregendes, spannendes Leben führen

Die Skalen wurden gebildet, indem die jeweiligen Items addiert und durch die Anzahl der Items dividiert wurden. Tabelle 2.18 dokumentiert die Skalenkennwerte für die Jugendlichen der vierten Welle.

Tabelle 2.18: Skalenkennwerte für die Wertorientierungen der Jugendlichen in der 4. Welle

	Anzahl Items	Cronbachs Alpha	Werte-bereich	M	SD	N
Pflicht/Akzeptanz	2	.39	1 - 5	3.6	0.72	1306
Leistung	2	.55	1 - 5	4.1	0.71	1307
Materialismus	2	.42	1 - 5	3.8	0.78	1307
Selbstverwirklichung	3	.68	1 - 5	4.4	0.56	1307
Kritikfähigkeit	3	.50	1 - 5	4.1	0.58	1305
Prosozialität	3	.72	1 - 5	3.8	0.72	1306
Hedonismus	3	.71	1 - 5	3.7	0.79	1308

Politisches Interesse (allgemein)

Das allgemeine politische Interesse[11] wurde anhand einer Formulierung erfragt, die standardmäßig in sozialwissenschaftlichen Umfragen Verwendung findet. Die Frage lautete:

„Wie stark interessieren Sie sich für Politik?"

---

11 Quelle: Zentralarchiv für empirische Sozialforschung an der Universität zu Köln (1994).

Die Antwortvorgabe war fünfstufig und reichte von „überhaupt nicht" (1) bis „sehr stark" (5). Tabelle 2.19 dokumentiert die Verteilung, Mittelwert, Standardabweichung und Fallzahl des politischen Interesses der Jugendlichen in der vierten Welle.

Tabelle 2.19: Politisches Interesse der Jugendlichen in der 4. Welle, Verteilungen (in %), Mittelwert, Standardabweichung und Fallzahl

	(1)	(2)	(3)	(4)	(5)	M	SD	N
Politisches Interesse (allgemein)	1	14	56	22	7	3.2	0.79	1309

Interesse für verschiedene Politikfelder

Neben der Frage zum allgemeinen Interesse an Politik, wurde das Interesse für eine Reihe von verschiedenen Politikfeldern abgefragt. Die Politikfelder sollten einzeln anhand fünfstufiger Antwortvorgaben bewertet werden, die von (1) „überhaupt nicht" bis (5) „sehr stark" reichten. Die Anweisung lautete:

„Geben Sie bitte bei den folgenden Themen jeweils an, in welchem Maße Sie sich persönlich dafür interessieren! Kreuzen Sie bitte jeweils an, ob Sie sich sehr stark (5) oder überhaupt nicht (1) interessieren. Mit den Werten dazwischen können Sie Ihre Antwort abstufen."

Eine Faktorenanalyse ergab mehrere Dimensionen, von denen aber nur eine, das Interesse für Neue Politik, in den Analysen dieses Buches berücksichtigt wird. Das Interesse für Neue Politik umfasst die folgenden Politikfelder:

Interesse für Neue Politik
- Dritte Welt/Entwicklungspolitik
- Friedenspolitik
- Umweltpolitik

Die Skalenbildung erfolgte durch Addition der drei Items und Division durch die Anzahl der Items. Tabelle 2.20 dokumentiert die Kennwerte der Skala für die Jugendlichen der vierten Welle.

Tabelle 2.20: Skalenkennwerte für das Interesse der Jugendlichen für Neue Politik in der 4. Welle

	Anzahl Items	Cronbachs Alpha	Wertebereich	M	SD	N
Interesse für Neue Politik	3	.74	1 - 5	3.3	0.76	1300

Kommunikation über Politik mit Eltern und Freunden

Die Angaben zur Häufigkeit der Kommunikation über Politik mit Eltern und mit Freunden stammen aus zwei verschiedenen Frageblöcken. Zum einen wurde nach der Häufigkeit von Gesprächen über Politik mit verschiedenen Bezugspersonen gefragt. Diese Fragen wurden mittels eines Inventars erhoben, das die Häufigkeit politischer Aktivitäten im Alltag messen soll (Krampen, 1991: S. 86). Die Frage lautete:

„Wie häufig führen Sie die folgenden Aktivitäten aus? Sehr häufig (5) oder nie (1)? Mit den Werten dazwischen können Sie Ihre Antwort abstufen."

Es sollten die folgenden Antwortvorgaben abgestuft werden: „Gespräche mit dem besten Freund über politische Themen" (bei den weiblichen Jugendlichen wurde nach Gesprächen mit der besten Freundin gefragt), „Gespräche mit Freunden über politische Themen", „Gespräche mit meiner festen Freundin" (bei den weiblichen Jugendlichen wurde nach Gesprächen mit dem festen Freund gefragt), „Gespräche mit Mitschülern/Kollegen über politische Themen" (im Teilprojekt B wurde nur nach Gesprächen mit Mitschülern gefragt), „Gespräche mit dem Vater über politische Themen" und „Gespräche mit der Mutter über politische Themen".[12] Das Antwortformat war fünfstufig und reichte von (1) „nie" bis (5) „sehr häufig". Außerdem gab es die Möglichkeit, die Kategorie „diese Person gibt es nicht" anzukreuzen.

Der zweite Fragenkomplex enthielt Fragen zur Häufigkeit von Auseinandersetzungen über politische Themen mit verschiedenen Bezugspersonen. Dieser Fragenkomplex wurde in Anlehnung an Krampen (1991: S. 88f) entwickelt. Die Frage lautete:

„Wie häufig haben Sie mit den folgenden Personen Auseinandersetzungen über politische Themen: Sehr häufig (5) oder nie (1)? Mit den Werten dazwischen können Sie Ihre Antwort abstufen."

Abgestuft werden sollte „mit meinem Vater", „mit meiner Mutter", „mit Mitschülern/Kollegen" (im Teilprojekt B nur „mit Mitschülern"), „mit dem besten Freund" (bei den weiblichen Jugendlichen „mit der besten Freundin"), „mit meiner festen Freundin" (bei den weiblichen Jugendlichen „mit meinem festen Freund"), „mit Freunden" sowie „sonstige, und zwar ____". Das Antwortformat reichte von (1) „nie" bis (5) „sehr häufig" und es gab wiederum die Möglichkeit, die Kategorie „diese Person gibt es nicht" anzukreuzen.

Eine Faktorenanalyse unter Einbezug aller Items ergab drei Dimensionen. Die erste Dimension umfasste die Gespräche und Auseinandersetzungen mit den besten Freunden, mit den Freunden und mit den Mitschülern oder Kolle-

---

12 Das ursprüngliche Inventar von Krampen enthielt nur die drei Items „Gespräche mit Freunden über politische Themen", „Gespräche mit Mitschülern/Kollegen über politische Themen" und „Gespräche mit Eltern über politische Themen".

gen. Die zweite Dimension umfasste die Gespräche und Auseinandersetzungen mit dem Vater und der Mutter, und die dritte Dimension die Gespräche und Auseinandersetzungen mit dem festen Freund bzw. der festen Freundin. Da die Struktur ohne die Items der Mitschüler und Kollegen noch deutlicher zutage trat als mit diesen, wurden diese Items bei der Skalenbildung nicht berücksichtigt. Auf die Dokumentation der Skala für die festen Freunde wird verzichtet, da diese in den Analysen nicht verwendet werden. In die anderen beiden Skalen gingen die folgenden Items ein:

Kommunikation über Politik mit Eltern:
- Häufigkeit von Gesprächen mit Mutter über politische Themen
- Häufigkeit von Auseinandersetzungen über politische Themen mit Mutter
- Häufigkeit von Gesprächen mit Vater über politische Themen
- Häufigkeit von Auseinandersetzungen über politische Themen mit Vater

Kommunikation über Politik mit Freunden:
- Häufigkeit von Gesprächen mit dem/r besten Freund/in über politische Themen
- Häufigkeit von Auseinandersetzungen über politische Themen mit dem/r besten Freund/in
- Häufigkeit von Gesprächen mit Freunden über politische Themen
- Häufigkeit von Auseinandersetzungen über politische Themen mit Freunden

Die Skalen wurden abweichend von der üblichen Vorgehensweise mit der SPSS-Funktion „mean" gebildet, die pro Person den Mittelwert aller beantworteten Items vergibt. Auf diese Weise erhielten die Jugendlichen auch dann einen Wert, wenn sie zum Beispiel keine besten Freunde oder keinen Vater hatten. Tabelle 2.21 dokumentiert die Kennwerte der Skalen für die Jugendlichen der vierten Welle.

Tabelle 2.21: Skalenkennwerte für die Häufigkeit der Kommunikation über Politik der Jugendlichen in der 4. Welle

	Anzahl Items	Cronbachs Alpha	Wertebereich	M	SD	N
Komm. Politik mit Eltern	4	.80	1 - 5	2.7	0.85	1294
Komm. Politik mit Freunden	4	.85	1 - 5	2.8	0.75	1300

Nutzung von Massenmedien zur Information über Politik

Die Nutzung von Massenmedien wurde ebenfalls anhand des Inventars zur Erfassung politischer Alltagsaktivitäten erhoben (Krampen, 1991: S. 86). Die Frage lautete:

„Wie häufig führen Sie die folgenden Aktivitäten aus? Sehr häufig (5) oder nie (1)? Mit den Werten dazwischen können Sie Ihre Antwort abstufen."

Die Methode der Untersuchung

Die folgenden vier Antwortvorgaben konnten jeweils auf einer Fünf-Punkt-Skala, die von (1) „nie" bis (5) „sehr häufig" reichte, abgestuft werden.

Nutzung von Massenmedien zur Information über Politik
- Lesen politischer Nachrichten in Tageszeitung
- Nachrichtensendungen im Fernsehen sehen
- Nachrichtensendungen im Radio hören
- politische Magazin-, Diskussions-, Informationssendungen im Fernsehen sehen

Die Skalenbildung erfolgte durch Addition und Division durch die Anzahl der Items. Tabelle 2.22 dokumentiert die Skalenkennwerte für die Jugendlichen der vierten Welle.

Tabelle 2.22: Skalenkennwerte für die Häufigkeit der Nutzung von Massenmedien bei politischen Themen durch die Jugendlichen in der 4. Welle

	Anzahl Items	Cronbachs Alpha	Wertebereich	M	SD	N
Medien zur politischen Information	4	.74	1 - 5	3.3	0.78	1299

Interne und externe politische Effektivität

Die Einstellungen zur politischen Effektivität[13] wurden mittels eines Instrumentes gemessen, welches häufig in empirischen Untersuchungen eingesetzt wird. Die Anweisung lautete:

„Hier sind einige Ansichten, die manche Leute vertreten. Wir möchten dabei gerne wissen, wie Sie darüber denken. Stimmen Sie mit den einzelnen Ansichten voll überein (5) oder lehnen Sie sie voll und ganz ab (1)?"

Von den sechs zu bewertenden Aussagen werden drei der internen und drei der externen politischen Effektivität zugeordnet. Bei der internen politischen Effektivität geht es um die Einschätzung der eigenen politischen Kompetenz und der individuellen politischen Einflussmöglichkeiten (Ich-Bezug). Bei der externen politischen Effektivität geht es um die Bewertung der Offenheit des politischen Systems gegenüber den Wünschen und Bedürfnissen des einzelnen Bürgers (System-Bezug). Eine niedrige externe politische Effektivität kann auch als mangelndes Vertrauen ins politische System oder als Politikverdrossenheit bezeichnet werden. Beide Dimensionen ließen sich anhand einer Faktorenanalyse abbilden.

---

13 Zentrum für Umfragen, Methoden und Analysen e.V. & Informationszentrum Sozialwissenschaften (1983).

Interne politische Effektivität
- Leute wie ich haben so oder so keinen Einfluss darauf, was die Regierung tut. (umgepolt)
- Neben dem Wählen gibt es keinen anderen Weg, um Einfluss darauf zu nehmen, was die Regierung tut. (umgepolt)
- Manchmal ist die ganze Politik so kompliziert, dass jemand wie ich gar nicht versteht, was vorgeht. (umgepolt)

Externe politische Effektivität (Politikverdrossenheit)
- Ich glaube nicht, dass sich die Politiker viel darum kümmern, was Leute wie ich denken.
- Im allgemeinen verlieren die Abgeordneten im Bundestag ziemlich schnell den Kontakt mit dem Volk.
- Die Parteien wollen nur die Stimmen der Wähler, ihre Ansichten interessieren sie nicht.

Alle Aussagen sollten auf einer fünfstufigen Skala, die von (1) „stimme voll damit überein" bis (5) „lehne ich voll und ganz ab" reichte, bewertet werden. Die Items der internen politischen Effektivität wurden so umkodiert, dass hohe Werte die Überzeugung ausdrücken, politisch etwas bewirken zu können. Die Werte der externen politischen Effektivität wurden nicht umkodiert, so dass hohe Werte ein niedriges Vertrauen in die politischen Institutionen (Politiker, Abgeordnete und Parteien) bzw. eine hohe Politikverdrossenheit signalisieren. Die Skalen wurden durch Addition der Items und Division durch die Anzahl der Items gebildet. Tabelle 2.23 dokumentiert die Skalenkennwerte für die Jugendlichen der vierten Welle.

Tabelle 2.23: Skalenkennwerte für die interne und externe politische Effektivität der Jugendlichen in der 4. Welle

	Anzahl Items	Cronbachs Alpha	Wertebereich	M	SD	N
Interne politische Effektivität	3	.67	1 - 5	3.1	0.94	1304
Externe politische Effektivität (Politikverdrossenheit)	3	.79	1 - 5	3.4	0.80	1307

Politisches und soziales Engagement

Das politische Engagement der Jugendlichen wurde anhand einer Liste von Aktivitäten erfasst, für welche die Jugendlichen angeben sollten, ob sie diese schon einmal gemacht haben.

„Geben Sie bitte für die folgenden Aktivitäten an, ob Sie sie schon einmal gemacht haben."

Die Methode der Untersuchung

Bei jeder Aktivität konnte entweder (1) „ja" oder (0) „nein" angekreuzt werden. Für die Skala „politisches Engagement" wurden die einzelnen Aktivitäten addiert.

Politisches Engagement
- Teilnahme an einer Demonstration
- Transparente herstellen
- Beteiligung an einem Streik
- Flugblätter verteilen
- Beteiligung an einem Boykott
- Teilnahme an einer (Haus-)Besetzung
- Sammeln von Unterschriften
- Beteiligung an einem Informationsstand
- Besuch einer politischen Diskussionsveranstaltung
- Kontaktaufnahme mit Politikern
- Besuch einer Wahlkampfveranstaltung
- Parteiarbeit

Das soziale Engagement wurde auf ähnliche Weise anhand einer Liste von Aktivitäten erhoben. Die Anweisung lautete:

„An welchen ehrenamtlichen oder sozialen Tätigkeiten haben Sie sich schon einmal beteiligt?"

Auch hier konnte bei jeder Aktivität entweder (1) „ja" oder (0) „nein" angekreuzt werden. Die einzelnen Aktivitäten wurden zur Skala „soziales Engagement" addiert. Tabelle 2.24 dokumentiert die Skalenkennwerte für die Jugendlichen der vierten Welle.

Soziales Engagement
- Betreuung von Kindern und Jugendlichen
- Pflege und Betreuung von alten Menschen
- Pflege und Betreuung von anderen hilfsbedürftigen Menschen
- Vorbereitung von Festen oder Ausflügen
- Vorbereitung von Treffen, Versammlungen oder Sitzungen
- Kassenführung
- Vorstandsmitglied in einer gemeinnützigen Organisation
- Beteiligung an einem Verkaufsstand für einen guten Zweck
- Spenden sammeln

Tabelle 2.24: Skalenkennwerte für politisches und soziales Engagement der Jugendlichen in der 4. Welle

	Anzahl Items	Cronbachs Alpha	Wertebereich	M	SD	N
Politisches Engagement	12	.68	0 - 12	3.3	2.32	1298
Soziales Engagement	9	.68	0 - 9	3.0	2.05	1292

Institutionell verankerte Partizipation

Inwieweit das politische und soziale Engagement der Jugendlichen an Institutionen gebunden war, wurde anhand der folgenden Frage erhoben:

„In welchen der folgenden Organisationen haben Sie schon mal mitgearbeitet?"
Aufgelistet waren unter anderem „Jugendzentrum/Jugendklub", „kirchliche Gruppe", „gemeinnütziger Verein (z.B. Rotes Kreuz, Freiwillige Feuerwehr, Volkssolidarität, DLRG)" und „politische Gruppe/Organisation (z.B. Umweltschutzgruppe, Friedensinitiative, Menschenrechtsgruppe)".

Bei jeder aufgelisteten Organisation konnte entweder (1) „ja" oder (0) „nein" angekreuzt werden. Es wurde keine Skala gebildet. Tabelle 2.25 dokumentiert die Häufigkeiten, Mittelwerte, Standardabweichungen und Fallzahlen für die einzelnen Organisationen im Datensatz der Jugendlichen der vierten Welle.

Tabelle 2.25: Institutionell verankerte Partizipation der Jugendlichen in der 4. Welle, Verteilungen (in %), Mittelwerte, Standardabweichungen und Fallzahlen

	(0)	(1)	M	SD	N
Jugendzentrum/Jugendklub	70	30	.30	.46	1293
kirchliche Gruppe	78	22	.22	.41	1296
gemeinnütziger Verein	80	20	.20	.41	1294
politische Gruppe/Organisation	89	11	.11	.31	1295

Protestbereitschaft

Die Bereitschaft zu politischem Protest wurde mittels einer Itemliste erhoben, die verschiedene Formen des politischen Protest enthielt. Die Liste stellte eine Auswahl aus entsprechenden Items verschiedener Untersuchungen dar (Zentrum für Umfragen, Methoden und Analysen e. V. & Informationszentrum Sozialwissenschaften, 1983; Jugendwerk der Deutschen Shell, 1992; Schneider, 1995; Jülisch, 1996). Die Anweisung lautete:

„Im folgenden sind einige Verhaltensweisen aufgelistet, die verschiedene Leute manchmal gewählt haben, um gegen etwas zu protestieren oder um die Öffentlichkeit auf ihr Anliegen aufmerksam zu machen. Wir würden nun gerne von Ihnen wissen, ob Sie sich bestimmt (5) oder bestimmt nicht (1) beteiligen würden. Mit den Werten dazwischen können Sie Ihre Meinung abstufen."

Das Antwortformat war fünfstufig und reichte von (1) „ich würde mich bestimmt beteiligen" bis (5) „ich würde mich bestimmt nicht beteiligen". Politische Beteiligungsformen werden in der Forschung häufig nach den Kriterien

Die Methode der Untersuchung 67

Konventionalität bzw. Unkonventionalität oder Legalität bzw. Illegalität unterschieden. Bei uns ließen sich die im Folgenden dokumentierten Dimensionen mittels einer konfirmatorischen Faktorenanalyse abbilden.

Konventioneller legaler Protest
- Schreiben von Leserbriefen
- Brief an Politiker schreiben
- Politische Diskussionsveranstaltung besuchen

Unkonventioneller legaler Protest
- Beteiligung an Bürgerinitiativen
- Beteiligung an einer Unterschriftensammlung
- Teilnahme an einer genehmigten politischen Demonstration

Ziviler Ungehorsam (unkonventionell, illegal)
- Teilnahme an einer nicht genehmigten politischen Demonstration
- Aufhalten des Verkehrs mit einer Demonstration
- Teilnahme an Hausbesetzungen
- Beteiligung an Sitzblockaden

Gewaltbereitschaft (unkonventionell, illegal)
- Protestparolen sprühen,
- aus Protest Straßenschilder, Fensterscheiben oder ähnliches beschädigen
- bei Protesten, wenn nötig, auch zuschlagen.

Für die Skalenbildung wurden die Werte der jeweiligen Items addiert und durch die Anzahl der Items dividiert. Tabelle 2.26 dokumentiert die Skalenkennwerte der Jugendlichen in der vierten Welle.

Tabelle 2.26: Skalenkennwerte für verschiedene Formen der politischen Protestbereitschaft der Jugendlichen in der 4. Welle

	Anzahl Items	Cronbachs Alpha	Wertebereich	M	SD	N
Konventioneller legaler Protest	3	.80	1 - 5	2.7	1.06	1299
Unkonventioneller legaler Protest	3	.78	1 - 5	3.4	0.93	1298
Ziviler Ungehorsam	4	.85	1 - 5	1.9	0.91	1282
Gewaltbereitschaft	3	.81	1 - 5	1.3	0.67	1288

Autoritarismus

Autoritarismus wurde anhand eines Instrumentariums der jüngeren Autoritarismusforschung erfasst (Oesterreich, 1993: 83). Autoritarismus wird dabei als psychologisches Konstrukt gefasst. Die Anweisung lautete:

„Im folgenden finden Sie eine Reihe von Aussagen, die sich auf Ihr persönliches Verhalten beziehen. Geben Sie bitte an, inwieweit diese Aussagen auf Sie zutreffen."

Eine Faktoranalyse über alle Items konnte zwar die drei von Oesterreich ermittelten Dimensionen „konventionelle Anpassung", „ängstliche Abwehr von Neuem" und „Machtorientierung" nachzeichnen, es schien uns jedoch aus theoretischen Gründen sinnvoll, die Faktorstruktur auf zwei Dimensionen zu reduzieren. Drei Items waren bei einer zweidimensionalen Faktorstruktur nicht mehr eindeutig zuzuordnen („Ich lerne gerne fremde Menschen kennen", „Ich glaube, dass die meisten so wie ich denken" und „Ich fühle mich wohl in gut organisierten Gruppen"). Die verbleibenden 13 Items laden auf den zwei Dimensionen „Machtorientierung/Feindseligkeit" und „Ängstlichkeit/Konventionalität".

Machtorientierung/Feindseligkeit
- Ich sehe zu, immer auf der Seite der Stärkeren zu sein.
- Ich lasse mich nicht gerne auf Auseinandersetzungen ein, aber ich weiß ganz gut, wie ich mich rächen kann.
- Ich freue mich, wenn ein Schüler/Lehrling, den ich nicht leiden kann, Ärger mit einem Lehrer/Ausbilder bekommt.
- Ich bewundere Menschen, die die Fähigkeit haben, andere zu beherrschen.
- Wer nicht für mich ist, ist gegen mich.
- Ich gehe Menschen, die anders als ich sind, aus dem Weg.

Ängstlichkeit/Konventionalität
- Ich versuche, Dinge immer in der üblichen Art und Weise zu machen.
- Ich handle gerne nach dem Satz: ‚Vorsicht ist besser als Nachsicht'.
- Neue und ungewöhnliche Situationen sind mir unangenehm.
- Veränderungen sind mir unangenehm.
- Ich habe mich immer bemüht, es meinen Eltern recht zu machen.
- Ich fühle mich in Gesellschaft fremder Menschen unsicher und unwohl.
- Ich wünsche mir für die Zukunft ein möglichst ruhiges Leben.

Die einzelnen Aussagen sollten anhand von fünfstufigen Skalen bewertet werden, die von (1) „trifft überhaupt nicht zu" bis (5) „trifft vollkommen zu" reichten. Für die Skalenbildung wurden die Werte der einzelnen Items addiert und durch die Anzahl der Items dividiert. Tabelle 2.27 dokumentiert die Kennwerte der Skalen für die Jugendlichen in der vierten Welle.

Tabelle 2.27: Skalenkennwerte für den Autoritarismus der Jugendlichen in der 4. Welle

	Anzahl Items	Cronbachs Alpha	Wertebereich	M	SD	N
Machtorientierung/Feindseligkeit	6	.71	1 - 5	2.2	0.68	1287
Ängstlichkeit/Konventionalität	7	.76	1 - 5	2.9	0.66	1291

Die Methode der Untersuchung 69

Ausländerfeindlichkeit

Ausländerfeindlichkeit wurde anhand von drei Aussagen zur Anwesenheit von Ausländern in Deutschland gemessen. Die Anweisung lautete:

„Wie ist Ihre Meinung zu den folgenden Aussagen über Ausländer in Deutschland? Sagen Sie uns bitte, inwieweit Sie diesen Aussagen zustimmen."

Die Aussagen sollten jeweils auf fünfstufigen Skalen, die von (1) „stimme überhaupt nicht zu" bis (5) „stimme voll und ganz zu" reichten, bewertet werden.

Ausländerfeindlichkeit
- Die Anwesenheit der Ausländer bereichert unsere Kultur. (umgepolt)
- Durch die vielen Ausländer fühlt man sich als Fremder im eigenen Land.
- Ausländer, die bei uns arbeiten, sollten irgendwann auch wieder in ihre Heimat zurückgehen.

Für die Skalenbildung wurde das Item „Die Anwesenheit der Ausländer bereichert unsere Kultur" umgepolt. Höhere Werte stehen somit für negativere Einstellungen gegenüber Ausländern. Die Skala wurde durch Addition der Items und Division durch die Anzahl der Items gebildet. Tabelle 2.28 dokumentiert die Skalenkennwerte für die Jugendlichen in der vierten Welle.

Tabelle 2.28: Skalenkennwerte für die Ausländerfeindlichkeit der Jugendlichen in der 4. Welle

	Anzahl Items	Cronbachs Alpha	Wertebereich	M	SD	N
Ausländerfeindlichkeit	3	.80	1 - 5	2.8	1.08	1304

Traditionelle Geschlechtsrollenorientierung

Die Geschlechtsrollenorientierung wurde auf dieselbe Weise wie im DJI-Jugendsurvey 1 (Gille, 1995) erhoben. Die Itembatterie enthielt verschiedene Aussagen zur Rolle der Frau in Familie und Beruf. Die Anweisung lautete:

„Im folgenden geht es um die Situation von Männern und Frauen im Alltagsleben. Inwieweit stimmen Sie persönlich diesen Aussagen zu? Stimmen Sie voll und ganz (5) oder überhaupt nicht (1) zu?"

Die einzelnen Aussagen sollten anhand fünfstufiger Skalen, die von (1) „stimme überhaupt nicht zu" bis (5) „stimme voll und ganz zu" reichten, bewertet werden.

Traditionelle Geschlechtsrollenorientierung
- Wenn Kinder da sind, soll der Mann arbeiten gehen und die Frau zu Hause bleiben und die Kinder versorgen.
- Auch wenn eine Frau arbeitet, sollte der Mann der ‚Hauptverdiener' sein, und die Frau sollte die Verantwortung für den Haushalt tragen.
- Es sollte viel mehr Frauen in politischen und öffentlichen Führungspositionen geben. (umgepolt)
- Frauen gehören nicht in die Bundesregierung.

Die Itembatterie enthielt zusätzlich die Aussage „Bei gleicher beruflicher Qualifikation sollten Frauen gegenüber Männern bei Einstellungen bevorzugt werden". Da dieses Item die Qualität der Skala verschlechterte, wurde es bei der Skalenbildung nicht berücksichtigt. Das Item „Es sollte viel mehr Frauen in politischen und öffentlichen Führungspositionen geben" wurde für die Skalenbildung umgepolt. Die Skala wurde durch Addition der einzelnen Items und Division durch die Anzahl der Items gebildet. Tabelle 2.29 dokumentiert die Skalenkennwerte für die Jugendlichen in der vierten Welle.

Tabelle 2.29: Skalenkennwerte für die traditionelle Geschlechtsrollenorientierung der Jugendlichen in der 4. Welle

	Anzahl Items	Cronbachs Alpha	Wertebereich	M	SD	N
Traditionelle Geschlechtsrollenorientierung	4	.70	1 - 5	1.7	0.73	1303

Wendebeurteilung

Die Frage zur allgemeinen Wendebeurteilung lautete:

„Wie würden Sie heute die Wende beurteilen?"

Die Antwort sollte auf einer fünfstufigen Skala, die von (1) „negativ" bis (5) „positiv" reichte, abgestuft werden. Tabelle 2.30 dokumentiert Verteilung, Mittelwert, Standardabweichung und Fallzahl der allgemeinen Wendebeurteilung der Jugendlichen in der vierten Welle.

Tabelle 2.30: Wendebeurteilung der Jugendlichen in der 4. Welle, Verteilungen (in %), Mittelwert, Standardabweichung und Fallzahl

	(1)	(2)	(3)	(4)	(5)	M	SD	N
Wendebeurteilung	2	9	30	34	24	3.7	1.00	1299

Die Methode der Untersuchung 71

Soziale Benachteiligung als Ostdeutsche

Anhand des Indikators zur sozialen Benachteiligung als Ostdeutsche sollte erfasst werden, inwieweit sich die Jugendlichen der neuen Bundesländer als „Deutsche zweiter Klasse" fühlen. Die Frage lautete:

„Fühlen Sie sich persönlich im Vergleich zu westdeutschen Jugendlichen in folgenden Bereichen benachteiligt (5) oder nicht benachteiligt (1)?"

Die Bereiche sollten einzeln anhand von fünfstufigen Skalen, die von (1) „ich fühle mich überhaupt nicht benachteiligt" bis (5) „ich fühle mich sehr benachteiligt" reichen, abgestuft werden.

Soziale Benachteiligung als Ostdeutsche
- finanzielle Situation
- Karriere
- Familie
- Ansehen in der Gesellschaft
- Wohnen
- Schule

Eine Faktorenanalyse ergab eine einzige Dimension. Für die Skala wurden die Antworten addiert und durch sechs dividiert. Tabelle 2.31 dokumentiert die Skalenkennwerte für die Jugendlichen der vierten Welle.

Tabelle 2.31: Skalenkennwerte für das Gefühl sozialer Benachteiligung als Ostdeutsche der Jugendlichen in der 4. Welle

	Anzahl Items	Cronbachs Alpha	Wertebereich	M	SD	N
Benachteiligung als Ostdeutsche	6	.80	1 - 5	2.5	0.82	1290

Schulleistungen

Die Indikatoren des Schulkontextes wurden in der vierten Welle nur bei den Jugendlichen des Teilprojekts B erhoben. Die Schulleistungen der Jugendlichen wurde nicht über Schulnoten erhoben, sondern anhand der Selbsteinschätzung der Schüler. Die Anweisung lautete:

„Wenn Sie an alle Mitschüler Ihrer Jahrgangsstufe denken, wie schätzen Sie dann Ihre eigene Begabung insgesamt ein? Wenn Sie glauben, Sie sind sehr viel besser als Ihre Mitschüler, kreuzen Sie bitte +5 an, wenn Sie glauben, dass Sie sehr viel schlechter sind, kreuzen Sie -5 an. Wenn Sie glauben, dass Ihre Leistungen dem Klassendurchschnitt entsprechen, kreuzen Sie 0 an. Mit den Werten dazwischen können Sie Ihre Antwort abstufen."

Das Antwortformat war elfstufig und reichte von (-5) „sehr viel schlechter" bis (+5) „sehr viel besser". Tabelle 2.32 zeigt Verteilung, Mittelwert, Standardabweichung und Fallzahl der Selbsteinschätzung der Schulleistungen der Gymnasiasten in der vierten Welle.

Tabelle 2.32: Selbsteinschätzung der Schulleistungen durch die Gymnasiasten in der 4. Welle, Verteilung (in%), Mittelwert, Standardabweichung und Fallzahl

	(-5)	(-4)	(-3)	(-2)	(-1)	(0)	(+1)	(+2)	(+3)	(+4)	(+5)	M	SD	N
Schulleistungen	0	0	1	2	6	25	16	23	19	7	2	1.4	1.59	991

Schulmotivation

Die Schulmotivation der Gymnasiasten wurde anhand eines von Pekrun (1983) entwickelten Instruments erfasst. Die Anweisung lautete:

„Jetzt folgen einige Aussagen zum Bereich Schule. Geben Sie bitte wieder jeweils an, ob die Aussage für Sie persönlich genau stimmt (5) oder gar nicht stimmt (1)."

Die einzelnen Aussagen sollten anhand fünfstufiger Skalen, die von (1) „stimmt gar nicht" bis (5) „stimmt genau" reichten, abgestuft werden. Für die Skalenbildung wurden alle Aussagen addiert und durch ihre Anzahl dividiert. Einige Aussagen wurden vorher umkodiert.

Schulmotivation

- Wenn wir lange Ferien hatten, freue ich mich wieder aufs Lernen.
- Ich habe oft keine Lust, meine Hausaufgaben zu machen. (umgepolt)
- Hausaufgaben und Ähnliches sind langweilig. (umgepolt)
- Der Unterricht in der Schule macht mir meistens Spaß.
- Oft warte ich nur darauf, dass die Schule endlich aus ist. (umgepolt)
- Ich habe keine Lust mehr zu arbeiten, wenn ich an die Freizeit denke. (umgepolt)
- Manchmal machen mir Klausuren sogar Spaß.
- Wenn wir eine Klausur schreiben, freue ich mich vorher darauf.
- Ich denke manchmal, wie schön es wäre, wenn wir keine Klausuren mehr schreiben würden. (umgepolt)
- Wenn eine Klausur geschrieben wird, denke ich oft: hoffentlich ist sie bald zu Ende. (umgepolt)
- Ich freue mich, wenn der Lehrer mich aufruft und mir Fragen stellt.
- Wenn der Lehrer jemanden nach vorn zur Tafel rufen will, denke ich meistens: hoffentlich nimmt er mich nicht. (umgepolt)
- Es macht mir Spaß, im Unterricht vom Lehrer etwas gefragt zu werden.
- Wenn der Lehrer uns abfragt, denke ich meistens: hoffentlich ist es bald vorbei. (umgepolt)

Die Methode der Untersuchung 73

Tabelle 2.33 dokumentiert die Skalenkennwerte der Schulmotivation für die Gymnasiasten der vierten Welle.

Tabelle 2.33: Skalenkennwerte für die Schulmotivation der Gymnasiasten in der 4. Welle

	Anzahl Items	Cronbachs Alpha	Wertebereich	M	SD	N
Schulmotivation	14	.84	1 - 5	2.6	0.61	977

Studienabsicht

Die Frage zur Erhebung der Studienabsicht wurde ebenfalls nur den Gymnasiasten des Teilprojekts B gestellt und lautete:

„Möchten Sie nach Abschluss Ihrer Schulzeit studieren?"

Die Frage konnte mit (0) „nein", (1) „ja" oder mit (88) „weiß ich noch nicht" beantwortet werden. Für die Analysen wurde die Studienabsicht in eine ordinale Variable umkodiert. Tabelle 2.34 dokumentiert die Verteilung, Mittelwert, Standardabweichung und Fallzahl der Studienabsicht bei den Gymnasiasten der vierten Welle.

Tabelle 2.34: Studienabsicht der Gymnasiasten in der 4. Welle, Verteilung (in %), Mittelwert, Standardabweichung und Fallzahl

	(1) nein	(2) weiß ich noch nicht	(3) ja	M	SD	N
Studienabsicht	28	23	50	2.2	.85	991

Schulisches Engagement

Die Aktivitäten des schulischen Engagements waren bei den Gymnasiasten Bestandteil derselben Itembatterie, mit der auch das politische Engagement erfasst wurde (Krampen, 1991: S. 85). Die Anweisung lautete:

„Geben Sie bitte für die folgenden Aktivitäten an, ob Sie sie schon einmal gemacht haben."

Es konnte bei jeder Aktivität entweder (1) „ja" oder (0) „nein" angekreuzt werden. Für die Skala „schulisches Engagement" wurden die einzelnen Aktivitäten addiert.

Schulisches Engagement
- Klassensprecher (auch stellvertretend)
- Klassenkasse führen
- Vorbereitung von Klassenaktivitäten (z.B. Schulausflug, Klassenfest)
- Schulsprecher (auch stellvertretend)
- Mitarbeit an Schülerzeitung
- Mitarbeit in einer politischen Schülergruppe

Tabelle 2.35 dokumentiert die Skalenkennwerte für die Gymnasiasten der vierten Welle.

Tabelle 2.35: Skalenkennwerte für schulisches Engagement der Gymnasiasten in der 4. Welle

	Anzahl Items	Cronbachs Alpha	Wertebereich	M	SD	N
Schulisches Engagement	6	.49	1 - 6	2.2	1.32	982

Kapitel 3
Jungwähler und die Bundestagswahl 1998

Hans-Peter Kuhn

3.1 Wahlkampf und die Gesamtergebnisse der Bundestagswahl

Die Wahl zum Deutschen Bundestag 1998 wird als ein Sieg für die Demokratie und ein Beleg für die demokratische Reife der Wählerschaft betrachtet. Zum ersten Mal in der Geschichte der Bundesrepublik haben die Wähler eine Bundesregierung, zum ersten Mal seit 1969 einen amtierenden Bundeskanzler abgewählt. Während Veränderungen der Regierung auf Bundesebene zuvor immer aus dem Wechsel oder der Neuorientierung eines Koalitionspartners resultierten, kam der Regierungswechsel 1998 allein durch das Wählervotum zustande (Jung & Roth, 1998). Den demokratiefeindlichen rechtsradikalen Parteien wurde bei der Bundestagswahl mit einem Stimmenanteil von insgesamt 3,3 Prozent eine klare Absage erteilt. Die Selbstverständlichkeit, mit der Westdeutsche über das ganze Land bestimmten, wurde in Frage gestellt: Die PDS zog als Vertreterin ostdeutscher Interessen mit Fraktionsstärke in den Deutschen Bundestag ein. Mehr Wähler als je zuvor haben bei dieser Bundestagswahl von ihrem Recht auf Stimmensplitting Gebrauch gemacht. Sie gaben ihre Erst- und Zweitstimmen verschiedenen Parteien in der Überzeugung, die gewünschte Koalitionsbildung herbeiwählen zu können. Auch dies kann als ein Zeichen politischer Reife gesehen werden (Infratest dimap für dpa, 1998)[14].

Im Herbst 1998 hatten die Wähler das Gefühl, etwas Wesentliches bewirken zu können. Dies machte sich auch an der gestiegenen Wahlbeteiligung sowie an der gestiegenen Zufriedenheit der Bürger mit der Demokratie bemerkbar. Die Wahlbeteiligung erreichte das höchste Ausmaß seit der deutschen Wiedervereinigung und lag mit 82,2 Prozent um 3,2 und 4,4 Prozentpunkte höher als bei den letzten Bundestagswahlen 1994 und 1990. In den neuen Bundesländern betrug der Zuwachs an Wahlbeteiligung zwischen 1994 und 1998 sogar 7,4 Prozent. Im Bundesland Brandenburg, in dem die hier vorliegende Untersuchung zum Erstwählerverhalten durchgeführt wurde, lag

---

14 Die von Infratest für dpa erstellte Kurzanalyse der Bundestagswahl 1998 ist im Internet unter http://www.infratest-dimap.de/wahlen/BTW98/Default.htm nachzulesen. Alle Aussagen in Kapitel 3, die keinen anderen Literaturhinweis enthalten, basieren auf dieser Kurzanalyse.

die Wahlbeteiligung bei 78,1 Prozent und wurde seit 1990 bis heute von keiner anderen Wahl (ob Bundestags-, Landtags-, Kommunal-, oder Europawahl) übertroffen.[15] Allerdings lag die Wahlbeteiligung in Brandenburg von allen Bundesländern am zweitniedrigsten, nur die Wahlbeteiligung in Sachsen-Anhalt war noch niedriger (77,2%; vgl. Forschungsgruppe Wahlen, 1998: 10).

Die Zufriedenheit der Bürger mit der Demokratie in Deutschland stieg bereits im Wahlkampf um 8 Prozentpunkte von 50 Prozent im Mai auf 58 Prozent im September 1998 an, in den neuen Bundesländern war sogar ein Anstieg um 14 Prozentpunkte zu verzeichnen (Infratest dimap für dpa, 1998; vgl. auch Pickel & Pickel, 2000: 170 ff). In den Daten unserer Untersuchung finden sich ebenfalls deutliche Hinweise auf positive Veränderungen in den politischen Einstellungen und Verhaltensweisen der befragten Jugendlichen im Zusammenhang mit der Bundestagswahl. Die Jugendlichen führten nicht nur häufiger Gespräche über Politik mit Eltern, Mitschülern und Freunden. Auch die Zufriedenheit mit der Demokratie in der Bundesrepublik, das politische Interesse, das politische Kompetenzbewusstsein und das Gefühl, als Bürger Einfluss auf die Politik nehmen zu können, stiegen zwischen der dritten und vierten Erhebungswelle deutlich an.

Tabelle 3.1: Wahlergebnisse der Bundestagswahlen 1994 und 1998 (Zweitstimmenanteile in Prozent)

	Gesamt		West[1]		Ost[1]	
	1994	1998	1994	1998	1994	1998
Wahlbeteiligung	79,0	82,2	80,5	82,8	72,6	80,0
SPD	36,4	40,9	37,5	42,3	31,5	35,1
CDU/CSU[2]	41,5	35,1	42,1	37,1	38,5	27,3
FDP	6,9	6,2	7,7	7,0	3,5	3,3
PDS	4,4	5,1	1,0	1,2	19,8	21,6
B90/Grüne	7,3	6,7	7,9	7,3	4,3	4,1
DVU, NPD, Republikaner[3]	1,9	3,3	2,0	2,8	1,3	5,0
Sonstige	1,6	2,6	1,9	2,4	1,0	3,3

Quelle: Statistisches Bundesamt, Bundeswahlleiter.
1 West: alte Bundesländer plus West-Berlin, Ost: neue Bundesländer plus Ost-Berlin.
2 Die CSU ist in den neuen Bundesländern nicht zur Wahl angetreten, die angegebenen Prozentanteile beziehen sich daher nur auf die CDU.
3 Bei der Bundestagswahl 1994 sind nur die Republikaner zur Wahl angetreten, die angegebenen Prozentanteile beziehen sich daher nur auf die Republikaner.

Bei der Bundestagwahl 1998 hatte die SPD den größten Stimmenzuwachs und die CDU die schwerste Wahlniederlage in der Nachkriegsgeschichte zu verzeichnen. Das rotgrüne Lager erhielt zum ersten Mal eine regierungsfähige

---

15 Quelle: http://www.brandenburg.de/wahlen/wahlen/uebers.htm.

Mehrheit. Mit einem Vorsprung von 21 Sitzen, 13 davon sind Überhangmandate für die SPD, verfügt die rotgrüne Koalition über eine relativ komfortable Mehrheit im Bundestag. Die größten Veränderungen zwischen den beiden Bundestagswahlen von 1994 und 1998 ergaben sich bei den großen Volksparteien SPD und CDU (vgl. Tabelle 3.1). Neben dem großen „Swing" von der Regierungs- zur Oppositionspartei, welcher in allen sozialen Gruppen stattfand, waren alle anderen Bewegungen zwischen den Parteien von geringerer Bedeutung. Zum ersten Mal in der Geschichte der Bundesrepublik haben jedoch gleichzeitig drei kleinere Parteien (FDP, PDS, Bündnis 90/Die Grünen) die Fünf-Prozent-Hürde überschritten und sind im Bundestag vertreten. Weitere 5,9 Prozent der gültigen Zweitstimmen gingen an die 27 Parteien, die den Sprung über die Fünf-Prozent-Hürde nicht geschafft haben. Die „sonstigen Parteien" erreichten damit ihren höchsten Anteil seit 1957. Solche Veränderungen sind erstaunlich in einem reichen Land mit mehrheitlich bürgerlich-konservativen Einstellungen, in dem ein wichtiges Ziel die Erhaltung des Status Quo ist (Jung & Roth, 1998).

Die eindeutigen Verlierer dieser Bundestagswahl waren Helmut Kohl und die Union, die eindeutigen Gewinner waren Gerhard Schröder und die SPD. Seit dem Wechsel im Parteivorsitz im Jahre 1995 ging es mit der SPD in den Wählerumfragen stetig aufwärts, ihre Oppositionsarbeit wurde zunehmend besser beurteilt. Auch in den Kompetenzzuschreibungen lag die SPD in den Jahren 1996 und 1997 in Bezug auf einige Themenbereiche vor der CDU. Dies traf noch im August und September des Wahljahres 1998 bei fünf von insgesamt acht Themen zu: Arbeitslosigkeit bekämpfen, Renten sichern, Gesundheitsvorsorge sichern, für soziale Sicherheit sorgen und Zusammenleben mit Ausländern regeln. Der CDU wurde dagegen eher zugetraut, die Bürger wirksamer vor Verbrechen zu schützen, die Wirtschaft anzukurbeln und die Staatsschulden zu bekämpfen (Gabriel & Brettschneider, 1998: 28). Der Kompetenzvorsprung der SPD fiel insgesamt jedoch nicht besonders groß aus, und in Bezug auf die Kompetenz, die anliegenden ökonomischen Probleme zu lösen, bildeten in den Jahren 1996 und 1997 diejenigen die größte Gruppe, die dies keiner der beiden Parteien zutraute (Jung & Roth, 1998: 7).

Es gibt einige gute Gründe und empirische Belege für die Annahme, dass die Wahlentscheidung an der „Kandidatenfront" fiel. Die Frage war: Gerhard Schröder oder Helmut Kohl? Nach dem sozialpsychologischen Ansatz zur Erklärung des Wählerverhaltens wird die Tatsache, dass der Wähler seine Stimme für eine bestimmte Partei abgibt, auf drei Faktoren zurückgeführt: erstens auf eine langfristig stabile Parteibindung oder Parteiidentifikation, zweitens auf eine kurz- und mittelfristig veränderbare Themenorientierung und drittens auf eine ebenfalls instabile Kandidatenorientierung. Die Themenorientierung bezieht sich dabei auf die Wahrnehmung von politischen und gesellschaftlichen Problemen und auf die Kompetenzzuschreibung an die politischen Parteien, diese Probleme lösen zu können. Die Kandidatenorientierung bezieht sich auf die Wahrnehmung und Bewertung der Kanzlerkandidaten (Bürklin & Klein, 1998).[16]

In den letzten drei Jahrzehnten ist die Gruppe der Wähler ohne langfristig stabile Parteibindung stetig gewachsen, womit gleichzeitig Themen- und Kandidatenorientierungen an Bedeutung gewonnen haben. Die wachsende Bedeutung der Kandidatenorientierung als Bestimmungsfaktor des Wählerverhaltens wird unter dem Stichwort der „Personalisierung von Politik" diskutiert (Gabriel & Brettschneider, 1998: 21f). Nachlassende Parteibindungen im Westen und nur schwach sozialisierte Parteibindungen im Osten, der relativ geringe Kompetenzvorsprung der SPD gegenüber der Union in Bezug auf die Lösung drängender gesellschaftspolitischer Probleme und der hohe Anteil an Wählern, die keiner Partei zutrauen, diese Probleme zu lösen, sprechen für einen stärkeren Einfluss der Kandidatenorientierung bei der Bundestagswahl 1998.

Nach 16 Jahren Regierungszeit war eine gewisse Kohl-Müdigkeit in der Wählerschaft verbreitet. Bereits im November 1997 wurde Helmut Kohl – im Westen wie im Osten Deutschlands – in den Umfragen negativ bewertet. Gerhard Schröder galt Ende 1997 und auch noch im September 1998 im Vergleich zu Helmut Kohl als sympathischer, vertrauenswürdiger, tatkräftiger und auch wirtschaftlich kompetenter.[17] Kohl stand eher für politischen Stillstand, Schröder hatte dagegen das Image, Probleme unkompliziert und zügig anzupacken (Gabriel & Brettschneider, 1998: 25ff). Noch im August und September 1998 wurde Gerhard Schröder bei insgesamt sechs von acht verschiedenen Problem- und Aufgabenfeldern eine stärkere Lösungskompetenz zugeschrieben als Helmut Kohl, darunter auch bei der Aufgabe, die Wirtschaft anzukurbeln. Man traute Kohl nicht mehr zu, die anstehenden Zukunftsprobleme zu lösen. Schröder stellte sich dagegen als überzeugende Alternative dar, wenn es darum ging, Jobs zu schaffen und die Wirtschaft voranzubringen, ohne den sozialen Ausgleich zu vernachlässigen. Dabei funktionierte das Zusammenspiel zwischen Kandidat und Partei, die SPD stand für soziale Sicherheit und die Bekämpfung von Arbeitslosigkeit, Schröder stand für gute Kontakte zur Wirtschaft. Mit Gerhard Schröder wählte man Veränderung ohne allzu großes Risiko.

Die politische Stimmungslage im Wahljahr 1998 wurde nach Brunner (1999: 294) von zwei Grundströmungen beherrscht. Zum einen waren die

---

16 Dass das Potential für Kandidateneinflüsse bei Personen, die sich keiner Partei verbunden fühlen, deutlich größer ist, konnten Gabriel und Brettschneider (1998: 29ff) für die Bundestagswahlen 1994 und 1998 empirisch nachweisen.
17 Klein und Ohr (2000) konnten in ihren empirischen Analysen zeigen, dass auch die Wahrnehmung „unpolitischer Eigenschaften" der beiden Kanzlerkandidaten durch die Wähler einen nachweisbaren Einfluss auf deren Wahlentscheidung hatte. Vor allem persönliche Vertrauenswürdigkeit, aber auch das Privatleben und die physische Attraktivität der Kandidaten trugen zur Erklärung des Wahlverhaltens bei.

Jungwähler und die Bundestagswahl 1998

Unzufriedenheit mit der Bundesregierung und der Wunsch nach einem Regierungswechsel sehr groß. Zum anderen war jedoch auch Skepsis gegenüber der Opposition als Regierungsalternative verbreitet, so dass viele Wähler bis zum Wahltag unentschieden und ambivalent blieben: 25 Prozent der Wähler haben sich erst in den letzten Tagen, jeder sechste sogar erst am Wahltag, endgültig für eine bestimmte Partei entschieden. Die Mehrheit dieser unentschlossenen Wähler wollte den politischen Machtwechsel (Infratest dimap für dpa, 1998). Wie in den letzten Monaten vor Bundestagswahlen üblich, kam es auch 1998 bei den Wählern zu deutlichen Stimmungsveränderungen in der Wahlabsicht. Ab Mai 1998 wurde die Stimmung für die SPD schlechter, für die CDU dagegen wieder besser. Die Regierungspartei schaffte es jedoch nicht mehr, wie es noch bei der Bundestagwahl 1994 der Fall war, die unentschlossenen und von der Opposition nicht überzeugten Wähler für sich zurückzugewinnen (Brunner, 1999: 294f). Insgesamt ging es der Wählerschaft bei der Bundestagswahl 1998 wohl nicht um einen grundsätzlichen Politikwechsel, sondern um einen Wechsel der verantwortlichen Politiker in der Regierung (Jung & Roth, 1998: 18).

3.2 Wahlverhalten im Ost-West-Vergleich

In den Medien wurde behauptet, die Bundestagswahl 1998 sei im Osten Deutschlands entschieden worden. Was ist so besonders am Wahlverhalten in Ostdeutschland, dass Dalton und Bürklin (1995; Arzheimer & Falter, 1998) von zwei getrennten deutschen Elektoraten sprechen, und was ist so normal, dass Jung und Roth (1998) behaupten, die Wahl sei doch nicht im Osten entschieden worden?

Stabile Parteibindungen sind in der Wählerschaft in Ostdeutschland weniger verbreitet als in der Wählerschaft in Westdeutschland. Zwar stiegen die Parteibindungen in den neuen Bundesländern im Zeitraum zwischen 1990 und 1998 von 51 auf 65 Prozent an (Westdeutschland 1998: 73%), sie sind aber kaum sozialstrukturell verankert. Im Jahre 1998 gaben 11 Prozent der befragten Ostdeutschen (vs. 3% der Westdeutschen) an, ihre Parteibindung erst in den letzten Monaten erworben zu haben (Arzheimer & Falter, 1998). Das Wählerverhalten in den neuen Bundesländern unterlag außerdem seit 1990 auch im Aggregat wesentlich höheren Schwankungen (Aggregatvolatilität, vgl. Arzheimer & Falter, 1998). Somit ist anzunehmen, dass die Themen- und Kandidatenorientierungen die Wahlentscheidung der Wählerschaft in den neuen Bundesländern noch stärker beeinflusst haben als in den alten Bundesländern.

Helmut Kohl und die Union haben die Wahl vor allem im Osten Deutschlands verloren. Die Union hatte in der ostdeutschen Bevölkerung vor der Bundestagswahl 1998 ihre wahrgenommenen Kompetenzen in zentralen Politikfeldern eingebüßt, Zweifel an der politischen Vertrauenswürdigkeit Helmut Kohls und dessen Vorstellungen zur Ankurbelung der Wirtschaft waren weit verbreitet (Brunner, 1999; Gabriel & Brettschneider, 1998). Der Kredit in Bezug auf die Themen, welche den Bürgern im Osten ganz besonders große Sorge bereiten, wie die Bekämpfung der Arbeitslosigkeit und die Entwicklung der wirtschaftlichen Lage des Landes, war verspielt. Die Menschen hatten mehr Vertrauen in die wirtschaftspolitische Kompetenz der SPD als in die der CDU (Rattinger & Maier, 1998). Bei der Bundestagswahl 1998 hat die Union im Vergleich zur Bundestagswahl 1994 im Osten mehr als doppelt so viele Stimmen verloren wie im Westen (11,2% vs. 5,0%, vgl. Tabelle 3.1). Noch am Wahltag betrug der Vorsprung von Gerhard Schröder vor Helmut Kohl bei der Frage, wer von beiden lieber als Bundeskanzler gewünscht wäre, insgesamt 13 Prozentpunkte, im Osten Deutschlands sogar 21 Prozentpunkte (Jung & Roth, 1998). Einerseits hat die CDU im Osten wesentlich mehr Stimmen verloren als im Westen (in ihren Hochburgen im Osten bis zu 18%), andererseits hat die SPD jedoch im Osten weniger Stimmen dazu gewonnen als im Westen (3,6% vs. 4,8%). Dazu gewonnen haben außerdem noch die PDS, rechtsradikale und sonstige Parteien (vgl. Tabelle 3.1).

Als die herausragende Besonderheit des ostdeutschen Elektorats gilt das Vorhandensein der PDS und ihr gutes Abschneiden bei der Wahl – die PDS ist neben den beiden großen Volksparteien die dritte Kraft im Osten. Mit 21,6 Prozent Stimmenanteil im Osten und 1,2 Prozent im Westen kann die PDS mit Recht als ostdeutsche Regionalpartei bezeichnet werden. Umgekehrt haben FDP und Bündnis 90/Die Grünen eher den Charakter von westdeutschen Regionalparteien (Arzheimer & Falter, 1998). Die PDS bedeutet für viele Ostdeutsche ein Stück Heimat, das man nicht verlieren möchte, sie wird als ein Gegengewicht zur Übermacht der westdeutschen Parteien wahrgenommen, als Anwältin ostdeutscher Interessen hat sie eine hohe emotionale Anziehungskraft. Jeder zweite Ostdeutsche hätte es bedauert, wenn die PDS nicht im Bundestag vertreten gewesen wäre (Infratest dimap für dpa, 1998). In Bezug auf Themen wie „soziale Sicherheit" steht die PDS im Osten in ernst zu nehmender Konkurrenz zur SPD. Die PDS ist sozial, ideologisch und organisatorisch fest in der ostdeutschen Gesellschaft verankert, im Vergleich dazu sind die Beziehungen der ostdeutschen Wähler zu den westdeutschen Parteien eher unverbindlich und viel beweglicher.

Das mit 5 Prozent Stimmenanteil im Vergleich zu 1994 wesentlich bessere Abschneiden der rechtsradikalen Parteien im Osten kann wahrscheinlich auch darauf zurückgeführt werden, dass – wie Jung und Roth (1998) für die gesamtdeutsche Wählerschaft berichten – die Ausländerproblematik als zu lösendes Problem 1998 deutlich dringlicher eingestuft wurde als 1994. Bündnis 90/Die Grünen haben bei der Bundestagswahl in Ost und West an Stimmen verloren. Zwischen 1995 und März 1998 konnten die Grünen noch zweistellige Sympathiewerte in der Bevölkerung erzielen. Nach dem Magdeburger Parteitag im März 1998 sanken im Zuge der Diskussion um die stufenweise Benzinpreiserhöhung auf 5 DM pro Liter diese Sympathiewerte deutlich ab.

Dalton und Bürklin (1995) weisen auf eine weitere Besonderheit hin: die andersartige sozialstrukturelle Zusammensetzung der Wählerschaft in Ostdeutschland. Der Arbeiteranteil in der Bevölkerung im Osten liegt mit annähernd 50 Prozent um etwa 20 Prozentpunkte höher als im Westen. Außerdem ist der Anteil an Katholiken im Osten verschwindend gering (7% vs. 41% im Westen), der Anteil an Konfessionslosen liegt bei 55 Prozent (vs. 10% im Westen) (Arzheimer & Falter, 1998: 38; Bürklin & Klein, 1998: 170). Da Katholiken überdurchschnittlich häufig die CDU, und Arbeiter überdurchschnittlich häufig SPD wählen, wäre die CDU im Osten strukturell benachteiligt, während SPD und auch PDS sich auf eine breite elektorale Basis stützen könnten (Arzheimer & Falter, 1998). Bei den Bundestagswahlen 1990 und 1994 haben die Arbeiter im Osten jedoch überproportional häufig für die CDU gestimmt – im Jahre 1994 gaben 52 Prozent der Arbeiter im Osten (38% im Westen) an, für die CDU votieren zu wollen. Diese „Koalition von Arbeiterschaft und CDU", welche Soziologen und Politikwissenschaftler gleichermaßen irritiert hatte, ist mittlerweile gekündigt worden. Sie kann im Rückblick als Zweckbündnis zwischen der damaligen westdeutschen Regierungspartei (CDU) und einer Berufsgruppe, welche sich von der Wiedervereinigung besonders viel erhofft hatte (Arbeiter), bezeichnet werden. Bei der Bundestagswahl 1998 sank der Anteil der Arbeiter im Osten, welche der CDU ihre Stimme geben wollten, auf 32 Prozent ab, gleichzeitig stiegen die Anteile für die SPD von 34 auf 44 Prozent, für die PDS von 10 auf 18 Prozent (Infratest für dpa 1998; Arzheimer & Falter, 1998: 39).

Auf der Grundlage dieser Neuzuordnung von Wählerschaft und Parteien sowie der stark angestiegenen Wahlbeteiligung im Osten bei der Bundestagswahl 1998 kann man insgesamt durchaus von einer Angleichung oder Normalisierung des Wahlverhaltens in Ostdeutschland sprechen. Herausragende Besonderheit des ostdeutschen Elektorats ist und bleibt vermutlich dauerhaft das Phänomen der PDS als ostdeutsche Regionalpartei (vgl. auch Pollack & Pickel, 2000).

3.3 Wahlverhalten von Jungwählern

Wie sieht das Wahlverhalten der Jungwähler bei der Bundestagswahl 1998 aus? Inwiefern unterscheidet sich dieses vom Wahlverhalten der gesamten Erwachsenenbevölkerung? Welche Unterschiede ergeben sich bei Jungwählern zwischen Ost und West sowie nach Schulbildung und Geschlecht?

Tabelle 3.2: Vergleich zwischen dem Wahlverhalten von Jungwählern (18-24 Jahre) und der Gesamtwählerschaft in Ost- und Westdeutschland bei der Bundestagswahl 1998

	Westdeutschland		Ostdeutschland	
	Gesamt	Jungwähler	Gesamt	Jungwähler
SPD	42,3	37,3	35,2	27,8
CDU/CSU	37,0	31,4	27,4	21,3
FDP	6,9	6,7	3,3	5,4
PDS	1,2	2,4	21,5	21,7
B90/Grüne	7,3	11,5	4,0	5,7
DVU, NPD, Republikaner	2,9	6,0	5,0	12,7
Sonstige	2,4	4,7	3,6	5,4

Quelle: Infratest dimap 1998

In Tabelle 3.2 ist das Wahlverhalten von Jungwählern und der Gesamtwählerschaft getrennt für Ost- und Westdeutschland dargestellt. Zunächst zeigt sich sowohl im Westen als auch im Osten der Republik die für Jungwähler typische stärkere Abneigung gegen das etablierte Parteiensystem und die damit verbundene Präferenz für kleinere Parteien. Die Anteile von CDU/CSU und SPD liegen bei den jüngeren Wählern zwar deutlich unter ihren Gesamtwerten, die Unterschiede sind jedoch nicht so groß, dass von einer Ablehnung der Großparteien gesprochen werden könnte. In Bezug auf die Präferenz für die PDS in Ostdeutschland, welche hier mit Sicht auf ihre Stimmenanteile den Stellenwert einer großen Volkspartei fast schon erreicht hat, gibt es keine Unterschiede zwischen den jungen Wählern und der Gesamtwählerschaft. Bündnis 90/Die Grünen haben ihre Anziehungskraft auf die Jungwähler vor allem in den alten Bundesländern nicht verloren, obgleich die Grünen auch als Generationenpartei ihre Wählerschaft überwiegend bei den heute 35- bis 45-Jährigen finden (Hoffmann, 2000: 261 f.). Im Westen erreichen die Grünen 4,2, im Osten dagegen lediglich 1,7 Prozentpunkte mehr an Stimmen bei den Jungwählern als in der gesamten Wählerschaft. Anlass zur Sorge bereitet die relativ große Zustimmung, welche die rechtsradikalen Parteien bei den Jungwählern finden. Im Westen wie im Osten Deutschlands ist der Stimmenanteil bei den Jungwählern mehr als doppelt so hoch wie bei der jeweiligen Gesamtwählerschaft. Im Osten hat jeder achte Jugendliche (12,7%) einer der drei rechtsradikalen Parteien seine Stimme gegeben (Pickel, 2000: 190 f.).

Vergleicht man das Wahlverhalten der Jungwähler im Osten mit dem Wahlverhalten der Jungwähler im Westen, dann zeigt sich im Osten eine um etwa 10 Prozentpunkte niedrigere Präferenz für die beiden großen Volksparteien SPD und CDU, und eine um fast 20 Prozentpunkte stärkere Präferenz für die PDS. Von den kleineren Parteien werden die Grünen im Westen doppelt so häufig gewählt wie im Osten. Die Präferenz für rechtsradikale Parteien ist dagegen im Osten mehr als doppelt so hoch als im Westen.

Tabelle 3.3 zeigt das Wahlverhalten der ostdeutschen Jungwählerschaft differenziert nach Geschlecht und Bildungsabschluss. Die jüngeren Frauen bevorzugen im Vergleich zu den Männern stärker die SPD,[18] die PDS und Bündnis 90/Die Grünen, aber auch die CDU. Bei der PDS beträgt der Unterschied 7,6 Prozentpunkte. Eine gewisse „Linkslastigkeit" im Wahlverhalten von jüngeren Frauen besteht bereits seit 1972 in der alten Bundesrepublik, auch wenn sich mittlerweile das Wahlverhalten von Frauen und Männern deutlich angeglichen hat (Molitor & Neu, 1999). Die PDS hat sich seit 1994 außerdem zur Partei der jungen (und gebildeten) Frauen in Ostdeutschland entwickelt; sie konnte zwischen 1994 und 1998 ihren Stimmenanteil bei den 18- bis 24-Jährigen sowie bei den 25- bis 35-Jährigen ostdeutschen Frauen mehr als verdoppeln (Molitor & Neu, 1999).

Tabelle 3.3: Wahlverhalten von Jungwählern (18-24 Jahre) in Ostdeutschland nach Geschlecht und Bildungsabschluss

	Geschlecht		Bildungsabschluss		
	männlich	weiblich	Hauptschule[1]	Realschule[2]	Abitur
SPD	26,6	29,1	30,9	28,2	27,0
CDU	19,0	23,9	14,3	20,1	24,2
FDP	5,5	5,4	2,8	4,2	7,4
PDS	18,2	25,8	22,8	21,3	21,3
B90/Grüne	5,3	6,1	3,3	2,1	10,7
DVU, NPD, Rep's	17,5	7,2	24,5	15,9	5,5
Sonstige	7,9	2,5	1,4	8,2	3,9

Quelle: Infratest dimap 1998
1 Ohne Abschluss, Haupt- oder Volksschule
2 Mittlere Reife oder Realschule

Besonders auffällig ist die starke Präferenz der männlichen Jungwähler im Osten für rechtsradikale und andere kleinere Splitterparteien (Sonstige). Rechtsradikale Parteien sind „Männerparteien" (Falter, 1994). Obgleich der Unterschied zwischen jungen Männern und Frauen mehr als 10 Prozentpunkte beträgt (vgl. Tabelle 3.3), muss darauf hingewiesen werden, dass auch der

---

18 In Bezug auf die Bedeutung der Kandidatenorientierung bei der Bundestagswahl 1998 weisen Molitor und Neu (1999: 265) darauf hin, dass es hier keine signifikanten Unterschiede zwischen Männern und Frauen gegeben hat. Gerhard Schröder hat also die Wahl nicht bei den Frauen gewonnen.

Anteil von 7 Prozent der jungen Frauen über dem Durchschnitt der Gesamtbevölkerung in Ostdeutschland liegt und mehr als doppelt so hoch ist im Vergleich zu dem Anteil von 3,2 Prozent der Frauen in Ostdeutschland insgesamt (Infratest dimap 1998). Die Präferenz von rechtsradikalen Parteien ist also auch ein Phänomen von jungen Frauen und während sich der Anteil an rechtsradikalen Wählerinnen bei den jungen Frauen in Westdeutschland zwischen 1994 und 1998 halbiert hat, ist er in Ostdeutschland deutlich angestiegen (Molitor & Neu, 1999: 256).

Bildung ist ebenfalls eine starke Determinante des Wahlverhaltens von Jungwählern in Ostdeutschland, dies zeigt Tabelle 3.3. Drei Phänomene sind besonders auffällig. Zum einen ist die PDS in allen drei Bildungsgruppen fest verankert. Zum anderen zeigen höher Gebildete (Abitur) eine deutlich stärkere Präferenz für Bündnis 90/Die Grünen. Und zum dritten nimmt die Wahl von rechtsradikalen Parteien mit zunehmender Bildung von 24,5 auf 5,5 Prozent ab. Niedrig gebildete ostdeutsche junge Männer bilden die stärkste Klientel für rechtsradikale Parteien. In dieser Gruppe lag der Stimmenanteil bei 30,2 Prozent (Infratest dimap 1998).

3.4 Wahlverhalten der Untersuchungsteilnehmer

Nachdem das Wahlverhalten von Jungwählern in Ostdeutschland anhand von Umfragedaten genauer herausgearbeitet wurde, soll jetzt auf die Untersuchungsteilnehmer der vorliegenden Studie zum Brandenburger Erstwählerverhalten eingegangen werden. In Tabelle 3.4 sind die Ergebnisse der Bundestagswahl in Brandenburg im Vergleich zu den Wahlergebnissen unserer Untersuchungsteilnehmer (Jugendliche und Eltern) dargestellt. Mit 92 Prozent bei den Jugendlichen und 97 Prozent bei den Eltern fällt die Wahlbeteiligung unserer Untersuchungsteilnehmer deutlich höher aus als die Wahlbeteiligung in Brandenburg insgesamt (78%). Diese höhere Wahlbeteiligung ist einer Selbstselektion der Untersuchungsteilnehmer sowie einer Überrepräsentation höher Gebildeter bei der Erhebung in der vierten Welle geschuldet (vgl. Kapitel 2). In der Gruppe der Schulabgänger lag die Wahlbeteiligung mit 81 Prozent immer noch etwas höher als in der gesamten Wählerschaft Brandenburgs. Die jugendlichen Untersuchungsteilnehmer wählten etwas seltener als die Brandenburger insgesamt die großen Parteien SPD, CDU und PDS, deutlich häufiger aber die kleinere Partei Bündnis 90/Die Grünen. In Bezug auf die Wahl rechtsradikaler Parteien zeigt sich kaum ein Unterschied. Das Wahlergebnis der Eltern liegt im Vergleich zu dem der Jugendlichen etwas näher am Wahlergebnis für Brandenburg insgesamt. Die Eltern wählten etwas häufiger SPD, PDS und Bündnis 90/Die Grünen, und etwas seltener die

Jungwähler und die Bundestagswahl 1998 85

CDU, rechtsradikale und sonstige Parteien. Das Wahlverhalten der Eltern ist also im Vergleich zum Gesamtwahlergebnis in Brandenburg etwas „linkslastig".

Tabelle 3.4: Vergleich der Ergebnisse der Bundestagswahl 1998 in Brandenburg (2 032 303 Wahlberechtigte)[1] mit den Ergebnissen von Jugendlichen und Eltern in unserer Untersuchung[2]

	Land Brandenburg	Untersuchungsteilnehmer Jugendliche	Eltern
Wahlbeteiligung	78,1	92,2	97,3
SPD	43,5	38,3	45,0
CDU	20,8	18,4	18,7
FDP	2,9	4,1	3,0
PDS	20,3	18,3	23,8
B90/Grüne	3,6	12,3	6,7
DVU, NPD, Republikaner	5,2	5,8	1,7
Sonstige	3,7	2,7	1,2

1 Quellen: Der Tagesspiegel vom 29.September 1998; Statistisches Landesamt Brandenburg (http://www.brandenburg.de/wahlen/wahlen/uebers.htm)
2 Angaben zur Wahlbeteiligung beziehen sich auf 1309 Jugendliche und 704 Elternteile (352 Väter und 352 Mütter), die sich in der vierten Welle an der Untersuchung beteiligten. Angaben zur Zweitstimmenverteilung auf die Parteien beziehen sich nur auf die Jugendlichen und Eltern, die sich an der Wahl beteiligt hatten und im Fragebogen Angaben zur gewählten Partei gemacht haben (1150 Jugendliche, 653 Elternteile).

Inwieweit das Phänomen einer besonders starken Präferenz für Bündnis 90/Die Grünen und einer vergleichsweise schwachen Präferenz für rechtsradikale Parteien in unserer Untersuchung auf Verzerrungen nach Geschlecht und Bildung zurückzuführen ist, zeigt Tabelle 3.5.

Tabelle 3.5: Wahlergebnis in unserer Untersuchung (nur Jugendliche) nach Geschlecht und Bildung der Jugendlichen

	Geschlecht		Bildung	
	männlich	weiblich	ohne Abitur[1]	Abitur angestrebt[2]
SPD	35,7	39,9	44,5	37,3
CDU	21,8	16,3	12,3	19,4
FDP	5,7	3,1	1,3	4,5
PDS	16,1	19,7	12,9	19,2
B90/Grüne	10,2	13,7	6,5	13,3
DVU, NPD, Republikaner	8,0	4,5	19,4	3,7
Sonstige	2,5	2,8	3,2	2,6

1 Es handelt sich hier um die Gruppe der Schulabgänger (vgl. Kapitel 2).
2 Hier handelt es sich um die Gruppe Jugendlicher, die zum Zeitpunkt der Befragung eine schulische Oberstufe besuchte, um das Abitur zu machen.

Die jungen Frauen unter den Erstwählern wählten häufiger die SPD, die PDS und Bündnis 90/Die Grünen sowie seltener die CDU, die FDP und rechtsradikale Parteien. Stärker als die Unterschiede nach Geschlecht fallen die Unterschiede zwischen den Bildungsgruppen aus: Die Schulabgänger ohne Abitur wählten häufiger die SPD, rechtsradikale und sonstige Parteien, die Abiturienten häufiger die CDU, die FDP, die PDS sowie Bündnis 90/Die Grünen. Am auffälligsten sind die Bildungsunterschiede allerdings bei Bündnis 90/Die Grünen und bei den rechtsradikalen Parteien. Die Abweichungen im Wahlverhalten unserer Erstwähler vom typischen Jungwählerverhalten in Ostdeutschland, die vor allem in einem höheren Anteil von Wählern der Grünen und einem niedrigeren Anteil von Wählern rechtsradikaler Parteien besteht (vgl. Tabelle 3.4 mit Tabelle 3.2), können vor diesem Hintergrund darauf zurückgeführt werden, dass unter unseren Erstwählern einerseits weibliche Jugendliche und andererseits Abiturienten überrepräsentiert sind (vgl. Kapitel 2).

Insgesamt kann festgehalten werden, dass die Stimmenverteilung unter den Erstwählern unserer Untersuchung, für die im folgenden Kapitel die Wählerprofile erstellt werden, im Vergleich zur gesamten Jungwählerschaft in Ostdeutschland etwas zugunsten der zum damaligen Zeitpunkt frisch gewählten rotgrünen Bundesregierung verzerrt ist. Der höhere Anteil an SPD-Wählern und der niedrigere Anteil an CDU-Wählern mag ein Brandenburger Phänomen darstellen. Der überdurchschnittlich hohe Anteil an Wählern von Bündnis 90/Die Grünen sowie der unterdurchschnittlich niedrige Anteil an Wählern von rechtsradikalen Parteien kann dagegen – ebenso wie der unterdurchschnittlich niedrige Anteil an Nichtwählern – auf die verzerrte Zusammensetzung nach Bildungsstatus und Geschlechtszugehörigkeit sowie auf die Selbstselektion der Untersuchungsteilnehmer zurückgeführt werden. Der Vergleich des Wahlverhaltens der Erstwähler mit dem Wahlverhalten der gesamten Erwachsenenbevölkerung im Land Brandenburg zeigt, dass – unter Berücksichtigung der verzerrten Zusammensetzung nach Bildung und Geschlecht – das Wahlverhalten unserer Erstwähler dem typischen Muster des Jungwählerverhaltens entspricht.

Kapitel 4
Wahlbereitschaft und Parteipräferenzen von Erstwählern – Entwicklungsverläufe und Determinanten des Wahlverhaltens

Hans-Peter Kuhn

In diesem Kapitel werden zunächst die Entwicklung der Bereitschaft von Erstwählern, wählen zu gehen, bis hin zu ihrer tatsächlichen Beteiligung an der Wahl und die Entwicklung der Parteipräferenzen bis hin zur Wahl einer bestimmten Partei bei der Bundestagswahl 1998 beschrieben. Anschließend werden Determinanten des Wahlverhaltens untersucht, wobei sozialstrukturelle Merkmale und – in einem weiter gefassten Sinne – politische Orientierungen der Jugendlichen berücksichtigt werden. Auf der Grundlage dieser Analysen zeigen sich Profile für die Nichtwähler und für die Wähler der einzelnen politischen Parteien.

4.1 Entwicklung und Stabilität von Wahlbereitschaft und Parteipräferenzen

Wie hat sich bei den befragten Brandenburger Jugendlichen in der Altersphase zwischen 16 und 19 Jahren die Entscheidung, sich an der Bundestagswahl 1998 zu beteiligen und einer bestimmten Partei die Zweitstimme zu geben, herauskristallisiert? Um dies zu untersuchen, greifen wir auf die Angaben der 795 Jugendlichen zurück, die sich in den knapp drei Jahren zwischen Januar 1996 und Dezember 1998 im Längsschnitt über alle vier Erhebungswellen an der Untersuchung beteiligt haben. In der vierten Erhebungswelle, welche direkt im Anschluss an die Bundestagswahl 1998 durchgeführt wurde, wurden die Jugendlichen gefragt, ob sie wählen gegangen sind und wenn ja, welcher Partei sie ihre Zweitstimme gegeben haben. In den drei vor der Bundestagswahl liegenden Erhebungswellen wurde den Jugendlichen die sogenannte Sonntagsfrage gestellt.

Entwicklung im Aggregat

In Abbildung 4.1 sowie in Tabelle 4.1 ist die Entwicklung der Wahlbereitschaft und der Parteipräferenzen der befragten Jugendlichen über vier Messzeitpunkte hinweg dargestellt. Zunächst fällt auf, dass der Anteil an Jugendlichen, die angaben, sich nicht an der Bundestagswahl beteiligen zu wollen, im Zeitverlauf signifikant abnahm.[19] Während zum ersten Befragungszeitpunkt knapp drei Jahre vor der Wahl noch 34 Prozent der Jugendlichen angaben, sich nicht an einer Bundestagswahl beteiligen zu wollen, waren es am Ende lediglich 8 Prozent, die bei der Bundestagswahl 1998 tatsächlich nicht wählen gegangen sind. Die Wahlbeteiligung lag bei unseren Längsschnittjugendlichen damit bei 92 Prozent.

Abbildung 4.1: Wahlbereitschaft und Parteipräferenzen der Jugendlichen im Längsschnitt 1. - 4. Welle (N = 795)

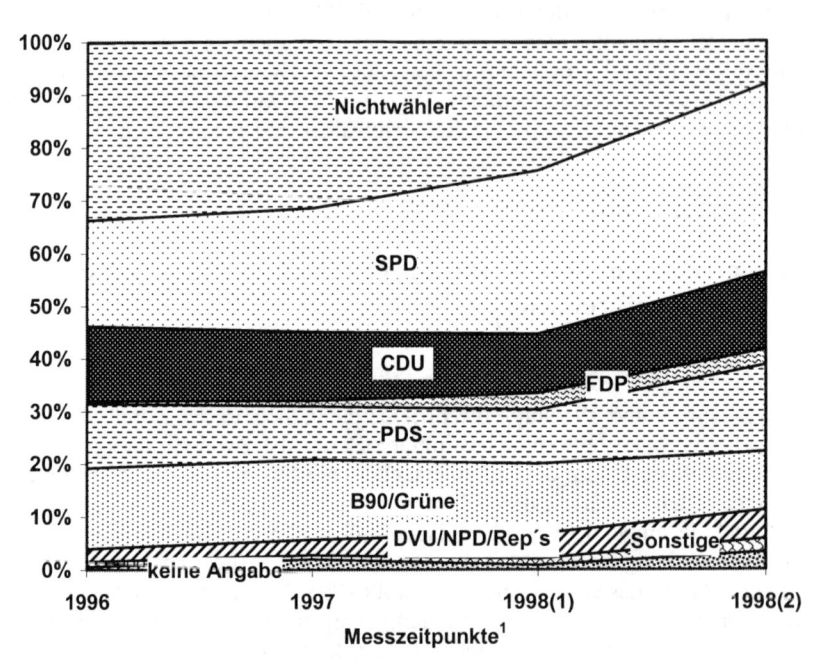

1   1998(1) = I. Quartal 1998; 1998(2) = IV. Quartal 1998 (nach der Bundestagswahl)

---

19 Um zu prüfen, ob die Zu- oder Abnahmen der Anteile einzelner Parteien und der Nichtwähler im Zeitverlauf statistisch signifikant sind, wurde für jede der sieben abhängigen Variablen (vgl. Kapitel 2) ein Allgemeines Lineares Modell mit Messwiederholung für den vierstufigen Faktor Messzeitpunkte berechnet.

Tabelle 4.1: Wahlbereitschaft und Parteipräferenzen der Jugendlichen im Längsschnitt 1. - 4. Welle (Anteile in %; N = 795)

	Messzeitpunkt			
	1996	1997	1998(1)	1998(2)
Nichtwähler	34	32	24	8
SPD	20	23	31	36
CDU	14	13	11	15
FDP	1	1	3	3
PDS	12	10	10	16
B90/Grüne	15	15	13	11
DVU/NPD/Rep´s	2	3	5	5
Sonstige Parteien	1	1	1	3
Keine Angabe	1	2	1	3

Der aus der Wahlforschung bekannte aktivierende und politisierende Effekt von Wahlkämpfen und Wahlen auf die Bevölkerung zeigte sich in unserer Untersuchung nicht nur in einem Anstieg des Interesses für Politik, in einer Zunahme des Gefühls, als Bürger Einfluss auf die Politik nehmen zu können, in häufigeren Gesprächen über Politik mit Eltern, Mitschülern und Freunden sowie in positiveren Einstellungen gegenüber der Demokratie (vgl. Kapitel 3 in diesem Buch; Pickel & Pickel, 2000), sondern auch in einem starken Anstieg der Wahlbereitschaft beziehungsweise der tatsächlichen Wahlbeteiligung bei den Brandenburger Erstwählern.

Der Anstieg der Wahlbereitschaft beziehungsweise der Wahlbeteiligung der Jugendlichen über den Erhebungszeitraum hinweg führte nicht bei allen Parteien zu Zuwächsen in den Stimmenanteilen (vgl. Tabelle 4.1). Bei der SPD allerdings stieg der Wähleranteil kontinuierlich von 20 Prozent in der ersten auf 36 Prozent in der vierten Erhebungswelle. Die CDU dagegen hatte nicht nur insgesamt eine wesentlich kleinere Anhängerschaft unter den Erstwählern in Brandenburg, sie konnte darüber hinaus keine signifikanten Zugewinne verbuchen. Der Wähleranteil der FDP lag insgesamt in einem unbedeutenden Bereich, stieg aber signifikant von 1 Prozent im Jahre 1996 auf immerhin 3 Prozent bei der Bundestagwahl 1998 an. Die PDS erwies sich auch in unserer Untersuchung als die „dritte Kraft im Osten". Sie konnte in den letzten Monaten vor der Bundestagswahl die meisten Wähler dazu gewinnen, ihr Wähleranteil stieg signifikant von 10 auf 16 Prozent an. Bündnis 90/Die Grünen mussten dagegen, obwohl ihr Wähleranteil insgesamt auf vergleichsweise hohem Niveau lag, leichte Verluste hinnehmen. Die Abnahme von 13 auf 11 Prozent in den letzten Monaten vor der Bundestagswahl war statistisch signifikant. Rechtsradikale Parteien wie NPD, DVU oder Republikaner konnten im Zeitverlauf signifikant zulegen. Während zum ersten Messzeitpunkt im Frühjahr 1996 lediglich 2 Prozent der damals 16- bis 17-jährigen Jugendlichen die Absicht bekundeten, bei einer Bundestagswahl eine rechtsradikale Partei wählen zu wollen, waren es im Frühjahr 1997 schon

3 Prozent. Im Frühjahr 1998 war der Stimmenanteil auf 5 Prozent angestiegen und ein halbes Jahr später gaben tatsächlich 5 Prozent der im Längsschnitt befragten Jugendlichen einer der drei rechtsradikalen Parteien ihre Zweitstimme.

Jeder fünfte der befragten Jugendlichen (20%) hatte erst innerhalb des letzten halben Jahres vor der Bundestagswahl (zwischen der dritten und vierten Erhebungswelle) den Entschluss gefasst, sich an der Wahl zu beteiligen. Wo sind diese kurzentschlossenen Erstwähler hingewandert? Haben sie überproportional häufig den politischen Machtwechsel, also die SPD und Bündnis 90/Die Grünen gewählt? Dies ist aus Tabelle 4.1 nicht zu entnehmen, da der Zugewinn an Stimmenanteilen bei den einzelnen Parteien ja auch auf „Wanderer" zwischen den Parteien zurückgeführt werden kann. Die Antwort liefert ein Vergleich zwischen dem Wahlergebnis dieser 20 Prozent an kurzentschlossenen Wählern und dem Gesamtwahlergebnis in unserer Stichprobe. Bei diesem Vergleich ergaben sich keine statistisch signifikanten Unterschiede, das heißt SPD und Bündnis 90/Die Grünen konnten die kurzentschlossenen Wähler nicht in besonderem Maße mobilisieren.

Entwicklung auf individueller Ebene

In Abbildung 4.1 und Tabelle 4.1 sind die Entwicklungsverläufe der Wahlbereitschaft und der Parteipräferenzen im Aggregat dargestellt. Aussagen über die Stabilitäten und Veränderungen in der Wahlbereitschaft und den Parteipräferenzen der befragten Jugendlichen auf individueller Ebene können aus diesen Darstellungen nicht gewonnen werden. Im Folgenden soll auf die individuellen Entwicklungsverläufe eingegangen werden.

Bezogen auf den Untersuchungszeitraum können 48 Prozent der Jugendlichen als stabile Wähler bezeichnet werden. Diese Jugendlichen gaben in jeder der vier Befragungswellen an, dass sie wählen gehen würden beziehungsweise bei der Bundestagswahl 1998 tatsächlich wählen gegangen sind. Lediglich 3 Prozent der Jugendlichen erwiesen sich entsprechend diesen Kriterien als stabile Nichtwähler. Weitere 27 Prozent bewegten sich im Untersuchungszeitraum kontinuierlich auf eine Beteiligung an der Bundestagswahl zu. Etwa jeder fünfte Jugendliche (18%) muss als instabil in seiner Wahlbereitschaft bezeichnet werden, das heißt es wurden diskontinuierliche Angaben über eine Beteiligung an der Wahl gemacht.

Im Vergleich zur Wahlbereitschaft fielen die Anteile an stabilen Parteipräferenzen wesentlich niedriger aus. Sie lagen zwischen 0 Prozent bei der FDP und den rechtsradikalen Parteien und 6 Prozent bei der SPD. Alle Parteien zusammengerechnet ergaben einen Anteil von 16 Prozent Jugendliche mit stabiler Parteipräferenz über alle vier Messzeitpunkte hinweg.

Wenn eine Partei von den Jugendlichen im Untersuchungszeitraum wenigstens einmal als die Partei der Wahl genannt wurde und wir diesen Jugendlichen als potentiellen Wähler dieser Partei bezeichnen, dann erweist sich die SPD als die Partei mit dem größten Wählerpotential (57%). An zweiter Stelle stand nicht die CDU oder die PDS, sondern das Bündnis 90/- Die Grünen (32%), gefolgt von der CDU und der PDS mit Anteilen von jeweils 28 Prozent. Jeder dritte Jugendliche hatte somit innerhalb des Untersuchungszeitraums einmal angegeben, die Grünen wählen zu wollen, aber lediglich jeder neunte (11%) hatte die Grünen am Ende tatsächlich gewählt.

Betrachtet man die Entwicklungsverläufe für die einzelnen Parteien, so fällt ins Auge, dass bei allen Parteien diejenigen Jugendlichen die größte Gruppe bildeten, welche sich bei der Bundestagswahl zum ersten Mal für die entsprechende Partei entschieden. Bei vielen der hier untersuchten Erstwähler fiel demnach die Entscheidung bei der Bundestagswahl auf eine Partei, die sie in den Jahren zuvor nie präferiert hatten. Dies unterstreicht den relativ spontanen Charakter der Entscheidung, wählen zu gehen, und die nicht festgelegte Parteipräferenz bei vielen Erstwählern.

Diese Interpretation wird relativiert, wenn man Stabilitätskoeffizienten berechnet. Tabelle 4.2. dokumentiert die Koeffizienten für jeweils aufeinanderfolgende Messzeitpunkte sowie für den ersten und den vierten Messzeitpunkt.

Tabelle 4.2: Stabilität der Wahlbereitschaft und der Parteipräferenzen der Jugendlichen über vier Messzeitpunkte hinweg, bivariate Korrelationen (Phi)

Wahlindikatoren	1996-1997 Phi	p	1997-1998(1) Phi	p	1998(1)-1998(2) Phi	p	1996-1998(2) Phi	p
Nichtwähler	.44	***	.50	***	.21	***	.10	**
SPD	.40	***	.41	***	.30	***	.20	***
CDU	.47	***	.55	***	.48	***	.36	***
FDP	.17	**	.20	***	.15	***	-.01	--
PDS	.57	***	.51	***	.37	***	.28	***
B90/Grüne	.50	***	.43	***	.32	***	.15	***
DVU/NPD/Rep's	.51	***	.50	***	.40	***	.14	***

*** $p < .001$; ** $p < .01$; -- = nicht signifikant

Die Korrelationen zwischen zwei aufeinanderfolgenden Messzeitpunkten waren allesamt positiv und statistisch signifikant. Das bedeutet, dass die Parteipräferenz zu einem gegebenen Messzeitpunkt die Parteipräferenz zum darauffolgenden Messzeitpunkt positiv vorhersagt. Die Entscheidung für eine bestimmte Partei erhöhte somit die Wahrscheinlichkeit, dass die Entscheidung in der darauffolgenden Erhebungswelle wieder auf dieselbe Partei fiel. Wie die letzte Spalte von Tabelle 4.2 zeigt, galt dies nicht nur für jeweils zwei aufeinanderfolgende Erhebungswellen, sondern, mit der Ausnahme der

FDP, auch für die Vorhersage über drei Jahre hinweg, das heißt von der ersten bis zur vierten Erhebungswelle (vgl. Tabelle 4.2, letzte Spalte).

Als besonders stabil erwiesen sich die Wählerschaften von CDU und PDS, wobei sich für beide Parteien, besonders aber für die CDU, auch in der „relativ instabilen" Phase des letzten halben Jahres vor der Wahl noch hohe Werte ergaben. Die Stabilitäten für die rechtsradikalen Parteien fielen für die jeweils aufeinanderfolgenden Messzeitpunkte ebenfalls recht hoch aus, lagen jedoch bei Betrachtung des gesamten Untersuchungszeitraumes vergleichsweise niedrig (vgl. Tabelle 4.2, letzte Spalte). Die geringsten Stabilitäten ergaben sich für die FDP.

Bei allen Parteien lagen die Korrelationen für den Zeitraum des letzten halben Jahres vor der Bundestagswahl etwas niedriger als für die beiden vorangegangenen Zeiträume. Dies zeigt, dass ein großer Teil der befragten Jugendlichen sich noch kurz vor der Wahl neu orientiert hat oder entschieden hat, überhaupt wählen zu gehen. Die Korrelationen für den Zeitraum von drei Jahren (vgl. Tabelle 4.2, letzte Spalte) fallen bei allen Parteien ebenfalls deutlich niedriger aus als die Korrelationen für die Zeiträume zwischen zwei aufeinanderfolgenden Messzeitpunkten, und zwar vor allem bei den Parteien, die im Laufe der drei Jahre größere Anteile an Wählern verloren oder gewonnen haben.

Insgesamt kann festgehalten werden, dass sich die Wahlbereitschaft und die Parteipräferenzen der Jugendlichen, die sich im Längsschnitt an der Untersuchung beteiligten, trotz des oben herausgearbeiteten relativ spontanen Charakters der Wahlentscheidung durch statistisch bedeutsame individuelle Stabilitäten über den Untersuchungszeitraum von drei Jahren hinweg auszeichneten.

Die Entstehung der Parteiidentifikation im Entwicklungsverlauf

Fend (1991) beschreibt die Herausbildung einer Parteiidentifikation als eine zentrale Entwicklungsaufgabe für die politische Identitätsbildung im Jugendalter. Im Rahmen der Identitätstheorie (Marcia, 1980) wird die Parteiidentifikation als eine Entscheidung (commitment) für das Sinnangebot einer bestimmten politischen Partei betrachtet, für das Angebot dieser Partei zur Deutung der gesellschaftlichen Wirklichkeit, ihrer Probleme und Lösungsmöglichkeiten (Fend, 1991; Hopf & Hopf, 1997). Aufgrund dieses Sinnangebots kommt Parteien eine zentrale Rolle bei der Bildung politischer Identitäten zu. Innerhalb der politikwissenschaftlichen Forschung wird die Parteiidentifikation als Erklärung für die relativ hohe Stabilität des Verhältnisses zwischen Wählern und Parteien herangezogen, wobei die Parteiidentifikation als durch Sozialisation und politische Erfahrung entstandene affektive Bindung an eine bestimmte politische Partei betrachtet wird. Die Parteiidentifikation, in manchen Studien auch als Parteibindung bezeichnet, gilt als Ausdruck einer „psychologischen Parteimitgliedschaft" und als längerfristig stabile Determinante des Wählerverhaltens mit hohem Erklärungswert. Mit dem Prozess der Individualisierung nimmt jedoch die Intensität der Parteiidentifikation ab, besonders innerhalb der jüngeren Generationen. In den neuen Bundesländern sind Parteiidentifikationen zudem nachweislich weniger verbreitet und instabiler als in den alten Bundesländern (Arzheimer & Falter, 1998; Pollack & Pickel, 2000).

In unserer Untersuchung wurden die Jugendlichen in jeder der vier Erhebungswellen gefragt, ob sie einer bestimmten Partei eher zuneigen als den anderen Parteien, und wenn ja, welcher Partei. Mit dieser Frage wurde die Parteiidentifikation erfasst. Die Ergebnisse zeigen, dass die Jugendlichen im Ausdruck einer Parteiidentifikation etwas zurückhaltender waren als in der Angabe einer Parteipräferenz bei der Sonntagsfrage. In der ersten Erhebungswelle 1996 gaben 49 Prozent der Jugendlichen an, einer bestimmten Partei zuzuneigen, in der zweiten Welle waren es 51 Prozent und in der dritten Welle, etwa einem halben Jahr vor der Bundestagswahl, 59 Prozent. Kurz nach der Bundestagswahl 1998 gaben schließlich 81 Prozent der Jugendlichen eine Parteineigung an. Demnach waren im Zusammenhang mit der Bundestagswahl die Parteiidentifikationen ebenso deutlich angestiegen wie die Parteipräferenzen bei der Sonntagsfrage.

In Abbildung 4.2 sind die Anteile an Jugendlichen mit einer Parteiidentifikation im Vergleich zu den Anteilen an Jugendlichen mit einer Parteipräferenz bei der Sonntagsfrage (entspricht der Wahlbereitschaft) im Entwicklungsverlauf nach Geschlecht dargestellt. Es zeigt sich, dass die Anteile an Jugendlichen mit einer Parteiidentifikation je nach Messzeitpunkt etwa 10 bis 15 Prozentpunkte unter den Anteilen an Jugendlichen mit einer Wahlbereitschaft lagen, dass die Entwicklungen beider Variablen aber recht ähnlich verliefen. Darüber hinaus zeigen sich deutliche Differenzen zwischen männlichen und weiblichen Jugendlichen in der Entwicklung der beiden Variablen. Zum ersten Messzeitpunkt gaben 73 Prozent der männlichen aber lediglich 62 Prozent der weiblichen Jugendlichen an, bei der Bundestagswahl eine Partei wählen zu wollen. Diese Differenz zwischen den Geschlechtern von knapp 12 Prozentpunkten blieb über einen Zeitraum von zwei Jahren konstant. Erst im letzten halben Jahr vor der Bundestagswahl holten die weiblichen Jugendlichen auf und beteiligten sich dann tatsächlich zu 92 Prozent, das heißt im selben Ausmaß wie die männlichen Jugendlichen, an der Wahl.

Abbildung 4.2: Entwicklung der Wahlbereitschaft (WB) und der Parteiidentifikation (PI) über vier Messzeitpunkte (N = 795) nach Geschlecht

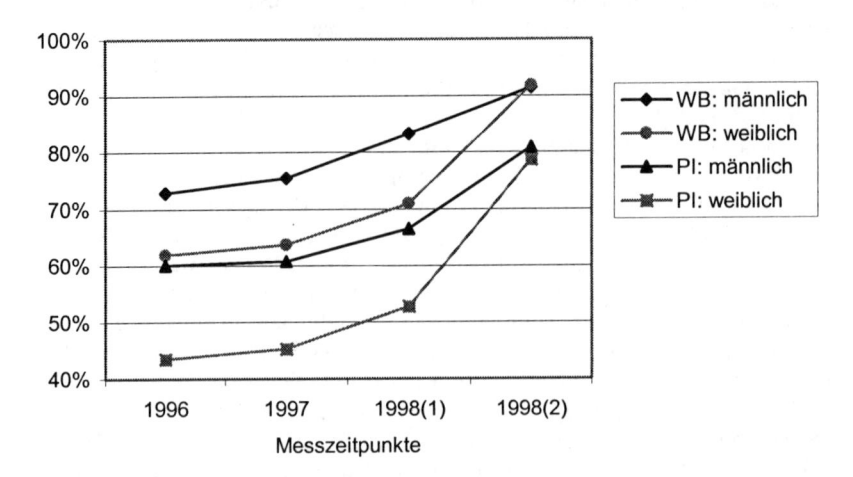

Ähnlich verlief die Entwicklung bei der Parteiidentifikation: Zum ersten Messzeitpunkt gaben 61 Prozent der männlichen, aber lediglich 44 Prozent der weiblichen Jugendlichen an, einer bestimmten Partei zuzuneigen. Diese Differenz von etwa 15 Prozentpunkten blieb ebenfalls über die nächsten zwei Jahre relativ konstant. Im letzten halben Jahr vor der Wahl holten die weiblichen Jugendlichen dann auf und erreichten kurz nach der Bundestagswahl mit 80 Prozent ein ähnlich hohes Ausmaß an Parteiidentifikation wie die männlichen Jugendlichen mit 82 Prozent. Jede vierte der befragten jungen Frauen (27%) hat ihre Parteiidentifikation demnach erst relativ kurzfristig und im Zusammenhang mit der Bundestagswahl entwickelt.

Die niedrigere Parteiidentifikation und geringere Wahlbereitschaft der weiblichen Jugendlichen war im Mittel über die vier Messzeitpunkte hinweg statistisch hoch signifikant. Ebenfalls signifikant waren die Unterschiede in den Entwicklungsverläufen von männlichen und weiblichen Jugendlichen, insbesondere im letzten halben Jahr vom dritten auf den vierten Messzeitpunkt.[20] Über die Gründe für diese geschlechtsspezifischen Unterschiede kann hier nur spekuliert werden. Es könnte durchaus sein, dass bei dieser Bundestagswahl 1998, bei der es unter anderem um ein Votum für eine stär-

---

20 Überprüft wurde dies anhand Allgemeiner Linearer Modelle, die jeweils den Faktor Messzeitpunkte mit vierstufiger Messwiederholung und den Faktor Geschlecht enthielten. Die Interaktionseffekte zwischen den beiden Faktoren waren in beiden Fällen signifikant.

kere Politik der sozialen Gerechtigkeit ging, junge Frauen in den neuen Bundesländern in besonderem Ausmaß politisch mobilisiert wurden. Die Parteiidentifikationen waren im Vergleich zu den Wahlbereitschaften bei den befragten Jugendlichen etwas schwächer ausgeprägt. Doch wie stabil waren die Parteiidentifikationen über den Untersuchungszeitraum von drei Jahren? Die Analysen zur individuellen Stabilität der Parteiidentifikationen, welche hier nicht im Einzelnen dargestellt werden, zeigten ein ganz ähnliches Bild wie die Analysen zu den Parteipräferenzen (vgl. Tabelle 4.2). Die Parteiidentifikationen der Jugendlichen erwiesen sich nicht als wesentlich stabiler oder instabiler als die Parteipräferenzen. Bei allen Parteien ergaben sich signifikante Stabilitäten, diese dürfen jedoch nicht darüber hinweg täuschen, dass der Anteil an Jugendlichen, welche viermal die gleiche Parteineigung nannten, auf der Ebene der einzelnen Parteien bei jeweils unter 4 Prozent lag.

In der politikwissenschaftlichen Forschung erwies sich die Parteiidentifikation als einflussreicher Prädiktor für das Wahlverhalten, wobei die Intensität der Parteiidentifikation eine entscheidende Rolle spielt. Die Intensität der Parteiidentifikation wurde in unserer Untersuchung über die Häufigkeit ermittelt, mit der Jugendliche eine bestimmte Partei nannten (von 0 bis 4 mal). Es zeigte sich, dass die Jugendlichen mit zunehmender Intensität der Parteiidentifikation der entsprechenden Partei häufiger ihre Zweitstimme bei der Bundestagswahl gaben. Dies galt statistisch hoch signifikant für jede Partei. Beispielsweise stieg die Wahrscheinlichkeit, die PDS zu wählen, mit zunehmender Parteiidentifikation von 7 (kein mal PDS genannt) auf 28 (einmal PDS genannt), dann auf 65, 90 und 98 Prozent (zwei bis vier mal PDS genannt). Bei der CDU stieg die Wahrscheinlichkeit von 7 auf 99 Prozent, bei der SPD von 20 auf 93 Prozent, bei den Grünen von 5 auf 86 Prozent und bei den rechtsradikalen Parteien von 2 auf 99 Prozent. Außerdem sank die Absicht, sich überhaupt an der Wahl zu beteiligen, deutlich ab, wenn die Jugendlichen eine schwache oder gar keine Parteiidentifikation entwickelt hatten.

4.2 Nichtwähler – Determinanten der Wahlenthaltung

Was waren die Gründe dafür, dass sich Jugendliche im wahlberechtigten Alter nicht an der Bundestagswahl beteiligten? Dieser Frage soll auf zwei unterschiedliche Weisen nachgegangen werden. Zum einen wird eine Frage ausgewertet, die alle jugendlichen Nichtwähler in der vierten Erhebungswelle ausfüllen sollten. Auf einer Liste mit sieben möglichen Gründen fürs Nichtwählen sollten die Jugendlichen angeben, ob der jeweilige Grund (1) „ganz unwichtig" oder (5) „sehr wichtig" für ihre Nichtbeteiligung gewesen sei.

Zum anderen wird der Einfluss sozialstruktureller Merkmale, wie Bildung und Geschlecht der Jugendlichen, sowie der Einfluss politikrelevanter Einstellungen und Verhaltensbereitschaften auf die Wahlenthaltung geprüft.

Abbildung 4.3: Gründe für die Nichtbeteiligung an der Bundestagswahl 1998 (N = 102 Nichtwähler), Zustimmung in % (Antwortkategorien 4 und 5 zusammengefasst)

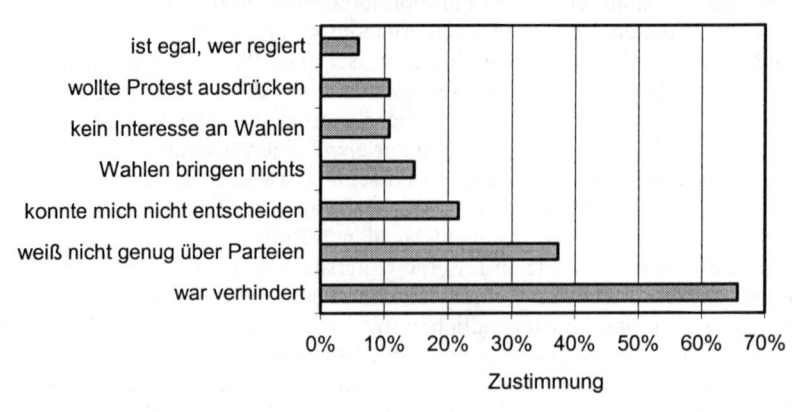

In Abbildung 4.3 ist die Rangfolge der Wichtigkeit der Gründe graphisch dargestellt. Für die große Mehrheit der Nichtwähler waren Desinteresse („Die Wahlen haben mich nicht interessiert"), Protest („Ich wollte durch Nicht-Wählen meinen Protest ausdrücken") oder Politikverdrossenheit („Wahlen bringen sowieso nichts"; „Es ist doch egal, wer regiert") nicht die ausschlaggebenden Gründe, um der Bundestagswahl fernzubleiben. Lediglich zwischen 6 und 15 Prozent der befragten Jugendlichen gaben diese Gründe als wichtig oder sehr wichtig an. Dagegen gaben 66 Prozent der Jugendlichen an, am Wahltag verhindert gewesen sein. Über ein Drittel (37%) der Nichtwähler räumte als Begründung auch ein, nicht genug über die Parteien zu wissen, und etwa jeder vierte (22%) gab an, dass er (oder sie) sich nicht zwischen den Parteien entscheiden konnte.

In der Hauptsache war es also der eher banale Grund des Verhindertseins, aber auch eine gewisse Orientierungsunsicherheit, welche die Jugendlichen für ihre Nichtbeteiligung an der Bundestagswahl 1998 anführten. Nichtwählen als Akt des Protests oder als Ausdruck von grundlegender Unzufriedenheit mit der Politik oder dem politischen System wurde nur von einer kleinen Minderheit zum Ausdruck gebracht.

Nach den Ergebnissen der empirischen Wahlforschung hängt die Beteiligung an Wahlen mit bestimmten sozialstrukturellen Merkmalen zusammen (Bürklin & Klein, 1998; Kleinhenz, 1995; Renz, 1997; Hofmann-Göttig,

1991). Neben dem Lebensalter – die Wahlbeteiligung fällt am niedrigsten in der Gruppe der Erst- und Zweitwähler sowie bei den über 70-Jährigen aus – sind das Geschlecht und der Bildungshintergrund zu nennen. Um zu prüfen, ob die beiden zuletzt genannten Merkmale auch in unserer Untersuchung einen Einfluss auf die Wahlbeteiligung beziehungsweise Wahlenthaltung der jugendlichen Erstwähler an der Bundestagswahl 1998 hatten, wurde eine logistische Regression mit den unabhängigen Variablen Geschlecht, Bildung der Jugendlichen und Bildung der Eltern berechnet. Die Grundlage für diese Analyse bildeten alle Jugendlichen, die sich in der vierten Erhebungswelle an der Untersuchung beteiligten und die Frage, ob sie wählen gegangen sind, beantworteten (N = 1304). Die Ergebnisse (ohne Tabelle) erbrachten keinen Geschlechtseffekt, das heißt weibliche Jugendliche beteiligten sich ebenso häufig an der Wahl wie männliche Jugendliche. Dafür zeigten sich aber deutliche Bildungseffekte. Ein niedrigerer Bildungsstatus der Jugendlichen sowie zusätzlich ein niedriger Bildungsstatus der Eltern gingen mit einer erhöhten Wahlenthaltung bei den Jugendlichen einher.

Ein differenzierteres Bild ergab sich, wenn zusätzlich noch die politikrelevanten Einstellungen und Verhaltensbereitschaften der Jugendlichen mit ins Modell aufgenommen wurden. Tabelle 4.3 zeigt das Ergebnis eines logistischen Regressionsmodells.[21] Die Effektkoeffizienten (exp(B)) können, vereinfacht ausgedrückt, so gelesen werden, dass ein Wert größer 1 einen positiven und ein Wert kleiner 1 einen negativen Zusammenhang bedeutet.

---

21 Bei der Berechnung dieses Regressionsmodells wurde folgendermaßen vorgegangen. In die Berechnung gingen alle unabhängigen Variablen ein (vgl. Kapitel 4.3), welche bivariat signifikante Zusammenhänge mit der abhängigen Variablen (Wahlenthaltung) erbrachten. Das Modell wurde auf der Grundlage der Likelihood-Ratio-Statistik optimiert, das heißt es wurden nur Variablen in das Modell aufgenommen, welche die Erklärungskraft des Modells signifikant verbesserten (Method = FSTEP (LR), Logistic Regression in SPSS 9.0 for Windows). Die in Tabelle 4.3 dargestellte Reihenfolge der unabhängigen Variablen entspricht der Reihenfolge der Aufnahme in das statistische Modell. Der (angepasste) Likelihood-Ratio-Index (R' und Adj. R'), welcher auch als Pseudo-R^2 bezeichnet wird, bildet ein Maß für die Erklärungskraft des Modells und ist vergleichbar mit dem Determinationskoeffizienten R^2 der linearen Regression. Er wurde nach einer Formel berechnet, die bei Andreß et al. (1997: 288) nachzulesen ist. Ein R'-Wert unter 5% weist auf eine eher geringe und ein R'-Wert von über 20% auf eine starke Erklärungskraft des Modells hin. Ein Wert über 40% ist nur selten zu erreichen.

Tabelle 4.3: Logistisches Regressionsmodell zur Vorhersage der Nichtbeteiligung an der Bundestagswahl 1998

Prädiktoren	exp(B)	p	R´	Adj. R´
Bildung der Jugendlichen	0.60	*		
Politisches Interesse (allgemein)	0.65	**		
Idee der Demokratie	0.72	*		
Unkonventioneller legaler Protest	0.73	**		
Politikverdrossenheit	1.46	**		
Bildung der Eltern	0.55	*		
Gesamt			11,35%	9,65%

*** p < .001; ** p < .01; * p < .05; -- nicht signifikant

Den Ergebnissen dieser Analyse zufolge zeichneten sich die Nichtwähler im Vergleich zu den Wählerinnen und Wählern neben dem schwächeren Bildungshintergrund vor allem durch ein geringeres politisches Interesse, eine stärkere Politikverdrossenheit, das heißt einem geringeren Vertrauen in Politiker und politische Institutionen, sowie eine geringere Bereitschaft zur Beteiligung an legalen politischen Protestformen wie Demonstrationen oder Unterschriftensammlungen aus. Die Nichtwähler befürworteten außerdem seltener die Idee der Demokratie.[22]

Auch wenn die Prädiktionskraft dieser Indikatoren nicht besonders stark war und die Erklärungskraft des Gesamtmodells lediglich bei knapp 10 Prozent lag (Adj. R` = 9,7%) steht dieses Bild doch im Widerspruch zu den oben angeführten Gründen für die Wahlenthaltung. Die Jugendlichen sahen sich selbst nicht als politikverdrossen oder desinteressiert an, sondern eher als – aus welchen Gründen auch immer – „verhinderte Wähler". Man hätte sie demnach auch als „potentielle Wähler" bezeichnen können. Die Ergebnisse der logistischen Regressionsanalyse lassen jedoch zusammen mit dem Ergebnis einer über den Untersuchungszeitraum von drei Jahren hinweg relativ stabilen Wahlenthaltung (vgl. Tabelle 4.3) Zweifel an der „potentiellen Wahlbereitschaft" dieser Jugendlichen aufkommen.

4.3 Erstwähler – Wählerprofile der Parteien: bivariate Analysen

In der Theorie des „expressiven" Wählens wird angenommen, dass der Wähler mit dem Akt der Präferenzbekundung bei der Wahl zeigen will, was für eine Art Mensch er ist, welche Werthaltungen und welche ideologischen und ethisch-moralischen Prinzipien er befürwortet. Der Wähler will seine Persön-

---

22 Diese Aspekte eines Nichtwählerprofils finden sich auch in anderen empirischen Studien (vgl. Renz, 1997; Falter, 2000; Maier, 2000).

lichkeit und seinen Charakter zum Ausdruck bringen, indem er Partei x und nicht Partei y seine Stimme gibt (Bürklin & Klein, 1998). Dabei stellen die verschiedenen Parteien für den Wähler unterschiedliche „Sinnangebote" dar, sie „bündeln" für den Wähler bestimmte Standpunkte zu politischen, religiösen, ideologischen, ethisch-moralischen und demokratietheoretischen Streitfragen. Bei der Frage nach den Determinanten des Wahlverhaltens sind daher nach der Theorie des „expressiven" Wählens solche grundlegenden Orientierungen der Wähler von Bedeutung, die auf Politik und Gesellschaft bezogene Einstellungen, Verhaltensweisen und Verhaltensbereitschaften im individuellen Selbstverständnis des Wählers ausdrücken.

Bei den nun folgenden Analysen geht es um solche Determinanten des Wahlverhaltens, welche wir als Grundüberzeugungen bezeichnet haben (vgl. Kapitel 1.5). Zuvor werden die mit dem sozialen Standort des Wählers verbundenen Merkmale Bildung (der Jugendlichen und der Eltern), Geschlecht und Religionszugehörigkeit in ihrem Einfluss auf das Wahlverhalten untersucht. Außerdem werden die Einstellungen zur Wende und abschließend Indikatoren des Schulkontextes in ihrem Einfluss auf das Wahlverhalten dargestellt. Grundlage der Analysen bilden alle Jugendlichen, die sich in der vierten Erhebungswelle beteiligt haben und angaben, welcher Partei sie ihre Zweitstimme gegeben haben (N = 1252).[23] Zunächst wurden einfache, bivariate logistische Regressionen zwischen den abhängigen und unabhängigen Variablen berechnet. Auf diese Weise entstanden Wählerprofile für jede der hier untersuchten Parteien. Anschließend wurden multivariate Analysen durchgeführt mit dem Ziel, erklärungskräftige Modelle zur Vorhersage des Wahlverhaltens zu bilden.

Sozialstrukturelle Merkmale als Determinanten des Wahlverhaltens

Es wurde in internationalen Studien vielfach empirisch nachgewiesen, dass die Erklärungskraft sozialstruktureller Merkmale für das Wahlverhalten in den letzten Jahrzehnten rückläufig war. Dennoch waren sozialstrukturelle Überformungen noch deutlich zu erkennen, wobei vor allem die Bildung, aber auch Geschlecht oder Religionszugehörigkeit die Parteipräferenzen beeinflussten (vgl. Kapitel 1.4).

Tabelle 4.4 zeigt die Ergebnisse der einfachen, bivariaten logistischen Regressionen zwischen den abhängigen Variablen des Wahlverhaltens und den vier untersuchten sozialstrukturellen Merkmalen.[24]

---

23 Die geringe Anzahl fehlender Werte auf der Seite der unabhängigen Variablen wurde jeweils durch den Mittelwert ersetzt.
24 Bei der logistischen Regression wird nicht wie bei der linearen Regression die Wahrscheinlichkeit des Eintretens eines Ereignisses (z.B. CDU gewählt: Ja = 25% = 0.25) geschätzt, sondern das Verhältnis des Eintretens zum Nichteintreten des Ereignisses, das so-

Tabelle 4.4: Sozialstrukturelle Merkmale als Determinanten des Wahlverhaltens von Erstwählern in Brandenburg, bivariate logistische Regressionen (exp(B))

Prädiktoren	SPD	CDU	FDP	PDS	B90/Grüne	DVU/NPD/Rep´s
Geschlecht	--	0.69*	0.52*	--	--	0.54*
Bildung Jugendliche	--	2.03***	4.21*	1.89*	2.59**	0.20***
Bildung Eltern	0.79*	--	--	1.81***	1.58*	0.25***
Religionszugehörigkeit	0.67**	2.76***	--	0.44***	1.73**	--

*** $p < .001$; ** $p < .01$; * $p < .05$; -- nicht signifikant

Geschlechtsunterschiede im Wahlverhalten zeigten sich hier in den stärkeren Präferenzen der männlichen Erstwähler für die CDU, die FDP und für rechtsradikale Parteien (DVU, NPD, Republikaner). Die Jugendlichen mit niedrigerem Bildungsabschluss wählten eher rechtsradikale Parteien, Jugendliche mit höherer Bildung wählten eher CDU, FDP, PDS und Bündnis 90/Die Grünen. Auch der Bildungsstatus der Herkunftsfamilie beeinflusste das Wahlverhalten. Jugendliche aus Elternhäusern mit niedrigerer Bildung bevorzugten die SPD oder rechtsradikale Parteien. Jugendliche aus Elternhäusern mit höherer Bildung neigten dagegen stärker zur Wahl von PDS oder von Bündnis 90/Die Grünen. Da der Bildungsstatus von Eltern und Kindern in hohem Maße konfundiert war, stellte sich die Frage, ob die Bildung der Jugendlichen auch unabhängig von der Bildung ihrer Eltern die Wahl von PDS oder Bündnis 90/Die Grünen vorhersagt. Zu diesem Zweck berechnete logistische Regressionen zeigten, dass die Wahl von Bündnis 90/Die Grünen statistisch signifikant nur auf die höhere Bildung der Jugendlichen zurückgeführt werden

---

genannte Odd (z.B. CDU gewählt: Ja/Nein = 0.25/0.75 = 0.33). Da der B-Wert (β_1) der unabhängigen Variablen X_1 sich in der Regressionsgleichung des binären Logitmodells nicht auf das Odd, sondern auf das sogenannte Logit (= logarithmiertes Odd) bezieht, lässt sich dieser Wert nur schwer interpretieren. Anschaulichere Interpretationsmöglichkeiten bietet dagegen der (unstandardisierte) Effektkoeffizient exp(B), da dieser sich direkt (multiplikativ) auf das Odd bezieht. Der konstante Änderungsfaktor exp(B) gibt an, um wie viel sich das Odd der abhängigen Variablen ändert, wenn die unabhängige Variable um eine Einheit ansteigt. Ein Wert (exp(B)) von 1.00 (Odd multipliziert mit dem Faktor 1.00) bedeutet dabei keine Veränderung des Ausgangswerts, also kein Zusammenhang zwischen unabhängiger und abhängiger Variable, ein Wert größer 1.00 deutet auf einen positiven und ein Wert kleiner 1.00 auf einen negativen Zusammenhang zwischen unabhängiger und abhängiger Variable hin. Im Falle der Vorhersage der CDU-Wahl durch die Bildung der Jugendlichen ist der Effektkoeffizient wie folgt zu lesen: Wenn sich die Variable „Bildung der Jugendlichen" um eine Einheit ändert, das heißt von (0) „kein Abitur" auf (1) „Abitur angestrebt" ansteigt, dann steigt das Odd (also das Verhältnis von CDU-Wählern zu Nicht-CDU-Wählern) um den Faktor 2.03 an (vgl. Tabelle 4.4). Dies bedeutet jedoch nicht, dass die Wahrscheinlichkeit, CDU zu wählen, um den Faktor 2.03 ansteigt. Um Aussagen über die Wahrscheinlichkeiten machen zu können, müssen erst die Odds umgerechnet werden. In unserem Beispiel steigt die Wahrscheinlichkeit, CDU zu wählen von 10 Prozent auf 18 Prozent an, also etwa um den Faktor 1.8.

konnte. Umgekehrt konnte die Wahl der PDS nur auf die höhere Bildung des Elternhauses zurückgeführt werden. In Bezug auf die Wahl rechtsradikaler Parteien ergänzten sich die niedrigen Bildungsabschlüsse von Eltern und Kindern in ihrem Einfluss. Die niedrige Bildung der Eltern und die niedrige Bildung der Jugendlichen trugen dazu bei, dass die Jugendlichen rechtsradikal wählten.

Jugendliche, die einer Religionsgemeinschaft angehörten,[25] wählten eher die CDU sowie Bündnis 90/Die Grünen. Für die CDU wurde dieses Ergebnis erwartet, nicht jedoch für Bündnis 90/Die Grünen. Anscheinend haben auch die Grünen ein „Standbein" im religiösen Milieu. Dies könnte darauf zurückzuführen sein, dass Bündnis 90/Die Grünen in Ostdeutschland historisch aus der kirchlich-religiös motivierten Bürgerbewegung der ehemaligen DDR hervorgegangen sind (vgl. auch Pollack & Pickel, 2000: 83f).

Insgesamt kann festgehalten werden, dass sich im hier untersuchten Brandenburger Erstwählerverhalten trotz der historisch nachlassenden Prägekraft sozialstruktureller Milieus und trotz der spezifischen Situation in Ostdeutschland sozialstrukturelle Einflüsse nachweisen lassen.

Politische Grundorientierungen als Determinanten des Wahlverhaltens

Unter politischen Grundorientierungen werden Einstellungen verstanden, die im politischen Überzeugungssystem eines Befragten einen zentralen Stellenwert einnehmen und über die Zeit relativ stabil und unabhängig von tagespolitischen Ereignissen sind. Die politischen Grundorientierungen, die hier auf ihren Einfluss auf das Wahlverhalten untersucht werden sollen, umfassen die Einstellungen zur politischen Ordnung (zu Demokratie und Sozialismus), die Links-Rechts-Orientierung und das Demokratieverständnis. Politische Grundorientierungen sollten sich als erklärungskräftige Determinanten des Wahlverhaltens erweisen, auch wenn sie bei Erstwählern noch nicht so stabil sind wie bei älteren Wählern.

Das einfachste Instrument zur Erfassung von generalisierten politischen und gesellschaftlichen Ideologien ist das Links-Rechts-Schema. Wie die befragten jugendlichen Erstwähler bestimmter Parteien ihre ideologische Position auf einer zehnstufigen Links-Rechts-Skala eingestuft haben, zeigt Abbildung 4.4.

---

25 Laut den Angaben im Statistischen Jahrbuch waren im Jahre 1998 in Brandenburg lediglich 23 Prozent der Bevölkerung konfessionell an die beiden großen Kirchen gebunden (19% evangelisch und 4% katholisch). Von den befragten Jugendlichen in unserer Untersuchung gaben 21 Prozent an, konfessionell gebunden zu sein.

Abbildung 4.4: Selbsteinstufung auf der Links-Rechts-Skala (1-10) nach Parteiwahl

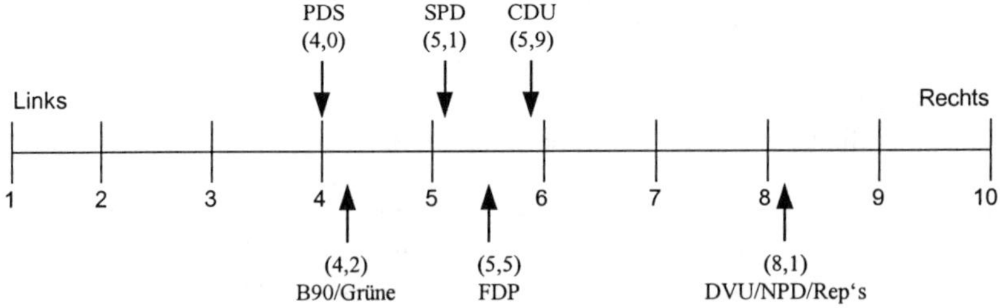

```
                  PDS    SPD    CDU
                 (4,0)  (5,1)  (5,9)
Links              ▼      ▼      ▼                          Rechts
  |----|----|----|----|----|----|----|----|----|
  1    2    3    4    5    6    7    8    9    10
                  ▲      ▲             ▲
                (4,2)  (5,5)         (8,1)
              B90/Grüne  FDP      DVU/NPD/Rep's
```

Die Reihenfolge der Selbstpositionierungen der jugendlichen Erstwähler auf der Links-Rechts-Skala entspricht der in anderen empirischen Jugendstudien gefundenen (Gille et al., 2000: 255). Linke Positionen wurden am stärksten von den Wählern der PDS vertreten, dicht gefolgt von den Wählern von Bündnis 90/Die Grünen. SPD-, FDP- und CDU-Wähler gruppierten sich um die Skalenmitte. Die Wähler von rechtsradikalen Parteien setzten sich erwartungsgemäß deutlich nach rechts ab.

Die Ergebnisse der logistischen Regressionen zum Einfluss der politischen Grundorientierungen auf das Wahlverhalten sind in Tabelle 4.5 dargestellt.

Tabelle 4.5: Politische Grundorientierungen als Determinanten des Wahlverhaltens von Erstwählern in Brandenburg, bivariate logistische Regressionen (exp(B))

Prädiktoren	SPD	CDU	FDP	PDS	B90/Grüne	DVU/NPD/Rep's
Idee der Demokratie	--	1.45***	--	--	1.39**	0.37***
Demokratie in BRD	--	1.89***	1.51*	0.67***	--	0.54***
Idee des Sozialismus	--	0.60***	--	2.15***	1.26**	0.48***
Sozialismus in DDR	--	0.66***	0.56**	1.51***	0.77*	--
Links-Rechts-Orientierung	--	1.30***	--	0.61***	0.68***	3.47***
Freiheitliche Demokratie	0.81*	--	--	1.39**	1.93***	--
Law and Order	1.33***	1.27**	--	0.73***	0.47***	1.53**

*** p < .001; ** p < .01; * p < .05; -- nicht signifikant

Die SPD-Wähler zeigten sich in ihren politischen Grundorientierungen relativ profillos. Allerdings lehnten sie Aspekte der freiheitlichen Demokratie eher ab und befürworteten stärker staatliche Repressionsmaßnahmen.

Die CDU-Wähler stellten sich dagegen als eindeutige Befürworter der Idee der Demokratie und Gegner des Sozialismus dar, und zwar sowohl der Idee des Sozialismus als auch des Sozialismus der früheren DDR. Außerdem waren die CDU-Wähler zufriedener mit der Demokratie in der BRD. Dies kann möglicherweise darauf zurückgeführt werden, dass CDU-Wähler sich im neuen demokratischen System nach der Wende stärker auf der „Gewinnerseite" wähnen (vgl. Pollack & Pickel, 2000: 89). Die CDU-Wähler stuften sich zudem auf der Links-Rechts-Skala weiter rechts ein und befürworteten wie die SPD-Wähler stärker ein hartes Durchgreifen des Staates. Die stärkere Befürwortung von staatlichen Repressionsmaßnahmen (Law and Order) unterstreicht das konservativ-traditionelle Demokratieverständnis von CDU-Wählern.

Die Wähler der FDP zeigten sich überdurchschnittlich zufrieden mit der Umsetzung der Demokratie in der BRD, außerdem lehnten sie den Sozialismus, wie er in der früheren DDR bestand, ab.

Die PDS-Wähler unterschieden sich in der Befürwortung der Idee der Demokratie nicht von den anderen Jugendlichen, waren aber mit der Demokratie in der BRD unzufriedener und befürworteten überproportional häufig die Idee des Sozialismus. Außerdem bildeten die PDS-Wähler die einzige Gruppe, bei der sich eine überdurchschnittlich positive Bewertung des Sozialismus der früheren DDR zeigte. Die PDS-Wähler stuften sich zudem auf der Links-Rechts-Skala links ein, befürworteten überdurchschnittlich häufig die Aspekte einer freiheitlichen Demokratie und lehnten staatliche Repressionsmaßnahmen stärker ab. Insgesamt zeigte sich die für PDS-Wähler typische ideologische Nähe zum DDR-Sozialismus auch bei den Brandenburger Erstwählern, die zur Zeit der Wende erst zwischen 9 und 12 Jahre alt waren. Hier dürften die Eltern der befragten Jugendlichen die Einstellungen und das Wahlverhalten ihrer Kinder mit beeinflusst haben (vgl. Kapitel 6). Allerdings vertritt die PDS nicht mehr nur die alten DDR-Kader, sondern generell ostdeutsche Interessen, wobei die wendebedingten ökonomischen Probleme und sozialen Ungerechtigkeiten besonders wichtig sind. Sozialismus wird mit sozialer Gerechtigkeit gleichgesetzt (vgl. Pollack & Pickel, 2000: 88). Solche Positionen sprechen auch Jungwähler in hohem Maße an.

Im Gegensatz zu den PDS-Wählern befürworteten die Wähler von Bündnis 90/Die Grünen überdurchschnittlich häufig die Idee der Demokratie, unterschieden sich aber hinsichtlich der Bewertung der Umsetzung der Demokratie in der BRD nicht von den anderen Jugendlichen. Sie befürworteten ebenfalls die Idee des Sozialismus, standen aber im Gegensatz zu den PDS-Wählern dem Sozialismus der früheren DDR ablehnend gegenüber. Die Nähe der Wähler von Bündnis 90/Die Grünen zur Idee des Sozialismus liegt wahrscheinlich im linken Selbstverständnis der Partei begründet, welches als zentrale Komponente die Idee der sozialen Gerechtigkeit enthält. Die Befürwortung der Idee des Sozialismus wird aber begleitet von der Erkenntnis, dass das Ideal des Sozialismus in der DDR nicht verwirklicht war. Die Einstufungen der Wähler von Bündnis 90/Die Grünen auf der Links-Rechts-Skala lag nahe an derjenigen der PDS-Wähler. Wie die PDS-Wähler befürworteten die

Wähler von Bündnis 90/Die Grünen die Aspekte der freiheitlichen Demokratie und lehnten staatliche Repressionsmaßnahmen ab. In ihrem Demokratieverständnis waren sich die Wähler beider Parteien somit ähnlich, in ihren Einstellungen zu Demokratie und Sozialismus unterschieden sie sich jedoch deutlich voneinander.

Die Wähler von rechtsradikalen Parteien lehnten sowohl die Idee der Demokratie als auch die des Sozialismus stärker ab. Sie waren außerdem unzufriedener mit der Umsetzung der Demokratie in der Bundesrepublik, unterschieden sich aber in ihrer Einstellung zum Sozialismus der früheren DDR nicht von den anderen Jugendlichen. Auf der Links-Rechts-Skala stuften sie sich weit rechts ein. Sie befürworteten außerdem stärker staatliche Repressionsmaßnahmen, unterschieden sich in ihrer Unterstützung für freiheitlich-demokratische Bürgerrechte aber nicht von den anderen Jugendlichen.

Wertorientierungen als Determinanten des Wahlverhaltens

In der empirischen Wahlforschung sind in den letzten Jahrzehnten zunehmend Wertorientierungen als Determinanten des Wahlverhaltens ins Zentrum des Interesses gerückt. In unserer Untersuchung wurden konventionalistische Werte wie Pflicht/Akzeptanz, Leistung und Materialismus und individualistische Werte wie Selbstverwirklichung, Kritikfähigkeit und Hedonismus sowie prosoziale Werte erfasst.

Tabelle 4.6: Wertorientierungen als Determinanten des Wahlverhaltens von Erstwählern in Brandenburg, bivariate logistische Regressionen (exp(B))

Prädiktoren	SPD	CDU	FDP	PDS	B90/Grüne	DVU/NPD/Rep´s
Pflicht/Akzeptanz	--	1.45**	--	0.74**	0.60***	--
Leistung	--	--	--	--	0.75*	--
Materialismus	1.33***	1.27*	--	0.65***	0.51***	1.60**
Selbstverwirklichung	--	--	--	--	1.41*	--
Kritikfähigkeit	--	--	1.77*	1.50**	1.45*	--
Prosozialität	--	--	--	1.30*	1.46**	--

*** p < .001; ** p < .01; * p < .05; -- nicht signifikant

Die ersten drei Zeilen der Tabelle 4.6 enthalten die Ergebnisse zu den konventionalistischen Wertorientierungen. Pflicht- und Akzeptanzwerte (pflichtbewusst sein, sich anpassen) wurden stärker von den CDU-Wählern und weniger stark von den Wählern der PDS und von Bündnis 90/Die Grünen befürwortet. Leistungswerte (ehrgeizig sein, etwas leisten) fanden bei den

Wählern von Bündnis 90/Die Grünen eine unterdurchschnittliche Befürwortung. Materialistische Werte (auf Sicherheit bedacht sein, ein hohes Einkommen anstreben) waren für die Wähler der SPD, der CDU und der rechtsradikalen Parteien wichtiger, für die Wähler der PDS und von Bündnis 90/Die Grünen dagegen unwichtiger. Zu den individualistischen Werten zählen die Selbstverwirklichung und die Kritikfähigkeit. Selbstverwirklichung (unabhängig sein, sich selbst verwirklichen, eigene Fähigkeiten entfalten) wurde vor allem von den Wählern von Bündnis 90/Die Grünen befürwortet. Kritikfähigkeit (kritisch sein, durchsetzungsfähig sein, sich gegen Bevormundung wehren) fanden die Wähler der FDP, von Bündnis 90/Die Grünen sowie der PDS wichtiger. Prosozialität (Verantwortung für andere übernehmen, anderen Menschen helfen, Rücksicht auf andere nehmen) wurde von den Wählern von Bündnis 90/Die Grünen und der PDS als wichtiger erachtet. Hedonistische Werte (das Leben genießen, tun und lassen, was man will, ein aufregendes, spannendes Leben führen) wurden von keiner Parteianhängerschaft überproportional vertreten oder abgelehnt und wurden deshalb in Tabelle 4.6 nicht ausgewiesen.

Die Wählerschaften von Bündnis 90/Die Grünen sowie in einigen Aspekten auch die der PDS lassen sich somit in unserer Untersuchung einem postmaterialistischen Werte-Milieu zuordnen, in dem konventionalistische Werte (Pflicht/Akzeptanz, Leistung, Materialismus) eher abgelehnt und individualistische Werte (Selbstverwirklichung, Kritikfähigkeit) eher befürwortet werden. Dass gerade die Anhängerschaft von politisch links stehenden Parteien Träger dieses Wertemusters ist, ist vermutlich auf das progressive und unkonventionelle Selbstverständnis verbunden mit einer idealistischen Gesellschaftskritik der beiden Parteien zurückzuführen.

Ebenfalls von PDS-Wählern und von Wählern von Bündnis 90/Die Grünen bevorzugt wurden prosoziale Werte. Diese Wertepräferenz dürfte mit dem linken Selbstverständnis, gegen die „Ellbogengesellschaft" und für mehr Solidarität, soziale Gleichheit und Gerechtigkeit einzutreten, zusammenhängen.

Insgesamt zeigt sich, dass die Wähler rechter und konservativer Parteien eher konventionalistische Werte befürworten, die Wähler linker Parteien wie PDS oder Bündnis 90/Die Grünen dagegen eher individualistische und prosoziale Werte.

Kognitive politische Mobilisierung und Politikverdrossenheit als Determinanten des Wahlverhaltens

Die Indikatoren kognitiver politischer Mobilisierung umfassen das politische Interesse, wobei dieses zum einen anhand einer allgemeinen Frage und zum anderen anhand einer langen Item-Liste differenziert nach verschiedenen

Politikfeldern erfasst wurde. In die folgenden Analysen einbezogen wurde neben dem allgemeinen Interesse an Politik jedoch nur das Interesse an Neuer Politik, welches sich aus den drei Politikfeldern Umweltpolitik, Friedenspolitik und Entwicklungspolitik/Dritte Welt zusammensetzt. Des weiteren zählt zu den Indikatoren kognitiver politischer Mobilisierung der Bereich der politischen Kommunikation. Dieser umfasst Gespräche und Auseinandersetzungen mit Eltern und Freunden über politische Themen sowie die Nutzung von Massenmedien zur politischen Information. Zuletzt zählen noch die Einstellungen zur internen politischen Effektivität dazu. Die interne politische Effektivität bildet das subjektive Gefühl ab, Einfluss auf die Politik nehmen zu können.

Politikverdrossenheit wurde als Mangel an Vertrauen in die Politiker und die politischen Institutionen erfasst (externe politische Effektivität). Tabelle 4.7 dokumentiert die Ergebnisse der bivariaten logistischen Regressionen.

Tabelle 4.7: Kognitive politische Mobilisierung und Politikverdrossenheit als Determinanten des Wahlverhaltens von Erstwählern in Brandenburg, bivariate logistische Regressionen (exp(B))

Prädiktoren	SPD	CDU	FDP	PDS	B90/Grüne	DVU/NPD/ Rep´s
Politisches Interesse (allgemein)	0.72***	--	--	1.55***	1.35**	--
Interesse für Neue Politik	--	0.68***	--	1.48***	1.98***	0.47***
Komm. Politik mit Eltern	--	--	--	1.43***	--	0.71*
Komm. Politik mit Freunden	0.74***	--	--	1.44***	--	1.38*
Medien zur politischen Information	0.86*	--	--	1.46***	--	--
Interne politische Effektivität	0.87*	--	1.57**	1.27**	1.45***	0.67**
Politikverdrossenheit	--	0.65***	--	--	--	2.49***

*** $p < .001$; ** $p < .01$; * $p < .05$; -- nicht signifikant

Die SPD-Wähler zeichneten sich in unserer Untersuchung durch eine im Parteienvergleich besonders niedrige kognitive Mobilisierung aus. SPD-Wähler waren weniger an Politik interessiert, kommunizierten im Alltag seltener über Politik mit Eltern und Freunden und informierten sich seltener anhand von Massenmedien über Politik. SPD-Wähler glaubten des weiteren, selbst eher keinen Einfluss auf die Politik nehmen zu können.

Die CDU-Wähler interessierten sich erwartungsgemäß seltener für Neue Politik. Sie zeichneten sich aber als einzige Gruppe durch eine geringere Politikverdrossenheit, das heißt durch ein stärkeres Vertrauen in Parteien, Politiker und politische Institutionen, aus.

Die Wähler der FDP zeichneten sich lediglich durch ein stärkeres Gefühl aus, politisch etwas bewirken zu können.

Die PDS-Wähler bildeten die Gruppe mit der höchsten kognitiven politischen Mobilisierung. PDS-Wähler waren sowohl stärker an Politik allgemein als auch stärker an Neuer Politik interessiert. PDS-Wähler diskutierten häufiger über Politik mit Eltern und mit Freunden, sie nutzten häufiger Massenmedien zur politischen Information und sie waren stärker überzeugt davon, politisch etwas bewirken zu können. Kein Zusammenhang zeigte sich zwischen Politikverdrossenheit und der Wahl der PDS. Die größere Distanz der PDS-Wähler zur Demokratie in der Bundesrepublik Deutschland (vgl. Tabelle 4.5) ging also nicht mit einem erhöhten Misstrauen oder einer stärkeren Skepsis gegenüber Politikern und politischen Institutionen einher.

Erwartungsgemäß interessierten sich die Wähler von Bündnis 90/Die Grünen stärker für Themen der Neuen Politik wie Umwelt, Frieden und Dritte Welt sowie für Politik allgemein. Sie waren außerdem stärker davon überzeugt, politisch etwas bewirken zu können. Eher unerwartet ist jedoch, dass die Wähler von Bündnis 90/Die Grünen nicht die Gruppe mit der höchsten kognitiven politischen Mobilisierung war. Schließlich gelten die Grünen als die Repräsentanten der neuen Werte mit erhöhten Partizipationsansprüchen. Dass in unserer Untersuchung die Position mit der höchsten kognitiven politischen Mobilisierung durch die Anhängerschaft der PDS besetzt wird, bildet möglicherweise ein spezifisch ostdeutsches Phänomen.

Die Wähler der rechtsradikalen Parteien diskutierten seltener mit ihren Eltern, aber häufiger mit ihren Freunden über Politik. Dies bildet einen Hinweis darauf, dass die Eltern eine geringere, die Freunde dagegen eine stärkere Rolle in Bezug auf die Präferenz rechtsradikaler Parteien spielen könnten (vgl. auch Kapitel 6). Außerdem distanzierten sich die Wähler rechtsradikaler Parteien deutlich von Neuer Politik. Die neuen Politikfelder bilden ein typisches Abgrenzungskriterium der Anhänger von rechten Parteien gegenüber den Anhängern von linken Parteien (Bürklin & Klein, 1998: 96). Typisch für die Wähler von rechtsradikalen Parteien waren außerdem ein erhöhtes Misstrauen und Skepsis gegenüber dem politischen System (Politikverdrossenheit; vgl. auch Falter, 2000; Maier, 2000) sowie das Gefühl, selbst keinen Einfluss auf die Politik nehmen zu können (interne politische Effektivität).

Partizipation und Protestbereitschaft als Determinanten des Wahlverhaltens

Es wurden verschiedene Partizipationsformen erfasst, dabei wurde zwischen Partizipationshandeln und Partizipationsbereitschaft differenziert. Zum Partizipationshandeln gehören politisches und soziales Engagement sowie institutionell verankerte Partizipationsformen wie die Mitarbeit in einem Jugendzentrum/Jugendklub, in einer kirchlichen Gruppe, in einem gemeinnützigen Verein oder in einer politischen Gruppe/Organisation. Zur Partizipationsbereitschaft gehören verschiedene Formen des politischen Protests. Die Ergebnisse der Analysen sind in Tabelle 4.8 dargestellt.

Tabelle 4.8: Partizipationshandeln und Protestbereitschaft als Determinanten des Wahlverhaltens von Erstwählern in Brandenburg, bivariate logistische Regressionen (exp(B))

Prädiktoren	SPD	CDU	FDP	PDS	B90/Grüne	DVU/NPD/ Rep´s
Handeln						
Politisches Engagement	0.92**	--	--	1.17***	--	--
Soziales Engagement	0.93**	--	--	1.13**	--	--
Jugendzentrum/Jugendklub	0.73*	--	--	--	--	2.83***
Kirchliche Gruppe	0.65**	2.32***	--	0.64*	1.86**	--
Gemeinnütziger Verein	--	--	--	--	--	1.97*
Politische Gruppe/Organisation	0.51**	--	--	1.55*	1.95***	--
Bereitschaft						
Konventioneller legaler Protest	0.87*	--	--	1.32***	1.33***	0.74*
Unkonventioneller legaler Protest	--	0.74***	--	1.65***	1.64***	--
Ziviler Ungehorsam	0.74***	0.59***	--	1.39***	1.53***	1.32*
Gewaltbereitschaft	0.73**	0.55***	--	--	--	2.55***

*** $p < .001$; ** $p < .01$; * $p < .05$; -- nicht signifikant

Die SPD-Wähler zeichneten sich durch ein unterdurchschnittliches politisches und soziales Engagement aus. Mit Ausnahme von gemeinnützigen Vereinen arbeiteten sie außerdem seltener in Institutionen mit. Des weiteren zeichneten sie sich mit Ausnahme der unkonventionellen legalen Formen durch eine geringe Bereitschaft zu politischem Protest aus.

Die CDU-Wähler engagierten sich wie erwartet überdurchschnittlich häufig in einer kirchlichen Gruppe. Darüber hinaus zeichneten sie sich mit Ausnahme der konventionellen Formen ebenfalls durch eine unterdurchschnittliche Bereitschaft zu politischem Protest aus.

Für die Wähler der FDP ergab sich kein Profil hinsichtlich politischer Partizipation oder Protestbereitschaft.

Die PDS-Wähler zeigten ein überdurchschnittliches politisches und soziales Engagement. Sie arbeiteten seltener in einer kirchlichen, aber häufiger in einer politischen Gruppe mit. Ersteres entspricht der niedrigen konfessionellen Gebundenheit der PDS-Wähler, letzteres der hohen kognitiven politischen Mobilisierung, die offenbar in institutionell verankertes Handeln umgesetzt wird. Ebenfalls überdurchschnittlich hoch fiel bei den PDS-Wählern die Protestbereitschaft aus, und zwar bei allen Formen mit Ausnahme der politischen Gewalt.

Die Wähler von Bündnis 90/Die Grünen waren im Unterschied zu den PDS-Wählern weder überdurchschnittlich stark politisch noch sozial engagiert. Sie arbeiteten aber häufiger in einer kirchlichen Gruppe mit, was mit der häufigeren Konfessionszugehörigkeit der Wähler von Bündnis 90/Die Grünen korrespondiert (vgl. Tabelle 4.4). Wie bei den PDS-Wählern fiel auch bei den Wählern von Bündnis 90/Die Grünen die Protestbereitschaft bei allen Formen mit Ausnahme der politischen Gewalt überdurchschnittlich hoch aus.

Die Wähler der rechtsradikalen Parteien arbeiteten häufiger in Jugendzentren und Jugendklubs sowie in gemeinnützigen Vereinen (z.B. Rotes Kreuz, Freiwillige Feuerwehr, Volkssolidarität, DLRG) mit. Dieses Ergebnis spricht gegen die Hypothese einer gesellschaftlichen Desintegration von rechtsradikalen Jungwählern in Ostdeutschland. Die Wähler der rechtsradikalen Parteien waren außerdem seltener zu Formen des konventionellen Protests bereit, aber häufiger zu den illegalen Formen des zivilen Ungehorsams und vor allem zu politischer Gewalt.

Insgesamt ergab sich ein differenziertes Bild des politischen Beteiligungsrepertoires für die einzelnen Wählerschaften. Die CDU-Wähler blieben konventionellen Beteiligungsformen verhaftet, während sich bei den Wählerschaften von PDS und Bündnis 90/Die Grünen individualistische Ansprüche in einer Erweiterung des politischen Beteiligungsrepertoires geltend machten. Die erhöhte Beteiligungsbereitschaft beider Gruppen endete jedoch beim zivilen Ungehorsam, gewalttätige Aktionen wurden nicht in Betracht gezogen. Die einzige Gruppe mit einer auffallend hohen Bereitschaft zur Beteiligung an Aktionen politischer Gewalt bildete in unserer Untersuchung die Wählerschaft von rechtsradikalen Parteien.

Autoritarismus, Ausländerfeindlichkeit und Geschlechtsrollenorientierungen als Determinanten des Wahlverhaltens

An dieser Stelle sollen vier verschiedene Einstellungen oder Dispositionen in ihrem Einfluss auf das Wahlverhalten untersucht werden, welche zusammengenommen als Teil eines autoritären Syndroms bezeichnet werden können. Machtorientierung/Feindseligkeit und Ängstlichkeit/Konventionalität bezeichnen zwei Subdimensionen des Autoritarismus. Eine feindselige Haltung gegenüber Ausländern ist ebenso eng mit dem autoritären Syndrom verknüpft wie eine traditionelle Geschlechtsrollenorientierung. Letztere umfasst Einstellungen gegen die Gleichstellung von Mann und Frau in Familie, Politik und Beruf (Gille, 1995; 2000). Tabelle 4.9 dokumentiert die Ergebnisse der bivariaten logistischen Regressionen.

Tabelle 4.9: Autoritarismus, Ausländerfeindlichkeit und Geschlechtsrollenorientierungen als Determinanten des Wahlverhaltens von Erstwählern in Brandenburg, bivariate logistische Regressionen (exp(B))

Prädiktoren	SPD	CDU	FDP	PDS	B90/Grüne	DVU/NPD/ Rep's
Machtorientierung/- Feindseligkeit	--	1.27*	--	0.67***	0.49***	2.98***
Ängstlichkeit/- Konventionalität	1.31**	--	0.50**	--	0.59***	--
Ausländerfeindlichkeit	--	--	--	0.61***	0.49***	9.34***
Traditionelle Geschlechts- rollenorientierung	--	1.54***	--	0.56***	0.46***	1.94***

*** p < .001; ** p < .01; * p < .05; -- nicht signifikant

Die SPD-Wähler zeigten auf einer der beiden Subdimensionen des Autoritarismus, der Ängstlichkeit/Konventionalität, überdurchschnittlich hohe Werte. In Bezug auf die Einstellung gegenüber Ausländern oder die Geschlechtsrollenorientierung unterschieden sie sich nicht vom Durchschnitt der Jugendlichen.

Die CDU-Wähler zeigten auf der anderen Subdimension des Autoritarismus, der Machtorientierung/Feindseligkeit, überdurchschnittlich hohe Werte. Sie vertraten außerdem konservativ-traditionellere Ansichten zur Rolle von Frauen in Familie und Beruf, unterschieden sich jedoch in ihren Einstellungen gegenüber Ausländern nicht von den anderen Befragten.

Die Wähler der FDP zeigten wie die Wähler von Bündnis 90/Die Grünen unterdurchschnittliche Werte auf der Subdimension Ängstlichkeit und Konventionalität.

Die Wähler der PDS zeigten auf der Subdimension Machtorientierung/Feindseligkeit unterdurchschnittliche Werte. Außerdem waren sie weniger ausländerfeindlich und weniger traditionell gegenüber der Rolle von Frauen eingestellt.

Die Wähler von Bündnis 90/Die Grünen zeigten unterdurchschnittliche Werte auf beiden Subdimensionen des Autoritarismus. Ähnlich wie die Wähler der PDS waren auch die Wähler von Bündnis 90/Die Grünen weniger ausländerfeindlich und weniger traditionell gegenüber der Rolle der Frau eingestellt.

Die Wähler der rechtsradikalen Parteien zeigten überdurchschnittliche Werte auf der Autoritarismussubdimension Machtorientierung/Feindseligkeit.

Außerdem waren sie stärker ausländerfeindlich und traditioneller gegenüber der Rolle der Frau in Familie und Beruf eingestellt.

Wendebeurteilung und relative Deprivation als Determinanten des Wahlverhaltens

Im Folgenden geht es um den Einfluss der Erfahrungen seit der Wende 1989 auf die Parteiwahl der jugendlichen Erstwähler. Als erster Indikator wurde die allgemeine Beurteilung der Wende als positiv oder negativ in die Analysen einbezogen. Ein zweiter Indikator erfasst das Gefühl, als Ostdeutsche in verschiedenen Lebensbereichen gegenüber Westdeutschen benachteiligt zu sein. Tabelle 4.10 dokumentiert die Ergebnisse der bivariaten logistischen Regressionen.

Tabelle 4.10: Wendeerfahrungen als Determinanten des Wahlverhaltens von Erstwählern in Brandenburg, bivariate logistische Regressionen (exp(B))

Prädiktoren	SPD	CDU	FDP	PDS	B90/Grüne	DVU/NPD/ Rep´s
Wendebeurteilung	--	2.31***	1.54**	0.64***	1.22*	0.66**
Benachteiligung als Ostdeutscher	--	0.76**	--	--	--	1.55**

*** $p < .001$; ** $p < .01$; * $p < .05$; -- nicht signifikant

Die SPD-Wähler zeichnen sich in keiner besonderen Weise durch Wendeerfahrungen geprägt aus.

Die CDU-Wähler beurteilten die Wende überdurchschnittlich häufig als positiv und fühlten sich als Ostdeutsche gegenüber den Westdeutschen unterdurchschnittlich benachteiligt. Insgesamt war somit die emotionale Befindlichkeit in Bezug auf die Wende bei den CDU-Wählern am positivsten. Empirische Untersuchungen in der Erwachsenenbevölkerung in Ostdeutschland kamen zu einem ähnlichen Resultat (Pollack & Pickel, 2000: 89).

Auch die FDP-Wähler beurteilten die Wende überproportional häufig als positiv, unterschieden sich aber in ihrem Gefühl der sozialen Benachteiligung als Ostdeutsche nicht von den anderen Jugendlichen.

Die PDS-Wähler zeigten zwar eine negativere Beurteilung der Wende, fühlten sich aber als Ostdeutsche ebenfalls nicht in besonderer Weise benachteiligt. Dieser Befund ist überraschend, da das Gefühl, ein „Bürger zweiter Klasse" zu sein, in der ostdeutschen Gesamtbevölkerung einen zentralen Stellenwert im Einstellungsmuster des typischen PDS-Wählers einnimmt (Niedermayer, 1997; Pollack & Pickel, 2000). Für Jugendliche scheint dies nicht mehr zu gelten.

Die Wähler von Bündnis 90/Die Grünen beurteilten die Wende überproportional häufig positiv. Obwohl in vielen Punkten Ähnlichkeiten im Wählerprofil von PDS und Bündnis 90/Die Grünen bestanden, unterschieden sich die Wählerschaften der beiden Parteien in diesem Punkt doch deutlich voneinander. Die Wähler von rechtsradikalen Parteien beurteilten wie die PDS-Wähler die Wende überproportional häufig negativ. Im Gegensatz zu den PDS-Wählern fühlten sie sich jedoch außerdem als Ostdeutsche benachteiligt. Dass Gefühle sozialer Benachteiligung innerhalb der Gesellschaft mit der Wahl rechtsradikaler Parteien zusammenhängen, wurde auch in anderen Studien empirisch nachgewiesen (Falter, 1994: 116-119; 2000).

Indikatoren des Schulkontextes als Determinanten des Wahlverhaltens

Zum Schluss sollen Indikatoren des Schulkontextes im Zusammenhang mit dem Wahlverhalten untersucht werden. Zu den Indikatoren des Schulkontextes gehören die individuelle Schulleistung, gemessen über die Selbsteinschätzung der eigenen schulischen Begabung, die Schulmotivation und die Studienabsicht. Außerdem wurden die Schülerinnen und Schüler gefragt, in welchem Umfang sie sich während ihrer Schullaufbahn an außercurricularen Schulaktivitäten beteiligten (schulisches Engagement). Die folgenden Analysen beschränken sich auf die Untersuchungsteilnehmer des Teilprojekts B (Gymnasiasten, N = 995), weil nur für diese in der vierten Welle die Indikatoren des Schulkontextes erhoben wurden. In Tabelle 4.11 sind die Ergebnisse der bivariaten logistischen Regressionen dargestellt.

Tabelle 4.11: Schulische Indikatoren als Determinanten des Wahlverhaltens von Erstwählern in Brandenburg, bivariate logistische Regressionen (exp(B))

Prädiktoren	SPD	CDU	FDP	PDS	B90/Grüne	DVU/NPD/Rep´s
Schulleistung	--	--	--	--	1.15*	--
Schulmotivation	--	--	--	--	1.63**	0.37**
Studienabsicht	0.76***	--	--		1.85***	0.46**
Schulisches Engagement	--	--	--	1.15*	--	--

*** p < .001; ** p < .01; * p < .05; -- nicht signifikant

Die Wähler der SPD zeichneten sich durch eine unterdurchschnittliche Studienabsicht aus. Die Wähler der CDU und der FDP zeigten keine besonderen schulischen Merkmale. Die Wähler der PDS wiesen als einzige ein hohes schulisches Engagement auf. Dieser Befund korrespondiert mit dem ebenfalls hohen politischen und sozialen Engagement der PDS-Wähler sowie mit der starken Befürwortung von Werten der Prosozialität. Sich für andere Menschen einsetzen und Verantwortung für andere übernehmen bildete für die PDS-Wähler eine wünschenswerte Lebensform. Die Wähler von Bündnis 90/Die Grünen profilierten sich in Bezug auf die schulischen Indikatoren am deutlichsten. Sie zeigten bessere Schulleistungen, eine höhere Schulmotivation und beabsichtigten häufiger, nach dem Abitur ein Studium zu beginnen. Man könnte sagen, die Wähler der Grünen stellen sich hier als die Bildungselite dar. Die Wähler der rechtsradikalen Parteien beabsichtigten seltener ein Studium und wiesen eine niedrige Schulmotivation auf.

4.4 Erstwähler – Wählerprofile der Parteien: multivariate Analysen

Die multivariaten Analysen sollen zeigen, welche der im vorigen Abschnitt untersuchten Variablen in einem sinnvollen und aussagekräftigen Erklärungsmodell das Ereignis der Wahl oder Nicht-Wahl einer bestimmten Partei vorhersagen.[26] Zuvor werden für jede Partei die Ergebnisse der bivariaten Analysen noch einmal kurz zusammengefasst.

Die SPD-Wähler

In der bivariaten Analyse zeigten sich die SPD-Wähler als eine relativ heterogene Gruppe von Jugendlichen. Die SPD-Wähler kamen aus Elternhäusern mit eher niedriger Bildung und gehörten zum größten Teil keiner Religionsgemeinschaft an. Ihre Einstellungen zu Demokratie und Sozialismus waren nicht auffällig positiv oder negativ im Vergleich zu den anderen Jugendlichen. Sie befürworteten etwas seltener bürgerliche Freiheitsrechte wie Meinungsfreiheit und Demonstrationsrecht und forderten etwas häufiger einen Staat, der unter bestimmten Bedingungen auch repressiv gegen seine Bürger vorgeht (Law and Order). In ihren Werthaltungen unterschieden sich die SPD-Wähler lediglich durch eine stärkere Orientierung auf materialistische Werte (hohes Einkommen, Sicherheit) von den anderen Jugendlichen. Die SPD-Wähler zeigten eine geringe kognitive politische Mobilisierung: Sie waren weniger an Politik interessiert, redeten seltener mit Freunden über Politik, nutzten seltener die Massenmedien zur politischen Information und hatten weniger das Gefühl, politisch etwas bewirken zu können. Die SPD-Wähler waren in geringerem Maße politisch und sozial engagiert, arbeiteten

---

26 Bei der Modellbildung wurde wie in Fußnote 21 beschrieben vorgegangen.

seltener in Organisationen mit und waren weniger bereit, sich an konventionellen Formen des politischen Protests, aber auch an illegalen Formen des zivilen Ungehorsams und an Gewalt zu beteiligen. Inhaltlich konsistent zu diesem Bild wiesen die SPD-Wähler höhere Werte auf der Autoritarismussubdimension „Ängstlichkeit und Konventionalität" auf. In Bezug auf die Wende und das Gefühl der sozialen Benachteiligung als Ostdeutsche gab es keine Besonderheiten in den Einstellungen der SPD-Wählerschaft.

Tabelle 4.12: Logistisches Regressionsmodell zur Vorhersage der Wahl der SPD

Prädiktoren	Exp(B)	p	R´	Adj. R´
Demokratieverständnis: Law and Order	1,23	**		
Politisches Interesse (allgemein)	0,77	**		
Bereitschaft: Ziviler Ungehorsam	0,81	**		
Handeln: Kirchliche Gruppe	0,69	*		
Gesamt			3,09%	2,60%

*** p < .001; ** p < .01; * p < .05

Auch wenn im multivariaten Modell zur Erklärung der SPD-Wahl (vgl. Tabelle 4.12) lediglich vier der insgesamt 18 Variablen in das Erklärungsmodell aufgenommen wurden, so bleibt doch das Bild einer politisch eher desinteressierten und wenig engagierten Gruppe von Jugendlichen erhalten. Neben einer stärkeren Befürwortung von „Law and Order" sagten ein geringeres politisches Interesse und eine geringere Bereitschaft, sich an Formen des zivilen Ungehorsams zu beteiligen, die Wahl der SPD voraus. Die Erklärungskraft des gesamten Modells lag nur bei 3 Prozent. Es spricht vieles dafür, dass es sich bei der großen Gruppe der SPD-Wähler (38% der Erstwähler) um eine relativ heterogene oder indifferente Gruppe in Bezug auf politikrelevante Orientierungen handelt.[27] Im positiven Sinne stellt sich so die SPD als wenig polarisiertes Sammelbecken für jugendliche Erstwähler dar, als eine „Partei der mehrheitlichen Mitte", wenngleich mit dem etwas schalen Beigeschmack politischen Desinteresses und der Präferenz für „Law and Order"-Positionen behaftet.

Die CDU-Wähler

Im Gegensatz zur SPD-Wählerschaft zeigten die CDU-Wähler ein wesentlich eindeutigeres Profil. Nach den Ergebnissen der bivariaten Analysen waren die CDU-Wähler überwiegend männlich, höher gebildet und häufiger Mitglied in

---

27 In der empirischen Untersuchung von Pollack und Pickel (2000: 95) zeigte sich die SPD-Wählerschaft innerhalb der ostdeutschen Erwachsenenbevölkerung ebenfalls als recht profillos in Bezug auf diverse politikrelevante Orientierungen.

Wahlbereitschaft und Parteipräferenzen

einer Religionsgemeinschaft. Die CDU-Wähler waren überzeugtere Anhänger der Idee der Demokratie und waren auch nach der verlorenen Bundestagswahl noch überdurchschnittlich zufrieden mit der Demokratie in der Bundesrepublik Deutschland. Darüber hinaus erwiesen sie sich als Gegner des Sozialismus, sie standen sowohl der Idee als auch dem früheren Sozialismus der DDR negativ gegenüber. Die CDU-Wähler beurteilten zudem die Wende positiver und verwahrten sich gegen ein Gefühl der Benachteiligung als Ostdeutsche. Die CDU-Wähler entsprachen dem Bild des traditionell-konservativ eingestellten Staatsbürgers, sie stuften sich auf der politischen Links-Rechts-Skala eher rechts ein und vertraten stärker „Law and Order"-Positionen. Sie setzten stärker auf Werte wie Pflichtbewusstsein und Anpassung sowie auf Sicherheit und materiellen Wohlstand. Im Vergleich zu den anderen Jugendlichen waren sie eher autoritär disponiert und hatten traditionellere Vorstellungen von der Rolle der Frau in Familie und Beruf. In Bezug auf die Bereiche kognitive politische Mobilisierung und Partizipation fielen die CDU-Wähler durch ein stärkeres Engagement in kirchlichen Gruppen auf. Sie wiesen unkonventionelle politische Protestformen, ob legal oder illegal, von sich und waren zudem desinteressierter an Neuer Politik. Die CDU-Wähler bildeten jedoch die einzige Wählergruppe, die sich durch eine signifikant geringere Politikverdrossenheit, das heißt durch ein stärkeres Vertrauen in die Politiker und politischen Institutionen der BRD auszeichnete.

Tabelle 4.13 zeigt die Ergebnisse der multivariaten Analyse, welche im Großen und Ganzen das Bild der bivariaten Analysen bestätigte. Im Gegensatz zum Regressionsmodell zur Vorhersage der SPD-Wahl erreichte das Modell zur Vorhersage der CDU-Wahl mit über 18 Prozent eine wesentlich höhere Erklärungskraft. Acht der insgesamt 21 Variablen wurden in das Erklärungsmodell aufgenommen.

Tabelle 4.13: Logistisches Regressionsmodell zur Vorhersage der Wahl der CDU

Prädiktoren	Exp(B)	p	R´	Adj. R´
Wendebeurteilung	2,06	***		
Links-Rechts-Orientierung	1,30	***		
Religionszugehörigkeit	2,84	***		
Idee des Sozialismus	0,74	***		
Werte: Pflicht/Akzeptanz	1,46	**		
Traditionelle Geschlechtsrollenorientierung	1,50	***		
Gewaltbereitschaft	0,46	***		
Demokratie in BRD	1,35	*		
Gesamt			19,79%	18,36%

*** $p < .001$; ** $p < .01$; * $p < .05$

Die Wendebeurteilung wurde als erste und erklärungskräftigste Variable in das Modell aufgenommen. Für sich allein berechnet lag die Erklärungskraft dieser Variablen bei 8 Prozent. Als ebenfalls sehr erklärungskräftig erwiesen sich die politischen Grundorientierungen, das heißt die Links-Rechts-Orientierung sowie die Einstellung zur Demokratie in der BRD und zur Idee des Sozialismus. Die Erklärungskraft dieser drei Variablen zusammen lag bei 9 Prozent. Die CDU-Wähler stuften sich eher rechts ein, waren zufriedener mit der Demokratie in der BRD und lehnten den Sozialismus ab.

Von den Wertorientierungen wurde Pflicht/Akzeptanz, von den Variablen der kognitiven politischen Mobilisierung und der Partizipation und Protestbereitschaft wurde die Ablehnung von Gewalt als Mittel der politischen Auseinandersetzung in das Regressionsmodell mit aufgenommen. Mangelndes Vertrauen in Politiker und politische Institutionen (Politikverdrossenheit) wurde dagegen nicht in das Modell aufgenommen. Zusätzlich durchgeführte Analysen zeigten, dass diese Variable aufgrund ihres engen Zusammenhangs mit der Zufriedenheit mit der Demokratie in der BRD nicht in das Modell aufgenommen wurde. Wer mit der Demokratie in Deutschland zufrieden war hatte auch ein stärkeres Vertrauen in die Politiker und politischen Institutionen.

Außerdem blieben die Zugehörigkeit zu einer Religionsgemeinschaft sowie ein traditionelleres Geschlechtsrollenverständnis im Modell. Die Mitarbeit in einer kirchlichen Gruppe wurde dagegen nicht aufgenommen. Diese hatte somit keinen von der Zugehörigkeit zu einer Religionsgemeinschaft unabhängigen Einfluss auf die Wahl der CDU.

Insgesamt kann festgehalten werden, dass sich die CDU-Wähler unter den Erstwählern Brandenburgs als zufriedene Demokraten mit eher traditionell-konservativen Einstellungen und Wertorientierungen darstellten. Sie waren häufig konfessionell gebunden, standen der Wende positiv gegenüber und lehnten den Sozialismus mit seinen Ideen von sozialer Gleichheit und Gerechtigkeit ab.

Die FDP-Wähler

Die FDP-Wähler bildeten mit einem Anteil von etwa 4 Prozent eine recht kleine Gruppe unter den befragten Erstwählern. Die bivariaten Analysen ergaben, dass FDP-Wähler häufiger männlich und höher gebildet waren. Sie waren wie die CDU-Wähler zufriedener mit der Demokratie in der Bundesrepublik und lehnten den Sozialismus der früheren DDR eher ab. Die Wende wurde von den FDP-Wählern ebenfalls positiv beurteilt. Die FDP-Wähler befürworteten den Wert der Kritikfähigkeit und wiesen auf der Autoritarismussubdimension Ängstlichkeit und Konventionalität niedrige Werte auf. FDP-Wähler glaubten außerdem eher, politisch etwas bewirken zu können.

Insgesamt entstand der Eindruck einer gebildeten und selbstbewussten FDP-Wählerschaft, welche sich in der Demokratie der BRD wohlfühlt und den Sozialismus früherer DDR-Prägung ablehnt.
In der multivariaten Analyse (vgl. Tabelle 4.14) wurden nur zwei der insgesamt acht Prädiktoren in das Erklärungsmodell aufgenommen. Das Modell hatte nur eine Erklärungskraft von knapp über 4 Prozent.

Tabelle 4.14: Logistisches Regressionsmodell zur Vorhersage der Wahl der FDP

Prädiktoren	Exp(B)	p	R´	Adj. R´
Sozialismus in der DDR	0,59	**		
Autoritarismus: Ängstlichkeit/-Konventionalität	0,54	**		
Gesamt			4,43%	3,41%

*** p < .001; ** p < .01; * p < .05

Gemäß der multivariaten Analyse zeichneten sich die FDP-Wähler vor allem durch die Ablehnung des DDR-Sozialismus sowie durch eine psychische Disposition zu geringerer Ängstlichkeit und Konventionalität aus. Die niedrige Erklärungskraft des Modells könnte dahingehend interpretiert werden, dass sich die kleine Gruppe der FDP-Wähler der differentiellen Beschreibung durch die in dieser Studie erfassten politikrelevanten Variablen entzieht.[28]

Die PDS-Wähler

Ähnlich wie die CDU-Wähler hatten auch die PDS-Wähler ein relativ klares und eindeutiges Profil. Nach den Ergebnissen der bivariaten Analysen waren die typischen PDS-Wähler höher gebildet und stammten aus höher gebildeten Elternhäusern. Außerdem gehörten sie seltener einer Religionsgemeinschaft an. Sie waren eher unzufrieden mit der Demokratie in der BRD und befürworteten stärker sowohl die Idee des Sozialismus als auch den Sozialismus der früheren DDR. Konsistent dazu beurteilten sie die Wende eher negativ. Die PDS-Wähler stuften sich politisch eher links ein, befürworteten stärker bürgerliche Freiheitsrechte wie Meinungsfreiheit und Demonstrationsrecht und lehnten staatliche Repressionsmaßnahmen (Law and Order) eher ab. Sie lehnten außerdem Pflicht- und Akzeptanzwerte sowie materialistische Werte eher ab und befürworteten Werte wie Kritikfähigkeit und – als einzige Wählergruppe neben den Wählern von Bündnis 90/Die Grünen – Prosozialität. Sie waren weniger autoritär disponiert, weniger ausländerfeindlich und stärker für

---

28 Die niedrige Erklärungskraft des Modells kann aber auch mit der extrem schiefen Verteilung der Variablen „FDP-Wahl" im Zusammenhang stehen (vgl. Andreß et al., 1997: 289).

die Gleichstellung von Mann und Frau in Familie und Beruf. Die PDS-Wähler bildeten außerdem die Gruppe mit der höchsten kognitiven politischen Mobilisierung sowie der höchsten Partizipation und Protestbereitschaft. Keine andere Wählergruppe profilierte sich insgesamt so stark wie die PDS-Wähler im Hinblick auf das allgemeine Interesse für Politik sowie das Interesse an Neuer Politik, im Hinblick auf die Kommunikation mit Eltern und Freunden über Politik, die Mediennutzung zur politischen Information, das Gefühl, selbst politisch etwas bewirken zu können, das tatsächliche Engagement im politischen und sozialen Bereich und die Bereitschaft zu jeglicher Form von politischem Protest mit Ausnahme von politischer Gewalt.

Die Ergebnisse der multivariaten Analyse (vgl. Tabelle 4.15) bestätigten dieses Bild des PDS-Wählers. Acht der insgesamt 30 Variablen, die in die Berechnung eingingen, wurden in das Erklärungsmodell aufgenommen. Mit über 18 Prozent besitzt das Modell zur Vorhersage der PDS-Wahl eine ähnlich hohe Erklärungskraft wie das Modell zur Vorhersage der CDU-Wahl.

Tabelle 4.15: Logistisches Regressionsmodell zur Vorhersage der Wahl der PDS

Prädiktoren	Exp(B)	p	R´	Adj. R´
Links-Rechts-Orientierung	0,68	***		
Idee des Sozialismus	1,64	***		
Wendebeurteilung	0,75	**		
Religionszugehörigkeit	0,44	**		
Sozialismus in der DDR	1,43	**		
Politisches Engagement	1,10	*		
Bildung Jugendliche	2,15	**		
Kommunikation Politik mit Eltern	1,28	*		
Gesamt			19,91%	18,47%

*** p < .001; ** p < .01; * p < .05

Wiederum nahmen politische Grundorientierungen wie die Links-Rechts-Orientierung und die Befürwortung der Idee des Sozialismus sowie des Sozialismus in der DDR einen zentralen Stellenwert ein. Die negative Wendebeurteilung erwies sich ebenfalls als bedeutende Variable. Darüber hinaus waren die Bildung der Jugendlichen, die Nichtzugehörigkeit zu einer Religionsgemeinschaft, ein stärkeres politisches Engagement und häufigere Gespräche mit den Eltern über Politik erklärungskräftige Prädiktoren.

Die Links-Rechts-Orientierung wurde als erste und erklärungskräftigste Variable in das Modell aufgenommen und kommt allein auf eine Erklärungskraft von 10 Prozent. Nach der Aufnahme der Links-Rechts-Orientierung in das Modell verschwand der Zusammenhang mit den folgenden Prädiktoren: mit der Befürwortung bürgerlicher Freiheitsrechte und der Ablehnung von „Law and Order"-Positionen (Demokratieverständnis), mit der Befürwortung von Prosozialität und Kritikfähigkeit sowie der Ablehnung von materialistischen Werten und von Pflicht- und Akzeptanzwerten (Werte), mit der Disposition zu weniger Machtorientierung und Feindseligkeit (Autoritarismus) sowie der niedrigeren Ausländerfeindlichkeit, mit dem Interesse an Neuer Politik und der stärkeren internen politischen Effektivität (kognitive politische Mobilisierung). Alle diese Zusammenhänge zwischen den genannten Prädiktoren und der PDS-Wahl der Jugendlichen lassen sich demnach unter das „linke" Politikverständnis der PDS-Wähler subsumieren.

Die bivariaten Analysen ergaben, dass die PDS-Wähler unzufriedener mit der bestehenden Demokratie in der Bundesrepublik waren. Diese Variable wurde jedoch nicht in das Erklärungsmodell aufgenommen, was darauf zurückzuführen war, dass die Unzufriedenheit mit der Demokratie in der BRD mit der negativen Wendebeurteilung und der Befürwortung der Idee des Sozialismus konfundiert war. Nach Aufnahme dieser beiden Variablen in das Modell verschwand der Zusammenhang zwischen der Unzufriedenheit mit der Demokratie in der BRD und der PDS-Wahl. Als entscheidende Variablen führten somit die negative Wendebeurteilung und die Befürwortung der Idee des Sozialismus zur Wahl der PDS, die Unzufriedenheit mit der bestehenden Demokratie in der BRD war daran gekoppelt und hatte keinen eigenständigen Erklärungswert.

Insgesamt erwiesen sich die PDS-Wähler als höher gebildet und seltener kirchlich gebunden. Sie stellten sich selbst als links orientiert dar und identifizierten sich entsprechend mit sozialistischen Werten und Normen. Außerdem beurteilten sie den Sozialismus in der ehemaligen DDR positiv und die Wende negativ. Darüber hinaus waren PDS-Wähler politisch engagiert und redeten häufiger mit ihren Eltern über Politik.

Die Wähler von Bündnis 90/Die Grünen

Das Profil der Wähler von Bündnis 90/Die Grünen zeigte in den bivariaten Analysen eine gewisse Ähnlichkeit mit dem Profil der PDS-Wähler. Die typischen Wähler der Grünen waren ebenfalls höher gebildet und kamen aus einem gebildeteren Elternhaus. Sie stuften sich ebenfalls politisch links ein, befürworteten stärker bürgerliche Freiheitsrechte und lehnten „Law and Order"-Positionen ab. Deutlicher noch als die PDS-Wähler lehnten die Wähler der Grünen konventionalistische Werte wie Pflicht/Akzeptanz, Leistung und Materialismus ab und befürworteten individualistische Werte wie Selbstverwirklichung und Kritikfähigkeit sowie Prosozialität. Die Wähler der Grünen waren ebenfalls weniger autoritär disponiert, weniger ausländerfeindlich und weniger traditionell in ihren Ansichten zur Rolle der Frau in Familie und Beruf. In Bezug auf die Bereiche kognitive politische Mobilisierung und Partizipation erwiesen sich die Wähler der Grünen als etwas weniger aktiv als die Wähler der PDS, aber auch die Wähler von Bündnis 90/Die Grünen interessierten sich stärker sowohl allgemein für Politik wie auch für die Themen der Neuen Politik. Auch die Wähler der Grünen hatten das Gefühl, politisch etwas bewirken zu können, und wie die PDS-Wähler arbeiteten sie häufiger in einer politischen Gruppe mit und waren zur Beteiligung an allen Formen des politischen Protests bereit, mit Ausnahme von Gewalt. In einigen Punkten unterschieden sich die Wähler von Bündnis 90/Die Grünen jedoch deutlich von den Wählern der PDS. Im Gegensatz zu den PDS-Wählern gehörten die Wähler der Grünen häufiger einer Religionsgemeinschaft an und engagierten sich überproportional häufig in kirchlichen Gruppen. Die Wähler der Grünen hatten außerdem ein anderes Verhältnis zur Wende, zur Demokratie und zum Sozialismus: Zwar befürworteten die Wähler der Grünen ebenfalls die Idee des Sozialismus, im Gegensatz zu den PDS-Wählern lehnten sie den Sozialismus der früheren DDR jedoch ab und stellten sich als überzeugtere Anhänger der Idee der Demokratie dar. Konsistent mit diesem Einstehen für die Demokratie und der Ablehnung des früheren Sozialismus in der DDR beurteilten die Wähler der Grünen die Wende sehr viel positiver als die Wähler der PDS.

In Tabelle 4.16 sind die Ergebnisse der multivariaten Analyse dargestellt. Fünf der insgesamt 28 Variablen wurden in das Modell aufgenommen. Das Modell zur Vorhersage der Wahl von Bündnis 90/Die Grünen erreichte eine Erklärungskraft von annähernd 13 Prozent.

Tabelle 4.16: Logistisches Regressionsmodell zur Vorhersage der Wahl von Bündnis 90/Die Grünen

Prädiktoren	Exp(B)	p	R´	Adj. R´
Demokratieverständnis: Law and Order	0,57	***		
Interesse für Neue Politik	1,70	***		
Links-Rechts-Orientierung	0,79	***		
Wendebeurteilung	1,26	*		
Handeln: Kirchliche Gruppe	1,58	*		
Gesamt			13,81%	12,65%

*** p < .001; ** p < .01; * p < .05

Wie schon in den Regressionsmodellen zur Vorhersage der CDU- und der PDS-Wahl entfiel auch im Modell für die Wahl von Bündnis 90/Die Grünen der größte Anteil an Erklärungskraft auf die Variablen der politischen Grundorientierungen. Die Ablehnung staatlicher Repressionsmaßnahmen (Law and Order) und die Links-Rechts-Orientierung hatten zusammen eine Erklärungskraft von 11 Prozent.

Zusätzlich trug das Interesse an Neuer Politik, das mit den Feldern Friedenspolitik, Umweltpolitik und Entwicklungs-/Dritte-Welt-Politik traditionell grüne Themen umfasst, zur Erklärung der Wahl von Bündnis 90/Die Grünen bei. Das überdurchschnittliche Engagement in einer kirchlichen Gruppe wurde ebenso wie die positive Wendebeurteilung als Prädiktor in das Erklärungsmodell aufgenommen.

Die Ablehnung von „Law and Order" wurde als erste und erklärungskräftigste Variable in das Regressionsmodell aufgenommen. An zweiter Stelle folgte das Interesse für Neue Politik und an dritter Stelle die Links-Rechts-Orientierung. Nach Aufnahme dieser drei Variablen verschwanden die vielfältigen in den bivariaten Analysen gefundenen Zusammenhänge mit den politischen Grundorientierungen, den Wertorientierungen, der kognitiven politischen Mobilisierung, der politischen Partizipation und Protestbereitschaft, den autoritären Dispositionen sowie mit den Einstellungen gegenüber Ausländern und gegenüber der Rolle von Frauen. Alle diese Zusammenhänge können somit auf ein linkes, freiheitlich-demokratisches Politikverständnis mit einer Präferenz für neue Politikthemen zurückgeführt werden.

Insgesamt bleibt auch in der multivariaten Analyse das Bild erhalten, das die Wähler von Bündnis 90/Die Grünen im Gegensatz zu den PDS-Wählern als stärker kirchlich gebunden und sowohl gegenüber der Demokratie als auch gegenüber der Wende positiver eingestellt darstellt. Auch die Wähler der Grünen ordneten sich im politischen Spektrum links ein, was im Einzelnen bedeutete, dass sie sich gegen ein repressives Verständnis des demokratischen Miteinanders stellten und sich für Themen interessierten, welche nicht in erster Linie macht- und verteilungspolitischer Art waren, sondern soziale Empathie, Verantwortungsübernahme und das Bedürfnis nach der Bewahrung von Lebensgrundlagen zum Ausdruck brachten.

Die Wähler von rechtsradikalen Parteien

Die Wahl von rechtsradikalen Parteien (DVU, NPD, Republikaner) wurde durch die hier untersuchten Strukturmerkmale und politischen Orientierungen weit besser vorhergesagt als die Wahl der anderen Parteien. Die bivariaten Analysen ergaben, dass die typischen Wähler rechtsradikaler Parteien männlich waren, eine geringere Bildung hatten und aus einem Elternhaus mit geringerer Bildung stammten. Sie waren unzufriedener mit der Demokratie in Deutschland, unzufriedener noch als die PDS-Wähler. Sie identifizierten sich weder besonders stark mit den Normen und Werten der Demokratie noch mit denen des Sozialismus, beurteilten die Wende negativ und fühlten sich als Ostdeutsche gegenüber den Westdeutschen sozial benachteiligt. Die rechtsradikalen Wähler stuften sich politisch relativ weit rechts ein und befürworteten einen repressiven Staat (Law and Order). In Bezug auf die Werthaltungen waren die rechtsradikalen Wähler auffällig materialistisch orientiert. Sie wiesen darüber hinaus autoritäre Dispositionen auf, waren ausländerfeindlich und gegen die Gleichberechtigung von Mann und Frau in Familie und Beruf eingestellt. Die Wähler von rechtsradikalen Parteien zeigten eine geringe kognitive politische Mobilisierung, sie wiesen ein Interesse für Neue Politik von sich, redeten seltener mit ihren Eltern, jedoch häufiger mit ihren Freunden über Politik. Sie hatten stärker das Gefühl, keinen Einfluss auf die Politik nehmen zu können, und zeigten wenig Vertrauen in die politischen Institutionen. Darüber hinaus wiesen sie eine geringere Bereitschaft auf, sich an konventionellen Formen des politischen Protests zu beteiligen, zeigten jedoch eine erhöhte Bereitschaft zur Beteiligung an illegalen Formen des zivilen Ungehorsams und der politischen Gewalt. In Jugendzentren oder Jugendklubs und in gemeinnützigen Vereinen wie dem Roten Kreuz oder der Freiwilligen Feuerwehr waren die Wähler rechtsradikaler Parteien überdurchschnittlich stark engagiert.

In Tabelle 4.17 ist das Ergebnis der multivariaten Analyse dargestellt. Neun von insgesamt 24 Variablen, die in die Berechnung eingingen, wurden in das Erklärungsmodell aufgenommen. Diese neun Variablen besitzen zusammen eine Erklärungskraft von 55 Prozent, das ist mehr als das Doppelte an Erklärungskraft im Vergleich zu den Vorhersagemodellen für die CDU- oder die PDS-Wahl.

Tabelle 4.17: Logistisches Regressionsmodell zur Vorhersage der Wahl von rechtsradikalen Parteien (DVU, NPD, Republikaner)

Prädiktoren	Exp(B)	p	R´	Adj. R´
Links-Rechts-Orientierung	2.28	***		
Ausländerfeindlichkeit	2.99	***		
Bildung Jugendliche	.47	*		
Kommunikation Politik mit Freunden	2.56	***		
Kommunikation Politik mit Eltern	.50	**		
Wendebeurteilung	.61	**		
Gewaltbereitschaft	1.58	*		
Idee des Sozialismus	.65	*		
Handeln: Jugendklub	2.06	*		
Gesamt			55,35%	51,71%

*** p < .001; ** p < .01; * p < .05

Als erste Variable wurde bei dem schrittweise Verfahren die Links-Rechts-Orientierung in das Modell aufgenommen. Die Links-Rechts-Orientierung allein besaß eine Erklärungskraft von 41 Prozent. Als zweite Variable wurde die Ausländerfeindlichkeit in das Modell aufgenommen. Durch die Aufnahme dieser Variablen stieg die Erklärungskraft noch einmal um fast 6 Prozent auf zusammen 47 Prozent an. Weitere Analysen zeigten zudem, dass die Links-Rechts-Orientierung und die Ausländerfeindlichkeit einen großen Anteil an gemeinsamer Varianz in Bezug auf die Wahl von rechtsradikalen Parteien hatten.

Über die Links-Rechts-Orientierung und Ausländerfeindlichkeit hinaus blieben sieben weitere Prädiktoren im Modell, welche zusammen zusätzlich noch einmal knapp 9 Prozent erklärten. Eine niedrige Schulbildung, die Ablehnung der Idee des Sozialismus, eine negative Wendebeurteilung, häufigere Gespräche über Politik mit Freunden, aber seltenere Gespräche mit den Eltern, ein häufigeres Engagement in Jugendzentren und Jugendklubs und eine stärkere Gewaltbereitschaft zeigten auch im multivariaten Modell noch einen Zusammenhang mit der Wahl von rechtsradikalen Parteien.

Nach der Aufnahme der ersten beiden Variablen, das heißt der Links-Rechts-Orientierung und der Ausländerfeindlichkeit, erfüllten die folgenden Variablen nicht mehr die statistischen Kriterien für die Aufnahme in das Regressionsmodell: die Befürwortung von „Law and Order", die Disposition zu Machtorientierung und Feindseligkeit, die traditionelle Geschlechtsrollenorientierung, das Gefühl der sozialen Benachteiligung als Ostdeutscher, die materialistische Wertorientierung, das Desinteresse an Neuer Politik, die geringe politische Effektivität und die Politikverdrossenheit. Alle diese politischen Positionen erwiesen sich in ihrem Einfluss auf die Wahl rechtsradikaler Parteien der ideologischen Selbsteinstufung auf der Links-Rechts-Skala am rechten Rand sowie der feindseligen Haltung gegenüber Ausländern als untergeordnet. Die statistische Bedeutsamkeit der Politikverdrossenheit als Prädiktor für die Wahl rechtsradikaler Parteien verschwand bei der Modellbildung nach Aufnahme der Variablen Ausländerfeindlichkeit.

Nach den Ergebnissen der vorliegenden Analyse war die Wahl von rechtsradikalen Parteien durch die befragten Erstwähler in erster Linie ideologisch motiviert, was durch den starken Einfluss der Selbsteinstufung auf der Links-Rechts-Skala zum Ausdruck kam. Das Bild des typischen Wählers rechtsradikaler Parteien als tendenziell antidemokratisch, ausländerfeindlich und gewaltbereit, blieb dennoch auch in der multivariaten Analyse erhalten. Eine geringe Bildung blieb ebenfalls als eine strukturelle Ursache für die Wahl von rechtsradikalen Parteien im Modell. Das stärkere Engagement der rechtsradikalen Wähler in Jugendzentren und Jugendklubs sowie (nur in den bivariaten Analysen) in gemeinnützigen Vereinen wie beispielsweise der Freiwilligen Feuerwehr, zeigt zudem, dass es sich bei dieser Gruppe nicht um gesellschaftliche Außenseiter handelte.

4.5 Diskussion

Im Großen und Ganzen bestätigten die Ergebnisse der multivariaten Analysen die Profile für die Wählerschaften der einzelnen Parteien, welche aus den bivariaten Analysen gewonnen wurden. Die Tatsache, dass bei der Modellbildung für die Erklärung der Wahl der einzelnen Parteien von einer Vielzahl an Prädiktoren jeweils nur relativ wenige in die Erklärungsmodelle aufgenommen wurden, weist auf starke Konfundierungen der hier untersuchten Grundüberzeugungen in Bezug auf die Präferenz für bestimmte Parteien hin. Als zentrale Variable mit stark polarisierender Wirkung erwies sich die Selbsteinstufung auf der Links-Rechts-Skala. So ging die ideologische Selbstpositionierung auf der linken Seite als stärkster Prädiktor in das Modell für die PDS-Wahl ein. Mit dieser Selbstpositionierung war ein ganzer Komplex von Einstellungen verbunden, welche aufgrund der starken Konfundierung mit der Links-Rechts-Selbsteinstufung nicht in das Erklärungsmodell aufgenommen wurden. Gebündelt in einem „linken Politikverständnis" war bei den PDS-Wählern beispielsweise die Identifikation mit sozialistischen Werten und Normen, die Befürwortung bürgerlicher Freiheitsrechte und die Ablehnung staatlicher Repressionsmaßnahmen, eine niedrige autoritäre Disposition, eine größere Aufgeschlossenheit gegenüber Ausländern, die Befürwortung der Gleichstellung von Mann und Frau in Familie und Beruf, ein stärkeres politisches Effektivitätsbewusstsein und ein größeres Interesse an Neuer Politik. Ähnliches in Bezug auf das „linke Politikverständnis" galt für die Wahl von Bündnis 90/Die Grünen, wenngleich hier neben der Links-Rechts-Orientierung zusätzlich das Demokratieverständnis und das Interesse für Neue Politik die Positionen der Wähler bündelten.

Trotz vieler Gemeinsamkeiten im Politikverständnis zwischen Wählern von Bündnis 90/Die Grünen und Wählern der PDS gab es auch entscheidende Unterschiede. Zum einen unterschied sich die beiden Wählerschaften in der Zugehörigkeit zu einer Religionsgemeinschaft, zum anderen hatten sie unterschiedliche Standpunkte zum Thema DDR, Wende und Sozialismus. Die Wähler von Bündnis 90/Die Grünen waren häufiger in kirchlichen Gruppen engagiert und beurteilten die Wende positiv. Damit hing zusammen, dass sie stärker von der Idee der Demokratie überzeugt waren und den Sozialismus der DDR eher ablehnten. Die PDS-Wähler dagegen gehörten häufiger keiner Religionsgemeinschaft an, beurteilten die Wende negativer und befürworteten nicht nur wie die Wähler der Grünen die Idee des Sozialismus, sondern außerdem den Sozialismus der DDR.

Auch für die Wahl der CDU, in besonders hohem Maße aber für die Wahl von rechtsradikalen Parteien bildete die Links-Rechts-Orientierung einen Prädiktor mit hoher Erklärungskraft. Bei Aufnahme der ideologischen Selbsteinstufung ins Modell verloren eine ganze Reihe von Einstellungen aufgrund ihrer Konfundierung mit der Links-Rechts-Orientierung ihre Bedeutsamkeit. Gebündelt in einem „rechten Politikverständnis" waren beispielsweise die Ablehnung der Idee des Sozialismus, die Befürwortung staatlicher Repressionsmaßnahmen, eine autoritäre Disposition, eine Orientierung an materialistischen Werten, eine traditionellere Geschlechtsrollenorientierungen und ein Desinteresse an Themen der Neuen Politik.

Entscheidende Unterschiede zwischen den CDU-Wählern und den Wählern rechtsradikaler Parteien lagen darin, dass die CDU-Wähler eine höhere

Bildung hatten und häufiger einer Religionsgemeinschaft angehörten. Sie waren zufriedener mit der Demokratie in der BRD, beurteilten die Wende positiv und lehnten Gewalt als Mittel zu Lösung politischer Konflikte ab. Im Gegensatz zu den Wählern der CDU waren die Wähler der rechtsradikalen Parteien niedriger gebildet, beurteilten die Wende negativ, waren ausländerfeindlich eingestellt und bereit, sich an politischer Gewalt zu beteiligen.

Insgesamt stellte sich das Links-Rechts-Schema für die Erstwähler in Ostdeutschland als ein hilfreiches Instrument zur Bündelung von politisch-ideologischen Positionen dar. Welcher Partei am Ende die Stimme gegeben wurde, hing jedoch jeweils zusätzlich noch von verschiedenen anderen Einstellungen und Positionen ab, wie beispielsweise der Beurteilung der Wende, den Einstellungen gegenüber der Demokratie und dem Sozialismus, dem Interesse an Neuer Politik, der Einstellung gegenüber Ausländern und der Geschlechtsrollenorientierung. Die Erklärungskraft der Regressionsmodelle zur Vorhersage der Wahl von PDS, Bündnis 90/Die Grünen, CDU, und rechtsradikalen Parteien erreichten jeweils mittlere bis hohe Werte. Besonders erklärungskräftig war das Modell für die rechtsradikalen Wähler, wobei „rechts sein" und „gegen Ausländer sein" im Wesentlichen die Identifikation mit rechtsradikalen Parteien ausmachte.

Die Vorhersagemodelle für die SPD- und die FDP-Wahl fielen aufgrund ihrer sehr geringen Erklärungskraft eher unbefriedigend aus. Die SPD-Wählerschaft bildete die zahlenmäßig größte Gruppe unter den Jugendlichen. Mit einem Anteil von 38 Prozent war sie mehr als doppelt so groß als die Wählerschaften von CDU oder PDS. Trotz dem inhaltlich konsistenten Bild einer politisch eher desinteressierten, wenig engagierten sowie „Law and Order"-Positionen befürwortenden Gruppe war sie in sich recht heterogen. Diese Heterogenität in Bezug auf die hier untersuchten politikrelevanten Orientierungen war mit ein Grund für die recht schwachen Zusammenhänge und die geringe Erklärungskraft des multivariaten Regressionsmodells. Auf der anderen Seite ist es auch möglich, dass relevante Indikatoren zur Profilierung der SPD-Wählerschaft in unserer Untersuchung nicht erfasst wurden.

Bei den FDP-Wählern handelte es sich mit 4 Prozent um eine zahlenmäßig sehr kleine Gruppe. Neben den für die SPD-Wählerschaft angeführten Gründen können die schwachen Ergebnisse der durchgeführten Analysen bei den FDP-Wählern auch auf die extrem schiefe Verteilung der Variablen FDP-Wahl zurückgeführt werden.

Insgesamt fällt der niedrige Stellenwert der Wertorientierungen für die Vorhersage des Wahlverhaltens auf. Der schwache Einfluss der Wertorientierungen ist zum Teil auf den starken Einfluss der politischen Grundorientierungen zurückzuführen. So waren eine stärkere Ablehnung von konventionalistischen Werten (Pflicht/Akzeptanz, Leistung, Materialismus) und eine stärkere Befürwortung von individualistischen (Selbstverwirklichung, Kritikfähigkeit) sowie von prosozialen Werten stärker mit „linken" Positionen verknüpft. Das Umgekehrte gilt für „rechte" Positionen. Aufgrund dieser Konfundierung der Wertorientierungen mit den politischen Grundorientierungen wie der Links-Rechts-Orientierung oder auch dem Demokratieverständnis leisteten die Wertorientierungen in den multivariaten Analysen kaum einen eigenständigen Erklärungsbeitrag für das Erstwählerverhalten. Dies unterstreicht noch einmal den hohen Stellenwert, der den politischen Grundorientierungen für die Strukturierung der hier untersuchten Wählerschaften zukommt. Mit anderen Worten: Welche Jugendliche welche Partei gewählt haben hing zu einem großen Teil von ihren politischen Grundorientierungen ab.

Kapitel 5
Der rationale Erstwähler oder welche Rolle spielen Sachfragen bei der Wahlentscheidung?

Hilke Rebenstorf und Karin Weiss

Das Modell des rationalen Wählens ist keine neue Erfindung. Es geht zurück auf die ökonomische Theorie der Demokratie, die Anthony Downs bereits 1957 formulierte. Aufgrund verkürzter Rezeption und offenbar zu enger Auslegung fand dieses Modell jedoch in der Wahlforschung über Jahrzehnte wenig Beachtung. Selbst als sozialstrukturelle Theorien des Wahlverhaltens (Lazarsfeld et al., 1944), die auf dem Argument sozialstrukturell verankerter gesellschaftlicher Spannungslinien fußten (Lipset & Rokkan, 1967b; Best, 1989; Pappi, 1986), an Erklärungskraft nachließen (Dalton & Wattenberg, 1993: 198-202), wurde der Frage des rationalen Wahlverhaltens noch wenig Aufmerksamkeit gewidmet. Vielmehr wurde die Wahlforschung noch lange Zeit dominiert von einer sozialpsychologischen Herangehensweise, dem Ansatz der Parteiidentifikation oder auch der Parteibindung. Da politische Parteien diejenigen Institutionen sind, welche die Diskussion um zentrale politische Streitfragen strukturieren, stellt die Bindung an eine Partei, gleich ob affektiv oder kognitiv begründet, eine politische Grundposition dar. Auf Basis dieser einmal gefundenen Position ist es in der Folge leichter und damit rascher und effektiver möglich, in der politischen Diskussion befindliche Themen zu bewerten und diese Bewertung in eine Wahlentscheidung einfließen zu lassen. Doch wie bereits das sozialstrukturelle Modell ließ auch das Modell der Parteienidentifikation mit abnehmenden Parteibindungen in seiner Erklärungskraft stark nach (Dalton & Wattenberg, 1993; Dalton et al., 1984; Bürklin & Klein, 1998: 81-105). Mit der Abnahme von Parteibindungen traten immer öfter parteilich nicht gebundene, aber sehr wohl politisch interessierte Personen im politischen System als Akteure auf. Waren früher eher insbesondere Mitglieder von Parteien und anderen Institutionen des intermediären Systems der Interessenrepräsentation politisch aktiv, so entwickelte sich in den 1980er Jahren das Phänomen des „Apartisan", des parteipolitisch ungebundenen aber dennoch politisch aktiven Menschen.

Erst dieses Phänomen führte zur Wiedererweckung des Modells vom rationalen Wähler; manche sprechen bereits von einem Paradigmenwechsel in der Wahlforschung. Die Wahlentscheidung wird hier als in rationaler Abwägung von Vor- und Nachteilen begründet gesehen, und nicht in einer emotionalen Bindung oder in einer sozialpsychologischen oder sozialstrukturellen Determination (Fuchs & Kühnel, 1994).

5.1 Die Theorie des rationalen Handelns und der rationale Wähler

Rational-Choice Ansätze sind lange Zeit verkürzt rezipiert und vermutlich deshalb als unrealistisch abgetan worden (vgl. Schmitt, 1998: 146f; Roth, 2001). Für die rein ökonomischen Ansätze ist dieser Vorwurf sicher zutreffend, oder, wie Wiesenthal es formuliert, ihre Schwäche liegt in ihrer „überraschungsfreien Trivialität" (Wiesenthal, 1987: 434). Doch Rational-Choice hat in seiner modernen Variante die einfache Formel der Nutzenorientierung, die umstandslos in Handeln zu übersetzen sei, längst hinter sich gelassen. Dies geschah über die dezidierte Trennung der beiden handlungstheoretisch unabdingbaren Elemente „choices" und „constraints". *Choices* bezieht sich dabei auf die dem Wähler zur Verfügung stehenden Wahlmöglichkeiten oder Handlungsalternativen und *constraints* auf die in der Realität vorhandenen Einschränkungen des Nutzens dieser Wahlmöglichkeiten. Doch was bedeutet denn nun „rational" unter der Prämisse eingeschränkter Handlungsmöglichkeiten?

In der Wahlforschung wurde hierfür der Begriff der *beschränkten Rationalität* eingeführt, wobei sich die Beschränkung in erster Linie aus den Grenzen der Informationsverarbeitungskapazität der Akteure in Relation zu der komplexen Umwelt, innerhalb derer sie handeln, ergibt. Somit ist der Rationalitätsbegriff des Rational-Choice-Ansatzes

„kein objektiver, sondern ein subjektiver. [...] aus der Menge verfügbarer Handlungsalternativen wird diejenige mit der höchsten *subjektiven* Nutzenerwartung ausgewählt." (Fuchs & Kühnel, 1994: 309)

Um Subjektivität nun aber nicht mit Beliebigkeit gleichzusetzen und damit jedes Verhalten als rational zu beschreiben, müssen zwei Voraussetzungen erfüllt sein: zum einen müssen die Akteure die Konsequenzen der verfügbaren Handlungsalternativen und deren subjektive Eintrittswahrscheinlichkeiten beurteilen können, zum zweiten müssen die Akteure Präferenzen entwickeln, wobei diese nicht unbedingt gleichbleibend sind, sondern durchaus im Zeitverlauf geändert werden können. Die Präferenz muss jedoch zum Zeitpunkt des Handelns gegeben sein (Esser, 1991: 50-61).

Von der allgemeinen Handlungstheorie im Rahmen des Rational Choice-Ansatzes zur Analyse politischer Wahlentscheidungen bedarf es dann lediglich einer Präzisierung von Handlungsalternativen, Handlungsrestriktionen und Präferenzen in Bezug auf die Wahl.

Hierfür bieten sich grundsätzlich zwei Modelle an (vgl. Fuchs & Kühnel, 1994: 311-315). Das erste wird bezeichnet als Kosumentenmodell des Wählens, wonach der Wähler, analog zur Entscheidung für sonstige Konsumgüter, die Partei wählt, die für seine Lebenssituation die meisten Vorteile verspricht. Da Wahlen jedoch nicht unmittelbar einen Nutzen abwerfen, so wie es der Besitz eines Konsumgutes in der Regel tut, ist diesem Modell ein zweites vorzuziehen. Hierbei handelt es sich um *das Investitionsmodell des Wählens*. Die Umwelt, innerhalb derer eine rationale Entscheidung getroffen werden soll, ist relativ komplex und von daher ist der Akt des Wählens eine Handlung, die mit zahlreichen Unsicherheiten verbunden ist. Die Unsicherheit besteht im Wesentlichen aus vier Faktoren des Nichtwissens:

(a) Wie *werden* die Parteien als Regierungsparteien handeln?
(b) Wie *können* die Parteien als Regierungsparteien handeln?
(c) Welche Auswirkungen hat das Regierungshandeln auf den eigenen Nutzen?
(d) Wie werden die anderen Wähler abstimmen?

Die Rationalität, im Sinne einer Grenznutzenoptimierung, liegt nun darin, mit möglichst wenig Aufwand einen möglichst hohen Nutzen zu erzielen. Der Aufwand ist unter den Bedingungen hoher Unsicherheit hoch. Um tatsächlich rational wählen zu können, müssten zahlreiche Informationen eingeholt werden, die auf die vier Unsicherheitsfaktoren Antworten geben könnten. Unter der Maxime bedingter Rationalität greifen spezifische Mechanismen der Informationsverarbeitung, die dazu beitragen, den Aufwand zu minimieren. Zentral hierbei sind Alltagshandlungen, deren Nebenprodukt Informationen sind.

„Die Beschaffung und die Anwendung von Informationen, die die Grundlage der Wahlentscheidung eines rationalen Wählers bilden, vollziehen sich [...] in einer dynamischen Interaktion zwischen persönlichen Erfahrungen, Gesprächen mit relevanten anderen und Massenkommunikation." (Fuchs & Kühnel, 1994: 323)

Darüber hinaus werden Erfahrungen generalisiert, es bestehen jedoch durchaus zusätzlich themenspezifische Wahrnehmungen. Alle Arten der Beurteilung von Kandidaten und Parteien basieren auf der Vergangenheit, der Nutzen soll jedoch in der Zukunft gezogen werden. Von daher gibt es für die Mechanismen der Informationsverarbeitung und damit auch für das Modell der rationalen Wahlentscheidung sowohl einen Sachbezug als auch einen Zeitbezug (vgl. Abbildung 5.1).

Abbildung 5.1: Mechanismen der Informationsverarbeitung bei der Wahlentscheidung

SACHBEZUG			ZEITBEZUG	
			Vergangenheit	Gegenwart
	Ideologische Positionen	spezifisch	Ideologische Positionen in Sachfragen	⟶
		generalisiert	Generalisierte Positionen (Ideologie)	⟶
	Kompetenzen, Leistungen	spezifisch	Kompetenzen bei speziellen Sachfragen	⟶
		generalisiert	Generalisierte Kompetenzen	⟶

(nach: Fuchs & Kühnel, 1994: 316)

Der Zeitbezug ergibt sich aus den Mechanismen der Informationsvereinfachung, indem vergangene Erfahrungen auf Gegenwart und Zukunft projiziert werden. Der Sachbezug hingegen trifft den Kern der rationalen Wahlentscheidung, oder wie Popkin et al. (1976) es formulieren: Unter den Bedingungen beschränkter Rationalität wird der „rational voter" zum „reasoning voter", die rationale Wahlentscheidung wird zur logisch durchdachten Wahlentscheidung, die sich am Sachbezug orientiert.

Sachfragenorientierungen als Bezugspunkt rationalen Wählens

Wie aus Abbildung 5.1 ersichtlich, gibt es verschiedene Arten politisch relevanter Sachfragen,[29] die für den Prozess rationalen Wählens berücksichtigt werden müssen. Eine erste Unterscheidung betrifft die zwischen positionsbasierten und leistungsbasierten Sachfragen (Roller, 1998). Positionsbasiert bezieht sich dabei auf die ideologische Grundrichtung, leistungsbasiert auf die jeweiligen konkreten Leistungen im Zusammenhang mit einer jeweils relevanten Sachfrage. Sowohl positions- als auch leistungsorientierte Sachfragen können in einer zweiten Unterscheidung jeweils spezifisch oder aus einer generalisierten Sichtweise heraus bewertet werden. Abbildung 5.2 verdeutlicht diese Unterscheidungen.

---

29 In der amerikanisch inspirierten Wahlforschung wird der Begriff „Issue" verwandt, der im deutschen häufig übernommen wird. Übersetzt wird dieser Ausdruck sowohl mit dem Begriff „Streitfragen" als auch mit dem Begriff „Sachfragen". Wir verwenden hier den zweiten Terminus, da, wie die folgenden Ausführungen zeigen, nicht alle Themen respektive Sachfragen tatsächlich strittig sind, so dass der Ausdruck „Streitfragen" unseres Erachtens einen falschen Akzent setzen würde (vgl. hierzu auch Roller, 1998: 177).

Abbildung 5.2: Differenzierung der Sachfragen

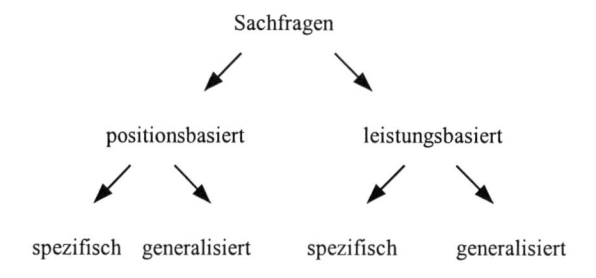

```
                        Sachfragen
                       ↙         ↘
              positionsbasiert    leistungsbasiert
              ↙         ↘          ↙         ↘
        spezifisch  generalisiert  spezifisch   generalisiert
```

Wie lassen sich nun diese Unterscheidungen konkretisieren und ihre jeweiligen Ausprägungen ermitteln? Wenden wir uns zunächst den positionsbasierten Sachfragen zu. Zur Ermittlung *spezifischer* ideologischer Positionen bedarf es einer weiteren Differenzierung von Sachfragen, die in der amerikanischen Politikwissenschaft mit den Begriffen *position* und *valence issues* bezeichnet werden – eine griffige deutsche Übersetzung liegt bislang nicht vor. Der entscheidende Unterschied liegt in dem Ausmaß der Strittigkeit der angesprochenen Themen (vgl. Schmitt, 1998: 148f). *Valence issues* sind an sich kein Thema politischen Disputs, sondern in ihrer Wichtigkeit unumstritten, wie beispielweise die Eindämmung der Arbeitslosigkeit. Hieran lässt sich also keine ideologische Position der Parteien identifizieren, da alle dieses politische Ziel teilen. Strittig sind hingegen die Ansichten darüber, wie dieses politische Ziel am besten zu erreichen sei. Am Beispiel Arbeitslosigkeit etwa bewegen sich die Meinungen zwischen massivem Staatsinterventionismus (z.B. Eingliederungshilfen für Langzeitarbeitslose, Beschäftigungsgesellschaften, Kündigungsschutz) und totaler Deregulierung (z.B. Aufhebung von Bestimmungen des Kündigungsschutzgesetzes, Kürzung von Arbeitslosenunterstützung als Arbeitsanreiz, Lockerung von Tarifbindungen). Ideologische Differenzen werden folglich nur in den Mitteln sichtbar, die von einzelnen Parteien favorisiert werden, um das konsensuelle Ziel zu erreichen. Im Unterschied zu den *valence issues* sind *position issues* als Thema bereits Gegenstand politischer Auseinandersetzung, wie z.B. der eventuelle Erlass eines Einwanderungsgesetzes oder eines Gesetzes zur betrieblichen Mitbestimmung. Die verschiedenen Positionen bei der mehr oder minder öffentlichen Diskussion dieser Streitfragen werden durch Parteien strukturiert. Sie geben von daher direkt Anhaltspunkte für ideologische Positionen der politischen Parteien, ohne dass man Details der Umsetzung der formulierten Ziele zu berücksichtigen braucht. Für jede Partei zu wissen, welche Position sie zu einzelnen Sachfragen einnimmt, ist nur mit hohem Aufwand möglich.

Generalisierte Positionen sind generelle ideologische Einstellungen, also nicht an einzelne Sachfragen gebundene. Deren bekannteste ist die Links-

Rechts-Orientierung. Sie gilt als international, und bis vor kurzem auch intergenerational verständliche Informationsvereinfachung („information shortcut", vgl. Dalton & Wattenberg, 1993; Fuchs & Kühnel, 1994). Sie spannt einen ideologischen Raum auf, in dem sowohl die zentralen gesellschaftlichen Spannungslinien als auch die zentralen Parteien einfach zu verorten sind. (Fuchs & Klingemann, 1990). Das Wissen um die generelle ideologische Position einer Partei erfordert demgemäß erheblich weniger Aufwand als das um die Positionen zu spezifischen strittigen Sachfragen.

Im Unterschied zu den ideologienahen positionsbasierten Sachfragen zielen leistungsbasierte Sachfragen auf die wahrgenommenen Kompetenzen der Parteien ab, Probleme zu lösen. Als spezifische Orientierungen sind sie darauf ausgerichtet, einer bestimmten Partei die größte Kompetenz zuzugestehen, ein ganz spezifisches Problem zu lösen, beispielsweise Arbeitslosigkeit, Wirtschaftswachstum oder Jugendkriminalität. Für spezifische Leistungsorientierungen gilt analog zu den spezifischen Positionen, dass die Informationsgewinnung über die Leistungsfähigkeit einer Vielzahl von Parteien bezogen auf eine Vielzahl von Problemen sehr aufwendig und somit zeit- und kostenintensiv ist. Generalisierte Orientierungen bieten auch hier einen praktikablen Weg der Informationsvereinfachung: Aus vergangenen Erfahrungen mit politischen Parteien und ihren Vertretern wird eine allgemeine Leistungsfähigkeit und Problembewältigungskompetenz abgeleitet. Hierbei sind Regierungsparteien naturgemäß im Vorteil, da deren Einschätzung mit weniger Unsicherheit belastet ist, weil deren Leistungen über längere Zeit sichtbar waren. Oppositionsparteien müssen in dieser Frage eher auf einen Vertrauensvorschuss in ihre Leistungsfähigkeit bauen. Genauso gilt jedoch, dass Regierungsparteien bei Unzufriedenheit abgestraft werden können.

Zusammenfassend kann man mit Roller (1998: 179) festhalten:

„Im Mittelpunkt der Typen politischer Sachfragen steht damit die Unterscheidung zwischen Positionen, die sich auf unterschiedliche politische Handlungsalternativen, und Performanzen, die sich auf unterschiedliche Bewertungen der Ergebnisse politischen Handelns beziehen."

Wir können also, wie auch in Abbildung 5.1 sichtbar wird, für das Modell rationalen Wählens die positionsbasierte Sachfragenorientierung als Ausrichtung an der ideologische Position, die leistungsbasierte Sachfragenorientierung als Ausrichtung an der wahrgenommenen bzw. zugeschriebenen Leistungskompetenz der politischen Parteien bezeichnen. Beide Dimensionen, ideologische Position und Leistungsbewertung, sind wichtige Bestimmungsfaktoren für eine rationale Wahlentscheidung.

Aus der Theorie des rationalen Wählens lassen sich nicht nur Aussagen zu den Determinanten rationalen Wahlverhaltens ableiten, sondern auch über das relative Gewicht von ideologischen Positionen und Leistungsbewertung für die Vorhersage von Wahlentscheidungen. Wie ökonomische Handlungstheorien generell geht auch die Theorie rationalen Wählens von der Annahme aus, dass der Einfluss beider Dimensionen, der ideologischen Position und der Leistungsbewertung, auf das Wahlverhalten vor allem durch die Gesichtspunkte der Kostenminimierung und der Nutzenoptimierung bestimmt wird. Aus dem Erfordernis der Kostenminimierung folgt, dass generellen ideologischen Positionen und Leistungsbewertungen eine größere Bedeutung zugeschrieben wird als den spezifischen. Diese vorrangige Bedeutung ergibt sich aus der Informationsvereinfachungskapazität von Generalisierungen. Der Nutzenaspekt fügt neben dieser Hierarchisierung noch eine weitere ein:

„Ein Nutzen aus [...] Regierungstätigkeit kann nur durch Leistungen entstehen, die bestimmte Resultate erzeugten. Das Leistungskriterium müßte demnach das dominante Kriterium eines rationalen Wählers für seine Wahlentscheidung sein." (Fuchs & Kühnel, 1994: 317).

Wir postulieren also im Sinne des rationalen Wählens zwei Rangordnungen – generalisiert ist wichtiger als spezifisch sowohl bei der Leistungsbewertung als auch in den ideologischen Positionen. Zusätzlich sind Leistungsbewertungen wichtiger als ideologische Positionen. Eine spezifische Leistungsbewertung kann also durchaus bedeutsamer sein als eine generelle ideologische Position.

Sachfragenorientierte Wahlentscheidung von Erstwählern

Die Theorie zum rationalen Wahlverhalten verbietet eigentlich die Frage nach sozialstrukturellen Unterschieden – Rationalität sollte sich nicht geschlechts-, alters- oder schichtspezifisch unterscheiden, schon gar nicht unter der Annahme bedingter, weil subjektiver Rationalität. Dennoch sind einige Anmerkungen zur Spezifik der Erstwählersituation angeraten, die sich aus dem Zeitbezug der Mechanismen zur Informationsvereinfachung ergeben.

Informationen werden aufgenommen durch Alltagshandeln – Gespräche, Zeitungslesen, Meisterung des Alltags mit all seinen Schwierigkeiten – und in Bezug gesetzt mit einem bereits vorhandenen Raster an Wissen und Generalisierungen. Die individuelle Orientierung sowohl in Bezug auf Leistungen als auch in Bezug auf ideologische Positionen gewinnt der Wähler durch Erfahrung. Nun ist naturgemäß die Erfahrung eines Erstwählers geringer als die eines erfahrenen Wählers, der sich (demokratietheoretisch) im günstigsten Fall aufgrund seiner früheren Wahlentscheidung mit den Folgen dieser Handlung beschäftigte und darüber sowohl in Bezug auf ideologische Positionen als auch in Bezug auf konkrete Leistungen und Leistungsbewertungen Generalisierungen entwickeln kann. Es könnte von daher sein, dass für Erstwähler die oben beschriebene Hierarchie von generalisierten und spezifischen Orientierungen nicht zutrifft, dass vielmehr grundsätzlich spezifische Positionen und Leistungsbewertungen wichtiger sind als generalisierte, da Erstwählern unter Umständen für Generalisierungen die Basis fehlt. Als Indikator für die generalisierte Leistungsbewertung dient uns die Parteineigung. In der Wahlforschung wird Parteineigung oftmals als Verbindung der Bewertung von ideologischen Positionen und Leistungszuschreibungen dargestellt und mit dem Etikett „Super-Generalisierung" (Fuchs & Kühnel, 1994) versehen. Es wird auch unterstellt, dass Parteineigung eher affektiven denn kognitiven Evaluationen entspringt.[30] Für Erstwähler muss allerdings angenommen werden, dass eine Parteibindung, sofern sie überhaupt vorliegt, eher kognitiv denn affektiv motiviert ist. Eine affektive Bindung liegt dann vor, wenn die Parteineigung Teil des sozialmoralischen Milieus ist, in dem Wähler sich bewegen. Dies erscheint jedoch in Zeiten von Individualisierung und Enttraditionalisierung für Erstwähler am ausgehenden 20. Jahrhundert, und zudem noch auf dem Gebiet der durch Strukturbrüche geprägten ehemaligen DDR, wenig plausibel, obwohl natürlich die Möglichkeit einer quasi Vererbung innerhalb der Familie gegeben ist.[31]

5.2 Hypothesen

Aus der Darstellung zur Theorie rationalen Wahlverhaltens und den Überlegungen zur spezifischen Situation von Erstwählern lassen sich folgende zwei Hypothesen und eine Frage ableiten, die in vorliegendem Beitrag geprüft werden sollen:

1. Sowohl ideologische Positionen als auch Leistungsbewertungen bzw. den Parteien zugeschriebene Problemlösungskompetenzen tragen zur Vorhersage der Wahlentscheidung von Brandenburger Jugendlichen bei.
2. Leistungsbewertungen bzw. den Parteien zugeschriebene Problemlösungskompetenzen sind wichtiger als ideologische Positionen.
3. Geprüft werden soll der Stellenwert generalisierter Einschätzungen gegenüber spezifischen Einschätzungen. Wie oben ausgeführt, verfügen Jugendliche über weniger Erfahrungen, aus denen Generalisierungen abge-

---

30 Roller weist darauf hin, dass Parteineigung im *sozialpsychologischen Modell* eine feste unabhängige Größe ist, die ihrerseits Leistungs- und Positionsbewertungen zu beeinflussen vermag. In den neueren *Modellen des rationalen Wahlverhaltens*, insbesondere in der Formulierung Fiorinas (1981), spielt Parteineigung ebenfalls eine wichtige Rolle, jedoch als abhängige Größe, da davon ausgegangen wird, dass sie aus Leistungs- und Positionsbewertungen entstehen kann.
31 Die Daten unserer Erhebung zeigen darüber hinaus, dass eine stabile Parteineigung über den gesamte Erhebungszeitraum hinweg nur für eine kleine Minderheit der Jugendlichen gegeben ist (vgl. auch Kapitel 4 in diesem Band). Für die Parteiorientierungen der Wahlbevölkerung in den Neuen Bundesländern generell vgl. Kaase und Klingemann (1994).

Der rationale Erstwähler 135

leitet werden können, so dass im Unterschied zur Annahme der Theorie rationalen Wahlverhaltens nicht generalisierte, sondern spezifische Einschätzungen wichtiger für die Wahlentscheidung sein könnten. Andererseits hatten Jugendliche auch noch weniger Möglichkeiten als ältere Wähler, Informationen über die einzelnen Parteien zu ihren ideologischen Positionen und Kompetenzen in einzelnen Sachfragen zu erlangen. Theoretisch lässt sich somit keine Aussage über die relative Relevanz der beiden Aspekte treffen, es bleibt die empirische Prüfung.

5.3 Operationalisierung und Datenbasis

Rationales Wählen setzt voraus, dass eigene ideologische Positionen und Leistungsbewertungen mit den Positionen und zugeschriebenen Kompetenzen der zur Wahl stehenden Parteien in Bezug gesetzt werden und darauf aufbauend eine Wahlentscheidung getroffen wird. Das heißt, die Sachbezüge müssen bereits vor dem Wahltag hergestellt sein. Für die folgenden Analysen werden aus der Erhebung unter Brandenburger Jugendlichen deshalb die Daten der dritten und der vierten Erhebungswelle verwendet. Die Fragen zur Einschätzung ideologischer Positionen und Problemlösungskompetenzen der dritten Welle – ca. ein halbes Jahr vor der Bundestagswahl erhoben – werden herangezogen, um die Wahlentscheidung, erfasst in der vierten Erhebungswelle, zu prognostizieren. Dies stellt sicher, dass tatsächlich rationales Wählen und nicht im Nachhinein rationalisiertes Wählen analysiert wird.[32] Wir greifen hier also auf den Längsschnittdatensatz der dritten und vierten Welle zurück. An diesen beiden Erhebungswellen beteiligten sich 1048 Jugendliche.

Die Wahlentscheidung wurde mittels der einfachen Frage erhoben, welche Partei mit der Zweitstimme gewählt wurde. Von den 1048 Jugendlichen des längsschnittlichen Datensatzes mussten 231 aus der Analyse ausgeschlossen werden. 119 gaben entweder an, nicht gewählt zu haben oder sie nannten nicht die Partei, für die sie sich entschieden hatten. 55 Jugendliche wählten eine der rechten Parteien DVU, NPD oder Republikaner. Für diese Parteien wurden im Fragebogen keine Positions- und Leistungsbewertungen erfasst. Das gleiche gilt für die „sonstigen" Parteien, die von 25 Jugendlichen gewählt wurden. Außerdem wurden die 32 Jugendlichen ausgeschlossen, die für die FDP votierten. Diese Gruppe ist zu klein, als dass sie sinnvoll in die Analysen

---

32 Ein in der Wahlforschung hinlänglich bekanntes Problem liegt darin, dass bei Nachwahlbefragungen Probanden sich darum bemühen, ihr Verhalten konsistent erscheinen zu lassen und nachträglich Rationalisierungen vornehmen.

einbezogen werden könnte.[33] In die Analysen gehen demzufolge die Angaben der 817 Jugendlichen ein, die entweder SPD, CDU, PDS oder Bündnis 90/Die Grünen wählten.

Die *generalisierte ideologische Position* wurde mittels der Links-Rechts-Skala zur Selbsteinstufung der eigenen politischen Position erfasst.[34] Als *spezifische ideologische Positionen* wurden aus einer Liste der Probleme, mittels derer eine Kompetenzbewertung der Parteien erfolgte, die *position issues* ausgewählt, also diejenigen Themen, die Gegenstand parteipolitischer Auseinandersetzungen sind (vgl. Tabelle 5.1). Dies sind im Einzelnen: die Bürger wirksamer vor Verbrechen schützen, den Rechtsextremismus bekämpfen und den Zuzug von Ausländern einschränken. Für alle drei Themen gibt es zwischen den Parteien unterschiedliche Positionen, die in der öffentlichen Debatte auch als unterschiedlich wahrgenommen werden können. Die *generalisierte Leistungsbewertung* wurde gemessen über die Frage zur Parteineigung. Diese wurde dichotomisiert, so dass in die Analysen die vier dichotomen Variablen der Neigung zur SPD, zur CDU, zur PDS und zu Bündnis 90/Die Grünen eingingen. Die *spezifischen Leistungsbewertungen* wurden erfasst über die Zuschreibung der Kompetenz, als wichtig erachtete Probleme lösen zu können. Die vorgegebenen Probleme waren: Lehrstellen schaffen, Bürger wirksam vor Verbrechen schützen, soziale Sicherheit gewährleisten, für Umweltschutz sorgen, den Rechtsextremismus bekämpfen, Arbeitsplätze sichern und neue schaffen, den Frieden in der Welt sichern und den Zuzug von Ausländern einschränken. Um die spezifischen Leistungsbewertungen in die Analysen einbeziehen zu können, muss vorausgesetzt werden, dass das angesprochene Problem, zu dem eine Lösung erwartet wird, den Jugendlichen wichtig ist. Die Jugendlichen wurden deshalb gefragt, für wie wichtig sie die Probleme hielten und welcher Partei sie die Lösung der einzelnen Probleme am ehesten zutrauten. Außerdem setzt das hier verwendete statistische Verfahren, die Diskriminanzanalyse, metrisches oder dichotomes Skalenniveau voraus. Deshalb wurden für jedes der acht einbezogenen Probleme jeweils vier Dummy-Variablen gebildet - eine für jede Partei -, in der ihre Kompetenz zur Lösung eines jeden Problems mittels einer 0/1-Kodierung erfasst wurde. Wenn Jugendliche ein Problem für wichtig hielten (die Werte 4 und 5 auf der vorgegebenen Wichtigkeitsskala) bekam die Partei, der sie die Lösung am ehesten zutrauten, den Wert 1 in der entsprechenden Dummy-Variablen. Der Wert 0 wurde vergeben, wenn die Jugendlichen das Problem nicht als wichtig ansahen oder einer anderen Partei bzw. keiner Partei die Lösung zutrauten.

---

33 Darüber hinaus hat die FDP gerade auch in Brandenburg kein deutliches Profil. Sie ist nicht im Landtag vertreten und als bekannte Person tritt lediglich der ehemalige Minister für Wissenschaft und Forschung, Enderlein, in Erscheinung. Für junge Wähler, die keine eigenen Erfahrungen mit der SPD-FDP Koalition in Brandenburg haben, ist die FDP eine weniger bekannte Größe als irgendeine der rechtspopulistischen Parteien.
34 Vgl. für alle Frageformulierungen Kapitel 2.

Der rationale Erstwähler

Für jedes der acht Probleme wurde auf diese Weise für jede einzelne Partei eine Dummy-Variable gebildet. So entstanden 32 Variablen zur spezifischen Leistungsbewertung. Im Gesamten gehen die in Tabelle 5.1 dokumentierten Variablen in die Analysen ein.

Tabelle 5.1: Übersicht über die in den Analysen verwendeten unabhängigen Variablen (3. Welle)

Positionen	Generalisiert:	Links-Rechts-Orientierung
	Spezifisch:	Bürger vor Verbrechen schützen
		Rechtsextremismus bekämpfen
		Zuzug von Ausländern einschränken
Leistungen	Generalisiert:	Parteieignung
	Spezifisch:	Kompetenzzuschreibungen zu den Problemen:
	(für jedes Problem eine Variable für jede Partei)	Lehrstellenmangel
		Verbrechensbekämpfung
		Soziale Sicherheit
		Umweltschutz
		Rechtsextremismus
		Schaffung von Arbeitsplätzen
		Frieden in der Welt
		Zuzug von Ausländern

Die hier gewählte Methode ist die schrittweise Diskriminanzanalyse, in der nach einem festgelegten Gütekriterium nur diejenigen Prädiktor-Variablen zur Schätzung der Diskriminanzfunktionen aufgenommen werden, die einen signifikanten Beitrag zur Erklärung bieten. Angesichts der Vielzahl von Variablen zur Erklärung der spezifischen Leistungsbewertung bot sich dieses Vorgehen an. Die Diskriminanzanalyse bietet außerdem den Vorteil, kategoriale Variablen als zu erklärende Variablen in Abhängigkeit von metrischen und dichotomen Variablen analysieren zu können.[35]

---

35 Darüber hinaus bietet sie ein sehr anschauliches Ergebnis: Anhand des eingegebenen Erklärungsmodells und der daraus ermittelten Diskriminanzfunktionen wird eine Zuordnung der Fälle zu den Kategorien der Gruppenvariablen vorgenommen und mit der Originalvariablen verglichen. Die Güte des Modells wird daran erkennbar, wie viele Fälle richtig zugeordnet wurden. Und je nachdem, in welcher Kategorie die Zuordnung besonders exakt oder besonders schwach ausfällt, können zusätzlich Aussagen über die Vorhersagekraft einzelner Prädiktoren für eben diese Kategorie getroffen werden.

Zunächst sollen deskriptiv die Unterschiede zwischen den Wählerschaften der verschiedenen Parteien dargestellt werden. Anschließend werden die Ergebnisse der Diskriminanzanalysen vorgestellt, und zwar getrennt für Positionen und Leistungen, und bei den Leistungen wiederum getrennt nach generalisierten und spezifischen, um dann zum Schluss eine integrierte Diskriminanzanalyse zu diskutieren.

5.4 Ergebnisse

Sowohl die hier überprüften spezifischen Positionen als auch die generalisierte ideologische Position unterscheidet die Wählerschaften der Parteien weniger als man aufgrund anderer empirischer Studien vermuten würde (vgl. etwa Roller 1998: 195). Gerade die Wähler der beiden großen Parteien sind sich in den drei spezifischen ideologischen Positionen recht ähnlich. Dennoch sind Differenzen zumindest in der Links-Rechts-Selbsteinstufung als generalisierter Position und insbesondere bei der Frage nach dem Ausländerzuzug als spezifischer Position deutlich (Abbildung 5.3).

Abbildung 5.3: Generalisierte und spezifische Positionen der Wählergruppen

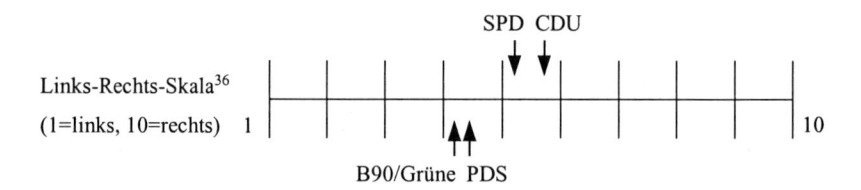

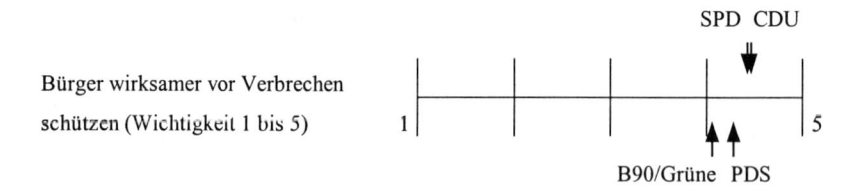

Links-Rechts-Skala[36] (1=links, 10=rechts)

SPD CDU
B90/Grüne PDS

Bürger wirksamer vor Verbrechen schützen (Wichtigkeit 1 bis 5)

SPD CDU
B90/Grüne PDS

---

36 Der geringfügige Unterschied zur Darstellung der Wählerpositionierung auf der Links-Rechts-Skala in Abbildung 4.3 (vgl. Kapitel 4) ist dadurch zu erklären, dass dort querschnittliche Zusammenhänge in der vierten Welle berichtet wurden, hier die Selbstpositionierung auf der Links-Rechts-Skala der dritten Welle mit der Parteiwahl in der vierten Welle in Beziehung gesetzt wurde.

Der rationale Erstwähler 139

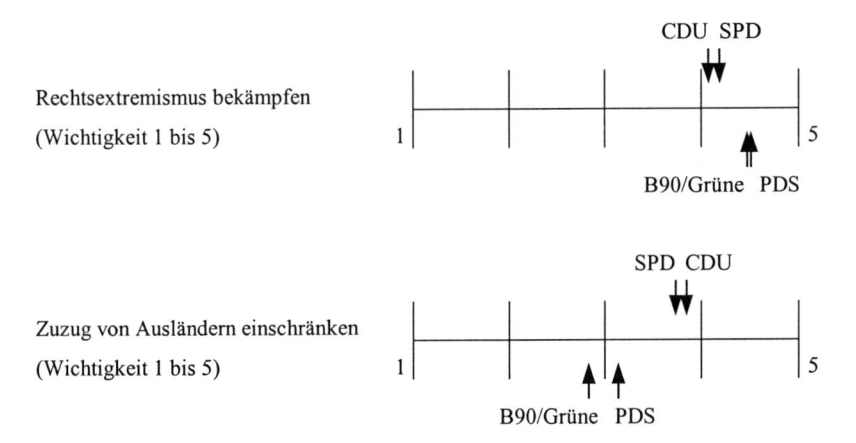

Rechtsextremismus bekämpfen
(Wichtigkeit 1 bis 5)

```
            CDU SPD
             ↓↓
    1|———|———|———|↑↑—|5
              B90/Grüne PDS
```

Zuzug von Ausländern einschränken
(Wichtigkeit 1 bis 5)

```
              SPD CDU
               ↓↓
    1|———|———|———|———|5
           ↑↑
       B90/Grüne PDS
```

So stufen sich auf der Links-Rechts-Skala Wähler und Wählerinnen von Bündnis 90/Die Grünen und PDS links der Mitte ein, SPD-Wähler ziemlich genau am Mittelpunkt der Skala, CDU-Wähler am weitesten rechts. Den Wählern der Bündnisgrünen ist die innere Sicherheit weniger wichtig als den Wählern der drei anderen Parteien, die nahezu identische Mittelwerte aufweisen. Wie erwartet, ist es den CDU-Wählern am wenigsten wichtig, den Wählern von PDS und Bündnis 90/Die Grünen dagegen am wichtigsten, den Rechtsextremismus zu bekämpfen. Aber auch hier liegen die Parteien alle zwischen den Wichtigkeitswerten 4 und 5, die Unterschiede sind signifikant, aber nur gering ausgeprägt. Nur bei der Einschränkung des Ausländerzuzugs finden sich deutliche Differenzen. Bündnis 90/Die Grünen- sowie PDS-Wähler schätzen dieses Problem als eher weniger wichtig ein, wogegen CDU- und SPD-Wähler es als deutlich wichtiger beurteilen. Tabelle 5.2 zeigt noch einmal die jeweiligen Mittelwerte.

Tabelle 5.2: Mittelwerte in ideologischen Positionen nach gewählter Partei

	SPD-Wähler	CDU-Wähler	PDS-Wähler	B90/Grüne-Wähler	Signifikante Unterschiede zwischen den Gruppen (p-Wert)
Links-Rechts-Orientierung	5.24	5.77	4.34	4.18	.000
Schutz vor Verbrechen	4.39	4.37	4.27	4.04	.000
Rechtsextremismus bekämpfen	4.19	4.09	4.51	4.50	.000
Zuzug von Ausländern einschränken	3.73	3.83	3.18	2.84	.000

Entsprechend den geringen Unterschieden in generalisierten und spezifischen Positionen zwischen den Wählern der Parteien ist das Ergebnis der Diskriminanzanalyse zu den ideologischen Positionen nicht überraschend. Signifikant diskriminieren lediglich die generalisierte Position der Selbsteinstufung auf der Links-Rechts-Skala und die Frage nach einer Einschränkung des Ausländerzuzugs (Tabelle 5.3).[37]

Tabelle 5.3: Generalisierte und spezifische ideologische Positionen und Wählergruppen, Diskriminanzanalyse (N = 766)

	Diskriminanzfunktionen		
	F1	F2	
Kanonische Korrelation	.37	.10	
Standard. Diskriminanzkoeffizienten			Ø *Koeff.*
Links-Rechts-Skala	.69	-.91	.70
Einschränkung Ausländerzuzug	.46	1.05	.49
Gruppenmittelwerte			
SPD	.20	.01	
CDU	.49	-.15	
PDS	-.44	.01	
B90/Grüne	-.64	-.14	
Anteil korrekter Klassifikationen			
SPD		20,5	
CDU		54,7	
PDS		21,6	
B90/Grüne		49,5	
Gesamt		31,5	

Auffallend, jedoch völlig im Einklang mit dem Ergebnis der deskriptiven Darstellung, ist das Ergebnis korrekter Klassifikation. Bei vier Kategorien in der abhängigen Variablen beträgt die Zufallswahrscheinlichkeit, einer Kategorie anzugehören, 25 Prozent. In unseren Analysen liegt für SPD und PDS der Prozentsatz korrekter Klassifikationen mit 20,5 bzw. 21,6 Prozent jedoch noch unterhalb dieser Zufallswahrscheinlichkeit, für CDU (54,7%) und Bündnis 90/Die Grünen (49,5%) aber deutlich darüber. Diese beiden Parteien geben in der Debatte um den Ausländerzuzug die Extrempositionen in verschiedene Richtungen vor – lässt man die rechtsextremen Parteien beiseite, die in der vorliegende Analyse aus den oben genannten Gründen nicht berücksichtigt wurden. SPD und PDS haben hingegen in dieser Frage kein deutliches Profil im Vorfeld der Bundestagswahl gezeigt. Für die Links-Rechts-Selbsteinstufung gilt Vergleichbares, auch hier differieren die Parteien nur wenig, obwohl man eigentlich die PDS, deren Protagonisten sich öfter antikapitalistischer Wortwahl bedienen als die der Grünen, am linken Rand

---

37 Vgl. für Vorgehen und Interpretation der Ergebnisse von Diskriminanzanalysen Backhaus et al. (1994) sowie Brosius und Brosius (1995).

Der rationale Erstwähler 141

erwartet hätte. Aber vielleicht bildet dieses Ergebnis die sich abzeichnende Veränderung in den Links-Rechts Konnotaten für die jüngere Generation ab, die weniger an den alten sozialstrukturellen Spannungslinien orientiert sind als die älteren Generationen (vgl. auch Weiss et al., im Druck).

Insgesamt stellen die ideologischen Positionen – sowohl die generalisierten als auch die spezifischen Positionen – mit einer korrekten Klassifikation von 31,5 Prozent, also nur 6,5 Prozentpunkte über der Zufallswahrscheinlichkeit, keine guten Prädiktoren für das Wahlverhalten der Erstwähler dar.

Wie sieht es dagegen mit den Leistungen aus? Die deskriptive Analyse der Leistungsbewertungen bzw. Kompetenzzuschreibungen zeigt zunächst Erstaunliches: Jugendliche, die die genannten Probleme für wichtig oder sehr wichtig erachteten, trauten bei den meisten Fragen zu über einem Drittel, in manchen Fällen sogar zu über 50 Prozent, keiner der Parteien die Lösung des Problems zu, auch nicht derjenigen, die sie selbst wählten (vgl. Tabelle 5.4).

In nur drei Fällen schreiben mehr als 50 Prozent der Wähler tatsächlich ihrer *eigenen* Partei auch die jeweilige Lösungskompetenz zu, so liegt nach Sicht von 51 Prozent der CDU-Wähler, denen es wichtig ist, die Bürger vor Verbrechen zu schützen, auch bei der CDU die Kompetenz zur Lösung dieses Problems, und für 52 Prozent der SPD-Wähler, denen die soziale Sicherheit am Herzen liegt, hat auch die SPD tatsächlich die Kompetenz, die soziale Sicherheit zu gewährleisten. Eine extreme Position nimmt hier Bündnis 90/Die Grünen ein, 91 Prozent der Wähler von Bündnis 90/Die Grünen sehen auch bei ihrer eigenen Partei die höchste Kompetenz, für Umweltschutz zu sorgen. Hinsichtlich aller anderen Probleme werden die Kompetenzen durchaus auch bei den Parteien gesehen, die die Jugendlichen selbst nicht gewählt haben. Auffallend ist auch, dass der CDU als bisheriger Regierungspartei von den Wählern aller Parteien nur geringe Kompetenzen zugesprochen werden. Ausnahmen bilden der Schutz vor Verbrechen und die Einschränkung des Ausländerzuzuges (vgl. die Zeilen „insgesamt" in Tabelle 5.4). Ihre Leistungen aus der bisherigen Regierungstätigkeit werden also eher als schwach beurteilt. So wird z.B. selbst von den CDU-Wählern die Kompetenz, soziale Sicherheit zu gewährleisten, weniger der CDU als der SPD zugeschrieben.

Aus Tabelle 5.4 ist ebenfalls ersichtlich, dass die Jugendlichen durchaus über ein Verständnis des politischen Prozesses verfügen. Dies zeigt sich insbesondere bei den Wählern und Wählerinnen der kleinen Parteien. Die Problemlösungskompetenz sehen sie eher bei einer großen, ihnen nahestehenden Partei als bei der Partei ihrer Wahl. So sehen z.B. die Wähler und Wählerinnen von Bündnis 90/Die Grünen, die das Problem der Schaffung von Lehrstellen als wichtig ansehen, die Kompetenz hierfür überwiegend bei der SPD und nicht so sehr bei der Partei ihrer Wahl. Dasselbe gilt für das Thema der Gewährleistung von sozialer Sicherheit. Hierin drückt sich eine realistische

Tabelle 5.4: Kompetenzzuschreibung zur Lösung wichtiger Problme (in %)

Problem	Wähler von...	Kompetenz bei... SPD	CDU	PDS	B90/Grüne	keiner Partei	N[1]
Lehrstellen schaffen	SPD	48	9	6	2	36	310
	CDU	28	33	3	--	37	131
	PDS	27	6	20	2	45	146
	B90/Grüne	43	6	3	3	44	97
	Insgesamt	39	12	8	2	39	684
Bürger wirksamer vor Verbrechen schützen	SPD	24	22	3	2	49	246
	CDU	7	51	4	2	36	99
	PDS	18	20	6	1	55	104
	B90/Grüne	20	20	4	--	55	69
	Insgesamt	19	27	4	2	49	518
Soziale Sicherheit gewährleisten	SPD	52	9	9	3	28	293
	CDU	48	24	3	1	24	117
	PDS	27	6	26	3	38	135
	B90/Grüne	48	6	12	6	28	83
	Insgesamt	45	11	19	3	29	628
Für Umweltschutz sorgen	SPD	4	2	0	83	12	269
	CDU	--	7	--	83	10	116
	PDS	1	--	5	84	11	130
	B90/Grüne	--	--	--	91	9	100
	Insgesamt	2	2	1	85	11	615
Rechtsextremismus bekämpfen	SPD	20	11	25	6	39	216
	CDU	17	23	33	2	26	89
	PDS	12	3	48	4	34	122
	B90/Grüne	21	13	27	10	30	83
	Insgesamt	18	12	32	5	34	510
Arbeitsplätze sichern	SPD	41	11	5	2	42	306
	CDU	23	35	2	2	38	123
	PDS	21	6	22	2	49	145
	B90/Grüne	38	3	3	8	48	100
	Insgesamt	33	13	8	3	44	674
Frieden in der Welt sichern	SPD	14	18	1	9	58	252
	CDU	7	39	1	6	46	97
	PDS	12	7	10	10	60	125
	B90/Grüne	17	6	6	20	52	85
	Insgesamt	13	18	4	11	55	559
Zuzug von Ausländern einschränken	SPD	19	20	3	3	55	95
	CDU	11	40	11	--	37	35
	PDS	14	17	7	--	62	29
	B90/Grüne	18	12	12	6	53	17
	Insgesamt	17	23	6	2	52	176

Anmerkung: Die grau unterlegten Felder weisen jeweils die Anteile an Wählern aus, die der gewählten Partei auch die Kompetenz zuschreiben, das jeweilige Problem zu lösen.
1 Einbezogen wurden jeweils die Jugendlichen, die angaben, dass das entsprechende Problem für sie wichtig oder sehr wichtig sei.

Einschätzung der begrenzten Handlungsmöglichkeiten kleiner Parteien aus, zumal wenn diese keine Regierungsverantwortung tragen, wie es für Bündnis 90/Die Grünen vor der Bundestagswahl 1998 zutraf. Es spiegeln sich in den Daten jedoch auch Kenntnisse von Positionen und allgemeiner Kompetenzzuschreibung wieder. So sind die um Umwelt besorgten Wähler und Wählerinnen aller vier Parteien zu mehr als vier Fünfteln der Überzeugung, dass die Kompetenz zur Lösung von Umweltproblemen bei den Grünen liegt.

Die Jugendlichen zeigen also hinsichtlich der Kompetenzzuschreibungen und damit der spezifischen Leistungsbeurteilungen ein differenziertes Bild, das auf eine rationale und kognitiv begründete Abwägung des Potentials der jeweiligen Parteien seitens der Jugendlichen schließen lässt.

Tabelle 5.5: Spezifische Leistungsbewertungen bzw. Kompetenzzuschreibungen und Wählergruppen, Diskriminanzanalyse (N = 817)

	Diskriminanzfunktionen			
	F1	F2	F3	
Kanonische Korrelation	.37	.28	.16	
Standard. Diskriminanzkoeffizienten				⌀ Koeff.
PDS-Kompetenz: Arbeitsplätze sichern	.42	.37	-.60	.42
CDU-Kompetenz: Arbeitsplätze sichern	-.47	.34	-.03	.39
CDU-Kompetenz: vor Verbrechen schützen	-.29	.24	.23	.27
PDS-Kompetenz: Rechtsextremismus bekämpfen	.25	.36	.02	.26
SPD-Kompetenz: Lehrstellen schaffen	.02	-.59	-.43	.24
PDS-Kompetenz: Weltfrieden sichern	.26	.14	.41	.24
CDU-Kompetenz: Weltfrieden sichern	-.32	.10	-.26	.22
B90/Grüne-Kompetenz: Umweltschutz	.16	-.15	.67	.21
Gruppenmittelwerte				
SPD	-.01	-.23	-.13	
CDU	-.62	.33	.01	
PDS	.58	.37	.00	
B90/Grüne	.25	-.29	.35	
Anteil korrekter Klassifikationen				
SPD			30,8	
CDU			43,0	
PDS			32,7	
B90/Grüne			59,0	
Gesamt			37,7	

Die schrittweise Diskriminanzanalyse zur spezifischen Leistungsbewertung der Parteien durch die Wähler ließ von den insgesamt 32 dichotomen Kompetenzvariablen lediglich acht übrig (vgl. Tabelle 5.5). Dabei gingen für die CDU sowie für die PDS jeweils drei Kompetenzen in die Analysen ein (CDU: Arbeitsplätze sichern, Schutz vor Verbrechen, Weltfrieden sichern; PDS: Arbeitsplätze sichern, Rechtsextremismus bekämpfen, Weltfrieden sichern), während sowohl für die SPD als auch für das Bündnis 90/Die Grünen nur jeweils eine Kompetenz aufgenommen wurde (SPD: Lehrstellen schaffen; Bündnis 90/Die Grünen: Umweltschutz).

Der Anteil korrekter Klassifikationen anhand spezifischer Leistungsbewertungen zeigt ein besseres Ergebnis als die vorherige Analyse, in welche die generalisierten und spezifischen ideologischen Positionen eingingen. Insgesamt wurden 37,7 Prozent der Fälle korrekt klassifiziert, das übersteigt die Zufallswahrscheinlichkeit um 12,7 Prozentpunkte. Besonders gut ist die Vorhersage für die Wähler von Bündnis 90/Die Grünen, die zu 59 Prozent richtig klassifiziert wurden, was auf die klare Kompetenzzuschreibung im Umweltbereich zurückzuführen sein dürfte. Die besten Prädiktoren sind jedoch die der PDS und der CDU zu- bzw. abgeschriebene Kompetenz, Arbeitsplätze zu schaffen oder zu sichern.[38] Hierin könnte man durchaus ein Indiz dafür sehen, dass die Regierungspartei CDU bei der Schaffung von Arbeitsplätzen – die ja insbesondere in Brandenburg, wo die von uns befragten Jugendlichen wohnen, von zentraler Bedeutung ist – nicht genügend Leistung gebracht hat. Vielleicht sind es ja weniger die Kompetenzen der Parteien, die für die Wahl entscheidend sind, sondern vielmehr die Inkompetenz der anderen Parteien, wobei Inkompetenz hier relativ zu sehen ist. Wir erinnern uns, dass für die meisten Probleme ein sehr großer Anteil der Jugendlichen gar keiner Partei die Kompetenz zur Problemlösung zubilligte.

In einem nächsten Analyseschritt wurde dann der Beitrag generalisierter Leistungsbewertungen bzw. Kompetenzzuschreibungen überprüft. Die Parteineigung, die wir hier als Maß für generalisierte Leistungsbewertungen heranzogen, erbrachte eine deutlich bessere Klassifikation als die beiden vorangegangenen Analysen (vgl. Tabelle 5.6). Alle vier Parteineigungen diskriminierten ausreichend, um in die Analyse einzugehen.

Der Anteil korrekter Klassifikationen liegt über alle vier Kategorien gerechnet bei 58,4 Prozent und damit 33,4 Prozentpunkte oberhalb der Zufallswahrscheinlichkeit. Das beste Ergebnis zeigt sich für die SPD mit 86,8 Prozent korrekter Klassifikation, alle anderen Parteien liegen weit unter diesem Ergebnis, die PDS mit 27,5 Prozent sogar nur etwas über der Zufallswahrscheinlichkeit. Die generalisierte Leistungsbewertung der CDU (Parteineigung CDU) hat die höchste diskriminierende Kraft. Als Regierungspartei stand sie in der Verantwortung, ihre Leistungen und Kompetenzen konnten von den Jugendlichen beobachtet, bewertet und generalisiert werden. Die strukturelle Asymmetrie zwischen Regierungs- und Oppositionsparteien (vgl. auch Roller, 1998: 75) wirkte sich hier dergestalt aus, dass die CDU für ihre Leistungsbilanz abgestraft wurde. Die negative Beurteilung der CDU führte zur Wahl der SPD – eine Interpretation, die durchaus mit anderen Interpreta-

---

38 Kompetenzzuschreibung ist, wie oben ausgeführt, dichotom erfasst. Die Variable ist also zu lesen als 1 = „kompetent" und 0 = „inkompetent".

Der rationale Erstwähler 145

tionen der Bundestagswahl 1998 konform geht (Gabriel & Brettschneider, 1998; Feist & Hoffmann, 1999).

Tabelle 5.6: Generalisierte Leistungsbewertungen bzw. Kompetenzzuschreibungen und Wählergruppen, Diskriminanzanalyse (N = 817)

	Diskriminanzfunktionen			
	F1	F2	F3	
Kanonische Korrelation	.52	.39	.33	
Standard. Diskriminanzkoeffizienten				∅ *Koeff.*
Parteineigung zur CDU	.86	.28	.14	.52
Parteineigung zu B90/Grüne	-.33	.91	-.09	.44
Parteineigung zur PDS	-.32	-.07	.78	.34
Parteineigung zur SPD	-.13	-.18	-.48	.21
Gruppenmittelwerte				
SPD	-.17	-.29	-.30	
CDU	1.18	.15	.01	
PDS	-.42	-.19	.62	
B90/Grüne	-.54	.96	-.12	
Anteil korrekter Klassifikationen				
SPD		86,8		
CDU		38,8		
PDS		27,5		
B90/Grüne		42,7		
Gesamt		58,4		

Zusammenfassend kann festgehalten werden, dass sowohl Positions- als auch Leistungsbewertungen das Wahlverhalten bei Erstwählern voraussagen. Hiermit kann Hypothese 1 als bestätigt gelten. Ebenfalls konfirmiert wurde die zweite Hypothese, dass Leistungsbewertungen eine größere Rolle spielen als ideologische Positionen. Hatte das allein auf ideologischen Positionen (sowohl generalisierte als auch spezifische) basierende Modell die korrekte Klassifikation gegenüber der Zufallswahrscheinlichkeit um lediglich 6,5 Prozentpunkte verbessert, so erhöhte sich die korrekte Klassifikation bei dem auf spezifischen Leistungen basierenden Modell um 12,7 Prozentpunkte, bei dem auf generalisierten Leistungsbewertungen basierenden Modell sogar um 33,4 Prozentpunkte. Die generalisierten Leistungsbewertungen, wie sie sich in der Parteineigung ausdrücken, scheinen hiernach also am meisten zur Vorhersage der Wahlentscheidung beizutragen. Hieraus kann geschlossen werden, dass die offene Frage nach dem relativen Stellenwert spezifischer und generalisierter Bewertungen eindeutig beantwortet werden kann: Auch für Erstwähler gilt die aus der Theorie rationalen Wählens abgeleitete und empirisch mehrfach bestätigte Annahme, dass generalisierten Bewertungen, hier insbesondere den generalisierten Leistungsbewertungen, eine größere Bedeutung bei der Wahlentscheidung zukommt als spezifischen Bewertungen.

Zum Schluss soll noch ein Modell vorgestellt werden, in dem sowohl ideologische Positionen als auch Leistungsbewertungen bzw. Kompetenzzuschreibungen integriert betrachtet werden. In die schrittweise Diskriminanzanalyse gingen all jene Variablen ein, die sich bei den vorhergehenden Analysen als ausreichend diskriminierend erwiesen haben, um zur Schätzung der Diskriminanzfunktionen beizutragen. Das Ergebnis ist wiedergegeben in Tabelle 5.7. Neben den vier Parteineigungsvariablen bleiben noch die spezifische ideologische Position zur Einschränkung des Ausländerzuzugs, die generalisierte ideologische Position der Links-Rechts-Orientierung und, als spezifische Leistungsbewertung, die Kompetenz der PDS, Arbeitsplätze zu sichern, im Modell.

Tabelle 5.7: Ideologische Positionen und Leistungsbewertungen bzw. Kompetenzzuschreibungen und Wählergruppen, Diskriminanzanalyse (N = 768)

	Diskriminanzfunktionen			
	F1	F2	F3	
Kanonische Korrelation	.55	.43	.35	
Standard. Diskriminanzkoeffizienten				Ø Koeff.
Parteineigung zur CDU	.73	.45	.24	.56
Parteineigung zu B90/Grüne	-.32	.72	-.34	.43
Zuzug von Ausländern einschränken	.22	-.29	-.14	.22
Links-Rechts-Orientierung	.26	-.05	-.14	.18
Parteineigung zur SPD	-.06	-.24	-.41	.17
PDS-Kompetenz: Arbeitsplätze sichern	-.06	-.25	.30	.16
Parteineigung zur PDS	-.22	-.01	.50	.11
Gruppenmittelwerte				
SPD	.00	-.37	-.29	
CDU	1.22	.34	.16	
PDS	-.52	-.17	.65	
B90/Grüne	-.76	.95	-.26	
Anteil korrekter Klassifikationen				
SPD		73,2		
CDU		39,2		
PDS		45,7		
B90/Grüne		43,2		
Gesamt		56,6		

Insgesamt verbessert sich zwar der Anteil korrekter Klassifikationen nicht gegenüber dem Modell, in das ausschließlich die Parteineigungen als generalisierte Leistungsbewertung eingingen. Sie liegt hier mit 56,6 Prozent sogar ein wenig niedriger, dafür verbessert sich jedoch die Klassifikation auch für die Wähler von PDS, Bündnis 90/Die Grünen und CDU, so dass jetzt für alle Gruppen mindestens fast 40 Prozent der auf die einzelnen Kategorien entfallenden Fälle korrekt klassifiziert sind. Für die SPD verschlechtert sich die Vorhersage gegenüber dem allein auf Parteineigung basierenden Modell, liegt jedoch mit 73,2 Prozent korrekter Klassifikation immer noch 48,2 Prozentpunkte über der Zufallswahrscheinlichkeit. Die am deutlichsten diskriminierende Variable ist auch hier wieder die generalisierte Leistungsbewertung der CDU, ausgedrückt in der Parteineigung. Diese wird gefolgt von der Parteineigung zu Bündnis 90/Die Grünen und einer spezifischen ideologischen Position, der Einschränkung des Ausländerzuzugs, die besonders zwischen diesen beiden Parteien umstritten ist. War das „Abstrafen" der CDU als Regierungspartei, deren Leistungsbewertung negativ ausfiel, der beste Prädiktor für die Klassifikation der SPD-Wähler, so tragen die ideologischen Kontraste zur besseren Vorhersage der anderen Parteien bei.

Das integrierte Modell, dass sowohl Positionen als auch Leistungsbewertungen einbezieht, erweist sich also als das beste Modell. Die integrierte Diskriminanzanalyse zeigt ein weiteres Ergebnis. Die Tatsache, dass alle vier Parteineigungen gegenüber nur drei von insgesamt 36 möglichen Variablen sowohl der spezifischen und generalisierten Positionen als auch der spezifischen Leistungsbewertungen als erklärende Variablen übrig bleiben, lässt sich als Hinweis deuten, dass die Parteineigung tatsächlich eine Art von „Super-Generalisierung" darstellt, in die sowohl Kompetenzzuschreibungen als auch ideologische Positionen eingehen. Dies könnte bedeuten, dass Parteineigung tatsächlich, wie in den modernen Theorien rationalen Wahlverhaltens unterstellt, eher kognitiv als affektiv erfolgt (vgl. Roller, 1998: 183f). Weitere Analysen werden diese Hypothese allerdings erhärten müssen.

5.5 Zusammenfassung und Diskussion

Ausgangspunkt dieses Beitrages war es, das Modell des rationalen Wählens auf das Verhalten von Erstwählern anzuwenden, zu untersuchen, inwiefern Befunde anderer Studien sich in einer Erstwählerbefragung replizieren lassen und zu eruieren, in welchem Verhältnis ideologische Positionen und Leistungsbewertungen zueinander stehen und wie sie sich auf die Wahlentscheidung auswirken. Nach einer kurzen Darstellung der Implikationen des Rational-Choice Ansatzes für die Wahlforschung – Rationalität als beschränkte Rationalität, Informationsaufnahme und -verarbeitung mittels Alltagshandeln und Generalisierung, retrospektive Evaluationen von Parteien, Kandidaten und politischen Prozessen – wurden einige Spezifika für Erstwähler dargestellt: Aufgrund ihres Alters verfügen Erstwähler über weniger Informationen zur Generalisierung, sie können retrospektive Evaluationen von Parteien und Kandidaten im Verhältnis zur älteren Generation nur eingeschränkt vornehmen. Dieser Aspekt könnte Einschränkungen für das Rationalitätspostulat nach sich ziehen, da rationale Wahl Informationen und Auseinandersetzung mit diesen Informationen voraussetzt. Andererseits stärkt jedoch gerade diese mangelnde Tradition eine Unbefangenheit im Umgang mit Parteien. Es kann angenommen werden, dass eine Wahlentscheidung, so denn überhaupt Wahlbeteiligung erfolgt, eher rationalen als traditionellen, an sozialmoralische Milieus gebundenen Motiven folgt. Zur empirischen Bearbeitung dieser Fragestellungen wurden Daten aus zwei Erhebungen desselben Panels verwendet: Zur Vorhersage dienten Indikatoren für ideologische Positionen und Leistungsbewertungen der Parteien, die etwa ein halbes Jahr vor der Bundestagswahl erhoben wurden. Vorhergesagt werden sollte das faktische Wahlverhalten bei der Bundestagswahl im September 1998, das retrospektiv im Herbst des gleichen Jahres erfragt wurde.

Die Ergebnisse zeigen deutlich, dass auch für Erstwähler Rationalitätserwägungen für die Wahlentscheidung von Bedeutung sind. Jedoch sind nicht alle Dimensionen des theoretischen Modells gleich wichtig, es gilt, zwischen ideologischen Positionen und Leistungsbewertungen der zur Wahl stehenden Parteien zu unterscheiden.

Die ideologische Komponente trug nur wenig zur Verbesserung der Wahlvorhersage bei (vgl. Tabelle 5.3). Und vor allem trug sie nur zu einer besseren Klassifikation der Wähler von CDU und von Bündnis 90/Die Grünen bei. Dieses Ergebnis könnte darauf zurückzuführen sein, dass nur eine geringe Auswahl an ideologisch strittigen Themen in die Analysen einbezogen werden konnte, die darüber hinaus zwar signifikante, aber doch geringe Differenzen zwischen den Wählerschaften aufwiesen. Einzig die Frage zum Ausländerzuzug und die Selbsteinstufung auf der Links-Rechts-Skala zeigten deutliche Unterschiede, deren Pole von Bündnis 90/Die Grünen und CDU markiert wurden. Von daher lag es nahe, dass ideologische Positionen zur Verbesserung der Klassifikation von CDU- und Bündnis 90/Die Grünen-Wählern beitrugen, jedoch nicht zu der von PDS- und SPD-Wählern.

Die Leistungsbewertungen für einzelne Problembereiche zeigten eine etwas stärkere Verbesserung der Klassifizierung der Erstwähler (vgl. Tabelle 5.5). Der Anteil korrekter Klassifikationen erhöhte sich unter Berücksichtigung konkreter Kompetenzzuschreibungen für alle Parteien. Im Vergleich zu dem auf ideologischen Positionen basierenden Modell erhöhte sich der Prozentsatz korrekter Zuordnungen von rund 32 auf 38 Prozent. Am besten wurden auch hier wieder die Wähler und Wählerinnen von Bündnis 90/Die Grünen und CDU klassifiziert.

Einen deutlichen Sprung in der Vorhersagegenauigkeit des Wahlverhaltens bewirkte die Berücksichtigung der generalisierten Leistungsbewertungen, gemessen anhand der Parteieignung. Der Anteil korrekt klassifizierter Fälle betrug über alle Parteien gut 58 Prozent, für die SPD-Wählerschaft gar 87 Prozent (vgl. Tabelle 5.6). Es war jedoch nicht die Neigung zur SPD, die dieses hervorragende Klassifikationsergebnis nach sich zog, vielmehr hatte die Parteineigung zur CDU die höchste Vorhersagekraft. Hierin wird deutlich, dass Parteineigung tatsächlich bei Erstwählern mit generalisierter Leistungsbewertung identifiziert werden kann. Die Leistungsbewertung der CDU fiel überwiegend negativ aus, zur Wahl stand dann meist die SPD. Unterstrichen wird diese Interpretation durch die relativ schlechte korrekte Zuordnung von CDU-Wählern sowie von Wählern der kleineren Parteien. Die negative Leistungsbewertung der alten Bundesregierung scheint also zentrales Argument für die Wahl der SPD gewesen zu sein.

Ein für alle Parteien befriedigendes Ergebnis erbrachte das Modell, in welches ideologische Positionen und Leistungsbewertungen gemeinsam eingingen (vgl. Tabelle 5.7). Auch hier war die generalisierte Leistungsbewertung der CDU die am stärksten diskriminierende Variable und entsprechend war die Vorhersage für die SPD-Wähler wieder deutlich besser als für die Wähler der anderen Parteien. Die Einbeziehung der besonders zwischen CDU und Bündnis 90/Die Grünen differierenden Positionen (Zuzug von Ausländern, Links-Rechts-Orientierung) erhöht jedoch auch die Vorhersagekraft für die anderen Parteien, obwohl sich für die Wählerschaft von Bündnis 90/Die Grünen zum allein auf generalisierter Leistungsbewertung basierenden Modell kaum ein Unterschied ergibt. Es scheint, als basiere die Wahl der SPD auf der schlechten Leistungsbewertung der alten Regierung, die von Bündnis 90/Die Grünen sowohl auf deren Leistungsbewertung als auch auf den ideologischen Positionen, die der CDU vor allem auf ihren ideologischen Positionen.

Im Vergleich zu anderen Untersuchungen rationalen Wahlverhaltens, die ein vergleichbares Design anwenden, bleiben unsere Ergebnisse leicht zurück. Die Qualität der Vorhersage erreicht nicht das Maß, das z.B. Fuchs und Kühnel (1994) referieren. Das kann unterschiedliche Ursachen haben. Es kann einerseits an den Indikatoren liegen – wir hatten keine von der Parteineigung unabhängige Variable der generalisierten Leistungsbewertungen von Regierungs- und Oppositionsparteien, keine Indikatoren zur Beurteilung von Kandidatenqualitäten und nur eingeschränkte spezifische ideologischen Positionen zur Verfügung. Natürlich steht und fällt die Qualität eines Prognosemodells nicht nur mit seiner Konstruktion, sondern auch mit den verfügbaren Indikatoren. Es kann aber auch sein, dass Erstwähler doch noch nicht so rational wählen, wie es für ältere Wähler mit mehr Erfahrung und Möglichkeiten in der Informationsgewinnung und Generalisierung praktikabel ist. Dennoch kann man auf Basis der hier vorgestellten Ergebnisse zusammenfassend festhalten, dass das Investitionsmodell des Wählens als Form rationalen Handelns auch für Erstwähler Gültigkeit hat. Vor allem zeigte die Analyse auf Basis von Leistungsbewertungen, dass für Erstwähler Parteineigung eher kognitiv denn affektiv basiert ist. Es ist zwar denkbar, dass Erstwähler im Zuge längerer Vertrautheit mit dem Parteiensystem, mehr Alltagserfahrungen und weitergehender Generalisierungen affektiv basierte Parteibindungen entwickeln.

Es ist jedoch genauso möglich, dass sich eine stabile Parteibindung nicht entwickelt, sondern gemäß dem Motto Popkin's „What have you done for me lately?" (Popkin et al., 1976) sich wechselnde kurzfristige Neigungen aufgrund immer neuer Evaluation ergeben. Insofern scheint, trotz der größeren Hemmnisse in der Verfügbarkeit üblicher Informationsverarbeitungsmechanismen, rationales Wählen gerade für jüngere Wähler ein adäquates Modell anzubieten.

Kapitel 6
Der Einfluss von Eltern und Gleichaltrigen auf das Wahlverhalten von Erstwählern

Christine Schmid

6.1 Einführung

Im vorliegenden Kapitel wird der Einfluss von Eltern und Gleichaltrigen auf das Wahlverhalten der jugendlichen Erstwähler untersucht. Einfluss wird dabei als Übereinstimmung gefasst. Neben den Angaben der Jugendlichen werden die Angaben der Eltern und der Freunde in die Analysen einbezogen. Der Einbezug der Angaben von Eltern und Freunden hat den Vorteil, dass wir uns in Bezug auf die Übereinstimmungen im Wahlverhalten nicht auf die Wahrnehmung der Übereinstimmung durch die Jugendlichen stützen – diese entspricht häufig nicht der Realität – sondern auf die tatsächliche Übereinstimmung zwischen Jugendlichen und Eltern sowie zwischen Jugendlichen und Freunden (Wasmund, 1982; Silbiger, 1977).

Eine Schwierigkeit bei der Interpretation von Übereinstimmungen als Einfluss besteht allerdings darin, dass überzufällig hohe Übereinstimmungen allein nicht als Einflüsse interpretiert werden können. Übereinstimmungen können vollständig oder teilweise auf dritte Faktoren zurückzuführen sein, wie zum Beispiel dem geteilten soziokulturellen Milieu bei Eltern und Kindern oder dem Besuch derselben Schule bei gleichaltrigen Freunden. Beim Verdacht der Wirksamkeit solcher dritten Faktoren wird üblicherweise entweder der Einfluss dieser Faktoren kontrolliert, oder es werden Faktoren in die Analyse einbezogen, welche die Einflussprozesse genauer beschreiben. Letztgenannte Vorgehensweise wird hier gewählt, es wird für eine Reihe von innerfamilialen oder innerfreundschaftlichen Bedingungen geprüft, ob sie die Höhe der Übereinstimmungen beeinflussen.

Eine weitere Schwierigkeit für die Interpretation besteht darin, dass selbst wenn eine Übereinstimmung überzufällig hoch ist und durch bestimmte innerfamiliale oder innerfreundschaftliche Bedingungen moderiert wird, unklar ist, in welche Richtung der Einfluss verläuft. Beeinflussen die Eltern ihre Kinder oder die Kinder ihre Eltern, oder beeinflussen sich Eltern und Kinder gegenseitig? Diese Fragen können grundsätzlich nicht auf der Grundlage von Querschnittdaten geklärt werden. Mit unserer Untersuchung liegen jedoch Längsschnittdaten vor, die es ermöglichen, sich einer Antwort auf diese Fragen anzunähern.

Bei Freundschaftsbeziehungen kommt noch eine zusätzliche Schwierigkeit für die Interpretation der Übereinstimmung als Einfluss hinzu. Im Gegensatz zu den Eltern-Kind-Beziehungen bilden die Freundschaftsbeziehungen selbst gewählte Beziehungen. So kann es sein, dass ähnliche politische Einstellungen unter Freunden nicht erst im Laufe der Beziehung hergestellt werden, sondern schon von vornherein ein Auswahlkriterium für Freunde bilden. Diesem Einwand kann nur argumentativ begegnet werden: Wenn Politik für die Jugendlichen einen so hohen Stellenwert einnimmt, dass politische Einstellungen zum Auswahlkriterium für Freunde werden, dann ist die Annahme plausibel, dass sich die Freunde auch im Laufe ihrer Beziehung über politische Themen auseinandersetzen und sich dadurch gegenseitig beeinflussen.

Entgegen der These jugendlicher Rebellion fanden sich in allen Untersuchungen zur politischen Sozialisation von Jugendlichen seit den Studentenunruhen in den 60er Jahren positive Zusammenhänge zwischen den Einstellungen von Jugendlichen und ihren Eltern (Jennings & Niemi, 1968; Connell, 1972; Oswald & Völker, 1973; Tedin, 1974; Jennings & Niemi, 1974; Jennings et al., 1979; Allerbeck et al., 1979). Auch zwischen den Einstellungen von Jugendlichen und Gleichaltrigen wurden zum Teil positive Zusammenhänge gefunden, diese fielen aber in der Regel niedriger aus als die zwischen Jugendlichen und ihren Eltern (Oswald & Völker, 1973; Sebert et al., 1974; Tedin, 1980; Campbell, 1980). Stärkere Zusammenhänge ergaben sich durchweg für konkrete, leicht wahrnehmbare politische Einstellungen, schwächer fielen die Zusammenhänge bei abstrakteren, schwerer wahrnehmbaren politischen Orientierungen aus (Jennings & Niemi, 1968; Tedin, 1974; Dalton, 1980). Außerdem variierten die Zusammenhänge mit der Aktualität und der jeweiligen Relevanz des Themas für Eltern und Jugendliche. Beispielsweise fanden Sebert et al. (1974) bei der Parteiidentifikation und beim (hypothetischen) Wahlverhalten höhere Übereinstimmungen zwischen Jugendlichen und Eltern als zwischen Jugendlichen und Freunden. Bei der politischen Effektivität war die Übereinstimmung zwischen Jugendlichen und Eltern etwa gleich hoch wie die zwischen Jugendlichen und Freunden und beim politischen Vertrauen und vor allem bei der Frage der Herabsetzung des Wahlalters fielen die Übereinstimmungen zwischen Jugendlichen und Eltern niedriger aus als die zwischen Jugendlichen und Freunden. Das letztgenannte Thema war für die Jugendlichen besonders relevant, da es sie unmittelbar betraf. Ähnliche Befunde zeichneten sich bei Tedin (1980) und bei Campbell (1980) ab. Oswald und Völker (1973) fanden für die Parteineigung, für Einstellungen zum Nationalsozialismus und für eine Reihe von Einstellungen zu damals aktuellen tagespolitischen Themen (Anerkennung der DDR, Einstellung zum Vietnamkrieg, zu den Notstandsgesetzen und zur Frage, ob die Kritik von Schriftstellern an den Zuständen in der BRD dem Ansehen der BRD schadet) signifikante Zusammenhänge zwischen Jugendlichen und Eltern, aber keine zwischen Jugendlichen und Gleichaltrigen. Lediglich beim politischen Interesse zeigte sich eine überzufällig hohe Übereinstimmung zwischen Jugendlichen und Gleichaltrigen. Bei der politischen Meinungsbildung orientierten sich die Jugendlichen also eher an den Eltern. Bei der Frage, ob man sich für Politik interessieren sollte oder nicht, dienten dagegen eher die Gleichaltrigen als Richtschnur. Darüber hinaus erwiesen sich Jugendliche, die häufiger mit Gleichaltrigen zusammen waren, als politisch interessierter.

Für eine Reihe von die Beziehung kennzeichnenden Bedingungen liegen Befunde bezüglich ihres Einflusses auf die Übereinstimmungen zwischen Jugendlichen und Eltern beziehungsweise zwischen Jugendlichen und Freunden vor. Ein häufig untersuchter Einflussfaktor ist die Geschlechterkonstellation. Entgegen der These, dass die Väter im Vergleich zu den Müttern in Sachen Politik innerhalb der Familie die wichtigeren Identifikationsfiguren bilden, zeigte sich bei Jennings und Langton (1969) ein stärkerer Zusammenhang in der Parteiidentifikation zwischen Jugendlichen und Müttern im Vergleich zu Jugendlichen und Vätern, wenn die Eltern untereinander nicht übereinstimmten. Ähnliches zeichnete sich für eine Reihe weiterer politischer Einstellungen ab (Jennings & Niemi, 1974: Kapitel 6). Darüber hinaus lagen die gleichgeschlechtlichen Übereinstimmungen zwischen Jugendlichen und Eltern höher als die gegengeschlechtlichen, wobei die Übereinstimmungen zwischen weiblichen Jugendlichen und Müttern noch über denjenigen zwischen männlichen Jugendlichen und Vätern lagen. Den Grund für die größere Anziehungskraft der Mütter sahen die Autoren in der emotionalen Qualität der Beziehung. Unter der Bedingung, dass der Vater und die Mutter gleich wichtige Bezugspersonen für die Jugendlichen waren, fand sich das klassische Muster, wonach sich die Jugendlichen in Sachen Politik stärker am Vater orientierten. In den meisten Fällen war jedoch die Mutter die wichtigere Bezugsperson, und unter dieser Bedingung war die Übereinstimmung mit den Müttern größer.

Weibliche Jugendliche zeigten eine stärkere Übereinstimmung sowohl mit ihren Eltern (Jennings & Niemi, 1974) als auch mit den gleichaltrigen Freunden (Sebert et al., 1974; Campbell, 1980). Dies wurde dahingehend interpretiert, dass weibliche Jugendliche aufgrund einer stärkeren Orientierung an interpersonalen Beziehungen und einer weniger starken Betonung von Autonomie im Vergleich zu männlichen Jugendlichen für den Einfluss von Eltern und Gleichaltrigen empfänglicher sind.

Einen ebenfalls häufig untersuchten Einflussfaktor bildet die Homogenität der elterlichen Einstellungen. Wenn die Eltern homogene politische Einstellungen hatten, lag die Übereinstimmung zwischen Jugendlichen und Eltern höher, als wenn sie voneinander abweichende Einstellungen hatten (Jennings & Langton, 1969; Oswald & Völker, 1973; Jennings & Niemi, 1974). Offenbar haben zwei in ihren politischen Einstellungen übereinstimmende Eltern eine stärkere Vorbildfunktion für Jugendliche als Eltern, die sich uneinheitlich präsentieren. Im Vergleich homogener Eltern mit alleinerziehenden Eltern zeigte sich ebenfalls eine höhere Übereinstimmung mit homogenen Eltern (Jennings & Niemi, 1974: 157). Zwei in ihren politischen Einstellungen übereinstimmende Eltern bilden offenbar auch ein stärkeres Vorbild als ein alleinerziehendes Elternteil.

Eine adäquate Wahrnehmung der elterlichen Einstellungen durch die Jugendlichen erwies sich als eine wichtige Voraussetzung für deren Übernahme. Marsh (1975) konnte zeigen, dass Jugendliche in gleichem Maße mit dem übereinstimmten, was sie für die jeweilige Parteiidentifikation ihrer Mütter und ihrer Väter hielten. Tatsächlich aber war die Übereinstimmung mit ihren Müttern höher, weil die Wahrnehmung der mütterlichen Parteiidentifikation häufiger der Realität entsprach.

Häufigere Gespräche über Politik und eine größere Relevanz politischer Themen dürften die adäquate Wahrnehmung der elterlichen Orientierungen erhöhen und damit zu einer höheren Übereinstimmung zwischen Jugendlichen und Eltern führen. Entgegen dieser These fanden Jennings und Niemi (1968) jedoch keinen durchgängigen Einfluss der Häufigkeit der Kommunikation über Politik auf die Höhe der Übereinstimmung zwischen Jugendlichen und Eltern. Tedin (1974) konnte zeigen, dass sowohl die Wichtigkeit eines politischen Themas als auch die adäquate Wahrnehmung der elterlichen Einstellungen einen Einfluss auf die Höhe der Übereinstimmung zwischen Jugendlichen und Eltern hat. Beide Einflussfaktoren konnten außerdem die Unterschiede in der Höhe der Übereinstimmungen zwischen Jugendlichen und Eltern im Vergleich zu Jugendlichen und Freunden erklären (Tedin, 1980). Bei Themen, die den Eltern wichtiger waren als den Freunden (Parteiidentifikation, Rassenintegration, Chinapolitik), stimmte die Wahrnehmung der elterlichen Einstellungen häufiger mit der Realität überein als die Wahrnehmung der Einstellungen der Freunde. Genau bei diesen Themen war dann die Übereinstimmung zwischen Jugendlichen und Eltern höher als die zwischen Jugendlichen und Freunden. Nur bei einem Thema, welches den Freunden wichtiger war als den Eltern (Marihuanagesetzgebung), stimmte die Wahrnehmung der Einstellungen der Freunde häufiger mit der Realität überein, und dies führte bei diesem Thema zu einer höheren Übereinstimmung zwischen Jugendlichen und Freunden.

Das politische Interesse der Eltern und der Freunde sowie das der Jugendlichen selbst dürften ebenfalls die Höhe der Übereinstimmungen beeinflussen. Zum einen kann politisches Interesse als grobe Messung der Relevanz von politischen Themen gelten. Zum anderen ist anzunehmen, dass bei starkem politischen Interesse häufiger über politische Themen kommuniziert wird, was wiederum zu einer adäquateren Wahrnehmung der Einstellungen von Eltern und Freunden führen könnte. Tatsächlich zeigte sich in der Untersuchung von Oswald und Völker (1973) eine höhere Übereinstimmung zwischen Jugendlichen und Vätern, wenn die Väter politisch interessierter waren.

Bei Jennings und Niemi (1968) führte eine stärkere Politisierung des Elternhauses lediglich bei der Parteiidentifikation und dem politischen Vertrauen zu etwas höheren Übereinstimmungen zwischen Jugendlichen und Eltern (vgl. auch Jennings & Niemi, 1974: 48). Campbell (1980) konnte zeigen, dass die Übereinstimmung unter Gleichaltrigen zum einen davon abhing, wie wichtig Politik für die Gleichaltrigengruppe war, und zum anderen, wie stark interessiert die Jugendlichen selbst jeweils waren. Bei schwachem und bei starkem politischen Interesse der Jugendlichen war die Übereinstimmung unter Gleichaltrigen höher als bei mittlerem politischen Interesse. Schwach politisch interessierte Jugendliche tendierten offenbar zu einer unreflektierten Übernahme der politischen Ansichten der Gleichaltrigen, während mittel politisch interessierte Jugendliche zusätzlich andere Quellen zu Rate zogen. Stark politisch interessierte Jugendliche wiederum nutzten die Gleichaltrigengruppe aktiv für politische Diskussionen und erzielten dadurch häufiger Übereinstimmung mit den Gleichaltrigen.

Etwas unbefriedigend fielen die Ergebnisse zum Einfluss der emotionalen Qualität der Beziehung auf die Höhe der Übereinstimmungen zwischen Jugendlichen und Eltern sowie zwischen Jugendlichen und Freunden aus. Jennings und Niemi (1968) konnten keinen Einfluss der emotionalen Nähe zu den Eltern auf die Höhe der Übereinstimmung zwischen Jugendlichen und Eltern nachweisen. Konsistente Muster ergaben sich aber hinsichtlich der Autoritätsstruktur. Für Jugendliche, die durchschnittliche Freiheiten genossen, zeigten sich etwas höhere Übereinstimmungen mit den Eltern als für Jugendliche, die eher sich selbst überlassen waren oder stärkerer Kontrolle durch die Eltern unterlagen. Eine größere Zufriedenheit mit den Machtverhältnissen in der Familie ging ebenfalls mit etwas höheren Übereinstimmungen zwischen Jugendlichen und Eltern einher. Campbell (1980) fand keine Hinweise dafür, dass die Übereinstimmung zwischen Jugendlichen und Gleichaltrigen höher ist, wenn den Jugendlichen die Freunde wichtiger sind. Bei Tedin (1980) dagegen zeigte sich, dass Jugendliche, die sich mit wichtigen Fragen eher an ihre Freunde als an ihre Eltern wenden würden (peerorientierte Jugendliche), im Vergleich zu den anderen Jugendlichen stärker mit Gleichaltrigen übereinstimmten. Allerdings handelte es sich bei dieser Gruppe Jugendlicher nur um eine kleine Minderheit. Die Mehrheit der Jugendlichen war entweder elternorientiert oder gab an, dass sie sich mit wichtigen Fragen gleichermaßen an Eltern und an Freunde wenden würden.

Insgesamt scheint ein Einfluss von Gleichaltrigen auf politische Einstellungen von Jugendlichen vorzuliegen, der auch bei Kontrolle des Elterneinflusses nicht verschwindet, und zwar vor allem dann nicht, wenn das Thema für die Jugendlichen eine gewisse Relevanz besitzt (Campbell, 1980). Ob das Wahlverhalten bei der Bundestagswahl 1998 ein solch relevantes Thema für die Jugendlichen bildete, wird sich im Folgenden zeigen.

Im ersten Unterabschnitt wird untersucht, ob sich signifikante Übereinstimmungen im Wahlverhalten zwischen Jugendlichen und Eltern ergeben und ob diese mit dem Geschlecht der Eltern oder mit dem Geschlecht der Jugendlichen variieren. Anschließend wird geprüft, ob die Homogenität des elterlichen Wahlverhaltens eine Rolle spielt. Um die Frage nach der Interpretierbarkeit der Übereinstimmungen als Einflussprozesse beantworten zu können, wird für eine Reihe von kognitiven und emotionalen Faktoren überprüft, ob sie die Höhe der Übereinstimmungen beeinflussen, darunter das Wissen um die Parteisympathie der Eltern, die Häufigkeit der Kommunikation über Politik mit den Eltern, das politische Interesse von Jugendlichen und Eltern, die Wichtigkeit der Eltern als Bezugspersonen und der familiale Zusammenhalt. Die Frage nach der Einflussrichtung, das heißt ob die Eltern das Wahlverhalten der Jugendlichen oder die Jugendlichen das Wahlverhalten der Eltern beeinflussen, wird anhand sogenannter Kreuzpfadmodelle im Längsschnitt bearbeitet.

Im zweiten Unterabschnitt wird geprüft, ob sich signifikante Übereinstimmungen im Wahlverhalten zwischen Jugendlichen und Freunden ergeben, und ob diese mit dem Geschlecht der Jugendlichen und dem der Freunde variieren. Außerdem wird auch hier für eine Reihe von Faktoren überprüft, ob sie einen Einfluss auf die Höhe der Übereinstimmung zwischen Jugendlichen und Freunden haben. Unter die kognitiven Faktoren fallen die Häufigkeit der Kommunikation über Politik mit Freunden sowie das politische Interesse der Jugendlichen und das der Freunde. Zu den emotionalen Faktoren gehören die Wichtigkeit der Freunde und die Qualität der Freundschaftsbeziehung.

Im dritten Unterabschnitt wird schließlich die Übereinstimmung zwischen Jugendlichen und Eltern mit der Übereinstimmung zwischen Jugendlichen und Freunden verglichen.

6.2 Einfluss der Eltern

Den Analysen dieses Abschnitts liegt der Triadendatensatz der vierten Welle zugrunde. Zwei Prozent der Jugendlichen, 5 Prozent der Mütter und 4 Prozent der Väter machten keine Angaben zu ihrem Wahlverhalten. Bei 317 Triaden kann das Wahlverhalten von Jugendlichen, Müttern und Vätern miteinander in Beziehung gesetzt werden.

Der Einfluss von Eltern und Gleichaltrigen 157

Generationenunterschiede

Tabelle 6.1: Verteilung des Wahlverhaltens von Jugendlichen, Müttern und Vätern (in %)

	SPD	CDU	PDS	B90/ Grüne	DVU/ NPD/ Rep's	FDP	sonstige Partei	nicht gewählt
Jugendliche	40	17	16	11	7	4	1	4
Mütter	42	19	26	7	0	3	1	2
Väter	46	18	21	6	3	3	1	3

Tabelle 6.1 zeigt die Verteilung des Wahlverhaltens von Jugendlichen, Müttern und Vätern im Vergleich. Die PDS wurde signifikant häufiger von den Eltern gewählt, Bündnis 90/Die Grünen und rechtsradikale Parteien wurden dagegen signifikant häufiger von den Jugendlichen gewählt.[39] Für die SPD, die CDU, die FDP, die sonstigen Parteien und fürs Nichtwählen ergaben sich keine signifikanten Unterschiede zwischen den Jugendlichen und den Eltern.

Parteienvererbung

Erhöht die Wahl einer bestimmten Partei durch die Eltern die Wahrscheinlichkeit, dass die Jugendlichen dieselbe Partei wählten? Um diese Frage zu beantworten, wurden für jede Partei zwei logistische Regressionen berechnet, eine für den Einfluss des Wahlverhaltens der Mütter und eine für den Einfluss des Wahlverhaltens der Väter auf das Wahlverhalten der Jugendlichen. Tabelle 6.2 dokumentiert die Effektkoeffizienten.

Tabelle 6.2: Logistische Regressionen, Einfluss des Wahlverhaltens der Eltern auf das Wahlverhalten der Jugendlichen, getrennte Modelle für Mütter und Väter (exp(B))

Einfluss der jeweiligen Parteiwahl ...	SPD	CDU	PDS	B90/ Grüne	DVU/ NPD/ Rep's	FDP	nicht gewählt
der Mütter	4.01***	6.93***	10.43***	4.45**	--	16.01***	28.30***
der Väter	3.27***	10.03***	10.87***	3.45*	--	34.40***	16.01***

*** $p < .001$; ** $p < .01$; * $p < .05$; $^+p < .10$; -- nicht signifikant.

---

39 Für die Signifikanzprüfung wurde für jede Partei sowie fürs Nichtwählen ein Allgemeines Lineares Modell mit Messwiederholung auf dem Faktor „Person" berechnet. Der Faktor „Person" hatte die drei Abstufungen „Jugendliche", „Mütter" und „Väter". Es wurden Kontraste spezifiziert, die jeweils den Anteil der Mütter und der Väter gegen den Anteil der Jugendlichen testeten.

Die Koeffizienten geben an, um welchen Faktor das Verhältnis von „Partei gewählt" zu „Partei nicht gewählt" unter den Jugendlichen höher liegt, wenn die Eltern die entsprechende Partei ebenfalls gewählt haben. Beispielsweise gibt der Wert für die Mütter bei der SPD-Wahl an, dass das Verhältnis von SPD-Wählern zu Nicht-SPD-Wählern unter den Jugendlichen um den Faktor 4.01 höher liegt, wenn die Mutter die SPD gewählt hat, im Vergleich zu der Gruppe Jugendlicher, in der die Mutter die SPD nicht gewählt hat.[40] Für alle Parteien sowie fürs Nichtwählen ergab sich ein positiver Einfluss des Wahlverhaltens der Eltern, und zwar beider Elternteile, auf das entsprechende Wahlverhalten der Jugendlichen. Einzige Ausnahme bilden die rechtsradikalen Parteien, hier ergab sich kein signifikanter Einfluss der Eltern.

Modell väterlicher Dominanz

Gemäß dem in der politischen Sozialisationsforschung häufig unterstellten Modell der väterlichen Dominanz wäre zu erwarten, dass der Einfluss der Väter auf das Wahlverhalten der Jugendlichen stärker ist als der Einfluss der Mütter. Um diese These zu prüfen, wurde für jede Partei eine logistische Regression berechnet, die im Unterschied zu den vorangegangenen Modellen jeweils beide Elternteile gemeinsam im Modell berücksichtigte. Die gemeinsame Berücksichtigung beider Elternteile bewirkt, dass der Einfluss des einen Elternteils für den Einfluss des anderen Elternteils kontrolliert wird. Die Ergebnisse sind in Tabelle 6.3 dargestellt.

Tabelle 6.3: Logistische Regressionen, Einfluss des Wahlverhaltens der Eltern auf das Wahlverhalten der Jugendlichen, Mütter und Väter gemeinsam im Modell (exp(B))

Einfluss der jeweiligen Parteiwahl ...	SPD	CDU	PDS	B90/ Grüne	DVU/ NPD/ Rep's	FDP	nicht gewählt
der Mütter	3.07***	2.19+	5.74***	3.63*	--	--	--
der Väter	2.31**	6.09***	5.66***	--	--	20.61**	--

*** $p < .001$; ** $p < .01$; * $p < .05$; + $p < .10$; -- nicht signifikant.

Es zeigt sich, dass bei der SPD der Einfluss der Väter etwas schwächer war als derjenige der Mütter. Bei der CDU ergab sich lediglich ein Einfluss der Väter, die Mütter hatten nur tendenziell einen von den Vätern unabhängigen Einfluss auf die CDU-Wahl der Jugendlichen. Bei der PDS hatten sowohl die

---

40 Koeffizienten mit Werten größer 1.0 indizieren einen positiven und Koeffizienten mit Werten kleiner 1.0 einen negativen Einfluss des Wahlverhaltens der Eltern auf das entsprechende Wahlverhalten der Jugendlichen.

Mütter als auch die Väter jeweils einen voneinander unabhängigen Einfluss in fast gleicher Stärke. Bei Bündnis 90/Die Grünen hatten nur die Mütter einen signifikanten von den Vätern unabhängigen Einfluss. Bei den rechtsradikalen Parteien ergaben sich keine signifikanten Einflüsse. Bei der FDP hatten nur die Väter einen signifikanten von den Müttern unabhängigen Einfluss. Für das Nichtwählen ergaben sich keine signifikanten Einflüsse. Festzuhalten bleibt also, dass es von der Partei abhing, ob die Mütter oder die Väter den stärkeren Einfluss auf das Wahlverhalten der Jugendlichen hatten.

Aber können wir die These der väterlichen Dominanz im Einfluss auf das Wahlverhalten der Jugendlichen insgesamt bestätigen oder zurückweisen? Um diese Frage zu beantworten, wurden zwei Indikatorvariablen gebildet, eine für die Übereinstimmung mit den Müttern und eine für die Übereinstimmung mit den Vätern, die jeweils die Werte (0) „keine Übereinstimmung" und (1) „Übereinstimmung" hatten. Beide Variablen wiesen einen Anteil von 49 Prozent Übereinstimmung aus. Die Übereinstimmung der Jugendlichen mit den Müttern lag somit genau gleich hoch wie die Übereinstimmung der Jugendlichen mit den Vätern. Die These der väterlichen Dominanz muss vor diesem Hintergrund zurückgewiesen werden.

Gleichgeschlechtliche Identifikation

Gleichgeschlechtliche Identifikationsprozesse innerhalb der Familie fänden ihren Ausdruck in einer höheren Übereinstimmung zwischen weiblichen Jugendlichen und ihren Müttern sowie zwischen männlichen Jugendlichen und ihren Vätern. Eine Überprüfung der These gleichgeschlechtlicher Identifikationsprozesse auf der Ebene der einzelnen Parteien erscheint aufgrund zu niedriger Fallzahlen nicht sinnvoll, so dass sich die folgende Darstellung nur auf das Insgesamt an Übereinstimmung bezieht.

Aufgeschlüsselt nach dem Geschlecht der Jugendlichen und dem der Eltern lag die Übereinstimmung zwischen den weiblichen Jugendlichen und ihren Müttern bei 50 Prozent, die zwischen den männlichen Jugendlichen und ihren Müttern nur knapp darunter bei 47 Prozent. Die Übereinstimmung zwischen den männlichen Jugendlichen und ihren Vätern lag ebenfalls bei 47 Prozent, und die zwischen den weiblichen Jugendlichen und ihren Vätern etwas darüber bei 50 Prozent. Die Übereinstimmung der Jugendlichen mit dem jeweils gleichgeschlechtlichen Elternteil lag somit nicht höher als die Übereinstimmung der Jugendlichen mit dem jeweils gegengeschlechtlichen Elternteil. Die These gleichgeschlechtlicher Identifikationsprozesse muss von daher zurückgewiesen werden.

In den eingangs beschriebenen Untersuchungen fand sich bei den weiblichen Jugendlichen ein stärkerer Einfluss der Eltern als bei den männlichen Jugendlichen. In unseren Daten zeigte sich zwar eine leichte Tendenz zu einer höheren Übereinstimmung von weiblichen Jugendlichen mit beiden Elternteilen im Vergleich zu den männlichen Jugendlichen, eine Überprüfung der Geschlechtsunterschiede auf Signifikanz erbrachte aber keine positiven Ergebnisse.[41]

Homogenität der Eltern

Wenn Eltern in ihren politischen Orientierungen nicht übereinstimmen, sind Jugendliche gezwungen sich zu entscheiden, welchem der beiden Elternteile sie folgen, oder aber sich unabhängig von den Eltern eine eigene Meinung zu bilden. Die hieraus ableitbare These lautet, dass Jugendliche in ihrem Wahlverhalten häufiger mit ihren Eltern übereinstimmen, wenn die Eltern ihrerseits ein übereinstimmendes Wahlverhalten zeigen.

In unserer Untersuchung stimmten 60 Prozent der Eltern in ihrem Wahlverhalten überein. Von den Jugendlichen stimmten 36 Prozent mit beiden Eltern, 25 Prozent mit nur einem Elternteil und immerhin 39 Prozent mit keinem der beiden Elternteile überein. Tabelle 6.4 dokumentiert aufgeschlüsselt für die einzelnen Parteien den Anteil jugendlicher Wähler in Abhängigkeit davon, ob kein Elternteil, nur ein Elternteil oder beide Elternteile die jeweilige Partei gewählt hatten.

Tabelle 6.4: Parteiwahl der Jugendlichen (in % vom Elternanteil) nach Homogenität des Wahlverhaltens der Eltern

Anteil Jugendlicher, wenn...	SPD	CDU	PDS	B90/ Grüne	DVU/ NPD/ Rep's	FDP	nicht gewählt
kein Elternteil	21	10	3	9	7	2	3
ein Elternteil	42	21	34	21	20	11	0
beide Eltern	65	60	55	50	-	60	50
... die jeweilige Partei gewählt hat/haben.							

Anmerkung: Bei Bündnis 90/Die Grünen, bei den rechtsradikalen Parteien, bei der FDP und beim Nichtwählen waren die Fallzahlen bei den Eltern sehr niedrig, so dass die Anteile Jugendlicher starken Zufallsschwankungen unterliegen dürften. Das leere Feld zeigt an, dass das entsprechende Wahlverhalten bei den Eltern gar nicht vorkam.

Bei allen Parteien erhöhte sich der Anteil jugendlicher Wähler, wenn mindestens ein Elternteil die jeweilige Partei ebenfalls gewählt hat, und er erhöhte sich abermals, wenn beide Eltern die jeweilige Partei ebenfalls gewählt

---

41 Es wurden zwei logistische Regressionen berechnet, eine für den Einfluss des Geschlechts auf die Indikatorvariable der Übereinstimmung mit den Müttern und eine für den Einfluss des Geschlechts auf die Indikatorvariable der Übereinstimmung mit den Vätern. In beiden Fällen erwies sich der Einfluss des Geschlechts als nicht signifikant.

hatten. Dass beide Eltern rechtsradikale Parteien gewählt hatten, kam nicht vor. Inwieweit die Unterschiede in den Anteilen jugendlicher Wähler zwischen den drei Gruppen gegen den Zufall gesichert waren, wurde mittels logistischer Regressionen geprüft.[42] Bei der SPD, der CDU und der PDS erwiesen sich alle Unterschiede mindestens auf dem 5%-Niveau als signifikant. Bei Bündnis 90/Die Grünen war nur der Unterschied zwischen der Gruppe, in der ein Elternteil Bündnis 90/Die Grünen gewählt hatte, im Vergleich zur Gruppe, in der kein Elternteil Bündnis 90/Die Grünen gewählt hatte, signifikant. Bei der FDP war nur der Unterschied zwischen der Gruppe, in der beide Elternteile die FDP gewählt hatten, im Vergleich zur Gruppe, in der nur ein Elternteil die FDP gewählt hatte, auf dem 10%-Niveau signifikant. Bei den rechtsradikalen Parteien und beim Nichtwählen ergaben sich keine signifikanten Unterschiede. Die nicht signifikanten Unterschiede sind nicht inhaltlich interpretierbar, sondern auf die niedrigen Fallzahlen bei den Eltern zurückzuführen.

Der stärkste Effekt ergab sich bei der PDS im Vergleich der Gruppe, in der ein Elternteil die PDS gewählt hatte, zur Gruppe, in der kein Elternteil die PDS gewählt hatte ($\exp(B) = 14.84$, $p = .000$). Die PDS-Wahl der Jugendlichen hing somit sehr deutlich davon ab, ob mindestens ein Elternteil die PDS gewählt hatte. Ein ebenfalls starker Effekt ergab sich bei der CDU im Vergleich der Gruppe, in der beide Elternteile die CDU gewählt hatten, zur Gruppe, in der nur ein Elternteil die CDU gewählt hatte ($\exp(B) = 5.46$, $p = .001$). Eine übereinstimmende CDU-Wahl der Eltern führte somit zu einer deutlich höheren CDU-Wahl bei den Jugendlichen, als wenn nur ein Elternteil die CDU gewählt hatte.

Hoch signifikante Einflüsse der Homogenität des elterlichen Wahlverhaltens zeigten sich auch auf die beiden Indikatorvariablen der jeweiligen Übereinstimmung mit den Müttern und den Vätern. In beiden Fällen ergaben sich Effektkoeffizienten in Höhe von 3.33 ($p = .000$). Das Verhältnis von Übereinstimmung zu Nicht-Übereinstimmung mit den Eltern war somit in der Gruppe, in der beide Eltern dieselbe Partei gewählt hatten, um den Faktor 3.33 größer als in der Gruppe, in der die Eltern nicht dieselbe Partei gewählt hatten. Die Übereinstimmung stieg jeweils von 32 Prozent, wenn die beiden Elternteile nicht homogen gewählt hatten, auf 61 Prozent, wenn beide Eltern dieselbe Partei gewählt hatten.

Insgesamt zeigte sich also in unserer Untersuchung, dass Jugendliche eher dieselbe Partei wählten wie ihre Eltern, wenn die beiden Eltern ihrerseits übereinstimmend wählten. Wählten die beiden Eltern nicht übereinstimmend,

---

42 Die logistischen Regressionen prüften den Einfluss der Homogenität der Eltern (kein Elternteil, ein Elternteil, beide Elternteile hatten die jeweilige Partei gewählt) auf die entsprechende Parteiwahl der Jugendlichen. Die Kontraste wurden so spezifiziert, dass jeweils die Kategorien „ein Elternteil" gegen „kein Elterteil" sowie „beide Elternteile" gegen „ein Elternteil" getestet wurden.

zeigte sich darüber hinaus kein Unterschied in der Höhe der Übereinstimmung zwischen den Jugendlichen und den Müttern im Vergleich zu den Jugendlichen und den Vätern.

Wissen um die Parteisympathie der Eltern

Das Wissen um die Parteisympathie der Eltern bildet eine kognitive Voraussetzung, um die parteiliche Orientierung der Eltern übernehmen zu können. Es ist von daher anzunehmen, dass die Übereinstimmung im Wahlverhalten zwischen Jugendlichen und Eltern höher ist, wenn die Jugendlichen die Parteisympathie der Eltern kennen.[43]

Zum vierten Messzeitpunkt gaben 72 Prozent der im Längsschnitt befragten Jugendlichen an, die Parteisympathie der Mutter zu kennen, und 70 Prozent meinten, die des Vaters zu kennen. Zu den drei vorangegangenen Messzeitpunkten lagen die Anteile deutlich niedriger, nur jeweils etwa die Hälfte der Jugendlichen beantwortete die beiden Fragen nach der Parteisympathie von Vater und Mutter positiv. Der Anstieg zwischen dem dritten und dem vierten Messzeitpunkt zeigt, dass die Bundestagswahl 1998 zu einem Zuwachs an Wissen um die Parteisympathie der Eltern führte.

Bei der Prüfung, ob das Wissen um die Parteisympathie der Eltern einen Einfluss auf die Übereinstimmung im Wahlverhalten zwischen den Jugendlichen und ihren Eltern hat, wurde wieder auf getrennte Analysen für die einzelnen Parteien verzichtet und nur der Einfluss des Wissens um die Parteisympathie der Eltern auf die Übereinstimmung insgesamt mit der Mutter und dem Vater berechnet. Die Übereinstimmung mit der Mutter stieg von 38 auf 51 Prozent an, wenn die Jugendlichen die Parteisympathie der Mutter kannten ($\exp(B) = 1.73$, $p = .060$). Die Übereinstimmung mit dem Vater stieg von 32 auf 55 Prozent an, wenn die Jugendlichen die Parteisympathie des Vaters kannten ($\exp(B) = 2.57$, $p = .001$). Das Wissen um die Parteisympathie der Eltern erhöhte somit deutlich die Übereinstimmung im Wahlverhalten mit den Eltern.

Häufigkeit der Kommunikation über Politik mit den Eltern

Ein weiterer in der Literatur häufig genannter kognitiver Faktor für die Übernahme elterlicher Orientierungen durch die Jugendlichen bildet die Häufigkeit von Gesprächen über Politik mit den Eltern. Es soll untersucht werden, ob die Übereinstimmung im Wahlverhalten zwischen den Jugendlichen und den

---

43 Die Jugendlichen wurden gefragt, ob sie wissen, für welche Partei ihre Mutter und ihr Vater jeweils Sympathie haben. Die Frage konnte mit (0) ‚nein' oder (1) ‚ja' beantwortet werden.

Eltern höher ist, wenn die Jugendlichen häufiger mit ihren Eltern über politische Themen kommunizieren.

Zur Überprüfung der These wurde der Einfluss der Häufigkeit der Kommunikation mit den Eltern auf die Übereinstimmung im Wahlverhalten zwischen Jugendlichen und Müttern sowie zwischen Jugendlichen und Vätern berechnet. Für die Mütter zeigte sich kein signifikanter Einfluss, für die Väter hingegen ergab sich ein signifikanter Einfluss (exp(B) = 1.30, p = .024). Die Übereinstimmung mit den Vätern lag bei 25 Prozent bei gar keiner Kommunikation über Politik, stieg auf 45 und 48 Prozent bei eher seltener beziehungsweise bei mittel häufiger Kommunikation über Politik und stieg auf 57 Prozent bei häufiger beziehungsweise sehr häufiger Kommunikation über Politik. Die Häufigkeit der Kommunikation über Politik erhöhte somit nur bei den Vätern die Übereinstimmung im Wahlverhalten.

Einfluss der Kommunikation über Politik auf das Wissen um die Parteisympathie

Es liegt die Vermutung nahe, dass je häufiger die Jugendlichen mit ihren Eltern über politische Themen kommunizieren, sie umso eher wissen, welcher Partei ihre Eltern anhängen. Dieser Frage wurde anhand von Pfadanalysen nachgegangen. Zum einen wurde geprüft, inwieweit sich die Kommunikation über Politik mit der Mutter (dem Vater) auf das Wissen um die Parteisympathie der Mutter (des Vaters) auswirkt, und zum anderen wurde getestet, ob die Kommunikation über Politik mit der Mutter (dem Vater) lediglich einen indirekten, das heißt über das Wissen um die Parteisympathie vermittelten, oder zusätzlich einen direkten Effekt auf die Übereinstimmung mit der Mutter (dem Vater) hat.

Abbildung 6.1: Einfluss der Häufigkeit der Kommunikation über Politik auf das Wissen um die Parteisympathie der Eltern und die Übereinstimmung im Wahlverhalten mit den Eltern

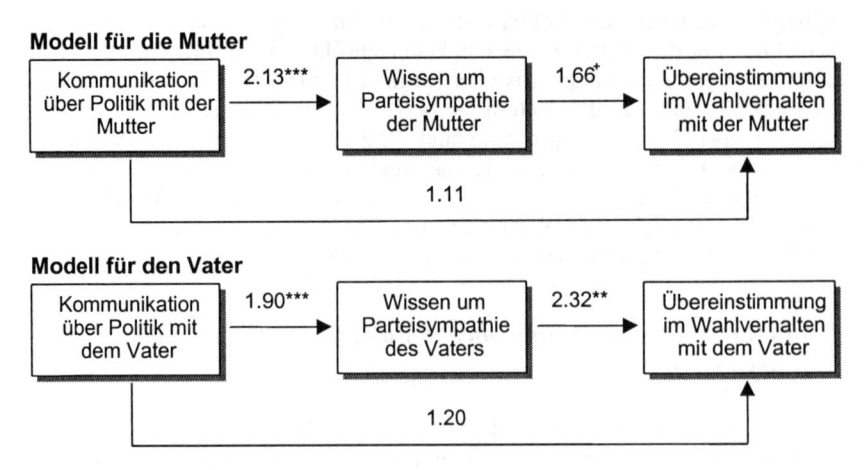

Modell für die Mutter

Kommunikation über Politik mit der Mutter —2.13***→ Wissen um Parteisympathie der Mutter —1.66⁺→ Übereinstimmung im Wahlverhalten mit der Mutter

1.11

Modell für den Vater

Kommunikation über Politik mit dem Vater —1.90***→ Wissen um Parteisympathie des Vaters —2.32**→ Übereinstimmung im Wahlverhalten mit dem Vater

1.20

Koeffizienten: exp(B); *** $p < .001$; ** $p < .01$; * $p < .01$; ⁺ $p < .10$.

Abbildung 6.1 zeigt, dass der Einfluss der Häufigkeit der Kommunikation über Politik mit der Mutter beziehungsweise dem Vater auf das Wissen um die Parteisympathie der Mutter beziehungsweise des Vaters jeweils hoch signifikant war. Das bedeutet, dass sich durch eine häufigere Kommunikation über Politik mit den Eltern das Wissen um deren Parteisympathie erhöhte. In beiden Fällen zeigte sich außerdem ein signifikanter Einfluss des Wissens um die Parteisympathie der Eltern auf die Übereinstimmung im Wahlverhalten mit den Eltern (im Modell für die Mutter nur auf dem 10%-Niveau signifikant). Die direkten Einflüsse der Kommunikation über Politik mit den Eltern auf die Übereinstimmung im Wahlverhalten mit den Eltern waren dagegen in beiden Fällen nicht signifikant. Die Ergebnisse zeigen, dass die Kommunikation über Politik mit den Eltern hauptsächlich einen indirekten, über das Wissen um die Parteisympathie der Eltern vermittelten Einfluss auf die Übereinstimmung im Wahlverhalten ausübte.

Politisches Interesse

Ein weiterer kognitiver Faktor, der sich auf die Höhe der Übereinstimmung im Wahlverhalten zwischen Jugendlichen und Eltern auswirken könnte, bildet das politische Interesse. In unserer Untersuchung wurden sowohl die Jugendlichen als auch die Eltern nach ihrem politischen Interesse gefragt.

Alle drei Variablen, das politische Interesse der Jugendlichen wie das der Mütter und der Väter, wurden als Einflussfaktoren auf die Übereinstimmung im Wahlverhalten zwischen Jugendlichen und Eltern getestet. Der Einfluss des politischen Interesses der Jugendlichen erwies sich in beiden Fällen als nicht signifikant, also weder auf die Übereinstimmung im Wahlverhalten mit den Müttern noch auf die Übereinstimmung im Wahlverhalten mit den Vätern. Das politische Interesse der Mütter hingegen zeigte einen signifikanten Einfluss auf die Übereinstimmung im Wahlverhalten zwischen den Jugendlichen und den Müttern (exp(B) = 1.37, p = .042). Das politische Interesse der Väter zeigte einen nur auf dem 10%-Niveau signifikanten Einfluss auf die Übereinstimmung im Wahlverhalten zwischen den Jugendlichen und den Vätern (exp(B) = 1.30, p = .064). Somit kann festgehalten werden, dass das politische Interesse der Jugendlichen die Übereinstimmung mit den Eltern nicht beeinflusste, das politische Interesse der Eltern aber sehr wohl. Die Übereinstimmung zwischen Jugendlichen und Eltern lag dabei umso höher, je stärker das politische Interesse der Eltern war.

Einfluss des politischen Interesses der Eltern auf die Häufigkeit der Kommunikation über Politik und das Wissen um deren Parteisympathie

Die im Vorangegangenen dargestellten Pfadmodelle lassen sich um das politische Interesse der Eltern erweitern, wobei angenommen wird, dass das politische Interesse der Mütter (der Väter) die Häufigkeit der Kommunikation über Politik mit den Müttern (den Vätern) erhöht. Geprüft wird, ob sich das politische Interesse der Eltern nur vermittelt über die Häufigkeit der Kommunikation über Politik auf das Wissen um deren Parteisympathie auswirkt, oder ob sich zusätzlich direkte Einflüsse ergeben. Außerdem wird geprüft, ob das politische Interesse der Eltern unter Kontrolle der Kommunikation über Politik mit den Eltern und dem Wissen um deren Parteisympathie weiterhin einen signifikanten Einfluss auf die Übereinstimmung im Wahlverhalten zeigt, oder ob dieser Einfluss über die Kommunikation über Politik mit den Eltern und über das Wissen um deren Parteisympathie vermittelt ist.

Abbildung 6.2: Einfluss des politischen Interesses der Eltern auf die Häufigkeit der Kommunikation über Politik und auf das Wissen um die Parteisympathie der Eltern

Modell für die Mutter

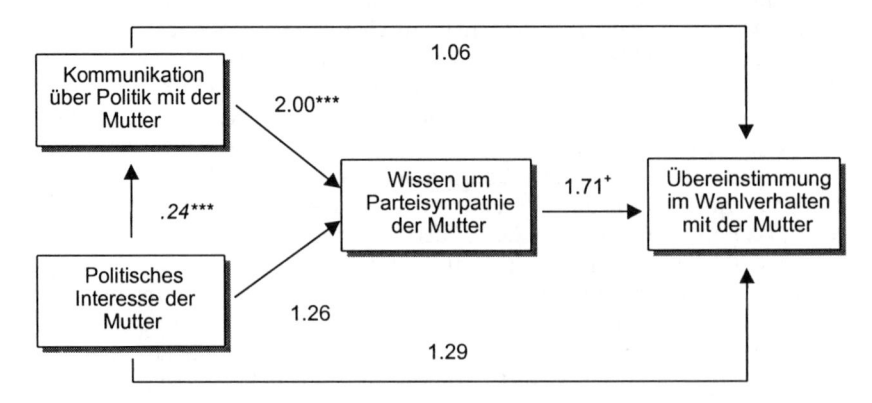

```
                                    1.06
  ┌──────────────┐   2.00***    ┌──────────────┐   1.71⁺   ┌──────────────┐
  │ Kommunikation│─────────────▶│  Wissen um   │──────────▶│Übereinstimmung│
  │über Politik mit der│         │Parteisympathie│          │im Wahlverhalten│
  │    Mutter    │              │  der Mutter  │           │ mit der Mutter│
  └──────────────┘              └──────────────┘           └──────────────┘
         ▲                             ▲                          ▲
       .24***                          │                          │
         │                             │                          │
  ┌──────────────┐     1.26            │                          │
  │  Politisches │─────────────────────┘                          │
  │ Interesse der│                                                │
  │    Mutter    │────────────────────────1.29────────────────────┘
  └──────────────┘
```

Modell für den Vater

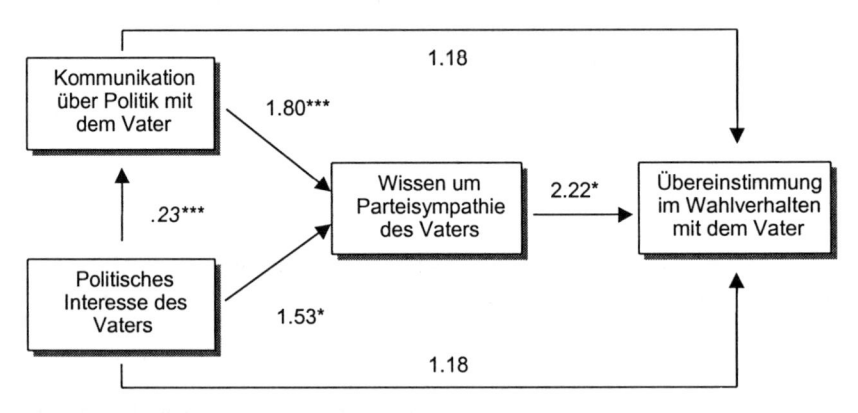

```
                                    1.18
  ┌──────────────┐   1.80***    ┌──────────────┐   2.22*   ┌──────────────┐
  │ Kommunikation│─────────────▶│  Wissen um   │──────────▶│Übereinstimmung│
  │über Politik mit│             │Parteisympathie│          │im Wahlverhalten│
  │  dem Vater   │              │  des Vaters  │           │ mit dem Vater │
  └──────────────┘              └──────────────┘           └──────────────┘
         ▲                             ▲                          ▲
       .23***                          │                          │
         │                             │                          │
  ┌──────────────┐     1.53*           │                          │
  │  Politisches │─────────────────────┘                          │
  │ Interesse des│                                                │
  │    Vaters    │────────────────────────1.18────────────────────┘
  └──────────────┘
```

Kursiv gesetzte Koeffizienten stellen Beta-Gewichte linearer Regressionen dar, alle anderen exp(B) logistischer Regressionen: *** $p < .001$; ** $p < .01$; * $p < .01$; ⁺ $p < .10$.

Abbildung 6.2 zeigt, dass das politische Interesse der Eltern die von den Jugendlichen berichtete Häufigkeit der Kommunikation über Politik mit den Eltern erhöhte, und zwar sowohl bei den Müttern als auch bei den Vätern. Bei den Müttern wirkte sich das politische Interesse nicht zusätzlich zur Häufigkeit der Kommunikation über Politik auf das Wissen um deren Parteisympathie aus. Bei den Vätern hingegen zeigten beide Variablen, die Häufigkeit der Kommunikation über Politik und das politische Interesse, einen signifikanten

Einfluss auf das Wissen um die Parteisympathie. Weder bei den Müttern noch bei den Vätern zeigte das politische Interesse einen direkten Einfluss auf die Übereinstimmung im Wahlverhalten, aber der Einfluss des Wissens um die Parteisympathie blieb jeweils signifikant. Somit wirkte sich bei den Müttern und den Vätern das politische Interesse nur indirekt, über die Häufigkeit der Kommunikation über Politik sowie über das Wissen um die Parteisympathie vermittelt auf die Übereinstimmung im Wahlverhalten aus.

Emotionale Qualität der Beziehung

In Bezug auf die emotionale Qualität der Beziehung wird angenommen, dass die Jugendlichen eher die Orientierungen der Eltern übernehmen, wenn diese ihnen nahe stehen. Anhand von logistischen Regressionen wurde überprüft, ob die Wichtigkeit der Mütter und Väter[44] einen Einfluss auf die Übereinstimmung im Wahlverhalten zwischen Jugendlichen und Eltern hat. Es ergaben sich keine signifikanten Effekte.

Ein ähnliches Maß wie die Wichtigkeit von Müttern und Vätern bildet die Skala zum Zusammenhalt in der Familie.[45] Die logistischen Regressionen ergaben keinen signifikanten Einfluss des familialen Zusammenhalts auf die Übereinstimmung mit den Müttern, aber einen signifikanten Einfluss auf die Übereinstimmung mit den Vätern (exp(B) = 1.81, p = .01). Die Übereinstimmung zwischen den Jugendlichen und ihren Vätern stieg von 41 Prozent bei weniger starkem Zusammenhalt auf 56 Prozent bei starkem Zusammenhalt in der Familie. Ein starker Zusammenhalt in der Familie erhöhte somit die Übereinstimmung im Wahlverhalten zwischen den Jugendlichen und den Vätern.

Kausale Modelle im Längsschnitt

In diesem Abschnitt soll der Frage nachgegangen werden, ob die Eltern das Wahlverhalten der Jugendlichen oder die Jugendlichen das Wahlverhalten der Eltern beeinflussen. Die Anlage der Untersuchung als Längsschnitt erlaubt es, sogenannte Kreuzpfadmodelle zu berechnen. Diese bestehen aus zwei simul-

---

44 Die Jugendlichen wurden gefragt, wie wichtig die Mutter beziehungsweise der Vater zur Zeit für ihr Leben seien. Die Antworten konnten anhand von Fünf-Punkt-Skalen abgestuft werden. Da die Antworten sehr schief verteilt waren, wurden die Variablen für die Analysen dichotomisiert.
45 Diese wurde additiv aus drei Items gebildet, von denen jedes einzeln anhand einer Fünf-Punkt-Skala bewertet werden sollte. Die Items lauteten: „Was auch passiert, meine Familie hält zusammen", „In unserer Familie kann man sich aufeinander verlassen" und „Wenn es mal echt schwierig werden sollte, würden wir uns zu Hause bestimmt beistehen". Da die Antworten sehr schief verteilt waren, wurde die Skala dichotomisiert.

tan berechneten Regressionsanalysen, die jeweils das Wahlverhalten der Jugendlichen und das eines Elternteils zum vierten Messzeitpunkt als abhängige Variable modellieren. Als unabhängige Variablen wurden die Antworten auf die Sonntagsfrage von Jugendlichen und Eltern zum dritten Messzeitpunkt herangezogen. Einerseits wird überprüft, ob das Wahlverhalten der Eltern zum dritten Messzeitpunkt (Sonntagsfrage) das tatsächliche Wahlverhalten der Jugendlichen zum vierten Messzeitpunkt vorhersagt, wenn für die Stabilität im Wahlverhalten der Jugendlichen sowie für den querschnittlichen Zusammenhang zum vierten Messzeitpunkt kontrolliert wird. Und andererseits wird geprüft, ob das Wahlverhalten der Jugendlichen zum dritten Messzeitpunkt (Sonntagsfrage) das Wahlverhalten der Eltern zum vierten Messzeitpunkt vorhersagt, wenn für die Stabilität im Wahlverhalten der Eltern und für den querschnittlichen Zusammenhang zum vierten Messzeitpunkt kontrolliert wird.[46]

Zusätzlich zu den Analysen, die nur die letzten beiden Messzeitpunkte einbeziehen, wurden Analysen über den ersten und den vierten Messzeitpunkt berechnet. Für die Analysen im Längsschnitt mussten sowohl die Jugendlichen als auch die Mütter beziehungsweise die Väter an beiden Erhebungswellen an der Untersuchung teilgenommen haben. Für die Analysen vom dritten auf den vierten Messzeitpunkt standen 237 Mutter-Kind-Dyaden und 240 Vater-Kind-Dyaden zur Verfügung. Für die Analysen vom ersten auf den vierten Messzeitpunkt standen 253 Mutter-Kind-Dyaden und 243 Vater-Kind-Dyaden zur Verfügung.

---

46 Die Kreuzpfadmodelle wurden mit Hilfe eines Statistikprogramms (LEM) berechnet, das für die Analyse von kategorialen Daten entwickelt wurde (Vermunt, 1997). Das Testen von Modellen erfolgt auf ähnliche Weise, wie in den bekannteren Programmen zur Berechnung von Strukturgleichungsmodellen für kontinuierliche Daten (z.B. LISREL oder AMOS). Ein theoretisch postuliertes Modell wird an die Daten „angepasst", das heißt es wird überprüft, ob es die Daten hinreichend gut erklärt. Weichen die durch das Modell geschätzten Werte (im Falle unserer Modelle handelt es sich um Zellhäufigkeiten) stark von den beobachteten Werten ab, ergibt sich ein signifikanter L^2-Wert („likelihood-ratio chi-squared statistic") und das Modell muss verworfen werden. Ziel ist es, ein möglichst sparsames Modell zu entwickeln, das die Daten aber noch hinreichend gut erklärt. Auf der einen Seite kann ein schlecht passendes Modell durch das Zulassen weiterer Erklärungsterme verbessert werden, auf der anderen Seite kann ein gut passendes Modell durch das Entfernen nicht notwendiger Terme sparsamer gestaltet werden. Im Folgenden wurde zunächst immer das Kreuzpfadmodell angepasst, welches dann als Ausgangsmodell entweder für das Zulassen weiterer notwendiger Terme oder das Weglassen nicht signifikanter Terme diente. Dokumentiert sind jeweils nur die Endmodelle.

Wahl der SPD

Abbildung 6.3: Kreuzpfadmodelle (3. und 4. Messzeitpunkt) für die Wahl der SPD

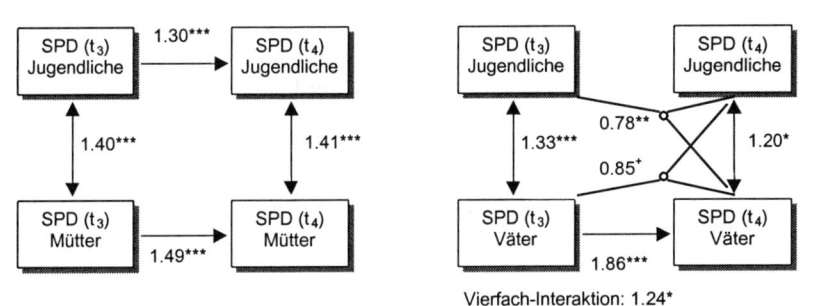

```
SPD (t3)     1.30***    SPD (t4)              SPD (t3)                        SPD (t4)
Jugendliche ─────────▶  Jugendliche           Jugendliche                     Jugendliche
    ▲                       ▲                     ▲        0.78**  ○              ▲
    │ 1.40***               │ 1.41***             │ 1.33***                       │ 1.20*
    │                       │                     │            0.85⁺  ○           │
    ▼                       ▼                     ▼                               ▼
SPD (t3)                SPD (t4)              SPD (t3)                        SPD (t4)
Mütter       1.49***    Mütter                Väter                           Väter
            ─────────▶                                    1.86***  ─────────▶
```

Vierfach-Interaktion: 1.24*

Abbildung 6.3 zeigt, dass sich im Modell für die Mütter ($L^2 = 4.24$, df = 7, p = .75) sowohl zum dritten als auch zum vierten Messzeitpunkt signifikante querschnittliche Zusammenhänge in der SPD-Wahl zwischen Jugendlichen und Müttern ergaben. Außerdem zeigten sich sowohl bei den Jugendlichen als auch bei den Müttern signifikante Stabilitäten in der SPD-Wahl über die zwei Messzeitpunkte hinweg. Es konnte jedoch weder ein kausal interpretierbarer Einfluss der Mütter auf die SPD-Wahl der Jugendlichen noch umgekehrt ein Einfluss der Jugendlichen auf die SPD-Wahl der Mütter im Längsschnitt nachgewiesen werden.

Bei den Vätern erklärte das Kreuzpfadmodell die Daten nicht hinreichend gut ($L^2 = 19.40$, df = 5, p = .002), so dass weitere Erklärungsterme zugelassen werden mussten (Abbildung 6.3). Dabei erwies sich unter anderem die Vierfach-Interaktion als signifikant.[47] Inhaltlich bedeutete die Vierfach-Interaktion, dass es überzufällig häufig stabile SPD-Wähler unter den Jugendlichen gab, wenn die Väter ebenfalls stabile SPD-Wähler waren. Zudem ergaben sich zu beiden Messzeitpunkten signifikante querschnittliche Zusammenhänge zwischen der SPD-Wahl der Jugendlichen und der SPD-Wahl der Väter sowie eine signifikante Stabilität in der SPD-Wahl bei den Vätern. Zusätzlich waren die in der Abbildung dargestellten Dreifach-Interaktionen signifikant, auf deren Interpretation hier aber nicht weiter eingegangen werden soll. Ein kausal interpretierbarer Einfluss der Väter auf die SPD-Wahl der Jugendlichen oder ein Einfluss der Jugendlichen auf die SPD-Wahl der Väter im Längsschnitt konnte nicht nachgewiesen werden.

---

47 Das Modell, das die Vierfach-Interaktion enthält, entspricht dem saturierten Modell, welches alle möglichen Erklärungsterme enthält. In diesem Fall stimmen die durch das Modell geschätzten Werte vollständig mit den beobachteten Werten überein. Ein Test der Güte des Modells ist dann nicht mehr möglich, da keine Freiheitsgrade mehr zur Verfügung stehen.

In den Längsschnittanalysen vom ersten auf den vierten Messzeitpunkt (ohne Abbildung) zeigten sich sowohl bei den Jugendlichen als auch bei den Eltern signifikante Stabilitäten in der SPD-Wahl. Außerdem waren die querschnittlichen Zusammenhänge zwischen den Jugendlichen und den Eltern sowohl zum ersten als auch zum vierten Messzeitpunkt signifikant. Kausal interpretierbare Einflüsse von den Jugendlichen auf die SPD-Wahl der Eltern oder von den Eltern auf die SPD-Wahl der Jugendlichen im Längsschnitt konnten jedoch ebenfalls nicht nachgewiesen werden.

Wahl der CDU

Abbildung 6.4: Kreuzpfadmodelle (3. und 4. Messzeitpunkt) für die Wahl der CDU

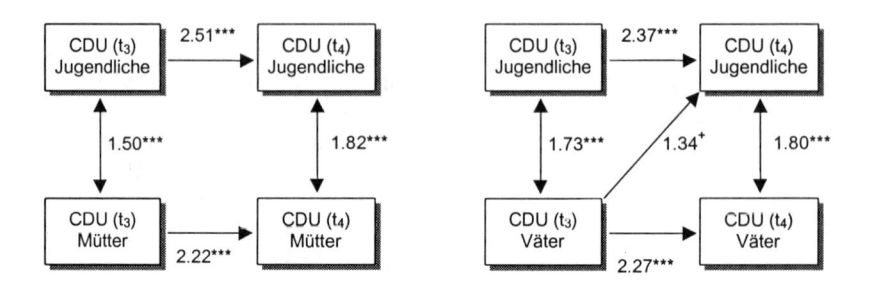

Abbildung 6.4 zeigt, dass sich im Modell für die Mütter ($L^2 = 9.96$, df = 7, p = .19) sowohl zum dritten als auch zum vierten Messzeitpunkt signifikante querschnittliche Zusammenhänge in der CDU-Wahl zwischen den Jugendlichen und den Müttern ergaben. Außerdem zeigten sich sowohl bei den Jugendlichen als auch bei den Müttern signifikante Stabilitäten über die beiden Messzeitpunkte hinweg. Ein kausal interpretierbarer Einfluss der Mütter auf die CDU-Wahl der Jugendlichen oder der Jugendlichen auf die CDU-Wahl der Mütter im Längsschnitt konnte jedoch nicht nachgewiesen werden.

Im Modell für die Väter (Abbildung 6.4, $L^2 = 7.76$, df = 6, p = .26) zeigten sich ebenfalls sowohl zum dritten als auch zum vierten Messzeitpunkt signifikante querschnittliche Zusammenhänge zwischen der CDU-Wahl der Jugendlichen und der CDU-Wahl der Väter. Außerdem ergaben sich sowohl bei den Jugendlichen als auch bei den Vätern signifikante Stabilitäten in der CDU-Wahl. Darüber hinaus erwies sich der kausal interpretierbare Einfluss der Väter auf die CDU-Wahl der Jugendlichen im Längsschnitt auf dem 10%-Niveau als signifikant. Ein kausal interpretierbarer Einfluss von den Jugendlichen auf die CDU-Wahl der Väter konnte dagegen nicht nachgewiesen werden.

In den Analysen vom ersten auf den vierten Messzeitpunkt (ohne Abbildung) zeigten sich sowohl bei den Jugendlichen als auch bei den Eltern signifikante Stabilitäten in der CDU-Wahl. Außerdem waren die querschnittlichen Zusammenhänge zwischen den Jugendlichen und den Eltern sowohl zum ersten als auch zum vierten Messzeitpunkt signifikant. Zudem zeigte sich ein kausal interpretierbarer Einfluss im Längsschnitt von den Jugendlichen auf die CDU-Wahl der Mütter.

Wahl der PDS

Abbildung 6.5: Kreuzpfadmodelle (3. und 4. Messzeitpunkt) für die Wahl der PDS

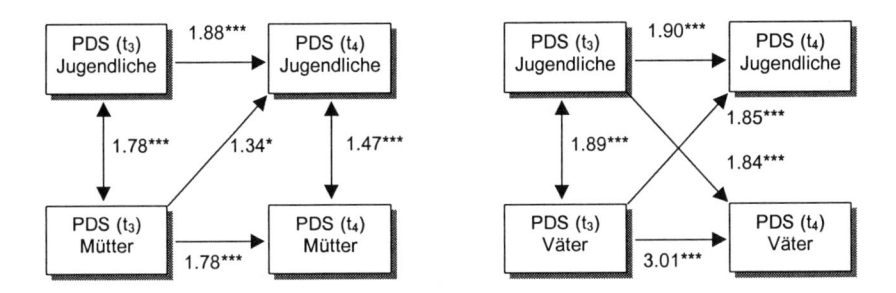

```
PDS (t₃)        1.88***       PDS (t₄)              PDS (t₃)        1.90***       PDS (t₄)
Jugendliche ─────────────► Jugendliche         Jugendliche ─────────────► Jugendliche
     ▲     ╲         ╱          ▲                    ▲     ╲         ╱          ▲
     │      ╲       ╱           │                    │      ╲       ╱           1.85***
   1.78*** 1.34*  1.47***                          1.89***                     
     │      ╱       ╲            │                   │      ╱       ╲           1.84***
     │     ╱         ╲           │                   │     ╱         ╲          │
PDS (t₃)        1.78***      PDS (t₄)             PDS (t₃)        3.01***     PDS (t₄)
Mütter    ─────────────►    Mütter               Väter    ─────────────►     Väter
```

Abbildung 6.5 zeigt, dass sich im Modell für die Mütter ($L^2 = 3.34$, df = 6, p = .77) sowohl zum dritten als auch zum vierten Messzeitpunkt signifikante querschnittliche Zusammenhänge in der PDS-Wahl zwischen Jugendlichen und Müttern ergaben. Außerdem zeigen sich sowohl bei den Jugendlichen als auch bei den Müttern signifikante Stabilitäten in der PDS-Wahl über die beiden Messzeitpunkte hinweg. Zusätzlich erwies sich der kausal interpretierbare Einfluss im Längsschnitt von den Müttern auf die PDS-Wahl der Jugendlichen als signifikant. Ein kausal interpretierbarer Einfluss von den Jugendlichen auf die PDS-Wahl der Mütter konnte dagegen nicht nachgewiesen werden.

Im Modell für die Väter (Abbildung 6.5, $L^2 = 7.23$, df = 6, p = .30) zeigte sich nur zum dritten Messzeitpunkt ein signifikanter querschnittlicher Zusammenhang in der PDS-Wahl zwischen Jugendlichen und Vätern. Außerdem ergaben sich sowohl bei den Jugendlichen als auch bei den Vätern signifikante Stabilitäten in der PDS-Wahl. Darüber hinaus war sowohl der kausal interpretierbare Einfluss von den Vätern auf die PDS-Wahl der Jugendlichen als auch der kausal interpretierbare Einfluss von den Jugendlichen auf die PDS-Wahl der Väter signifikant.

In den Analysen vom ersten auf den vierten Messzeitpunkt (ohne Abbildung), zeigten sich sowohl bei den Jugendlichen als auch bei den Eltern signifikante Stabilitäten in der PDS-Wahl. Außerdem waren die querschnittlichen Zusammenhänge zwischen der PDS-Wahl der Jugendlichen und der PDS-Wahl der Eltern sowohl zum ersten als auch zum vierten Messzeitpunkt signifikant. Zusätzlich zeigte sich im Modell für die Mütter sowohl ein kausal interpretierbarer Einfluss von den Müttern auf die PDS-Wahl der Jugendlichen als auch ein kausal interpretierbarer Einfluss von den Jugendlichen auf die PDS-Wahl der Mütter.

Wahl von Bündnis 90/Die Grünen

Abbildung 6.6: Kreuzpfadmodelle (3. und 4. Messzeitpunkt) für die Wahl von Bündnis 90/Die Grünen

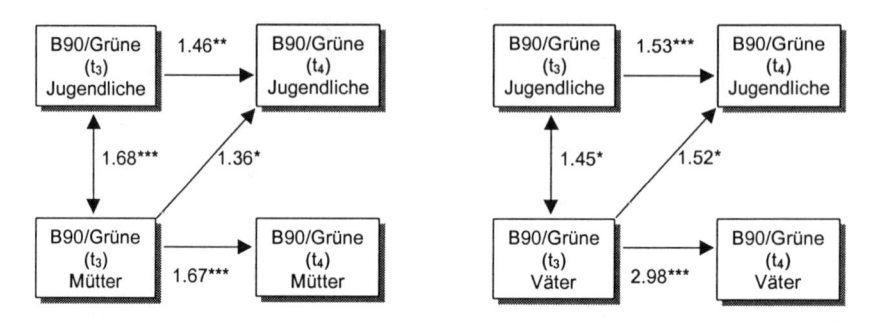

Abbildung 6.6 zeigt, dass sich im Modell für die Mütter ($L^2 = 9.56$, df = 7, p = .22) lediglich zum dritten Messzeitpunkt ein signifikanter querschnittlicher Zusammenhang in der Wahl von Bündnis 90/Die Grünen zwischen den Jugendlichen und den Müttern ergab. Der querschnittliche Zusammenhang zum vierten Messzeitpunkt erwies sich vor dem Hintergrund der Stabilitäten in der Wahl von Bündnis 90/Die Grünen bei den Jugendlichen und den Müttern sowie einem kausal interpretierbaren Einfluss der Mütter auf die Wahl von Bündnis 90/Die Grünen durch die Jugendlichen im Längsschnitt, als nicht signifikant. Ein kausal interpretierbarer Einfluss der Jugendlichen auf die Wahl von Bündnis 90/Die Grünen durch die Mütter konnte nicht nachgewiesen werden.

Auch im Modell für die Väter (Abbildung 6.6, $L^2 = 6.72$, df = 7, p = .46) ergab sich lediglich zum dritten Messzeitpunkt ein signifikanter querschnittlicher Zusammenhang in der Wahl von Bündnis 90/Die Grünen zwischen den Jugendlichen und den Vätern. Neben den signifikanten Stabilitäten in der Wahl von Bündnis 90/Die Grünen bei den Jugendlichen und bei den Vätern, ergab sich ein kausal interpretierbarer Einfluss der Väter auf die Wahl von

Bündnis 90/Die Grünen durch die Jugendlichen. Der umgekehrte Einfluss von den Jugendlichen auf die Wahl von Bündnis 90/Die Grünen durch die Väter war nicht signifikant.

Die Analyse im Längsschnitt vom ersten auf den vierten Messzeitpunkt konnte für die Mütter aufgrund zu vieler fehlender Zellen nicht durchgeführt werden. Im Modell für die Väter (ohne Abbildung) zeigten sich bei den Jugendlichen wie bei den Vätern signifikante Stabilitäten. Außerdem war der querschnittliche Zusammenhang zwischen den Jugendlichen und den Vätern zwar zum ersten, nicht aber zum vierten Messzeitpunkt signifikant. Zudem zeigte sich ein kausal interpretierbarer Einfluss von den Jugendlichen auf die Wahl von Bündnis 90/Die Grünen durch die Väter.

Wahl von rechtsradikalen Parteien

Bei den Müttern konnte kein Modell vom dritten auf den vierten Messzeitpunkt berechnet werden, da zu beiden Messzeitpunkten jeweils nur eine Mutter eine rechtsradikale Partei gewählt hatte.

Bei den Vätern (ohne Abbildung, $L^2 = 7.79$, df = 8, p = .45) erwiesen sich neben dem querschnittlichen Zusammenhang zwischen den Jugendlichen und den Vätern zum dritten Messzeitpunkt lediglich die Stabilitäten sowohl bei den Jugendlichen als auch bei den Vätern als signifikant. Ein kausal interpretierbarer Einfluss der Väter auf die Wahl von rechtsradikalen Parteien durch die Jugendlichen oder ein kausal interpretierbarer Einfluss der Jugendlichen auf die Wahl von rechtsradikalen Parteien durch die Väter im Längsschnitt konnte nicht nachgewiesen werden.

Analysen im Längsschnitt vom ersten auf den vierten Messzeitpunkt konnten aufgrund zu vieler fehlender Zellen weder für die Mütter noch für die Väter durchgeführt werden.

Wahl der FDP

Aufgrund zu vieler fehlender Zellen konnten weder Modelle über die letzten beiden Messzeitpunkte noch über den ersten und den vierten Messzeitpunkt berechnet werden.

Nichtwählen

Im Modell für die Mütter (ohne Abbildung, $L^2 = 9.48$, df = 7, p = .22) vom dritten auf den vierten Messzeitpunkt ergaben sich sowohl zum dritten als auch zum vierten Messzeitpunkt signifikante querschnittliche Zusammenhänge zwischen den Jugendlichen und den Müttern. Die Stabilitäten erwiesen sich ebenfalls bei den Jugendlichen wie bei den Müttern als signifikant. Ein kausal interpretierbarer Einfluss der Mütter auf das Nichtwählen der Jugendlichen oder ein kausal interpretierbarer Einfluss der Jugendlichen auf das Nichtwählen der Mütter im Längsschnitt konnte jedoch nicht nachgewiesen werden.

Im Modell für die Väter (ohne Abbildung, $L^2 = 7.79$, df = 8, p = .45) ergaben sich nur zum dritten Messzeitpunkt signifikante querschnittliche Zusammenhänge zwischen den Jugendlichen und den Vätern. Außerdem zeigten sich bei den Jugendlichen wie bei den Vätern signifikante Stabilitäten im Nichtwählen. Kausal interpretierbare Einflüsse der Väter auf das Nichtwählen der Jugendlichen oder der Jugendlichen auf das Nichtwählen der Väter konnten wiederum nicht nachgewiesen werden.

In den Analysen vom ersten auf den vierten Messzeitpunkt (ohne Abbildung) zeigten sich weder bei den Jugendlichen noch bei den Vätern signifikante Stabilitäten im Nichtwählen, nur bei den Müttern ergab sich eine signifikante Stabilität. Die querschnittlichen Zusammenhänge zwischen den Jugendlichen und den Müttern waren sowohl zum ersten als auch zum vierten Messzeitpunkt signifikant. Zwischen den Jugendlichen und den Vätern erwies sich nur der querschnittliche Zusammenhang zum vierten Messzeitpunkt als signifikant. Zusätzlich zeigte sich ein kausal interpretierbarer Einfluss vom Vater auf das Nichtwählen der Jugendlichen.

Zusammenfassung

Zusammenfassend kann festgehalten werden, dass sich für die CDU, die PDS, für Bündnis 90/Die Grünen und fürs Nichtwählen kausal interpretierbare Einflüsse von den Eltern auf das Wahlverhalten der Jugendlichen fanden. Umgekehrte Einflüsse von den Jugendlichen auf das Wahlverhalten der Eltern fanden sich für die CDU, die PDS und für Bündnis 90/Die Grünen. Die Einflüsse waren zum Teil nur bei den Müttern oder nur bei den Vätern vorhanden und variierten außerdem je nach den berücksichtigten Messzeitpunkten. Keine kausal interpretierbaren Einflüsse ergaben sich bei der SPD. Bei Bündnis 90/Die Grünen, der FDP und den rechtsradikalen Parteien waren zum Teil die Fallzahlen zu gering, um die Modelle berechnen zu können.

6.3 Einfluss der Freunde

Den Analysen dieses Abschnitts liegt der Dyadendatensatz der vierten Welle zugrunde. Drei Prozent der Jugendlichen und 4 Prozent der Freunde machten keine Angaben zu ihrem Wahlverhalten. Das Wahlverhalten von Jugendlichen und Freunden konnte in 722 Dyaden miteinander in Beziehung gesetzt werden.

Übereinstimmung mit Freunden

Das Wahlverhalten der Jugendlichen unterschied sich erwartungsgemäß nicht signifikant von dem ihrer Freunde.[48] Außerdem ergaben sich für alle Parteien, mit Ausnahme der FDP, signifikante positive Zusammenhänge zwischen dem Wahlverhalten der Jugendlichen und dem ihrer Freunde. Tabelle 6.5 dokumentiert die Effektkoeffizienten logistischer Regressionen, die getrennt für die einzelnen Parteien berechnet wurden.

Tabelle 6.5: Logistische Regressionen, Einfluss des Wahlverhaltens der Freunde auf das Wahlverhalten der Jugendlichen (exp(B))

Einfluss der jeweiligen Parteiwahl ...	SPD	CDU	PDS	B90/ Grüne	DVU/ NPD/ Rep's	FDP	nicht gewählt
der Freunde	1.98***	2.15***	2.90***	2.55**	18.86***	--	2.79*

*** p < .001; ** p < .01; * p < .05; ⁺p < .10; -- nicht signifikant.

Die Effektkoeffizienten zeigen an, dass jede Partei, mit Ausnahme der FDP, von den Jugendlichen häufiger gewählt wurde, wenn der Freund beziehungsweise die Freundin die jeweilige Partei ebenfalls gewählt hatte. Am stärksten fiel der Zusammenhang bei den rechtsradikalen Parteien aus.

Wie für die Übereinstimmung im Wahlverhalten zwischen Jugendlichen und Eltern wurde auch für die Übereinstimmung im Wahlverhalten zwischen Jugendlichen und Freunden eine Indikatorvariable mit den Werten (0) „keine Übereinstimmung" und (1) „Übereinstimmung" gebildet. Diese Indikatorvariable weist einen Anteil von 32 Prozent Übereinstimmung mit den Freunden aus. Im Vergleich zur Übereinstimmung mit den Müttern und den Vätern, die jeweils bei 49 Prozent lag, fiel die Übereinstimmung mit den Freunden somit deutlich niedriger aus.

Unterschiede nach Geschlecht

Vor dem Hintergrund der berichteten Forschungsergebnisse zur Rolle des Geschlechts kann angenommen werden, dass weibliche Jugendliche aufgrund einer stärkeren Orientierung an sozialen Beziehungen für den Einfluss von Freunden empfänglicher sind als männliche Jugendliche. Eine höhere Übereinstimmung in weiblichen Freundschaften im Vergleich zu männlichen Freundschaften würde diese These bestätigen. Auf der anderen Seite spielt

---

[48] Um dies zu prüfen, wurde für jede Partei und fürs Nichtwählen ein Allgemeines Lineares Modell mit Messwiederholung auf dem Faktor „Person" berechnet. Der Faktor „Person" hatte die zwei Abstufungen „Jugendliche" und „Freunde". In keinem Fall ergab sich ein signifikanter Unterschied zwischen den Jugendlichen und den Freunden.

Politik für männliche Jugendliche ein größere Rolle als für weibliche Jugendliche.[49] Ein ausgeprägteres Interesse an Politik könnte bei befreundeten männlichen Jugendlichen dazu führen, dass sie häufiger über Politik kommunizieren als befreundete weibliche Jugendliche,[50] und dies könnte wiederum eine höhere Übereinstimmungen im Wahlverhalten in männlichen Freundschaften im Vergleich zu weiblichen Freundschaften zur Folge haben.

Bei der Prüfung der beiden Thesen wurde auf Analysen auf der Ebene der einzelnen Parteien verzichtet. Eine logistische Regression für den Einfluss des Geschlechts der Jugendlichen auf die Übereinstimmung insgesamt mit den Freunden ergab keinen signifikanten Effekt. Die Übereinstimmung in männlichen Freundschaften lag mit 32 Prozent genauso hoch wie in weiblichen Freundschaften. Dieses Ergebnis bietet also weder einen Hinweis darauf, dass sich die weiblichen Jugendlichen stärker durch ihre Freunde beeinflussen ließen, noch dass sich die befreundeten männlichen Jugendlichen stärker gegenseitig beeinflussten.

Häufigkeit der Kommunikation über Politik mit Freunden

Für die Eltern wurde die These formuliert (und für Väter bestätigt), dass eine häufigere Kommunikation über Politik mit den Eltern zu einer höheren Übereinstimmung im Wahlverhalten zwischen Jugendlichen und Eltern führt. Dieselbe These kann in Bezug auf die Freunde aufgestellt werden. Mittels einer logistischen Regression wurde geprüft, ob eine häufigere Kommunikation über Politik mit den Freunden zu einer höheren Übereinstimmung im Wahlverhalten zwischen Jugendlichen und Freunden führt. Es ergab sich ein schwach signifikanter positiver Einfluss (exp(B) = 1.19, p = .078). Die Übereinstimmung im Wahlverhalten zwischen Jugendlichen und Freunden stieg von 31 Prozent, wenn eher selten oder mittel häufig mit Freunden über Politik kommuniziert wurde, auf 34 Prozent, wenn häufiger über Politik kommuniziert wurde, und erreichte 57 Prozent, wenn sehr häufig über Politik kommuniziert wurde.

Politisches Interesse

Vor dem Hintergrund der eingangs formulierten These zum Einfluss des politischen Interesses von Jugendlichen auf die Höhe an Übereinstimmungen mit

---

49 Beispielsweise lag das politische Interesse bei den männlichen Jugendlichen mit einem Mittelwert von 3.57 (SD = 0.89) signifikant höher als bei den weiblichen Jugendlichen (M = 3.12, SD = 0.69).
50 Die männlichen Jugendlichen kommunizierten tatsächlich signifikant häufiger mit Freunden (M = 3.08, SD = 0.79) als die weiblichen Jugendlichen (M = 2.74, SD = 0.69).

Der Einfluss von Eltern und Gleichaltrigen 177

Eltern und Gleichaltrigen wurde zunächst die These überprüft, ob die Übereinstimmung im Wahlverhalten zwischen Jugendlichen und Freunden mit zunehmendem politischen Interesse der Jugendlichen linear anstieg. Ein solch linearer Einfluss des politischen Interesses der Jugendlichen auf die Übereinstimmung im Wahlverhalten mit den Freunden konnte jedoch nicht nachgewiesen werden.

Anschließend wurde entsprechend der Befunde von Campbell (1980) geprüft, ob sich bei schwachem und bei starkem politischen Interesse der Jugendlichen eine stärkere Übereinstimmung mit den Freunden zeigte als bei mittlerem politischen Interesse. Tendenziell war dies der Fall, bei schwachem politischen Interesse stimmten die Jugendlichen zu 36 Prozent mit ihren Freunden überein, bei mittlerem politischen Interesse nur zu 29 Prozent und bei starkem politischen Interesse zu 37 Prozent. Signifikant war jedoch lediglich der Unterschied zwischen den Jugendlichen mit starkem politischen Interesse und den Jugendlichen mit mittlerem politischen Interesse (exp(B) = 1.44, p = .04).[51] Politisch stark interessierte Jugendliche erzielten demnach eine höhere Übereinstimmung mit den gleichaltrigen Freunden als politisch mittel interessierte Jugendliche.

Emotionale Qualität der Beziehung

Für den Einfluss der emotionalen Qualität der Beziehung kann ebenfalls die allgemeine These formuliert werden, dass je wichtiger eine Bezugsperson für die Jugendlichen ist, die Übereinstimmung mit der entsprechenden Bezugsperson umso höher ist. Eine logistische Regression, die den Einfluss der Wichtigkeit von Freunden[52] auf die Übereinstimmung im Wahlverhalten zwischen Jugendlichen und Freunden prüfte, ergab jedoch (wie bei den Eltern) keinen signifikanten Effekt.

Zusätzlich wurde geprüft, ob die Qualität der Freundschaftsbeziehung einen Einfluss auf die Übereinstimmung im Wahlverhalten hat. Die befreundeten Paare im Dyadendatensatz lassen sich hinsichtlich der Nähe ihrer Freundschaft unterscheiden. Bei 25 Prozent der Paare bezeichneten sich beide Beteiligte gegenseitig als beste/r Freund/in (Gruppe 1). Bei weiteren 22 Prozent bezeichneten die Jugendlichen die Freunde als beste/r Freund/in, ohne dass

---

51 Um den kurvilinearen Einfluss des politischen Interesses der Jugendlichen auf die Übereinstimmung im Wahlverhalten zwischen Jugendlichen und Freunden zu testen, wurde das politische Interesse trichotomisiert (schwach, mittel, stark). Die Kontraste wurden so spezifiziert, dass die Kategorien „mittel" gegen „schwach" und „stark" gegen „mittel" getestet wurden.

52 Die Jugendlichen wurden gefragt, wie wichtig die beste Freundin oder der beste Freund sowie Freunde allgemein zur Zeit für ihr Leben seien. Die Antworten konnten anhand von Fünf-Punkt-Skalen abgestuft werden. Da die Antworten sehr schief verteilt waren, wurden die Variablen dichotomisiert.

eine reziproke Nennung vorlag (Gruppe 2). Bei den restlichen 53 Prozent der Paare handelt es sich lediglich um befreundete Mitschüler (Gruppe 3). Die These lautet, dass Jugendliche, die sich gegenseitig als beste Freunde bezeichnen, eher dasselbe Wahlverhalten zeigen als befreundete Mitschüler.

Tatsächlich lag die Übereinstimmung in der Gruppe, in der sich die Jugendlichen gegenseitig als beste Freunde bezeichneten (Gruppe 1) bei 42 Prozent. In der Gruppe, in der die Jugendlichen die Freunde nur einseitig als beste Freunde bezeichneten (Gruppe 2), lag die Übereinstimmung nur bei 26 Prozent und in der Gruppe ohne eine Benennung von besten Freunden (Gruppe 3) lag sie bei 30 Prozent. Signifikant waren die Unterschiede zwischen Gruppe 2 und Gruppe 1 (exp(B) = 0.51, p = .004) sowie zwischen Gruppe 3 und Gruppe 1 (exp(B) = 0.61, p = .008). Die Qualität der Freundschaftsbeziehung hatte somit einen Einfluss auf die Höhe der Übereinstimmung im Wahlverhalten zwischen Jugendlichen und Freunden. Die Übereinstimmung lag deutlich höher, wenn sich die Jugendlichen gegenseitig als beste Freunde bezeichneten.

6.4 Die Übereinstimmung mit Eltern und Freunden im Vergleich

Im Vorangegangenen hatte sich gezeigt, dass die Übereinstimmung im Wahlverhalten zwischen den Jugendlichen und den Müttern mit 49 Prozent gleich hoch lag wie die Übereinstimmung im Wahlverhalten zwischen den Jugendlichen und den Vätern. Niedriger lag mit 32 Prozent die Übereinstimmung im Wahlverhalten zwischen den Jugendlichen und den Freunden. Da die genannten Zahlen auf der Grundlage unterschiedlicher Datensätze[53] berechnet wurden, ist es problematisch, sie miteinander zu vergleichen. Deshalb soll in diesem Abschnitt die Übereinstimmung zwischen Jugendlichen und Eltern sowie zwischen Jugendlichen und Freunden noch einmal auf der Grundlage eines Datensatzes berechnet werden, der jeweils die Angaben von Jugendlichen, von beiden Elternteilen und von Freunden enthält (Tetradendatensatz der 4. Welle). Der Tetradendatensatz umfasst 201 Tetraden, aufgrund fehlender Angaben zum Wahlverhalten standen aber nur 178 Tetraden für die Analysen zur Verfügung.

In diesem Tetradendatensatz lag die Übereinstimmung zwischen Jugendlichen und Müttern bei 52 Prozent, die zwischen Jugendlichen und Vätern bei 53 Prozent und die zwischen Jugendlichen und Freunden bei 33 Prozent. Alle drei Übereinstimmungen lagen somit nahe an denjenigen, die mit dem Tria-

---

53 Im ersten Fall lag der Eltern-Kind-Triadendatensatz zugrunde und im zweiten Fall der Jugendliche-Freunde-Dyadendatensatz.

Der Einfluss von Eltern und Gleichaltrigen 179

den- und dem Dyadendatensatz ermittelt wurden. Die Übereinstimmung zwischen Jugendlichen und Müttern war wiederum etwa gleich hoch wie die Übereinstimmung zwischen Jugendlichen und Vätern, und die Übereinstimmung zwischen Jugendlichen und Freunden erwies sich abermals als niedriger als die Übereinstimmung zwischen Jugendlichen und Eltern. Betrachtet man allerdings die Freunde getrennt nach der Qualität der Freundschaftsbeziehung, so zeigt sich in der Gruppe der sich gegenseitig als beste Freunde bezeichnenden Jugendlichen eine Übereinstimmung in Höhe von 46 Prozent. Dieser Anteil liegt fast so hoch wie der Anteil der Übereinstimmung zwischen Jugendlichen und Eltern. In den beiden anderen Gruppen lagen die Anteile der Übereinstimmung mit den Freunden dagegen nur bei 22 Prozent (beste Freunde einseitig benannt) und bei 30 Prozent (befreundete Mitschüler).

6.5 Zusammenfassung und Diskussion

Zunächst kann festgehalten werden, dass die PDS häufiger von den Eltern, Bündnis 90/Die Grünen und rechtsradikale Parteien dagegen häufiger von den Jugendlichen gewählt wurden. Zwar ergaben sich für die beiden großen Parteien SPD und CDU keine Generationenunterschiede, dennoch bestätigt sich der Trend, wonach Jungwähler häufiger kleinere Parteien wählen, hier Bündnis 90/Die Grünen und rechtsradikale Parteien. Dass die Elterngeneration häufiger die PDS gewählt hat, widerspricht diesem Trend nicht, denn die PDS kann in Brandenburg von ihrem Stimmenanteil her zu den großen Volksparteien gezählt werden.

Neben den signifikanten Unterschieden in der Häufigkeit der Wahl von bestimmten Parteien zwischen Jugendlichen und Eltern zeigten sich auf der innerfamilialen Ebene überzufällige Übereinstimmungen im Wahlverhalten von Jugendlichen und Eltern. Bei allen Parteien, mit Ausnahme der rechtsradikalen, lag der Anteil jugendlicher Wähler jeweils höher, wenn die Mutter oder der Vater die entsprechende Partei ebenfalls gewählt hatten. Darüber hinaus erhöhte sich die Übereinstimmung zwischen Jugendlichen und Eltern bei homogenem Wahlverhalten der Eltern, und zwar sowohl insgesamt als auch auf der Ebene der einzelnen Parteien. Bei Bündnis 90/Die Grünen, den rechtsradikalen Parteien und beim Nichtwählen waren die entsprechenden Effekte aufgrund der niedrigen Fallzahlen bei den Eltern allerdings nicht signifikant. Insgesamt bestätigte sich hier die These, wonach die Eltern Vorbild für das Wahlverhalten der Jugendlichen sind, und sie sind es umso mehr, je homogener sie sich in ihrem Wahlverhalten präsentieren.

In diesem Zusammenhang wurden zwei weitere Fragen untersucht. Ist es, wie häufig unterstellt wurde, der Vater, der in Sachen Politik für männliche wie für weibliche Jugendliche die stärkere Vorbildfunktion innehat, oder identifizieren sich die weiblichen Jugendlichen stärker mit der Mutter und die männlichen Jugendlichen stärker mit dem Vater? Weder für die Gültigkeit der einen noch für die Gültigkeit der anderen These fanden sich Hinweise. Die Übereinstimmung der Jugendlichen mit den Müttern war genau gleich hoch wie die Übereinstimmung der Jugendlichen mit den Vätern. Darüber hinaus unterschied sich die Übereinstimmung der weiblichen Jugendlichen mit den Müttern kaum von der Übereinstimmung der männlichen Jugendlichen mit den Müttern, und die Übereinstimmung der männlichen Jugendlichen mit den Vätern lag ebenfalls fast auf gleicher Höhe wie die Übereinstimmung der weiblichen Jugendlichen mit den Vätern.

Ein wichtiger Punkt der Untersuchung betraf die Frage, ob die Übereinstimmungen im Wahlverhalten zwischen den Jugendlichen und den Eltern als Einflussprozesse interpretiert werden können. Diese Frage kann insofern positiv beantwortet werden, als sich bestimmte innerfamiliale Bedingungen als signifikante Moderatoren der Übereinstimmung zwischen Jugendlichen und Eltern erwiesen. Den wichtigsten Moderator bildete das Wissen um die Parteisympathie der Eltern. Zwar ergab sich auch ohne dieses Wissen eine Übereinstimmung in Höhe von 38 Prozent mit den Müttern und von 31 Prozent mit den Vätern, mit dem Wissen stieg die Übereinstimmung mit beiden Elternteilen jedoch auf über 50 Prozent an. Wäre die Übereinstimmung im Wahlverhalten allein außerfamilialen Bedingungen geschuldet, dann dürfte das Wissen der Jugendlichen um die Parteisympathie der Eltern keinen moderierenden Einfluss deren Höhe haben.

Neben dem Wissen um die Parteisympathie der Eltern spielte vor allem die Häufigkeit der Kommunikation über Politik eine Rolle. Je häufiger die Jugendlichen mit ihren Vätern über Politik kommunizierten, desto größer war die Übereinstimmung im Wahlverhalten zwischen den Jugendlichen und den Vätern, für die Mütter war dieser Effekt nicht signifikant. Die Häufigkeit der Kommunikation über Politik beeinflusste jedoch nicht nur direkt, sondern vor allem auch indirekt die Übereinstimmung zwischen Jugendlichen und Eltern. Anhand von Pfadanalysen konnte gezeigt werden, dass mit zunehmender Häufigkeit der Kommunikation über Politik das Wissen um die Parteisympathie der Eltern anstieg, und zwar bei Müttern wie bei Vätern.

Einen ganz ähnlichen Effekt wie die Häufigkeit der Kommunikation über Politik hatte das politische Interesse der Eltern. Das politische Interesse der Mütter erwies sich als signifikanter Einflussfaktor auf die Übereinstimmung zwischen den Jugendlichen und den Müttern. Das politische Interesse der Väter hatte nur einen tendenziell signifikanten Einfluss auf die Übereinstimmung zwischen den Jugendlichen und den Vätern. In den Pfadanalysen zeigte sich, dass das politische Interesse der Eltern keinen direkten Einfluss auf die Höhe der Übereinstimmung im Wahlverhalten zwischen Jugendlichen und Eltern hatte. Vielmehr führte das politische Interesse der Eltern zu einer häufigeren Kommunikation über Politik mit den Eltern und erhöhte damit indirekt (bei den Vätern zusätzlich auch direkt) das Wissen der Jugendlichen um die Parteisympathie der Eltern. Nur das Wissen um die Parteisympathie der Eltern behielt in den Pfadanalysen einen signifikanten direkten Einfluss auf die Übereinstimmung im Wahlverhalten zwischen Jugendlichen und Eltern. Das politische Interesse der Eltern erhöhte demnach nur dann die Vorbildfunktion der Eltern, wenn sich ihr politisches Interesse in verstärkter Kommunikation über Politik mit den Jugendlichen und dem daraus resultierenden größeren Wissen der Jugendlichen um die Parteisympathie der Eltern äußerte.

Im Gegensatz zum politischen Interesse der Eltern zeigte das politische Interesse der Jugendlichen keinen Einfluss auf die Übereinstimmung im Wahlverhalten zwischen Jugendlichen und Eltern. Ein stärkeres politisches Interesse der Jugendlichen führte somit weder zu einer stärkeren Orientierung der Jugendlichen an den Eltern, noch zu einer stärkeren Selbständigkeit der Jugendlichen in ihrer politischen Meinungsbildung.

Die Wichtigkeit von Vater und Mutter zeigte ebenfalls keinen Einfluss auf die Übereinstimmung zwischen Jugendlichen und Eltern, der familiale Zusammenhalt dagegen hatte einen Einfluss auf die Übereinstimmung mit den Vätern. Je stärker der Zusammenhalt in der Familie war, desto größer war die Übereinstimmung mit den Vätern. Insgesamt schien die Vorbildfunktion von Müttern weniger mit der Qualität der Beziehung zu den Jugendlichen im Zusammenhang zu stehen als mit ihrem politischen Interesse. Umgekehrt schien die Vorbildfunktion der Väter davon abhängig zu sein, wie präsent sie für die Jugendlichen innerhalb der Familie waren. Zum einen war ihr Einfluss größer, wenn der familiale Zusammenhalt stärker war, und zum anderen wirkte sich das politische Interesse der Väter bei entsprechender Kontrolle nur indirekt, über die Häufigkeit der Kommunikation über Politik mit den Jugendlichen vermittelt, auf die Übereinstimmung aus.

Die Analysen im Längsschnitt, welche der Klärung der Frage dienen sollten, inwieweit die Eltern das Wahlverhalten der Jugendlichen oder die Jugendlichen das Wahlverhalten der Eltern beeinflussten, führten einerseits zu kausal interpretierbaren Ergebnissen. Die Übereinstimmungen zwischen den Jugendlichen und ihren Eltern beruhten teilweise auf dem Einfluss der Väter und Mütter auf ihre jugendlichen Kinder und zu einem geringeren Teil auf dem Einfluss der Jugendlichen auf ihre Väter und Mütter. Diese Ergebnisse weisen darauf hin, dass es in Bezug auf das Wahlverhalten zu Wechselbeziehungen zwischen Eltern und Kindern kommt. Andererseits waren die Ergebnisse etwas unbefriedigend. Die kausal interpretierbaren Einflüsse zeigten sich nicht bei allen Parteien und manchmal nur bei den Vätern oder nur bei den Müttern. Sie variierten außerdem je nach den im Modell einbezogenen Messzeitpunkten. Diese Unterschiede in den Ergebnissen sind inhaltlich kaum interpretierbar, sie weisen vielmehr auf methodische Probleme hin. Zum einen lassen sich die niedrigen Fallzahlen ins Feld führen, die bei einigen Parteien dazu führten, dass die Modelle gar nicht berechnet werden konnten. Zum anderen lassen sich die gegenseitigen Einflussprozesse vielleicht einfach nicht innerhalb der gewählten Zeiträume für die Längsschnittanalysen von etwa einem halben Jahr zwischen den letzten beiden Messzeitpunkten und etwa zweieinhalb Jahren zwischen dem ersten und dem letzten Messzeitpunkt abbilden. Zum Teil hat die Beeinflussung durch die Eltern beziehungsweise die Übernahme der elterlichen Parteiorientierung durch die Jugendlichen schon vor dem ersten Messzeitpunkt stattgefunden. Darauf weisen die durchweg signifikanten querschnittlichen Zusammenhänge zwischen den Wahlabsichten der Jugendlichen und der Eltern, nicht nur zum dritten Messzeitpunkt, sondern auch schon zum ersten Messzeitpunkt hin. Außer beim Nichtwählen zeigten sich darüber hinaus, nicht nur zwischen den letzten beiden Messzeitpunkten, sondern auch zwischen dem ersten und dem vierten Messzeitpunkt signifikante Stabilitäten bei den Jugendlichen wie bei den Eltern. Einflüsse im Längsschnitt können nur dann nachgewiesen werden, wenn innerhalb des untersuchten Zeitraums ausreichend Veränderungen stattfinden.

In Bezug auf die Freunde kann festgehalten werden, dass sich für die Wahl aller Parteien, mit Ausnahme der FDP, signifikante Zusammenhänge zwischen den Jugendlichen und ihren Freunden ergaben. Somit kann von einer überzufälligen Übereinstimmung im Wahlverhalten von Jugendlichen und Freunden gesprochen werden. Am stärksten fiel der Zusammenhang bei den rechtsradikalen Parteien aus. Dies und der nicht vorhandene Zusammenhang mit den Eltern bestätigt die These, wonach die Wahl rechtsradikaler Parteien stärker durch Gleichaltrige beeinflusst wird und somit in erster Linie ein Jugendphänomen darstellt.

Die Stärke des Zusammenhangs unter Freunden stellte insgesamt kein geschlechtsspezifisches Phänomen dar. Die Übereinstimmung zwischen Jugendlichen und Freunden war in männlichen Freundschaften gleich hoch wie in weiblichen Freundschaften. Allerdings fiel der Zusammenhang bei den weiblichen Wählern der SPD und der rechtsradikalen Parteien schwächer aus als bei den männlichen Wählern dieser Parteien.

Die Höhe der Übereinstimmung von Jugendlichen mit Freunden hing von der Häufigkeit der Kommunikation über Politik mit Freunden ab. Wenn häufiger über Politik diskutiert wurde, war die Übereinstimmung zwischen Jugendlichen und Freunden höher als wenn seltener über Politik gesprochen wurde. Dieses Ergebnis bildet einen wichtigen Hinweis darauf, dass die überzufällig häufige Übereinstimmung im Wahlverhalten zwischen Jugendlichen und Freunden zumindest teilweise einem gegenseitigen Beeinflussungsprozess geschuldet ist.

Das politische Interesse der Jugendlichen zeigte keinen linearen Effekt auf die Übereinstimmung im Wahlverhalten zwischen Jugendlichen und Freunden, allerdings zeigte sich tendenziell ein kurvilinearer Effekt. Jugendliche mit mittlerem politischen Interesse stimmten seltener mit den Freunden überein als Jugendliche mit starkem und mit schwachem politischen Interesse. Gegen den Zufall gesichert war hier allerdings nur der Unterschied zwischen den Jugendlichen mit mittlerem und mit starkem politischen Interesse. Ein stärkeres politisches Interesse führte offenbar zu häufigeren Auseinandersetzungen über Politik mit den Freunden und dies wiederum zu einer höheren Übereinstimmung im Wahlverhalten.

Einen ebenfalls bedeutsamen Einfluss auf die Höhe der Übereinstimmung hatte die Qualität der Freundschaftsbeziehung. Freundespaare, bei denen sich beide Beteiligte gegenseitig als beste Freunde bezeichneten, wiesen eine höhere Übereinstimmung auf, als Freundespaare, die eine weniger enge Freundschaftsbeziehung führten. Die Funktion von Freundschaftsbeziehungen, Explorationskontext und gegenseitige Bestätigung zu bieten, kommt in den engen Freundschaftsbeziehungen anscheinend stärker zum Tragen.

Es gehört zu den ungeklärten Fragen der Forschung, ob die Übereinstimmung unter Freunden ein Resultat gegenseitiger Beeinflussung darstellt, oder ob ähnliche politische Anschauungen nicht schon ein Kriterium für die Auswahl von Freunden bilden. Der Nachweis, dass Einflussfaktoren wie das politische Interesse der Jugendlichen und die Häufigkeit der Kommunikation über Politik mit den Freunden die Übereinstimmung zwischen Jugendlichen und Freunden moderieren, kann jedoch als Hinweis darauf interpretiert werden, dass Beeinflussungsprozesse unter den Freunden stattfinden.

Insgesamt lag die Übereinstimmung mit den Eltern höher als die Übereinstimmung mit den Freunden, und dies, obwohl im Aggregat die Unterschiede im Wahlverhalten zwischen den Jugendlichen und Eltern größer waren als die zwischen den Jugendlichen und den Freunden. Offenbar orientierten sich die Jugendlichen in ihrem Wahlverhalten stärker an den Eltern als an ihren Freunden. Der Vergleich der Übereinstimmungen von Jugendlichen und Eltern mit der Übereinstimmung von Jugendlichen und Freunden anhand des Tetradendatensatzes enthüllte jedoch einen interessanten Aspekt. Die Übereinstimmung in engen Freundschaftsbeziehungen lag nicht nur höher als in anderen Freundschaftsbeziehungen, sie lag vielmehr fast so hoch wie die Übereinstimmung mit den Eltern. Sofern Jugendliche also beste Freunde hatten, stellten diese für das Wahlverhalten wie es scheint eine fast ebenso wichtige Bezugsgröße dar wie die Eltern. Allerdings pflegten nicht alle Jugendlichen eine solch enge Freundschaftsbeziehung. Die größere Bedeutung der Eltern als Vorbild für das Wahlverhalten der Jugendlichen insgesamt steht somit nicht in Frage.

Kapitel 7
Der Einfluss unterschiedlicher (Aus-)Bildungswege auf das Wahlverhalten von Erstwählern

Katrin Isermann und Karin Weiss

7.1 Einführung

Welche Rolle der (Aus-)Bildungsweg, insbesondere die Sozialisation in der beruflichen Ausbildung, für die Entwicklung politischer Orientierungen und Verhaltensweisen junger Menschen spielt, ist eine Frage, die die Sozialwissenschaften bereits seit längerem beschäftigt. Eine Vielzahl von empirischen Studien hat auf einen Zusammenhang zwischen der Bildung und dem Bildungsweg von Jugendlichen und ihren politischen Einstellungen und Verhaltensbereitschaften hingewiesen (z.b. Kaase, 1989; 1990; Fend, 1991; Hoffmann-Lange, 1995a; Hoffmann-Lange et al., 1996). Beispielsweise wird eine höhere Bildung mit einem höheren Politikinteresse und einer höheren politischen Partizipationsbereitschaft verbunden (z.b. Barnes et al., 1979; Hoffmann-Lange, 1995a; Bürklin & Klein, 1998). Darüber hinaus scheint eine höhere Bildung auch mit einem demokratischeren Weltbild einherzugehen (vgl. u.a. Winkler, 1996). Die Ergebnisse international vergleichender Bevölkerungsstudien (Klingemann, 1979) und Studien zu politischen Führungsgruppen (Herzog et al., 1993) weisen außerdem darauf hin, dass höher gebildete Bevölkerungsgruppen gegenüber demagogischen Einflüssen weniger empfänglich sind. Insofern scheint eine höhere Bildung nicht nur mit einem stärkeren politischen Interesse und einer höheren Partizipationsbereitschaft einherzugehen, sondern auch mit einer größeren Unterstützung des demokratischen Systems und seiner Parteien.

Bei der Frage nach der Herausbildung dieses stärkeren Politikinteresses und der höheren Partizipationsbereitschaft in Abhängigkeit vom Bildungsniveau wird vorausgesetzt, dass Jugendliche, die auf der allgemeinbildenden Schule verbleiben, anderen Sozialisationseinflüssen ausgesetzt sind und sich demzufolge auch anders entwickeln als Jugendliche, die in eine berufliche Ausbildung eintreten.[54] Dabei spielen sowohl kognitive als auch sozialstrukturelle Aspekte, die mit dem Bildungsniveau verknüpft sind, eine Rolle. Die

---

54 Allerdings bleibt dabei zunächst unklar, ob festgestellte Unterschiede zwischen Schülern und Auszubildenden Ursache oder Folge der verschiedenen Entwicklungswege sind, das heißt, ob Selektions- oder Sozialisationsprozesse in Ausbildung und auf der gymnasialen Oberstufe für die unterschiedlichen Entwicklungen ausschlaggebend sind. Wir sind dieser Frage an anderer Stelle nachgegangen (vgl. Weiss et al., 2000).

Berufsausbildung wird als Selektions-, Qualifizierungs- und Sozialisationsprozess zugleich angesehen (Heinz, 1995). Je nach theoretischer Perspektive werden unterschiedliche Aspekte der beruflichen Ausbildung für die Persönlichkeitsentwicklung betont (Häfeli et al., 1988). Sie wird zum einen als gegenüber einer Ausbildung im allgemeinbildenden Schulsystem verkürztes Jugendmoratorium angesehen, das frühzeitig einengt und mögliche Entwicklungen restriktiv beschneidet (entwicklungspsychologische Sichtweise). Zum anderen wird sie als Erziehungsmilieu, das neben den Zielen der Ausbildung auch eine Vermittlung von allgemeinen Handlungskompetenzen zur Aufgabe hat (berufspädagogische Sichtweise), begriffen. Des weiteren wird die berufliche Ausbildung als Moderator oder Medium der Persönlichkeitsentfaltung (berufspsychologische Sichtweise) betrachtet, oder auch als Entwicklungsschablone, die eine Anpassung des subjektiven Handlungsvermögens an berufliche und gesellschaftliche Strukturen zur Folge hat (sozialisationstheoretische Sichtweise). Im Kontext dieser letztgenannten Sichtweise betonen Mayer et al. (1981) die Bedeutung der beruflichen Ausbildung unter anderem für die Entwicklung der kognitiven und kommunikativen Fähigkeiten sowie der individuellen Werte- und Normensysteme.

Verschiedene theoretische Ansätze und empirische Studien befassen sich mit den Zusammenhängen zwischen der Vermittlung beruflicher Qualifikationen und der Übernahme normativer Orientierungen. Dabei steht die Frage im Vordergrund, welche spezifischen Aspekte der beruflichen Erfahrungswelt die Persönlichkeitsentwicklung beeinflussen. Beispielsweise konnten Melvin L. Kohn und seine Forschergruppe (Kohn, 1969; 1976; Kohn & Schooler, 1969; 1973) zeigen, dass zwischen positiv bewerteten Aspekten der Arbeit (z.B. Handlungsspielraum, Entscheidungsspielraum und inhaltliche Komplexität der Arbeit) und positiv bewerteten Persönlichkeitsaspekten (z.B. Kontrollüberzeugungen) systematische Zusammenhänge bestehen (Droß und Lempert, 1988). Andere Studien belegen Zusammenhänge zwischen beruflicher Sozialisation und der Werte- und Moralentwicklung (Lempert, 1986, 1987, 1993; Corsten und Lempert, 1992). So konnten beispielsweise Hoff, Lempert und Lappe (1991) zeigen, dass der Abbau objektiver Restriktionen und die Erweiterung der Chancen zur Selbstbestimmung zu Strukturveränderungen in der Persönlichkeit junger Facharbeiter führte. Weitere Indikatoren, wie beispielsweise die Wertschätzung oder Ablehnung durch bedeutsame Bezugspersonen im Betrieb sowie spezifische Konflikt- und Verantwortungsstrukturen, mit denen sich die jungen Erwachsenen im Betrieb auseinandersetzen mussten, erwiesen sich hier als bedeutsam.

Ein hohes Ausmaß an Interaktionserfordernissen im Beruf, so zeigt Kitschelt (1994), geht mit einer eher demokratischen und partizipativen gesellschaftlichen Orientierung einher, während die Tätigkeit in Berufen, die stärker mechanisiert sind und weniger Handlungsspielräume bieten, eher eine autoritär strukturierte gesellschaftliche Orientierung fördert.

Hinweise für einen Einfluss der beruflichen Sozialisation auf Jugendliche in den ersten Ausbildungs- und Arbeitsjahren, das heißt auf Jugendliche, die ihre berufliche Identität erst noch entwickeln müssen, geben die Untersuchungen von Kärtner et al. (1981), Kruse et al. (1981) und Mayer et al. (1981). Sie zeigen, dass bestimmte Aspekte der betrieblichen Ausbildung die Entwicklung der sozialen Orientierungen der Auszubildenden beeinflussen.

Von besonderer Relevanz sind die Arbeiten von Häfeli et al. (1988), die mit ihrer Studie die Übertragbarkeit der Ergebnisse von Kohn und seinen Mitarbeitern auf jugendliche Auszubildende belegen. Im Rahmen ihrer Längsschnittuntersuchung entwickelten Häfeli et al. eine Heuristik zur Beschreibung der Arbeits- und Ausbildungssituation und überprüften systematisch Zusammenhänge zwischen diesen Indikatoren und ausgewählten Merkmalen der Persönlichkeit wie beispielsweise dem Selbstkonzept, der intellektuellen Leistungsfähigkeit und der gesellschaftliche Partizipation. Häfeli et al. (1988) konnten klare Auswirkungen der Arbeits- und Ausbildungsgegebenheiten auf die Persönlichkeitsentwicklung feststellen, die auch über berufsbezogene Aspekte der Person hinaus reichten. Kraft (1986) weist auf deutliche Zusammenhänge zwischen Aspekten der Berufsausbildung und der politischen Einstellung von Lehrlingen hin, wie beispielsweise der Einschätzung der Bedeutung von politischer Beteiligung oder die Informiertheit über politische Vorgänge. Die Autoren konstatierten, dass die Berufsausbildung zu den wichtigen Determinanten des Entwicklungsgeschehens im Jugendalter gehört.

Wenngleich die Literatur kein integriertes theoretisches Modell ausweist, aus dem sich eindeutige Indikatoren der beruflichen Sozialisation ableiten ließen, die im Zusammenhang mit der Entstehung oder Entwicklung sozialer und politischer Orientierungen und Verhaltensweisen zu sehen sind, so lassen sich doch aus den insgesamt sehr unterschiedlichen Ansätzen, besonders im Hinblick auf die Erfassung der Ausbildungs- und Arbeitssituation, zusammenfassend solche Indikatoren ableiten, die sich als relevant für die Entwicklung von Orientierungen und Werthaltungen der Person erwiesen haben. Diese Indikatoren beziehen sich dabei auf drei verschiedene Aspekte der Arbeitswelt: (a) Die Einschätzung der beruflichen Zukunftschancen und die Zufriedenheit mit der beruflichen Situation, (b) die individuelle Ausbildungs- und Arbeitssituation, an die spezifischen Gegebenheiten des Ausbildungsbetriebes geknüpft, und (c) auf berufsspezifische Fragen.

Ziel dieses Kapitels ist die Klärung der Frage, ob und wie sich die unterschiedlichen (Aus-)Bildungswege der hier befragten Jugendlichen auf ihre Wahlbereitschaft und ihr Wahlverhalten auswirken. Dabei beschäftigen wir uns zunächst mit der Frage, inwieweit es Zusammenhänge zwischen unterschiedlichen (aus-)bildungsbezogenen Sozialisationskontexten und Wahlverhalten gibt und ob sich die befragten Jugendlichen in den verschiedenen (Aus-)Bildungskontexten in ihrem Wahlverhalten unterschiedlich entwickeln. In einem zweiten Schritt werden wir dann der Frage nachgehen, welche spezifischen Aspekte des beruflichen Erfahrungskontextes hinsichtlich der Entwicklung des Wahlverhaltens sozialisatorisch wirksam sind, auch wenn sich aus der vorliegenden Literatur keine konkreten Hypothesen ableiten lassen. Im Rahmen eines eher explorativen Vorgehens wollen wir also prüfen, ob sich das Wahlverhalten junger Männer und Frauen in verschiedenen (Aus-)Bildungswegen unterscheidet und welche spezifischen sozialisatorischen Bedingungen in Ausbildung und Berufstätigkeit die Wahl einer bestimmten Partei vorhersagen.

7.2 Die Entwicklung des Wahlverhaltes von Erstwählern aus unterschiedlichen (Aus-)Bildungswegen

Die folgenden Analysen wurden mit dem Längsschnittdatensatz der Jugendlichen 1. - 4. Welle (N = 795) durchgeführt (vgl. Kapitel 2). Zum vierten Messzeitpunkt im Herbst 1998 befanden sich die Jugendlichen dieses Datensatzes in drei unterschiedlichen (Aus-)Bildungsgängen. Neben den Gymnasiasten (N = 558), die alle bereits zum ersten Messzeitpunkt ein Gymnasium besuchten, gibt es die Oberschüler (N = 89), die zum vierten Messzeitpunkt die Oberstufe einer Gesamtschule oder Fachoberschule besuchten oder nach dem ersten Messzeitpunkt von der Gesamtschule an ein Gymnasium gewechselt haben, und zwar größtenteils (97%) bereits zum zweiten Messzeitpunkt. Die dritte Gruppe bilden jene Jugendlichen, die ebenfalls zum ersten Messzeitpunkt eine Gesamt- oder Realschule besuchten, aber zum vierten Messzeitpunkt die allgemeinbildende Schule verlassen haben (N = 148), sie werden im Folgenden die Gruppe der Schulabgänger genannt. Diese Jugendlichen haben die Schule überwiegend bereits zum zweiten Messzeitpunkt (86%; 91% zum dritten Messzeitpunkt) verlassen und befinden sich zu 86 Prozent in einer Berufsausbildung. Die übrigen Jugendlichen dieser Gruppe arbeiten (8%), befinden sich in einer berufsvorbereitenden Maßnahme oder in einem Praktikum (1%) oder sind ohne Beschäftigung (3%).

Die Unterscheidung nach drei Gruppen ermöglicht differenzierte Analysen: Zum einen können die Schulabgänger, das heißt ehemalige Gesamt- und Realschüler, die bis zum vierten Messzeitpunkt die allgemeinbildende Schule verlassen hatten um eine Berufsausbildung oder Erwerbstätigkeit aufzunehmen, mit den Oberschülern, die bis zum Abschluss der 10. Klasse dieselbe Schullaufbahn durchschritten hatten wie die Schulabgänger, zum vierten Messzeitpunkt aber das Abitur anstrebten, verglichen werden. Zum anderen können die Oberschüler, die in der 10. Klasse eine Gesamt- oder Realschule besuchten, mit den Gymnasiasten, die sich schon in der 10. Klasse an einem

Gymnasium befanden, verglichen werden. Bei beiden Gruppen handelt es sich zum vierten Messzeitpunkt um Abiturienten.

In den folgenden Abschnitten soll aufgezeigt werden, ob und wie sich die befragten Jugendlichen der verschiedenen (Aus-)Bildungswege in ihrem Wahlverhalten unterscheiden. Zunächst wurden mittels univariater Varianzanalysen zu den Messzeitpunkten 1 und 4 die Effekte des Bildungsweges auf das Wahlverhalten der Jugendlichen geprüft, um die Frage zu klären, inwieweit sich die drei unterschiedlichen (Aus-)Bildungsweggruppen bereits zum ersten Messzeitpunkt hinsichtlich ihrer Wahlbeteiligung und der Parteipräferenz signifikant voneinander unterschieden und inwieweit sich später, zum vierten Messzeitpunkt, signifikante Unterschiede ergaben. Anschließend wurde geprüft, inwieweit sich für die drei (Aus-)Bildungsweggruppen signifikante Unterschiede in der Entwicklung des Wahlverhaltens über alle vier Messzeitpunkte hinweg ergaben (Haupteffekte des Faktors (Aus-)Bildungsweg) und insbesondere, ob und wo sich signifikante Interaktionseffekte zwischen den Faktoren Messzeitpunkte und (Aus-)Bildungsweg zeigten. Signifikant unterschiedliche Entwicklungen für die drei Ausbildungsweggruppen weisen auf unterschiedliche Sozialisationsprozesse in den verschiedenen Bildungskontexten hin. Die Analysen wurden mittels Allgemeiner Linearer Modelle berechnet, die auf der abhängigen Seite jeweils messwiederholt die Wahlbereitschaft und die Parteipräferenzen zu allen vier Messzeitpunkten enthielten und auf der unabhängigen Seite den Faktor (Aus-)Bildungsweg. Es wurden Kontraste berechnet, die den Vergleich der drei Gruppen miteinander erlauben. Im Anhang befinden sich zusätzlich durchgeführte Analysen zum Entwicklungsverlauf der Wahlbereitschaft und der Parteipräferenzen innerhalb jeder der drei Bildungsweggruppen.

Die Wahlbeteiligung

Während sich die drei (Aus-)Bildungsgruppen zum ersten Messzeitpunkt in der Bereitschaft, sich an einer Bundestagswahl zu beteiligen, nicht signifikant voneinander unterschieden, ergab sich zum vierten Messzeitpunkt ein signifikanter Effekt des (Aus-)Bildungsweges ($F(2,791) = 13.10$, $p < .001$) auf die tatsächliche Wahlbeteiligung. Die Wahlbeteiligung der Schulabgänger lag zum vierten Messzeitpunkt mit 82 Prozent signifikant niedriger als die der anderen beiden Gruppen mit jeweils 94 Prozent (vgl. Abbildung 7.1).

Das Gesamtmodell über alle vier Messzeitpunkte hinweg wies ebenfalls einen signifikanten Haupteffekt des Bildungsweges aus (vgl. Tabelle 7.1). Im Mittel erwies sich der Unterschied zwischen den Gymnasiasten und den Schulabgängern als signifikant. Außerdem zeigte sich eine signifikante Interaktion zwischen dem Faktor Messzeitpunkte und dem Faktor (Aus-)Bildungsweg, die Entwicklung der Wahlbereitschaft über die Messzeitpunkte hinweg vollzog sich demnach in Abhängigkeit vom (Aus-)Bildungsweg der befragten Jugendlichen.

Abbildung 7.1: Entwicklungsverlauf der Wahlbereitschaft bzw. der tatsächlichen Wahlbeteiligung nach (Aus-)Bildungsweg (N = 768)

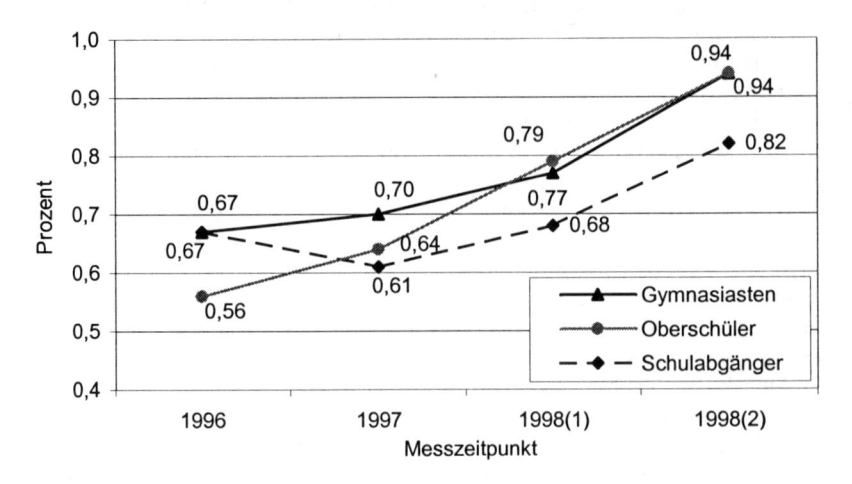

Tabelle 7.1: Ergebnisse des Allgemeinen Linearen Modells zur Entwicklung der Wahlbereitschaft bzw. der tatsächlichen Wahlbeteiligung (N = 768)

Einflussfaktoren	F-Wert	Kontraste zwischen den Gruppen		
		1 / 2	1 / 3	2 / 3
Haupteffekt Bildungsweg	4.16*	--	**	--
Interaktion Messzeitpunkte x Bildungsweg	2.87**	--	--	--

Anmerkung: 1 = Gymnasiasten; 2 = Oberschüler; 3 = Schulabgänger
*** $p < .001$; ** $p < .01$; * $p < .05$; -- n. s.

Die Ergebnisse stützen zum einen die These von einem Zusammenhang zwischen Bildung und politischer Partizipationsbereitschaft. Über alle vier Messzeitpunkte hinweg zeigten die Gymnasiasten eine höhere Bereitschaft wählen zu gehen als die Schulabgänger. Die Bereitschaft der Oberschüler lag zwischen den beiden anderen Gruppen. Zum anderen aber zeigen die Ergebnisse auch, dass die genannten Unterschiede nicht vom ersten Messzeitpunkt, das heißt von der 10. Klasse an bestanden, sondern sich erst im Laufe der Schul- oder Ausbildungszeit herausgebildet haben. Insgesamt nahm die Wahlbereitschaft in allen drei (Aus-)Bildungsgruppen mit der Zeit zu (vgl. Kapitel 4 und

Anhang), sie nahm in der Gruppe der Gymnasiasten wie der Oberschüler aber signifikant stärker zu als bei den Schulabgängern. Ein längerer Verbleib im allgemeinbildenden Schulsystem fördert die Partizipationsbereitschaft von Jugendlichen offenbar stärker als das außerschulische Ausbildungssystem oder die Erwerbstätigkeit.

Parteipräferenzen

Im Folgenden soll geprüft werden, ob sich die befragten Erstwähler der drei (Aus-)Bildungsgruppen in ihrer Parteipräferenz unterscheiden und inwieweit sich die Parteipräferenz jeweils unterschiedlich entwickelt hat.

SPD-Wahl

Zum ersten Messzeitpunkt zeigte sich ein signifikanter Effekt der (Aus-)Bildungsweggruppen auf die Präferenz für die SPD (F (2,787) = 3.94, p < .05). Nur 18 Prozent der Gymnasiasten und 19 Prozent der späteren Oberschüler gegenüber 28 Prozent der späteren Schulabgänger gaben zum ersten Messzeitpunkt an, dass sie die SPD wählen würden. Der Unterschied zwischen den Gymnasiasten und den Schulabgängern war signifikant. Zum vierten Messzeitpunkt ergab sich kein signifikanter Effekt des Bildungsweges mehr, wenngleich sich der Kontrast zwischen den Oberschülern und den Gymnasiasten als signifikant erwies. Hatten die Schulabgänger zum ersten Messzeitpunkt noch die stärkste Präferenz für die SPD, so lagen sie zum vierten Messzeitpunkt mit 37 Prozent auf etwa gleichem Niveau mit den Gymnasiasten (35%). Die Oberschüler lagen mit 49 Prozent über dem Niveau der beiden anderen Gruppen (vgl. Abbildung 7.2).

Im Gesamtmodell über alle vier Messzeitpunkte hinweg zeigte sich ein signifikanter Haupteffekt des Faktors (Aus-)Bildungsweg (vgl. Tabelle 7.2). Die Oberschüler lagen mit ihrer Präferenz für die SPD im Mittel höher als die Gymnasiasten. Die Interaktion zwischen dem Faktor Messzeitpunkte und dem Faktor (Aus-)Bildungsweg wurde dagegen nicht signifikant. Der insgesamt zu verzeichnende Anstieg in der Präferenz für die SPD (vgl. Kapitel 4) vollzog sich somit nicht in Abhängigkeit vom (Aus-)Bildungsweg der Befragten. Anzumerken bleibt, dass sich im Unterschied zu den Gymnasiasten und den Oberschülern in der Gruppe der Schulabgänger kein signifikanter Anstieg in der Präferenz für die SPD über die vier Messzeitpunkte hinweg ergab (vgl. Abbildungen und Tabellen in Kapitel 7.5).

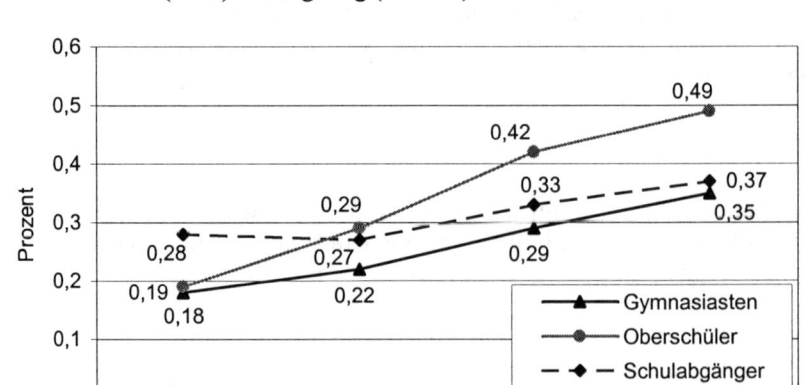

Abbildung 7.2: Entwicklungsverlauf der Parteipräferenz für die SPD nach (Aus-)Bildungsweg (N =747)

[Diagramm: Prozent-Werte über Messzeitpunkte 1996, 1997, 1998(1), 1998(2):
- Gymnasiasten: 0,19; 0,27; 0,42; 0,49
- Oberschüler: 0,18; 0,22; 0,29; 0,35
- Schulabgänger: 0,28; 0,29; 0,33; 0,37]

Tabelle 7.2: Ergebnisse des Allgemeinen Linearen Modells zur Entwicklung der Präferenz für die SPD (N =747)

Einflussfaktoren	F-Wert	Kontraste zwischen den Gruppen		
		1 / 2	1 / 3	2 / 3
Haupteffekt Bildungsweg	3.93*	*	--	--
Interaktion Messzeitpunkte x Bildungsweg	--	--	--	--

Anmerkung: 1 = Gymnasiasten; 2 = Oberschüler; 3 = Schulabgänger
*** $p < .001$; ** $p < .01$; * $p < .05$; -- n. s.

CDU-Wahl

In der Präferenz für die CDU unterschieden sich die drei (Aus-)Bildungsweggruppen weder zum ersten Messzeitpunkt noch zum vierten Messzeitpunkt signifikant voneinander. Allerdings ergab sich zum vierten Messzeitpunkt ein signifikanter Kontrast zwischen den Gymnasiasten und den Schulabgängern. Die Gymnasiasten zeigten mit 17 Prozent eine etwas stärkere Präferenz für die CDU als die Oberschüler und die Schulabgänger mit jeweils 10 Prozent (vgl. Abbildung 7.3).

Das Gesamtmodell über alle vier Messzeitpunkte hinweg wies einen signifikanten Haupteffekt des Bildungsweges aus (vgl. Tabelle 7.3). Auch im Mittel über alle vier Messzeitpunkte hinweg zeigten die Gymnasiasten eine stärkere Präferenz für die CDU als die Schulabgänger. Eine allgemeine Entwicklung in der Präferenz für die CDU ließ sich dagegen ebenso wenig aufzeigen (vgl. Kapitel 4) wie eine Entwicklung der Präferenz in Abhängigkeit vom (Aus-)Bildungsweg der befragten Jugendlichen (vgl. Tabelle 7.3). Analysen, die getrennt für die drei Bildungsweggruppen durchgeführt wurden, zeigten lediglich bei den Gymnasiasten, und auch dort nur zwischen dem dritten und dem vierten Messzeitpunkt, einen signifikanten Anstieg in der CDU-Präferenz (vgl. Abbildungen und Tabellen in Kapitel 7.5).

Abbildung 7.3: Entwicklungsverlauf der Parteipräferenz für die CDU nach (Aus-)Bildungsweg (N =747)

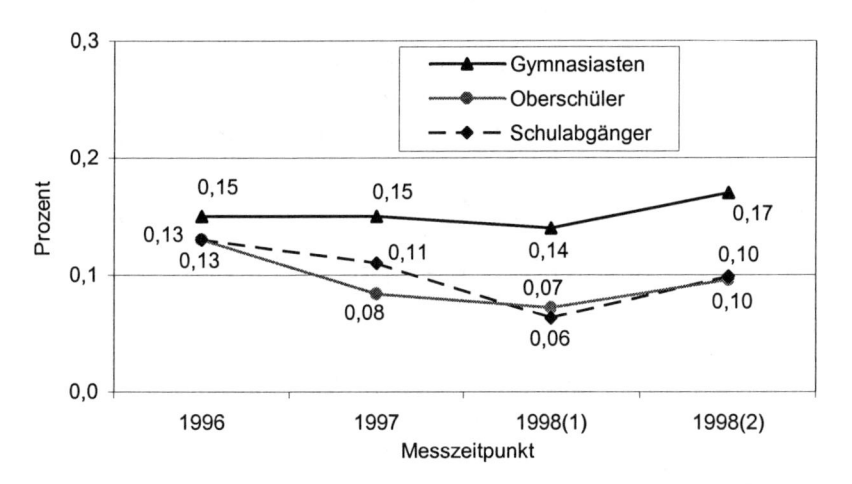

Tabelle 7.3: Ergebnisse des Allgemeinen Linearen Modells zur Entwicklung der Präferenz für die CDU (N =747)

Einflussfaktoren	F-Wert	Kontraste zwischen den Gruppen 1 / 2	1 / 3	2 / 3
Haupteffekt Bildungsweg	3.37*	--	*	--
Interaktion Messzeitpunkte x Bildungsweg	--	--	--	--

Anmerkung: 1 = Gymnasiasten; 2 = Oberschüler; 3 = Schulabgänger
*** p < .001; ** p < .01; * p < .05; -- n. s.

PDS-Wahl

Die Präferenz für die PDS stellte sich zum ersten Messzeitpunkt als unabhängig vom späteren (Aus-)Bildungsweg der Befragten dar, es ergaben sich keine signifikanten Unterschiede zwischen den Gymnasiasten, den Oberschülern und Schulabgängern. Zum vierten Messzeitpunkt hingegen ergab sich ein signifikanter Effekt des Bildungsweges (F (2,765) = 3.48, p < .05), die Gymnasiasten zeigten mit 19 Prozent eine signifikant stärkere Präferenz für die PDS als die Schulabgänger mit 10 Prozent. Die Oberschüler lagen mit einem Anteil von 14 Prozent zwischen den beiden anderen Gruppen (vgl. Abbildung 7.4).

Abbildung 7.4: Entwicklungsverlauf der Parteipräferenz für die PDS nach (Aus-)Bildungsweg (N =747)

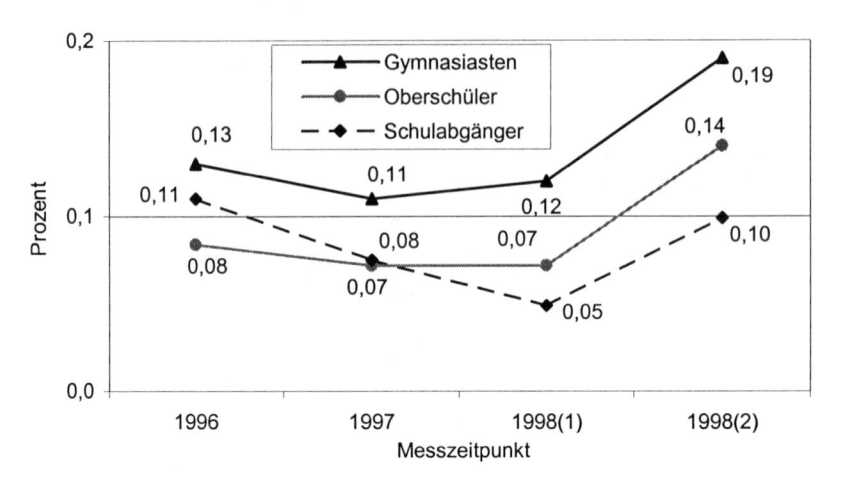

Tabelle 7.4: Ergebnisse des Allgemeinen Linearen Modells zur Entwicklung der Präferenz für die PDS (N =747)

Einflussfaktoren	F-Wert	Kontraste zwischen den Gruppen		
		1 / 2	1 / 3	2 / 3
Haupteffekt Bildungsweg	3.64*	--	*	--
Interaktion Messzeitpunkt x Bildungsweg	--			

Anmerkung: 1 = Gymnasiasten; 2 = Oberschüler; 3 = Schulabgänger
*** p < .001; ** p < .01; * p < .05; -- n. s.

Im Gesamtmodell über die vier Messzeitpunkte hinweg (vgl. Tabelle 7.4) zeigte sich ebenfalls ein signifikanter Haupteffekt des (Aus-)Bildungsweges. Auch hier erwies sich der Unterschied zwischen den Gymnasiasten und den Schulabgängern als signifikant. Der Interaktionseffekt zwischen dem Faktor Messzeitpunkte und dem Faktor (Aus-)Bildungsweg war jedoch nicht signifi-

Einfluss unterschiedlicher (Aus-)Bildungswege 195

kant. Die Veränderungen in der Präferenz für die PDS stellten sich somit als unabhängig vom (Aus-)Bildungsweg der befragten Jugendlichen dar. Zwar war allgemein ein leichter Zuwachs in der Präferenz für die PDS zu verzeichnen (vgl. Kapitel 4), signifikant ausgeprägt war dieser jedoch nur in der Gruppe der Gymnasiasten (vgl. Abbildungen und Tabellen in Kapitel 7.5).

Bündnis 90/Die Grünen

Zum ersten Messzeitpunkt unterschieden sich die Befragten der drei (Aus-)-Bildungsgruppen in ihrer Präferenz für Bündnis 90/Die Grünen nicht signifikant voneinander. Zum vierten Messzeitpunkt zeigte sich dann ein signifikanter Effekt der Bildungsweggruppen ($F_{(2, 765)} = 4.50$, $p < .50$). Mit einem Anteil von 14 Prozent haben die Gymnasiasten zum vierten Messzeitpunkt signifikant häufiger Bündnis 90/Die Grünen gewählt als die Schulabgänger (5%). Die Oberschüler lagen mit einem Anteil von 10 Prozent zwischen den beiden anderen Bildungsweggruppen (vgl. Abbildung 7.5).

Die Analyse über alle vier Messzeitpunkte hinweg bestätigte den Unterschied zwischen den drei (Aus-)Bildungsgruppen (vgl. Tabelle 7.5). Im Mittel zeigten die Gymnasiasten eine deutlich stärkere Präferenz für Bündnis 90/-Die Grünen als die Schulabgänger. Der Interaktionseffekt zwischen dem Faktor Messzeitpunkte und dem Faktor Bildungsweg der Jugendlichen war dagegen nicht signifikant. Insgesamt war die Präferenz der Befragten für Bündnis 90/Die Grünen über die Zeit hinweg signifikant abgefallen (vgl. Kapitel 4). Diese Entwicklung fand in allen drei Gruppen statt, wenngleich der Rückgang nicht in jeder Gruppe signifikant war (vgl. Abbildungen und Tabellen in Kapitel 7.5).

Abbildung 7.5: Entwicklungsverlauf der Parteipräferenz für Bündnis 90/- Die Grünen nach (Aus-)Bildungsweg (N =747)

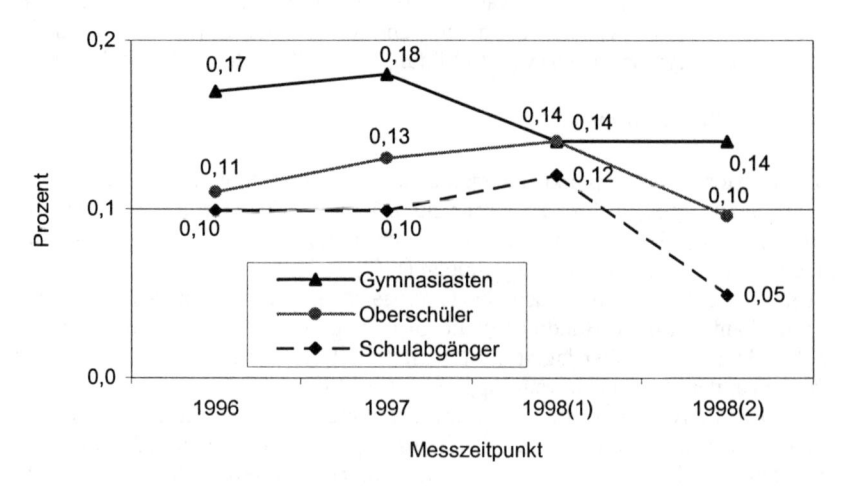

Tabelle 7.5: Ergebnisse des Allgemeinen Linearen Modells zur Entwicklung der Präferenz für Bündnis 90/Die Grünen (N =747)

Einflussfaktoren	F-Wert	Kontraste zwischen den Gruppen		
		1/2	1/3	2/3
Haupteffekt Bildungsweg	4.27*	--	**	--
Interaktion Messzeitpunkt x Bildungsweg	--	--	--	--

Anmerkung: 1 = Gymnasiasten; 2 = Oberschüler; 3 = Schulabgänger
*** $p < .001$; ** $p < .01$; * $p < .05$; -- n. s.

Rechtsradikale Parteien

Zum ersten Messzeitpunkt, als alle Befragten noch die allgemeinbildende Schule besuchten, unterschieden sich die Befragten der drei Bildungsgruppen nicht signifikant in der Präferenz für rechtsradikale Parteien. Zum vierten Messzeitpunkt zeigte sich jedoch ein signifikanter Effekt des (Aus-)Bildungsweges (F (2,765) = 17.65, p < .001), die Schulabgänger unterschieden sich hoch signifikant von den beiden anderen Gruppen. Zum ersten Messzeitpunkt lag die Präferenz für eine rechtsradikale Partei bei den Befragten aller Bildungsgruppen bei unter 5 Prozent (vgl. Abbildung 7.6). Zum vierten Messzeitpunkt war die Präferenz für eine rechtsradikale Partei in der Gruppe der Schulabgänger stark angewachsen und lag mit einem Anteil von 15 Prozent

Einfluss unterschiedlicher (Aus-)Bildungswege 197

deutlich über dem Anteil der Oberschüler, die lediglich zu 7 Prozent eine rechtsradikale Partei gewählt hatten, und dem Anteil der Gymnasiasten, der bei 3 Prozent lag.

Abbildung 7.6: Entwicklungsverlauf der Parteipräferenz für rechtsradikale Parteien nach (Aus-)Bildungsweg (N =747)

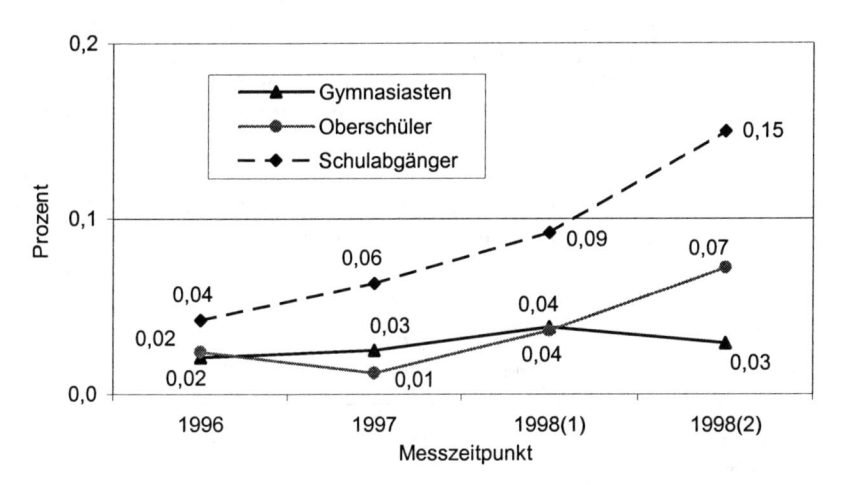

Tabelle 7.6: Ergebnisse des Allgemeinen Linearen Modells zur Entwicklung der Präferenz für rechtsradikale Parteien (N =747)

	F-Wert	Kontraste zwischen den Gruppen		
		1 / 2	1 / 3	2 / 3
Haupteffekt für Bildungsweg	10.41**	--	***	**
Interaktion Messzeitpunkt x Bildungsweg	5.14***			

Anmerkung: 1 = Gymnasiasten; 2 = Oberschüler; 3 = Schulabgänger
*** $p < .001$; ** $p < .01$; * $p < .05$; -- n. s.

Das Gesamtmodell über alle vier Messzeitpunkte hinweg bestätigte diese Entwicklung (vgl. Tabelle 7.6). Neben dem hoch signifikanten Haupteffekt des Bildungsweges, der im Mittel einen signifikanten Unterschied der Gymnasiasten und der Oberschüler gegenüber den Schulabgängern auswies, war auch die Interaktion zwischen dem Faktor Messzeitpunkte und dem Faktor (Aus-)Bildungsweg hoch signifikant. Der allgemein zu verzeichnende Anstieg in der Präferenz beziehungsweise der Wahl einer rechtsradikalen Partei (vgl. Kapitel 4) vollzog sich somit in Abhängigkeit vom (Aus-)Bildungsweg der Befragten. Die Präferenz für rechtsradikale Parteien stieg unter den Schulabgängern deutlich stärker an als in den beiden anderen Bildungsgruppen und war auch nur dort signifikant (vgl. Abbildungen und Tabellen in Kapitel 7.5).

Zusammenfassung und Diskussion

Zunächst einmal kann festgehalten werden, dass sich die drei untersuchten (Aus-)Bildungsgruppen sowohl in ihrer Wahlbereitschaft beziehungsweise der tatsächlichen Wahlbeteiligung sowie in ihren Parteipräferenzen voneinander unterschieden. Tabelle 7.7 fasst die signifikanten Effekte des Bildungsweges aus den univariaten Varianzanalysen und den Allgemeinen Linearen Modellen zusammen.

Tabelle 7.7: Zusammenfassung der Ergebnisse aus den univariaten Varianzanalysen zum 1. und 4. Messzeitpunkt sowie den Allgemeinen Linearen Modellen über alle vier Messzeitpunkte hinweg (Signifikante F-Werte und Kontraste)

	Wahlbeteiligung	SPD-Wahl	CDU-Wahl	PDS-Wahl	B90/Die Grünen	DVU/NPD/Rep's
Univariate Varianzanalysen						
Haupteffekt Bildungsweg MZP 1	--	3,94*	--	--	--	--
Signifikante Kontraste						
Haupteffekt Bildungsweg MZP 4	13,10***	--	--	3,48*	4,50*	17,65***
Signifikante Kontraste						
Allgemeine lineare Modelle						
Haupteffekt Bildungsweg	4,20*	3,93*	3,37*	3,64*	4,27*	10,41***
Signifikante Kontraste	1/3**	1/2*	1/3*	1/3*	1/3**	1/3*** 2/3**
Interaktionseffekt Messzeitpunkte x Bildungsweg	2,87**	--	--	--	--	5,14**

Anmerkung: 1 = Gymnasiasten.; 2 = Oberschüler; 3 = Schulabgänger
*** $p < .001$; ** $p < .01$; * $p < .05$; -- n. s.

Insgesamt weisen die Allgemeinen Linearen Modelle für alle drei Bildungsgruppen signifikant unterschiedliche Wahlpräferenzen aus. Hinsichtlich aller geprüften Variablen zeigten sich signifikante Haupteffekte des (Aus-)Bildungsweges. Dabei lagen fast alle signifikanten Unterschiede zwischen der Gruppe der Gymnasiasten und der Gruppe der Schulabgänger. Für die Wahlbeteiligung und für die Präferenz einer rechtsradikalen Partei war der Kontrast auch zwischen jenen Jugendlichen signifikant, die bis zum ersten Messzeitpunkt eine identische Schullaufbahn durchlaufen hatten, nämlich zwischen den Oberschülern und den Jugendlichen in einer beruflichen Ausbildung. Damit sind klare Unterschiede *zwischen* den Bildungsgruppen nachzuweisen.

Wie verhält es sich aber mit dem Einfluss des nach der 10. Klasse eingeschlagenen Bildungsweges auf die Entwicklung des Wahlverhaltens, also der Frage, inwieweit Jugendliche, die eine berufliche Tätigkeit aufnahmen, sich in *Abhängigkeit von diesem Bildungsweg* anders entwickelten als Jugendliche, die weiterhin eine allgemeinbildende Schule besuchten? Bei allen drei Gruppen gab es zunächst einheitlich ähnliche Entwicklungstendenzen zu verzeichnen, wie die Zunahme in der Präferenz für die SPD und eine eindeutige Mehrheitsentscheidung für die SPD in der vierten Welle oder die über die Messzeitpunkte hinweg abnehmende Bereitschaft, Bündnis 90/Die Grünen zu wählen. Der eingeschlagene Bildungsweg führte somit nicht zu grundsätzlich anderen Entwicklungen im Wahlverhalten der jungen Männer und Frauen.

Lediglich die Unterschiede in Bezug auf die Wahlbeteiligung und die Präferenz für eine rechtsradikale Partei waren *in ihrer Entwicklung* abhängig vom (Aus-)Bildungsweg. Die Schüler, die länger im allgemeinbildenden Schulsystem verblieben, entwickelten sich signifikant anders als die Schulabgänger. Die Partizipationsbereitschaft in Form der Wahlbereitschaft beziehungsweise der tatsächlichen Wahlbeteiligung stieg bei den Schülern stärker an als bei den Schulabgängern (vgl. Abbildung 7.1 und Tabelle 7.1). Die Präferenz für eine rechtsradikale Partei entwickelte sich ebenfalls in deutlicher Abhängigkeit vom Bildungsweg. Waren die Unterschiede zwischen Schulabgängern und den beiden anderen Gruppen im Querschnitt zum ersten Messzeitpunkt noch nicht statistisch bedeutsam, so zeigte sich zum vierten Messzeitpunkt ein signifikanter Unterschied zwischen den Gruppen. Auch im Gesamtmodell über die vier Messzeitpunkte hinweg fand dieser Unterschied einen Niederschlag, die Schulabgänger entwickelten sich signifikant anders als die beiden anderen Gruppen. In der Gruppe der Schulabgänger nahm die Präferenz für eine rechtsradikale Partei deutlich stärker zu als in den beiden anderen Bildungsweggruppen (vgl. Abbildung 7.6 und Tabelle 7.6).

Wenngleich die Ergebnisse der univariaten Analysen zum vierten Messzeitpunkt für alle Variablen auf klare Unterschiede zwischen den Bildungsweggruppen hinwiesen, schlugen sich diese Unterschiede jedoch nur bedingt als signifikante Interaktionseffekte zwischen dem Faktor Messzeitpunkt und dem Faktor (Aus-)Bildungsweg nieder. Nur zwei der abhängigen Variablen, die Wahlbeteiligung und die Präferenz für eine rechtsradikale Partei, wiesen eine solche Entwicklung in Abhängigkeit vom Bildungsweg auf. Bestehende Unterschiede zwischen den Bildungsgruppen müssten also auf andere Ursachen zurückzuführen sein. Anhand der querschnittlichen Analysen zeichneten sich allerdings zusätzliche Entwicklungen ab, die sich in dem von uns geprüften Zeitraum (noch) nicht im Gesamtmodell niederschlagen. Zum vierten Messzeitpunkt ergaben sich deutlich mehr signifikante Effekte des (Aus-)Bildungsweges als zum ersten Messzeitpunkt (vgl. Tabelle 7.7). Hier mag sich auch ein Unterschied in den überprüften Variablen abzeichnen. Gerade die Entscheidung über eine Wahlbeteiligung, bei der wir eine Entwicklung in

Abhängigkeit vom Bildungsweg feststellen konnten, stellt sicherlich eine grundsätzlichere Entscheidung dar als die, welche Partei im Einzelnen zu wählen ist. Darüber hinaus wurden die grundlegenden politischen Positionen der Parteien (abgesehen von den rechtsradikalen Parteien) von den Jugendlichen als so ähnlich perzipiert, dass sich die jugendlichen Wähler auf dem Links-Rechts-Kontinuum nur wenig voneinander unterschieden (vgl. Kapitel 4). Von daher erscheint es als folgerichtig, wenn sich bei der Entwicklung der Parteipräferenzen zunächst nur wenig Unterschiede in Abhängigkeit vom Bildungsweg zeigten.

Die starke Zunahme der Wahl rechtsradikaler Parteien bei den Schulabgängern entspricht dagegen durchaus dem aufgrund der Literatur zu erwartenden Muster und der These, dass mit dem Übergang in die berufliche Ausbildung – anders als beim Verbleib in der Schule – die Entwicklung von autoritären Denkmustern und eine geringere Zustimmung zu demokratischen Normen verbunden sind. Die Ergebnisse zur Links-Rechts-Orientierung wiesen ja darauf hin, dass die rechtsradikalen Parteien von den jugendlichen Wählern deutlich anders perzipiert wurden als alle anderen Parteien. Die Entscheidung, eine rechtsradikale Partei zu wählen oder nicht zu wählen, kann daher ebenfalls als eine grundsätzlichere politische Entscheidung angesehen werden als die Präferenz beziehungsweise Wahl einer der anderen Parteien, und deshalb stärker vom Bildungsweg beeinflusst sein.

Auffallend ist auch, dass die signifikanten Kontraste fast alle auf Unterschiede zwischen den Gymnasiasten und den Schulabgängern hinwiesen. Damit zeigten also die beiden sich am stärksten unterscheidenden Bildungswege tatsächlich auch die deutlichsten Differenzen in der Parteipräferenz. Auf der anderen Seite schienen sich Gymnasiasten und Oberschüler (diese beiden Gruppen unterschieden sich nur bei der SPD-Wahl signifikant) in ihrer Entwicklung aneinander anzugleichen. Das heißt aber, dass schulische und nichtschulische Bildungsgänge sich eventuell langfristig in ihren Wirkungen mehr unterscheiden könnten als in dem von uns begrenzten Zeitraum überprüfbar war. Die hier vorliegenden Analysen bestätigten jedoch für den von uns überprüften Zeitraum einen Einfluss des schulischen versus nichtschulischen (Aus-)Bildungsweges auf das Wahlverhalten der Jugendlichen nur bedingt.

Es ist natürlich möglich, dass die sozialisatorische Wirkung des (Aus-)-Bildungsweges, wie sie in der Literatur gestützt wird, sich möglicherweise erst nach einem längeren Verbleib im entsprechenden (später dann beruflichen) Milieu zeigt. Als Hinweis auf eine eventuell sich erst langfristiger abzeichnende sozialisatorische Wirkung des Ausbildungsweges könnten hier die Ergebnisse der univariaten Analysen gelten, die zum vierten Messzeitpunkt auch für die Wahl von SPD, CDU, PDS und Bündnis 90/Die Grünen Unterschiede entsprechend des Bildungsweges nachwiesen, welche sich aber (noch) nicht im Gesamtmodell abzeichneten. Dies würde jedoch zumindest den potentiellen Einfluss der beruflichen Ausbildung, also eines doch begrenzten Zeitraumes, zugunsten eines sozialisatorischen Einflusses einer langfristigen beruflichen Tätigkeit verschieben.

7.3 Einflüsse des beruflichen Kontextes

Im Folgenden soll nun der Frage nachgegangen werden, welche spezifischen Aspekte innerhalb des Ausbildungs- oder Berufskontextes für die Wahlbeteiligung und die Parteipräferenzen der Erstwähler eine Rolle spielen. Die Analysen beruhen auf der Untergruppe Jugendlicher, die nach der 10. Klasse, das heißt zwischen dem ersten und dem zweiten Messzeitpunkt, die allgemeinbildende Schule verlassen hatten und zum vierten Messzeitpunkt entweder eine Berufsausbildung absolvierten oder berufstätig waren (N = 185). In dieser Gruppe wurden verschiedene Aspekte des Berufs- und Ausbildungslebens erhoben.

Die Jugendlichen dieser Untergruppe waren zu 40 Prozent männlich und zu 60 Prozent weiblich. Sie absolvierten größtenteils eine Berufsausbildung (93%) und zwar überwiegend eine betriebliche. Ein geringerer Teil befand sich in einer schulischen oder überbetrieblichen Berufsausbildung. Die restlichen Jugendlichen waren berufstätig. Tabelle 7.8 dokumentiert die genauen Zahlen.

Tabelle 7.8: Übersicht über die Tätigkeit der jugendlichen Auszubildenden oder Berufstätigen in der 4. Welle

Tätigkeit	Fallzahlen	Anteile in %
Schulische Ausbildung /Berufsfachschule	30	16
Betriebliche Ausbildung	121	65
Überbetriebliche Ausbildung	20	11
Berufliche Tätigkeit	14	8
Gesamt	185	100

Der Ausbildungs- oder Berufskontext der befragten Jugendlichen wurde über folgende drei Bereiche abgebildet: (a) Die Einschätzung der beruflichen Zukunftschancen und Zufriedenheit, (b) die individuelle Ausbildungs- und Arbeitssituation, die an spezifische Gegebenheiten des jeweiligen Ausbildungsbetriebes geknüpft ist[55] und (c) berufsspezifische Fragen, in denen spezifische Eigenschaften der beruflichen Tätigkeit erfragt werden.

---

55 Hier wurden Aspekte der Berufsausbildung, aber auch der beruflichen Tätigkeit erfasst, die sich auf die individuellen Bedingungen in der Arbeits- oder Ausbildungsstätte beziehen und weniger auf den speziellen Berufsweg.

a) Erfassung der subjektiven Einschätzung der beruflichen Zukunft und Zufriedenheit

Zur Einschätzung ihrer persönlichen beruflichen Zukunft wurden den Jugendlichen zwei Fragen[56] gestellt, die zu einem Indikator zusammengefasst wurden. Die erste Frage lautete:

„Wie würden Sie Ihre berufliche Zukunft ganz allgemein bewerten?"

Die Antwortvorgaben reichten von (1) „sehr negativ" bis (5) „sehr positiv". Bei der zweiten Frage reichte das Antwortformat von (1) „sehr unsicher" bis (5) „sehr sicher", sie hatte den Wortlaut:

„Wie sicher oder unsicher sind Sie, dass Sie in dem von Ihnen angestrebten Beruf eine sichere Zukunft haben werden?"

Die subjektive Zufriedenheit der Befragten mit ihrem beruflichen Werdegang seit dem Beenden der 10. Klasse wurde anhand der Frage erhoben:

„Wie zufrieden sind Sie persönlich mit dem, was Sie seit dem Beenden der 10.Klasse gemacht haben?"

Die Antwortvorgabe reichte von (1) „sehr unzufrieden" bis (5) „sehr zufrieden".

b) Erfassung der individuellen Ausbildungs- und Arbeitssituation

Die Zufriedenheit der Jugendlichen mit ihrer finanziellen Situation wurde anhand der Frage erhoben:

„Finden Sie die Höhe Ihrer monatlichen Vergütung in Ordnung?"

Die Antwortvorgaben reichen von (1) „nein, überhaupt nicht angemessen" bis (5) „ja, völlig angemessen".

Die Qualität der sozialen Situation im Betrieb[57] wurde anhand zweier Indikatoren erfasst. Der erste Indikator galt der Bewertung des Verhältnisses zu den Vorgesetzten. Die Frage lautete:

„Wie ist das Verhältnis zu Ihren Vorgesetzten?"

Die Antwortvorgaben reichte von (1) „sehr schlecht" bis (5) „sehr gut". Der zweite Indikator erfasste die Einschätzung des Verhältnisses der Kollegen untereinander. Die Anweisung lautete:

---

56 Quelle: Engel & Hurrelmann (1989).
57 Quelle: Baumert & Heyn (1995).

"Nun geht es um Ihren Arbeitsplatz und Ihr Verhältnis zu Ihren Kolleginnen und Kollegen. Geben Sie bitte für jede Aussage an, wie sehr diese jeweils für Sie persönlich zutrifft oder nicht zutrifft."

Fünf Items gingen in die Indikatorbildung ein. Das Antwortformat reichte von (1) „trifft überhaupt nicht zu" bis (5) „trifft voll und ganz zu". Die negativ formulierten Items wurden vor der Indikatorbildung umgepolt. Folgende Aussagen sollten abgestuft werden:

- Die Kolleginnen und Kollegen sind unkollegial. (umgepolt)
- In diesem Betrieb kümmert sich niemand so recht um den anderen. (umgepolt)
- In diesem Betrieb muss sich jeder allein durchkämpfen; mit Unterstützung kann man kaum rechnen. (umgepolt)
- Hier weiß keiner so recht, wo er eigentlich hingehört. (umgepolt)
- Die meisten meiner Kolleginnen und Kollegen interessieren sich nicht für mich. (umgepolt)

Die durch den Eintritt in eine Berufsausbildung oder berufliche Tätigkeit subjektiv wahrgenommenen Belastungen[58] wurden mittels eines Indikators erfragt, der sowohl Items zur empfundenen körperlichen Belastung als auch Items zu als belastend wahrgenommenen Veränderungen in der persönlichen Lebensführung enthielt. Die Anweisung lautete:

„Geben Sie bitte jeweils an, ob die folgenden Aussagen für Sie persönlich voll und ganz oder überhaupt nicht zutreffen."

Das Antwortformat reichte von (1) „trifft überhaupt nicht zu" bis (5) „trifft voll und ganz zu". Die folgenden vier Aussagen gingen in den Indikator ein:

- Der Arbeitstag ist so lang, dass ich in der Woche zu nichts anderem mehr komme.
- Durch die Arbeit bzw. Schule habe ich weniger Zeit für meine Freunde.
- Nach der Arbeit/Schule bin ich erschöpft.
- Man wird vom Berufsleben/von der Erledigung der schulischen Aufgaben doch ziemlich mitgenommen.

Die Qualität der Ausbildung[59] wurde anhand eines Indikators erfasst, der sich aus 10 Items zusammensetzt. Die Anweisung lautete:

„Geben Sie bitte für die folgenden Aussagen an, ob sie für Sie und Ihre Ausbildung voll und ganz zutreffen oder überhaupt nicht zutreffen."

Die Antwortvorgaben reichten von (1) „trifft überhaupt nicht zu" bis (5) „trifft voll und ganz zu". Alle 10 Items wurden umgepolt. Die folgenden Aussagen, die sich darauf beziehen, inwieweit die Ausbildung als planvoll, strukturiert und angeleitet erlebt wird, sollten abgestuft werden:

- Niemand fühlt sich für meine Ausbildung so richtig verantwortlich.

---

58 Quelle: Baumert & Heyn (1995), Engel & Hurrelmann (1989).
59 Quelle: Baumert & Heyn (1995).

- Ich muss mich immer selbst darum bemühen, die interessanten Aufgaben zu bekommen.
- Man hat den Eindruck, als billige Arbeitskraft ausgenutzt zu werden.
- Man lernt kaum etwas dazu.
- Ich muss immer selbst nachfragen, damit mir etwas richtig erklärt wird.
- Ich muss viele arbeitsfremde Tätigkeiten verrichten (Besorgungen, Reinigungsarbeiten, usw.).
- Von mir als Auszubildendem werden Überstunden erwartet.
- Die Ausbildung ist nicht planvoll. Man muss nur das tun, was gerade so anfällt.
- Viele wichtige Dinge werden nicht in der Ausbildung vermittelt. Man muss sich selbst etwas ‚zusammenbasteln'.
- Was ich tue richtet sich danach, was für den Betrieb gerade notwendig ist, nicht nach einem Ausbildungsplan.

c) Erfassung berufsspezifischer Indikatoren

Das soziale Prestige des gewählten Berufes wurde über einen Indikator erfasst, der sich aus zwei Aussagen zusammensetzt. Die erste Aussage lautete:

- Der Beruf, in dem ich arbeite bzw. in dem ich ausgebildet werde bietet mir ein hohes Ansehen.

Die zweite Aussage hatte den Wortlaut:

- Der Beruf, in dem ich arbeite bzw. in dem ich ausgebildet werde bietet mir ein hohes Einkommen.

Beide Aussagen sollten anhand derselben Antwortvorgaben, die von (1) „trifft überhaupt nicht zu" bis (5) „trifft voll und ganz zu" reichte, bewertet werden.

Für die folgenden Indikatoren gilt, dass sie nur für jene Befragten sinnvoll interpretierbar sind, die eine betriebliche oder überbetriebliche Berufsausbildung absolvierten (ohne schulische Ausbildungen) oder arbeiteten (N = 155), da sich die Fragen auf die tatsächliche Tätigkeit am Ausbildungs- oder Arbeitsplatz beziehen. Alle Indikatoren wurden anhand eines Fragenkomplexes erhoben. Die Anweisung lautete:

„Kreuzen Sie bitte jeweils an, wie sehr die folgenden Aussagen für Ihre derzeitige berufliche/schulische Tätigkeit zutreffen. Im Rahmen meiner beruflichen Tätigkeit/Ausbildung ..."

Vier Aussagen, die sich auf die Komplexität der Arbeitsaufgaben und die Anforderungsvielfalt der ausgeübten Tätigkeit beziehen, wurden zum Indikator des kognitiven Anforderungsniveaus am Ausbildungs- oder Arbeitsplatzes zusammengefasst. Die Aussagen lauteten:

- muss ich mitdenken und mir was ausdenken
- sind die Arbeitsaufgaben vielfältig
- muss ich viele ganz verschiedene Dinge wissen

Einfluss unterschiedlicher (Aus-)Bildungswege

- gibt es immer wieder Dinge, die ich neu dazulernen muss

Weitere vier Aussagen gingen in den Indikator zum Handlungsspielraum ein. Dieser erfasst, inwieweit die Befragten in ihrer Tätigkeit selbständig arbeiten und entscheiden können:

- erfordert meine Arbeit selbständiges Planen
- kann ich die Arbeitsabläufe selbst bestimmen
- muss ich selbständig arbeiten
- bin ich selbst verantwortlich für das Ergebnis meiner Arbeit

Die Kooperationserfordernisse im Rahmen der Tätigkeit wurden anhand eines Items erfasst:

- ist viel Zusammenarbeit mit Kolleginnen und Kollegen erforderlich

Dasselbe gilt für den Aspekt der personenbezogenen Tätigkeit:

- habe ich überwiegend mit anderen Menschen zu tun

Und auch für den Aspekt der sachbezogenen Tätigkeit:

- gehe ich überwiegend mit Geräten, Maschinen, Werkzeugen, Materialien um

Alle Aussagen sollten anhand fünfstufiger Antwortvorgaben bewertet werden, die von (1) trifft überhaupt nicht zu" bis (5) „trifft voll und ganz zu" reichten.

In Tabelle 7.9 sind alle beschriebenen Indikatoren mit den entsprechenden statistischen Kennwerten dargestellt.

Tabelle 7.9: Deskriptive Kennwerte der Indikatoren des Ausbildungs- und Berufskontextes der Jugendlichen in der 4. Welle

	Item-anzahl	Werte-bereich	N[1]	M	SD	Cronbachs Alpha[2]
Auszubildende und Berufstätige (N = 185)						
Allgemeine Bewertung der beruflichen Zukunft	2	1 - 5	185	3.34	0.82	r = .58
Zufriedenheit mit dem beruflichen Verlauf bis heute	1	1 - 5	185	3.72	1.00	
Soziales Prestige des Berufs	2	1 - 5	185	2.70	0.94	r = .62
Zufriedenheit mit finanzieller Vergütung	1	1 - 5	185	2.50	1.22	
Verhältnis unter den Kollegen	5	1 - 5	185	3.96	0.79	.86
Verhältnis zu Vorgesetzten	1	1 - 5	185	3.68	0.92	
Belastungen durch Arbeitsleben	4	1 - 5	185	3.59	0.92	.86
Auszubildende (N = 171)						
Qualität der Ausbildung	10	1 - 5	171	3.40	0.99	.92
Betriebsgebundene (N = 155)						
Kognitives Anforderungsniveau der Arbeit	4	1 - 5	155	4.00	0.78	.79
Handlungsspielraum	4	1 - 5	155	3.81	0.81	.75
Personenbezogene Tätigkeit	1	1 - 5	155	3.75	0.81	
Kooperationserfordernisse	1	1 - 5	155	3.69	1.16	
Sachbezogene Tätigkeit	1	1 - 5	155	3.45	0.98	

1 Fehlende Werte wurden jeweils durch den Gruppenmittelwert ersetzt.
2 In den zwei ausgewiesenen Fällen wurde Pearsons r statt Cronbachs Alpha berechnet.

Im Folgenden wird überprüft, inwieweit die Variablen des Ausbildungs- oder Arbeitskontextes die Wahlbeteiligung und die Parteipräferenz der jugendlichen Erstwähler vorhersagen. Zu diesem Zweck wurden logistische Regressionen berechnet, die dazu geeignet sind, dichotome Variablen vorherzusagen. Auf der abhängigen Seite stand jeweils die Wahlbeteiligung oder die Parteipräferenz zum vierten Messzeitpunkt und auf der unabhängigen Seite gingen die Ausbildungs- und Berufskontextvariablen sowie das Geschlecht der Befragten ein.[60]

Tabelle 7.10 gibt einen Überblick über die Ergebnisse. Keiner der überprüften Indikatoren zeigte einen Zusammenhang mit der Wahlbeteiligung der befragten Jugendlichen. Und auch hinsichtlich der Parteipräferenzen fiel der Einfluss der Indikatoren des Ausbildungs- und Berufskontextes eher gering aus. Weder die Bewertung der beruflichen Zukunft noch die Zufriedenheit mit der heutigen beruflichen Situation oder mit der Arbeitsvergütung wiesen einen Zusammenhang mit dem Wahlverhalten auf. Dasselbe gilt für das soziale Prestige des gewählten Berufs und die Qualität der Ausbildung im jeweiligen Ausbildungsbetrieb. Selbst ein in der Literatur gut belegter Einfluss des kognitiven Anspruchsniveaus der Arbeit oder des individuellen Handlungs-

---

60 Da die Ausbildungs- und Berufskontextvariablen zum Teil starke Zusammenhänge mit dem Geschlecht der Jugendlichen aufwiesen, wurde in den Analysen das Geschlecht als Kontrollvariable mit aufgenommen.

spielraumes konnte in unseren Daten nicht nachgewiesen werden. Für lediglich fünf der 13 überprüften Indikatoren zeigten sich signifikante Zusammenhänge mit der Parteiwahl der Jugendlichen.

Tabelle 7.10: Logistische Regressionen, Einfluss der Indikatoren des Ausbildungs- oder Arbeitskontextes auf das Wahlverhalten der Jugendlichen (exp(B), kontrolliert für Geschlecht)

	Wahlbeteiligung	SPD	CDU	PDS	B90/Grüne	DVU/NPD/Rep's
Auszubildende und Berufstätige (N = 185)						
Allgemeine Bewertung der beruflichen Zukunft	--	--	--	--	--	--
Zufriedenheit mit dem beruflichen Verlauf bis heute	--	--	--	--	--	--
Soziales Prestige des Berufs	--	--	--	--	--	--
Zufriedenheit mit finanzieller Vergütung	--	--	--	--	--	--
Verhältnis unter den Kollegen	--	--	0.53*	--	--	--
Verhältnis zu Vorgesetzten	--	0.74$^+$	--	--	--	--
Belastungen durch Arbeitsleben	--	--	--	--	--	1.57$^+$
Auszubildende (N = 171)						
Qualität der Ausbildung	--	--	--	--	--	--
Betriebsgebundene (N = 155)						
Kognitives Anforderungsniveau der Arbeit	--	--	--	--	--	--
Handlungsspielraum	--	--	--	--	--	--
Personenbezogene Tätigkeit	--	--	--	1.69$^+$	--	--
Kooperationserfordernisse	--	--	--	--	--	--
Sachbezogene Tätigkeit	--	--	--	--	--	1.41$^+$

* $p < .05$, $^+ p < .10$, -- nicht signifikant.

Für die SPD-Wahl ergab sich ein Zusammenhang mit dem Verhältnis zu Vorgesetzten. Jugendliche, die von einem schlechten Verhältnis zu ihren Vorgesetzten berichteten, wählten häufiger die SPD (exp(B) = 0.74, $p < .10$). Für die CDU-Wahl ergab sich ein Zusammenhang mit dem Verhältnis zu Kollegen. Jugendliche, die von einem schlechteren Verhältnis unter den Kollegen berichteten, wählten häufiger die CDU (exp(B) = 0.53, $p < .05$). Die Wahl der PDS hing signifikant mit einer personenbezogenen Tätigkeit zusammen. Jugendliche, die bei ihrer Arbeit überwiegend mit anderen Menschen zu tun hatten, wählten häufiger die PDS (exp(B) = 1.69, $p < .10$). Für die Wahl von Bündnis 90/Die Grünen ergaben sich keine Zusammenhänge mit den untersuchten Indikatoren. Für die Wahl von rechtsradikalen Parteien hingegen zeigten sich gleich mit zwei Indikatoren signifikante Zusammenhänge: Jugendliche, die ihr Berufsleben als stärker belastend wahrnahmen, wählten häufiger rechtsradikale Parteien (exp(B) = 1.57, $p < .10$). Dasselbe gilt für Jugendliche, die im Rahmen ihrer beruflichen Tätigkeit überwiegend Umgang mit Maschinen, Geräten, Werkzeugen und Materialien hatten (exp(B) = 1.41, p < .10). Der letztgenannte Indikator könnte auch mit dem Bildungsstand der Wähler rechtsradikaler Parteien zusammenhängen. Insgesamt weisen die hier gefundenen Zusammenhänge zwar durchaus in die aufgrund der Literatur zu erwartenden Richtungen, bleiben aber hinter den Erwartungen zurück.

7.4 Diskussion

Sowohl die Überprüfung des Einflusses der drei unterschiedlichen (Aus-)Bildungswege als auch die Analysen spezifischer Aspekte der beruflichen Ausbildung oder Tätigkeit wiesen geringere Zusammenhänge mit dem Wahlverhalten der Jugendlichen auf als nach Lage der Literatur zu erwarten war. Zwar unterschieden sich die Jugendlichen der drei (Aus-)Bildungsweggruppen zum vierten Messzeitpunkt wie auch im Mittel über die vier Messzeitpunkte hinweg deutlich in ihrem Wahlverhalten und ihrer Parteipräferenz, dennoch waren die Entwicklungsverläufe durchaus ähnlich. Ob die Jugendlichen einen schulischen oder einen nicht-schulischen Werdegang wählten, die Unterschiede zwischen den Bildungsweggruppen lagen in der Stärke der jeweiligen Entwicklungen, waren aber nicht grundsätzlich unterschiedlich. Nur bei zwei der überprüften Faktoren (Wahlbeteiligung und Präferenz für eine rechtsradikale Partei) konnten wir eine Entwicklung in Abhängigkeit von den unterschiedlichen (Aus-)Bildungswegen nachweisen.

Hier steht also die Frage im Raum, inwieweit Selektions-, nicht aber Sozialisationsprozesse mit den Unterschieden zwischen den Bildungsgruppen in einem ursächlichen Zusammenhang stehen. Nicht die Sozialisation in den jeweiligen (Aus-)Bildungswegen scheint primär für die Unterschiede im Wahlverhalten verantwortlich zu sein, sondern andere, hier nicht überprüfte Faktoren, wie z.B. die Sozialisation im Elternhaus. Solche dritten Faktoren können sowohl die Wahl bestimmter Bildungswege als auch das unterschiedliche Wahlverhalten beeinflussen. Gerade die Parteineigung könnte stärker vom Elternhaus abhängen, die Übertragung der Parteibindungen von Generation zu Generation, wie sie z.B. Geißler (1996a) erörtert, eine stärkere Rolle spielen als die Sozialisation im jeweiligen (Aus-)Bildungsweg (vgl. auch Kapitel 6). Das Ineinandergreifen von Selektions- und Sozialisationsprozessen im Zusammenhang mit einer Prägung durch den Bildungsweg wird in der Literatur bereits seit längerem diskutiert (Heinz, 1995).[61]

---

61 Wir sind der Frage nach Selektions- oder Sozialisationsprozessen im Zusammenhang mit politischen Einstellungen und Verhaltensweisen an anderer Stelle ausführlicher nachgegangen (Weiss et al., 2000).

Neben dem Zusammenspiel von Selektions- und Sozialisationsprozessen könnten noch andere Faktoren eine Rolle spielen. Zum Einen ließen sich die geringen Zusammenhänge als Folge noch nicht stark ausgeprägter sozialer Milieus in den neuen Bundesländern interpretieren – da ja der berufliche Werdegang bildungs- beziehungsweise milieuabhängig ist und dies den Einfluss beruflicher Indikatoren moderieren könnte. Hier könnten also unterschiedliche gesellschaftliche Strukturen in den neuen Bundesländern zur Geltung kommen und sich eventuell die traditionellen, für westliche Gesellschaften bestätigten Zusammenhänge zwischen Bildungsweg und politischen Einstellungen noch nicht deutlich ausgeprägt haben. Die Frage, ob die politische Alltagskultur in den neuen Bundesländern eine ähnliche ist wie in den alten, ist durchaus noch offen, eine klare Darstellung der politischen Kultur Ostdeutschlands steht nach wie vor aus.

Auch könnten die viel postulierten Veränderungen der politischen Verhältnisse durch Globalisierung und Enttraditionalisierung beziehungsweise die Herauslösung aus traditionellen Bildungs- und Einstellungsmustern hier ihre Auswirkungen zeigen. So weist z.B. Hoffmann-Lange (2000) darauf hin, dass trotz Bildungsexpansion die politische Partizipationsbereitschaft in der BRD bereits seit Mitte der 80er Jahre abgenommen hat, also die Gültigkeit der Annahme eines linearen Zusammenhanges zwischen Bildungsniveau und aktiver politischer Teilhabe zunehmend in Frage gestellt ist. Durch die Bildungsexpansion, so Hoffmann-Lange, wird die Bedeutung qualifizierter Bildungsabschlüsse für die politischen Einflusschancen des Einzelnen entwertet.

Auf der anderen Seite stützen die beiden einzigen in unserer Untersuchung im Längsschnitt nachgewiesenen Zusammenhänge jedoch wiederum eher die bisherigen Annahmen. Je höher der Bildungsweg, desto höher fiel die Wahlbeteiligung aus und desto seltener wurden rechtsradikale Parteien gewählt, für beide Variablen konnten wir eine in Abhängigkeit vom (Aus-)Bildungsweg stehende Entwicklung nachweisen. Es ließe sich vermuten, dass die Dauer der Sozialisation in den jeweiligen (beruflichen) Bildungswegen noch zu kurz war, als dass sich weitere Effekte der Arbeitsbedingungen bereits im Alter von ca. 20 Jahren nachweisen ließen. Auch die spezifischen Arbeitsbedingungen der Jugendlichen im jeweiligen beruflichen Kontext zeigten ja nur sehr geringe Zusammenhänge mit ihrem Wahlverhalten. Das würde bedeuten, dass sich ein ausgeprägter Einfluss entsprechend des Bildungsweges erst später entwickelt. Erst mit einem längeren Verbleib im jeweiligen beruflichen Sozialisationsfeld würden sich stärkere Zusammenhänge ausprägen. Die Querschnittsanalysen zum vierten Messzeitpunkt weisen ja deutlich mehr Zusammenhänge auf als die Querschnittsanalysen zum ersten Messzeitpunkt. Hier zeichneten sich durchaus weitere Entwicklungen ab, die aber bisher im Gesamtmodell nicht signifikant wurden.

Ebenso könnte es durchaus sein, dass sich die politischen Parteien – mit Ausnahme der rechtsradikalen Parteien – grundsätzlich aus der Sicht der

Jugendlichen nur wenig voneinander unterscheiden. Mangelnde oder fehlende sozialisatorische Wirkungen auf die unterschiedlichen Parteipräferenzen könnten demnach auch in dieser mangelnden Differenzierungsfähigkeit der jugendlichen Erstwähler begründet sein. Dass gerade für die – aus dem politischen Spektrum herausfallenden – rechtsradikalen Parteien Einflüsse nachzuweisen sind, könnte diese Annahme durchaus stützen. Demzufolge könnten sich sozialisatorische Einflüsse des Bildungsweges eventuell stärker auf andere politische Einstellungen und Verhaltensweisen bemerkbar machen, die sich deutlicher von anderen unterscheiden, die wir aber hier nicht überprüft haben.

Wir können anhand unserer Analysen diese Fragen nicht beantworten. Unsere Ergebnisse zeigen aber, dass die für westliche Demokratien postulierte unterschiedliche Entwicklung des Wahlverhaltens als Folge einer beruflichen oder schulischen Ausbildung für die hier untersuchten Brandenburger Jugendlichen nur ansatzweise nachgewiesen werden kann. Inwieweit sich längerfristig die Unterschiede zwischen den Bildungsweggruppen entsprechend ihrer weiteren Sozialisationswege stärker ausprägen werden, bleibt abzuwarten.

Einfluss unterschiedlicher (Aus-)Bildungswege

7.5 Anhang

Abbildung 7.7: Wahlbereitschaft und Parteipräferenzen der Gymnasiasten im Entwicklungsverlauf (N = 538)

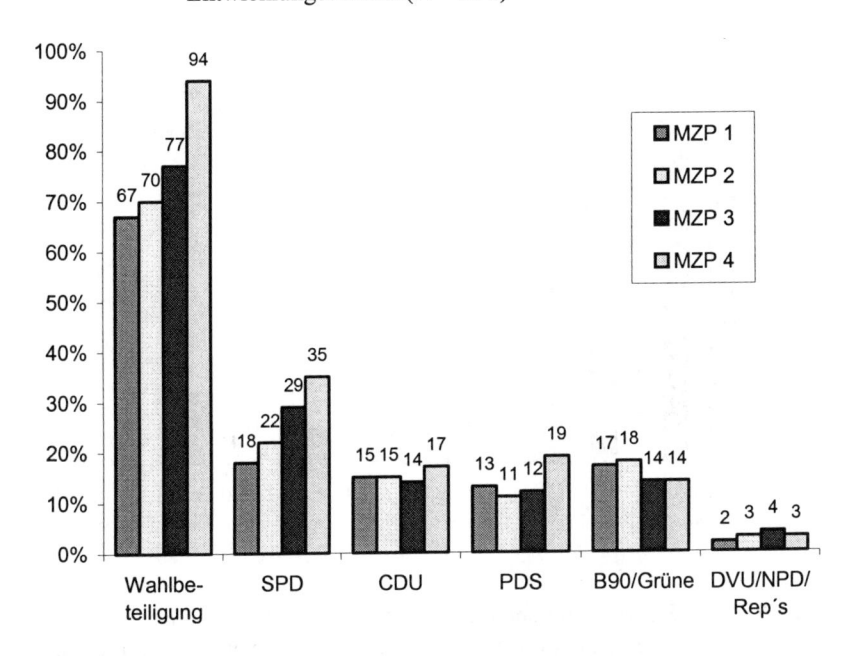

Tabelle 7.11: Entwicklung der Wahlbereitschaft und Parteipräferenzen der Gymnasiasten (N = 538), Ergebnisse Allgemeiner Linearer Modelle (F-Werte und Signifikanzniveaus) im Längsschnitt

	Wahlbe-teiligung	SPD	CDU	PDS	B90/Grüne	DVU/NPD/Rep's
Haupteffekt Messzeitpunkt	67.1***	21.5***	--	10.1***	2.8*	--
Kontrast MZP 1/2	--	4.2*	--	--	--	--
Kontrast MZP 2/3	10.9**	10.0**	--	--	5.3*	--
Kontrast MZP 3/4	77.8***	6.0*	5.8*	18.2***	--	--

*** p < .001; ** p < .01; * p < .05; -- n. s.

Abbildung 7.8: Wahlbereitschaft und Parteipräferenzen der Oberschüler im Entwicklungsverlauf (N = 84)

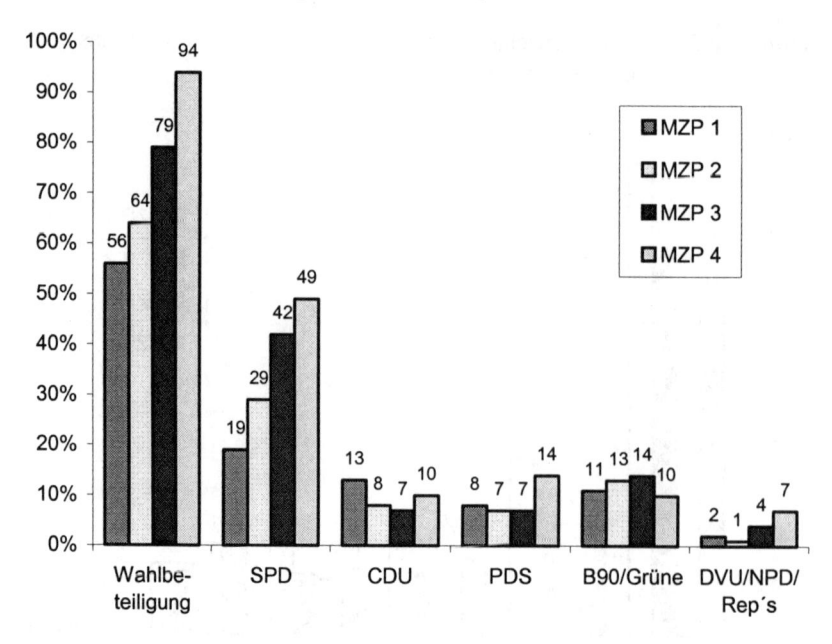

[Balkendiagramm mit folgenden Werten:

Wahlbeteiligung: MZP1=56, MZP2=64, MZP3=79, MZP4=94
SPD: MZP1=19, MZP2=29, MZP3=42, MZP4=49
CDU: MZP1=13, MZP2=8, MZP3=7, MZP4=10
PDS: MZP1=8, MZP2=7, MZP3=7, MZP4=14
B90/Grüne: MZP1=11, MZP2=13, MZP3=14, MZP4=10
DVU/NPD/Rep´s: MZP1=2, MZP2=1, MZP3=4, MZP4=7]

Tabelle 7.12: Entwicklung der Wahlbereitschaft und Parteipräferenzen der Oberschüler (N = 84), Ergebnisse Allgemeiner Linearer Modelle (F-Werte und Signifikanzniveaus) im Längsschnitt

	Wahlbeteiligung	SPD-Wahl	CDU-Wahl	PDS-Wahl	B90/Grüne	DVU/NPD/Rep's
Haupteffekt Messzeitpunkt	19.6***	9.5***	--	--	--	--
Kontrast MZP 1/2	--	--	--	--	--	--
Kontrast MZP 2/3	10.0**	5.6*	--	--	--	--
Kontrast MZP 3/4	12.9**	--	--	--	--	--

*** $p < .001$; ** $p < .01$; * $p < .05$; -- n. s.

Einfluss unterschiedlicher (Aus-)Bildungswege 213

Abbildung 7.9: Wahlbereitschaft und Parteipräferenzen der Schulabgänger im Entwicklungsverlauf (N = 146)

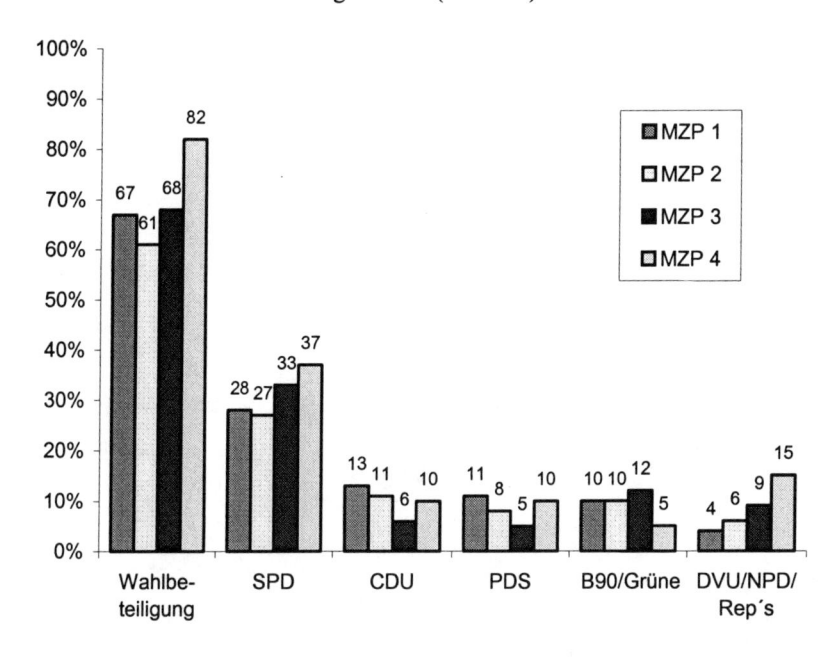

	Wahlbe-teiligung	SPD	CDU	PDS	B90/Grüne	DVU/NPD/Rep's
MZP 1	67	28	13	11	10	4
MZP 2	61	27	11	8	10	6
MZP 3	68	33	10	10	12	9
MZP 4	82	37	6	5	5	15

Tabelle 7.13: Entwicklung der Wahlbereitschaft und Parteipräferenzen der Schulabgänger (N = 146), Ergebnisse Allgemeiner Linearer Modelle (F-Werte und Signifikanzniveaus) im Längsschnitt

	Wahlbe-teiligung	SPD-Wahl	CDU-Wahl	PDS-Wahl	B90/Grüne	DVU/NPD/Rep's
Haupteffekt Messzeitpunkt	8.2***	--	--	--	--	6.7***
Kontrast MZP 1/2	--	--	--	--	--	--
Kontrast MZP 2/3	--	--	--	--	--	--
Kontrast MZP 3/4	10.1**	--	--	--	5.7*	4.4*

*** $p < .001$; ** $p < .01$; * $p < .05$; -- n. s.

Kapitel 8
Die Qual der Wahl

Janette Brauer

8.1 Einführung

In diesem Kapitel werden Ergebnisse aus Tonbandinterviews mit ausgewählten Jugendlichen des Teilprojekts B (Gymnasiasten) vorgestellt. Es geht dabei nicht mehr wie in den vorangegangenen Kapiteln um die Verteilung von Antworten und um statistische Zusammenhänge. Vielmehr sollen die Interpretationen der unstandardisiert erhobenen qualitativen Daten helfen, einen Teil der oben dargestellten statistischen Ergebnisse in ihrem Bedeutungsgehalt besser zu verstehen. Wie begründen die Jugendlichen ihre Einstellungen und Verhaltensweisen in Bezug auf die Bundestagswahl, wenn sie es mit ihren eigenen Worten sagen?

Die Darstellungen dieses Kapitels unterstützen insbesondere die Interpretation einiger Ergebnisse der Kapitel 4 und 6. In Kapitel 4 ging es um die Entwicklung der Wahlbereitschaft und der Parteipräferenz, unter anderem in Abhängigkeit von politischem Interesse und Politikverdrossenheit. Im vorliegenden Kapitel soll anhand der Fallbeispiele gezeigt werden, wie sich die Argumentation der Jugendlichen, deren Wahlbereitschaft sich in den drei Jahren verschieden entwickelt hat, unterscheiden. Welche Bedeutung haben in diesem Zusammenhang die Konstrukte „politisches Interesse" verbunden mit „Informiertheit" und „Politikverdrossenheit"?

In Kapitel 6 ging es um den Einfluss der Kontexte Familie und Gleichaltrige auf die mit der Wahl verbundenen Entscheidungen. Was verbirgt sich hinter den dort gefundenen Übereinstimmungen und Diskussionen über Politik? Ist die emotionale Beziehung zu den Eltern tatsächlich so folgenlos, wie es dort den Anschein hat? Neben Antworten auf diese Fragen kann das vorliegende Kapitel helfen, ein Desiderat der vorstehenden Analysen zu beheben, nämlich die Bedeutung der Schule als eines weiteren beeinflussenden Kontextes. Und nicht zuletzt werden in den Worten der interviewten Jugendlichen die Geschlechtsunterschiede der statistischen Darstellungen mit Leben gefüllt.

Von den 28 Gymnasiasten, die in der 10. Klasse unter dem Gesichtspunkt ihres im Fragebogen angekreuzten politischen Interesses für ein Tonbandinterview ausgewählt und gewonnen wurden, haben neun junge Frauen und neun junge Männer zu allen vier Messzeitpunkten ein Interview gegeben. Aus diesem Ausgangsmaterial wurden sieben Fälle für ausführliche Fallbeschreibungen ausgewählt, die sich in ihren Entwicklungsverläufen, in politischem Interesse und Informiertheit, in ihrer Interessenlage und Wahlentscheidung, in den Kontexteinflüssen und im Geschlecht unterschieden. Hauptgesichtspunkt bei dieser Auswahl war, dass sich an diesen Fällen die im Zusammenhang mit dem Wählen auftretenden Probleme und Besonderheiten besonders gut demonstrieren lassen. Dies kann als zulässig erachtet werden, weil die Fälle nicht als Beweise, sondern als Illustrationen für Typisches dienen. Zusätzlich wurden die 11 nicht dargestellten Fälle auf Varianten hin durchgesehen.

Für die Darstellung der sieben Fallbeispiele wurden aus den Transkripten in einem ersten Schritt alle relevanten biographischen Daten herausgezogen. In einem weiteren Schritt wurden alle von den Jugendlichen gemachten Aussagen zu den Kategorien „Wahlbereitschaft", „Parteipräferenz" und „Kontexteinfluss" zu den Messzeitpunkten 1996, 1997, Frühjahr 1998 und Herbst 1998 herausgefiltert. Anhand des so erhaltenen Materials wurden die Aussagen der Jugendlichen interpretiert, um die Entwicklung des Wahlverhaltens und die jeweilig wirkenden Einflüsse nachzuvollziehen. Die Interpretationen erfolgten Passage für Passage, ohne auf Textstellen vorzugreifen, die noch nicht analysiert waren. Dieses sequenzielle Vorgehen sollte sicherstellen, dass die Interpretierende die Vielfalt der möglichen Deutungen wahren kann. Die Äußerungen der Jugendlichen werden im Folgenden in Zitatform wiedergegeben.

8.2 Falldarstellungen

Männliche Jugendliche

Frank – *„Also ick hab auch keine Minute eigentlich überlegt, ob ich überhaupt wählen gehe oder nich."*

Frank beschreibt sich 1996 und 1997 als einen politisch sehr interessierten linksorientierten Jugendlichen, der sich auch politisch beteiligt, beispielsweise an Demonstrationen teilnimmt oder für die Schülerzeitung satirische politische Artikel verfasst. In den Interviews wird deutlich, dass er über ein umfangreiches politisches Hintergrundwissen verfügt. Er versucht, politische Sachverhalte zu analysieren und sich ein eigenes Urteil zu bilden. Im Frühjahr 1998 äußert er sich dann jedoch dahingehend, dass er zwar noch politische Sachverhalte wahrnimmt, diese ihn aber nicht mehr interessieren. Er zeigt sich in diesem dritten Interview politisch desillusioniert. Frank hat im Laufe der Zeit für sich die Meinung herausgebildet, dass jedes eigene politische

Interesse aufgrund des bestehenden gesellschaftlichen Systems, das seines Erachtens durch die Wirtschaft bestimmt wird, sinnlos ist. So sagt er:

„Und dann sich noch dagegen zu stellen, und immer nur irgendwelche Phrasen über seine Lippen kommen zu lassen, dat war -iss/ hat mir irgendwann gereicht. Ich hab kein, keine Lust mehr gehabt. Weder an, – an irgendwelchen politischen Strömungen, äh – und noch an irgendwelchen Demonstrationen."

Für Frank stellt sich trotzdem zu keinem Zeitpunkt wirklich die Frage, sich nicht an der Bundestagswahl zu beteiligen. Er überlegte im Frühjahr 1998 jedoch, aus Unzufriedenheit mit dem Parteienangebot den Stimmzettel ungültig zu machen.

„Naja, ich werd den Stimmzettel ungültig machen, höchstwahrscheinlich. – Weil, ich weiß echt nicht, was ich wählen soll."

Das Nichtwissen, was er wählen soll, bedeutet bei Frank nicht Unkenntnis sondern beruht auf der Annahme, dass sämtliche Parteien aufgrund des in der Bundesrepublik existierenden Wirtschaftssystems keine Chancen haben, grundlegende Veränderung zu erreichen.

„Ich hab die Sache mal hinterfragt ... also was bringt jede Partei? Jede Partei versucht irgendwo, Wähler zu, Wählerstimmen zu erhalten. Jede Partei versucht also, das Hauptproblem zu lösen, Arbeitslosigkeit. Äh, – soziale Gerechtigkeit, – die eine Partei weniger, die andere Partei vielleicht irgendwie mehr, – aber letztendlich kommen sie alle auf keinen Nenner. Sie schaffen's einfach nicht. Also nicht in – äh, nicht in diesem Wirtschaftssystem."

Obwohl Frank angibt, nicht zu wissen, welche Partei er wählen soll, bedeutet dies nicht, dass er keine Parteipräferenz hat. Bereits 1996 favorisiert er die PDS als die für ihn einzig mögliche wählbare Partei. Seine Sympathie für die PDS, die über die Zeit stabil bleibt, dürfte auf seiner ideologischen Grundhaltung basieren. Frank übt jedoch auch an der von ihm bevorzugten Partei in jedem der geführten Interviews Kritik. So beurteilt er bereits 1996 negativ, dass die Mitglieder der Partei ihre Standpunkte und Ideale aus politischen Erfordernissen heraus verändern.

„Hauptsache, dass man, dass man im politischen Leben existent sein kann, also dass man wirklich bestimmte Ziele aufgibt ... wie es die PDS auch meiner Meinung nach in den letzten Jahren getan hat ... eh, um immer noch ... da sein zu können."

Er zieht dabei eine Parallele zur SPD, die sich im Laufe der Zeit genauso verhalten hätte. Dadurch sieht er die wichtige Rolle der Partei als Opposition in Gefahr, deren Funktion darin bestehe,

„dass man wirklich gegen das vorherrschende System auch einen Gegenpol bilden kann."

Auch in den weiteren Interviews spricht Frank immer wieder die Ideale der Parteien an und betont, dass es ihm wichtig wäre, dass die Parteien ihren

Idealen treu bleiben, auch wenn sie dadurch nicht den erwünschten politischen Erfolg haben.

Dass Frank seinen Stimmzettel zur Bundestagswahl nicht ungültig macht, sondern sich doch für die Wahl einer Partei entschieden hat, gründet auf der Hoffnung, dass sich durch einen möglichen Regierungswechsel doch Veränderungen ergeben, die seinen politischen Vorstellungen näher kommen. Zur Bundestagswahl wählt er deshalb neben der PDS die SPD, erstere, weil er sie als Opposition wünscht, letztere, weil er den Regierungswechsel möchte.

Die wichtigste Person aus Franks sozialem Umfeld in Bezug auf seine politische Meinungs- und Identitätsbildung war ein Onkel. In den ersten beiden Interviews berichtet er, dass dieser einen wesentlichen Einfluss auf seine politischen Einstellungen hatte. Im Alter von ungefähr 14 Jahren hätte der Onkel, der vor der Wende als Kulturattaché in einer Botschaft arbeitete, sein politisches Interesse geweckt. Die Gespräche mit dem Onkel waren sehr wichtig für ihn, weil er seine eigene Meinung darzulegen lernte und sich mit seinen Ansichten verstanden fühlte. Außerdem hat er viele Standpunkte seines Onkels übernommen. In den letzten beiden Interviews, in denen Frank nur noch wenig aktuelles politisches Interesse äußert, wird der Onkel nicht mehr erwähnt.

Mit seinen Eltern redet Frank über Politik. Aber im Gegensatz zum Verhältnis zu seinem Onkel fehlt ihm wohl hier, auch wenn seine Meinungen denen der Eltern ähnlich sind, die Anerkennung seiner etwas radikaleren Ansichten. Frank weiß, dass seine Eltern früher schon einmal die PDS gewählt haben. Wie sie 1998 wählen werden, kann er nur vermuten, entweder fanden zwischen ihnen wenig Gespräche zu dieser Thematik statt, oder die Eltern sind ebenfalls unschlüssig, für welche Partei sie sich entscheiden sollen.

In den ersten beiden Interviews spielen gleichaltrige Mitschüler im Zusammenhang mit politischen Gesprächen keine größere Rolle. Frank schätzt deren Politikinteresse als nicht sehr ausgeprägt ein. In seinem Freundeskreis verhält es sich ähnlich, auch dort ist er derjenige, der redet. In den folgenden Jahren haben die Freunde eine wichtigere Gesprächsfunktion, in diesen Gesprächen geht es jedoch eher um die literarische Verarbeitung politischer Grundsätze als um tagespolitische Themen.

Dirk – *„Eigentlich müsste man aus Protest gar nicht mehr wählen gehen, aber ..."*

In dem Fall von Dirk handelt es sich ebenfalls um einen politisch sehr interessierten Jugendlichen, der über detaillierte politische Kenntnisse in Bezug auf aktuelle politische Geschehnisse verfügt. In seinen umfangreichen Ausführungen versucht er, die politischen Verhältnisse zu analysieren und Stellung dazu zu nehmen. Genau wie Frank berichtet er in dem Interview im Frühjahr

Die Qual der Wahl 219

1998, dass sein politisches Interesse gesunken ist. Dennoch zeigen beide Jugendlichen durch lange Ausführungen über politische Sachverhalte und gesellschaftliche Verhältnisse, dass sie über aktuelle politische Geschehnisse informiert sind und gesellschaftliche Probleme reflektieren.

Ähnlich wie Frank betrachtet Dirk die Arbeit der Parteien und der Politiker zunehmend kritisch. So beklagt er beispielsweise, dass die Interessen des Volkes zu wenig Berücksichtigung finden und die Entwicklung in Deutschland stagnieren würde. Im Gegensatz zu Frank, für den die Nichtbeteiligung an der Bundestagswahl nie wirklich zur Debatte stand, bringt Dirk in den Interviews eine schwankende, unentschiedene Haltung in Bezug auf seine Wahlbereitschaft zum Ausdruck. Er gibt als Begründung dafür an, dass er nicht weiß, was er wählen soll. Während diese Haltung bei Frank weniger auf Unkenntnis über die verschiedenen Parteien, sondern auf deren mangelndem Handlungsspielraum basiert, finden sich bei Dirk Hinweise auf nicht ausreichende Kenntnisse wie auch auf Unzufriedenheit mit der Parteienarbeit und der Politik in der Bundesrepublik.

„Ich hab zwar nicht, ich möchte mir dann auch vorerst mal äh ein paar Parteiprogramme zusenden lassen, um mich genau zu informieren, ich glaub mal, das mach ich bloß aus eigenem Interesse, nicht den Parteien zuliebe."

Seine Unzufriedenheit über die Politik bringt er auch in einem anderen Zusammenhang zum Ausdruck, als es im Interview um den Wahlerfolg der DVU in Sachsen-Anhalt geht. An dieser Stelle sagt er:

„Was natürlich einerseits erschreckend ist, andererseits aber vielleicht die Leute, die sonst bis jetzt da in der Regierung gesessen haben, mal wach rüttelt aus ihrem Schlaf. Denn wenn man guckt, ist das keine große Entwicklung, die jetzt Deutschland in den paar Jahren vollzogen hat, stagniert immer mehr."

Während Frank als Konsequenz aus seiner Unzufriedenheit überlegt, seinen Stimmzettel ungültig zu machen, stellt Dirk die Überlegung an:

„... eigentlich müsste man aus Protest gar nicht mehr wählen gehen."

Dass dies jedoch keine wirkliche Alternative ist, begründet er folgendermaßen:

„Aber da hat man halt den Nachteil, dass wenn man nicht wählen geht, dass dann vielleicht irgendwelche Parteien, die noch schlechter sind, wie die wir jetzt haben."

Dirk entscheidet sich dann schließlich für die Beteiligung an der Bundestagswahl 1998.

Dirk ist zwar über politische Themen informiert und versucht die Zusammenhänge zu erfassen, bekennt aber, dass er über die verschiedenen Parteien wenig weiß. 1996 und 1997 sagt er, dass er lediglich die Parteinamen kenne, aber nicht deren inhaltlichen Zielstellungen oder Parteiprogramme. Dies verändert sich erst im Vorfeld der Wahlen. Im Gegensatz zu Frank lässt sich bei Dirk in den ersten beiden Interviews zwar keine konkrete Parteipräferenz feststellen, aber doch eine rechtsgerichtete Orientierung. Im ersten Interview, 1996, deutet er auch ein spezielleres Interesse an der Arbeit der CDU an, es wird jedoch nicht deutlich, worauf dieses beruht.

„Hauptnachrichten von CDU oder wenn die ma kommen ... klar, die guck ick mir schon ma an, wa."

Auch im Fragebogen der ersten Erhebungswelle 1996 macht Dirk keine Angaben zu der Frage, welche Partei er am nächsten Sonntag wählen würde. Zum zweiten Erhebungszeitpunkt kreuzt er die Republikaner an.

Aus dem anfänglichen Interesse für die Arbeit der CDU entwickelt sich über die Zeit anscheinend eine Präferenz für diese Partei, so sagt er im dritten Interview:

„Aber sympathisch ist mir immer die CDU, so hart es sich an... anhört, aber, ... und die meisten Leute meckern ja, aber ich denke mal, dass die noch ein paar grade Schritte machen in Richtung Zukunft, ... auf alles so' n bisschen Rücksicht nehmen."

Diese Haltung ist allerdings ambivalent. Er findet, dass die Regierungspartei wachgerüttelt werden muss und bezeichnet sie indirekt als schlecht. Aber er äußert auch Sympathie und hat die CDU bei der Bundestagswahl 1998 tatsächlich gewählt. Seine Wahlentscheidung begründet er folgendermaßen:

„Na um selbst Vorteile erzielen zu können, in meiner eigenen Laufbahn, und ähm da mein Vater selbständig ist, den vielleicht durch meine eine Stimme ein bisschen unterstützen zu können, und dass er halt auch Vorteile zieht aus dieser Wahl."

Im Gegensatz zu Frank beteiligt er sich weniger aus der Hoffnung heraus, politisch etwas zu bewirken. Die Frage, ob die Wahlbeteiligung für ihn wichtig war, verneint Dirk. Seines Erachtens hat seine Stimme wenig Bedeutung. Die Gründe, weshalb er sich an der Bundestagswahl beteiligte, waren neben der Interessenlage seines Elternhauses seine Neugier und sein Interesse am Wahlgeschehen an sich.

Dirk kommt aus einem anderen familiären Milieu als Frank. Seine Eltern sind nicht wie Franks Eltern Arbeitnehmer, die nach der Wende auch schon von Arbeitslosigkeit betroffen waren, sondern selbständig. Sein Vater ist Notar, in dessen Notariat die Mutter als Notariatsgehilfin beschäftigt ist.

Auf die Entwicklung der politischen Einstellungen Dirks wirkt sich auch die Haltung der Gleichaltrigen in seinem Umfeld aus. Anfänglich scheint der Freundes- und Bekanntenkreis stärker auf seine politische Haltung gewirkt zu haben. Dirk beschreibt, dass er einen großen Freundes- und Bekanntenkreis hat, zu dem Jugendliche aus dem linken wie aus dem rechten Spektrum gehören. Sich selbst erlebt er als Verbindungsglied zwischen diesen Gruppen.

„So richtig wie so'n Baum mit vielen Zweigen, und ich bin die Wurzel und ick kenn die Leute dann alle."

Da er im Fragebogen der zweiten Erhebungswelle die Republikaner als Partei, die er bei einer Bundestagswahl wählen würde, ankreuzt, ist anzunehmen, dass die Einstellungen der rechtsorientierten Jugendlichen ihn zu diesem Zeitpunkt beeinflussten. Mit zunehmendem Alter und der damit verbundenen Auseinandersetzung mit Berufs- und Zukunftsperspektiven, scheint sein Elternhaus Einfluss auf seine politische Einstellung gewonnen zu haben. So wählt er, obwohl nach seinen Aussagen seine Meinungen und die seiner Eltern oft voneinander abweichen, wie seine Eltern die CDU. Da er selbst nach einem Jurastudium in das Unternehmen seines Vaters einsteigen möchte, richtet er seine Wahlentscheidung an den Belangen des elterlichen Unternehmens aus.

Max – „*Ich will nicht falsch wählen.*"

Im Gegensatz zu Frank und Dirk haben wir es bei Max mit einem sich selbst als politisch nicht übermäßig interessiert darstellenden Jugendlichen zu tun. Er ist ein multikulturell und positiv eingestellter Jugendlicher mit viel Auslandserfahrung. Politische Informationen nimmt Max eher nebenbei auf, dadurch hat er einen groben Überblick über aktuelle politische Geschehnisse. Wie bei Frank und Dirk kommen in seinen Ausführungen Gedanken zu gesellschaftlichen Problemen, jedoch weniger direkte Kritik an der Parteienarbeit zum Ausdruck.

Seine Haltung zum Wählen ist wie bei Dirk unentschieden. Während Max sich 1996 für eine Beteiligung ausspricht, lehnt er sie 1997 ab, da er meint:

„... weil ich einfach noch nicht ..."

Hier bricht er ab. So bleibt unklar, was er genau meint. Er fährt dann mit der Äußerung fort:

„... ich will nicht falsch wählen."

Auch ein halbes Jahr vor der Wahl nimmt Max immer noch eine schwankende Haltung ein. Dabei hat sich seine Argumentation nicht verändert.

„Ja. Also wählen sollte man auf jeden Fall. Aber – das Falsche wählen sollte man auch nicht. Also ich – deswegen – weiß ich's noch nicht."

Anders als Frank und Dirk äußert er Angst davor, falsch zu wählen. Dies lässt ihn wie Frank darüber nachdenken, den Stimmzettel ungültig zu machen, um trotzdem gewählt zu haben, denn die Beteiligung an der Wahl scheint ihm unverzichtbar.

„Ehm – na ich find es, ich find es wichtig zur Wahl zu gehen. Ich hab zwar – also ich halte nichts von Leuten, die nicht zur Wahl gehen."

Diese Möglichkeit des ungültigen Stimmzettels hat ihm anscheinend sogar die Entscheidung für eine Beteiligung an der Bundestagswahl 1998 erleichtert. Da er diese Variante dann doch nicht überzeugend findet, entscheidet er sich für die Parteiwahl.

Sein Hintergrundwissen über die verschiedenen Parteien hält Max für zu gering. In den ersten Interviews gibt er an, dass er mehr über die Geschichte der Parteien weiß als über deren aktuelle Ziele und Vorstellungen. Erst im Vorfeld der Wahlen informiert er sich eingehender über die Programme. Dennoch lässt sich wie bei Frank eine stabile Parteipräferenz feststellen. Neben der Partei Bündnis 90/Die Grünen sympathisiert er bereits 1996 mit der PDS.

„Die Partei, der ich vielleicht ein bisschen Sympathie schenke, ist auf jeden Fall etwas Linksgerichtetes, ich weiß nicht, obwohl die Grünen nicht so richtig aus dem Knie kommen ... ich denke mal PDS oder Bündnis 90/Die Grünen, das ist eigentlich schon 'ne ganz gute Richtung."

Zwar schwankt er die gesamte Zeit zwischen den beiden Parteien, entscheidet sich dann aber zur Bundestagswahl 1998 mit seiner Zweitstimme für die PDS, weil er diese als Oppositionspartei und Ideeneinbringer für die Gestaltung der gesellschaftlichen Zukunft in den Bundestag einziehen sehen will.

„Ich denke, sie haben ganz, ganz gute Ansätze also oder ganz, ganz gute Ideen, die teilweise n' bißchen utopisch klingen, aber ich ich ich denke, es ist auf keinen Fall schlecht, mal so ne, mal so ne ganz krasse Opposition im Bundestag zu haben und -- ich -- einfach als Ideeneinbringer so ist glaub ich gar nicht schlecht."

Des weiteren hofft er zum Beispiel auf eine veränderte Einwanderungs- und Asylpolitik und eine Öffnung der Gesellschaft hin zu multikulturellem Zusammenleben.

In seinen Überlegungen zur Stimmverteilung verhält er sich kalkulierend. So entscheidet er sich zur Vergabe seiner Zweitstimme an die PDS nur, da er vom Wahlsieg der SPD überzeugt ist. Der damit verbundene Kanzlerwechsel ist von ihm erhofft und wird durch die Vergabe seiner Erststimme für die SPD unterstützt.

Max' familiäres Umfeld ist durch eine tolerante, weltoffene, kreative Atmosphäre geprägt, die im wesentlichen durch die alleinerziehende Mutter geschaffen wird. Diese dürfte einen entscheidenden Einfluss auf die Wahlentscheidung von Max haben. Er betont in allen geführten Interviews, dass er das Verhalten, die Äußerungen und die Lebenssituation der Eltern als maßgeblich für die Einstellung von Jugendlichen ansieht. Seine alleinerziehende Mutter benennt er 1996 und 1997 als seine wichtigste Gesprächspartnerin. Er holt sich nicht nur Erklärungen für politische Sachverhalte bei ihr, sondern fühlt sich beeinflusst durch ihr alltägliches Verhalten und ihre Meinungen, die sie in Gesprächen im Freundes- und Bekanntenkreis äußert. In Bezug auf Wahlbeteiligung und Parteipräferenz erlebt er seine Mutter ebenfalls unschlüssig

Die Qual der Wahl 223

und schwankend. Er nimmt die Meinungen und Urteile seiner Mutter zu den verschiedenen Parteien wahr, lässt sich davon beeinflussen, versucht aber gleichzeitig auch die Ansichten der Mutter zu hinterfragen.

Er selbst hat 1996 und 1997 keinen festen Freundeskreis, da sein Gleichaltrigenumfeld durch von ihm abgelehnte rechtsorientierte Tendenzen bestimmt ist. Erst 1998, nach einem Schulwechsel, kann er sich in das neue Gleichaltrigenumfeld integrieren. Der Freundeskreis, dem sich Max im Wahljahr zugehörig fühlt, vertritt ähnliche politische Einstellungen wie er. Es ist anzunehmen, dass er diesen Freundeskreis aufgrund seiner eigenen eher linksorientierten Haltung gewählt hat.

Weibliche Jugendliche

Jana – „*Das werde ich auf jeden Fall machen.*"

Obwohl Jana seit 1997 Mitglied im Verein „Tierversuchsgegner Berlin" ist und sich dort aktiv an Demonstrationen, Betreuung von Infoständen und der Durchführung von Unterschriftensammlungen beteiligt, bezeichnet sie sich in den ersten drei Interviews genau wie Max als politisch gering interessiert. Sie selbst gibt ihrem mangelnden Wissen über politische Zusammenhänge die Schuld daran. Trotzdem weist Jana genau wie Max darauf hin, dass sie politische Ereignisse sehr wohl wahrnimmt. Es gibt auch Ereignisse, die sie interessieren, wie beispielsweise Kriege, aber eben nicht stundenlange Debatten über innenpolitische Themen. Das ist ihr zu „trocken" und

„stundenlang diskutieren über irgendwelche Sachen, da ... kann ich nichts mit anfangen."

Im Gegensatz zu Max und auch den anderen beiden männlichen Jugendlichen finden sich im Fall von Jana in den ersten beiden Interviews wenig Hinweise darauf, dass sie gesellschaftliche oder politische Probleme reflektiert. Doch auch sie bewertet die Arbeit der Politiker eher kritisch.

„Naja, ich weiß nich ..., die geben sich zu wenig Mühe, würd ich mal so eher sagen."

Jana zeigt eine stabile Haltung hinsichtlich der Wahlbeteiligung. Sie gibt zu allen Messzeitpunkten an, dass sie sich an einer Bundestagswahl beteiligen würde. Ihr ist dabei, genau wie den beiden unentschiedenen männlichen Jugendlichen Dirk und Max, bewusst, dass sie über zu wenig Hintergrundwissen hinsichtlich der verschiedenen Parteien verfügt. Doch auch Jana hat bis zum Frühjahr 1998 nichts unternommen, um sich über die Parteien und deren Ziele zu informieren. Allerdings hat sie inzwischen Vorstellungen, worüber sie sich bis zur Bundestagswahl informieren möchte:

„... die Ziele sehen, was sie eigentlich erreichen wollen. Ob sie' t dann wirklich erreichen, iss noch die andere Frage, aber zumindest, was sie erreichen wollen. Und wenn dat halt auf meiner Wellenlänge liegt und ick denke, dat dat das Richtige iss, dann werd ick die wählen."

Jana hat sich dann auch informiert und wie vorgehabt an der Bundestagswahl im Herbst 1998 teilgenommen. Auf die Gründe für ihre Handlungspräferenz geht Jana nicht näher ein, sie äußert sich lediglich nach ihrer Wahlteilnahme dazu und sagt:

„Ich hab's gemacht. Schon alleine, weil's halt das erste Mal war."

Sie weist damit, wie schon Dirk, auf ihre Neugier in Bezug auf den Wahlakt hin.

Obwohl Jana sagt, dass sie über die Ziele der einzelnen Parteien nicht informiert ist, gibt sie 1996 und 1997 jeweils an, die Grünen wählen zu wollen. Eine Begründung für diese Parteipräferenz gibt sie erst im Frühjahr 1998 ab. Sie will diese Partei wählen, weil sie sich für den Umweltschutz einsetzt. Außer zu der Partei Bündnis 90/Die Grünen hat Jana in den ersten drei Interviews keine Vorstellungen, was die einzelnen Parteien mit ihrer Politik erreichen wollen, geäußert. Und auch bei der Partei Bündnis 90/Die Grünen bezieht sie sich lediglich auf den Umweltschutzaspekt.

Im dritten Interview, im Frühjahr 1998, spricht sie inhaltlich nur über die beiden Parteien Bündnis 90/Die Grünen und DVU, welche gerade durch ihren Wahlerfolg bei der Wahl in Sachsen-Anhalt Schlagzeilen machte. Ansonsten kann sie zwar weitere Parteien namentlich benennen, weiß jedoch nicht, wodurch sich beispielsweise die SPD und die CDU unterscheiden. Jana berichtet in diesem Interview von der Veränderung ihrer Parteisympathie. Bündnis 90/-Die Grünen will sie nun nicht mehr wählen. Ihre Begründung dafür:

„Aber da ich nun selber Autofahrer bin, da muss ich sagen, dass es auch selber nen bißchen Bequemlichkeit oder Faulheit iss, – also zum Beispiel das mit den Benzinpreisen, das muss nicht sein."

Im Gegensatz zu den drei männlichen Jugendlichen wechselt Jana aus dem linken Parteienspektrum zum Mitte/Rechts Spektrum. Hinter ihren bisherigen Wahlwünschen standen wohl weniger ideologische Überlegungen, wie sie sich bei Frank und ansatzweise bei Max und auch Dirk fanden, sondern eher ihr spezielles Interesse am Umwelt- und Tierschutz.

Ihre Entscheidung bei der Bundestagswahl im Herbst 1998 fällt zugunsten der CDU und, wie Jana sagt, „damit für Helmut Kohl" aus. Obwohl Jana im Interview nach der Bundestagswahl angibt, sich erst in den letzten beiden Tagen vor der Wahl für diese Partei entschieden zu haben, hatte sie im standardisierten Fragebogen der dritten Erhebungswelle bereits die CDU als die Partei angekreuzt, die sie bei einer anstehenden Bundestagswahl wählen würde. Danach gefragt, wie sie zu dieser Entscheidung gekommen ist, berichtet Jana, dass sie sich gemeinsam mit ihrer Freundin eine Veröffentlichung in der Zeitung über die Ziele der verschiedenen Parteien angesehen hat.

Die Qual der Wahl 225

„Da ham wer gleich erstma 'n paar Parteien rausjenommen, die wer überhaupt nich wählen würden, das war denn die PDS --- eehhh – aus zehn Gründen, da stand --- ja erstmal dass die innere Sicherheit – dass die die sehr reduzieren wollen, sozusagen die Polizei abschaffen. -- Det stand bei der PDS. – Und det – bin ich ja nu – gar nich dafür. Außerdem eh – stand det da so dargestellt, als ob ehm -- die Ostdeutschen sozusagen bevorzugt werden. Behandelt werden sollen in Zukunft denn, wenn die PDS so anne Macht kommt – oder mehr Macht bekommt. -- Und so – unbedingt muß det ja och nich sein, also – Gleichberechtigung, aber nich, dass die Ostdeutschen mehr Wert sind oder -- bevorzugt werden halt gegenüber den – Wessis sozusagen. Ja, det war die PDS. – Na ja die Rechten sozusagen, DVU und -- Republikaner und so – die fielen sowieso gleich raus. -- Ja dann ham wer halt noch zwischen – SPD und CDU gestanden -- na ja und (lacht) in erster Linie ha ick denn och Schröder gesehn, der mir - sehr unsympathisch is."

Jana erklärt in diesem Zusammenhang, dass sie bei ihrer Analyse zwischen den beiden Parteien CDU und SPD keine großen Unterschiede feststellen konnte.

„Ja also – große Unterschiede konnt ich da wirklich nich feststellen zwischen den beeden Parteien."

So entscheidet Jana nach ihrer Sympathie beziehungsweise Antipathie für die Kanzlerkandidaten. Sie betont, dass ihr die Person Helmut Kohl sympathischer ist:

„... bisschen locker jeredet und och freundschaftlich so, hab ich den Eindruck gehabt gegenüber Schröder."

In einem Interview fand sie Kohl darüber hinaus auch vernünftiger. Janas Wahlentscheidung beruht damit, im Gegensatz zu den männlichen Jugendlichen Frank und Max, weniger auf weltanschaulichen Ansichten, oder, wie im Fall von Dirk, auf rationalen Gründen, sondern auf Sympathien für die Persönlichkeit der verschiedenen Politiker.

Jana lebt wie Max allein mit einem Elternteil. In ihrem Fall handelt es sich jedoch um den Vater. Sie berichtet in allen vier Interviews, dass sie sich mit ihrem Vater über Politik unterhält. Im ersten Interview 1996 benennt sie ihn sogar als die Person, mit der sie sich am ehesten über politische Themen unterhält. Diese Gespräche verlaufen für sie jedoch wenig befriedigend, sie beurteilt sie wie im Interview 1996 so:

„Also ich versuch's, mit meinem Vater da drüb ... darüber zu sprechen, aber er hat meistens ganz andere Einstellungen als ich, weil er auch ... er ist ziemlich alt, der ist ... wird 67 jetzt, das ist noch mal 'ne ganz andere Generation, und da ... ich hab's jetzt aufgegeben, braucht man nicht diskutieren mit ihm über irgendwelche Themen mit ihm, er hat immer 'ne ganz andere Einstellung und lässt sich auch nicht irgendwie überreden oder so, oder überzeugen."

Der Generationsunterschied zu ihrem Vater ist hier also größer als in den Fällen der anderen Jugendlichen. Ob dies jedoch tatsächlich der entscheidende Punkt für die Differenzen zwischen Jana und ihrem Vater ist, muss offen bleiben. Zumindest fühlt sich Jana mit ihren Einstellungen nicht verstanden. Sie ist wohl auch resigniert und enttäuscht, dass es ihr nicht gelingt, ihren Vater auch einmal von der Richtigkeit ihrer Ansichten zu überzeugen. Jana weiß, dass ihr Vater immer SPD gewählt hat, kennt aber nicht seine Entscheidungsgründe.

Obwohl Jana also auch in anderen sozialen Umfeldern (Elternhaus, schulischer Bereich) Gespräche über Politik führt, dürfte die enge Verbindung zwischen ihr und ihrer besten Freundin maßgeblich ihre Wahlentscheidung beeinflusst haben. Die Freundin gewinnt ab 1997 zunehmend Bedeutung in politischen Gesprächen.

„Das ist immer schon ganz interessant zu vergleichen."

Die Beurteilung der verschiedenen Parteien kurz vor der Bundestagswahl nimmt Jana zusammen mit dieser Freundin vor. Sie weist an verschiedenen Stellen in den Interviews auf die gleiche Meinung, die sie als Freundinnen haben, hin:

„... bei uns jedenfalls, also bei mir und meiner Freundin. Weil halt – die Meinung können wir nicht nich vertreten. Ja, dann haben wer halt noch zwischen – SPD und CDU gestanden."

Beide haben sich dann für die CDU entschieden. Als Begründung für die Wahlentscheidung ihrer Freundin gibt Jana an:

„Ehmmmm --- Jaa, weil ihr Vater, der is auch irgendwie ehm – inner CDU – und so. Da hat sie glob ich also – sehr großen Einfluss jenommen. Durch ihn."

Jana betont in ihren Äußerungen die übereinstimmenden Ansichten zwischen ihr und ihrer Freundin. Sie empfindet sich jedoch weder von ihrer Freundin noch anderweitig beeinflusst, im Gegensatz zu ihrer Freundin, die von ihrem Vater, der CDU-Mitglied ist, beeinflusst sei.

Nicole – *„Ich sehe da sowieso nicht durch."*

Auch Nicole weist in den ersten Interviews auf ihr fehlendes politisches Interesse hin, äußert aber, dass man über aktuelles politisches Geschehen informiert sein sollte. Wie im Fall von Jana finden sich auch bei Nicole in den ersten beiden Interviews keine Hinweise, dass sie gesellschaftliche oder politische Probleme zu analysieren versucht. Doch auch sie äußert eine ambivalente bis kritische Haltung gegenüber der Arbeit von Politikern.

„Die versprechen viel, aber, na am Ende kommt doch nicht viel raus. Also was man so sieht: die versprechen alles aber ..."

Nicoles desinteressierte Haltung verändert sich später insofern, als sie ein stärkeres Interesse an den politischen Lösungsvorschlägen, die für sie persönlich relevant sind, wie beispielsweise die Arbeitsmarktsituation, entwickelt.

Die Qual der Wahl

In den ersten drei Interviews sagt Nicole jedes Mal, dass sie sich an einer Bundestagswahl nicht beteiligen würde.[62] Die Nichtbeteiligung wird bei Nicole ähnlich wie von den beiden unentschiedenen männlichen Jugendlichen Dirk und Max damit begründet, dass sie nicht weiß, was sie wählen soll. Stärker als diese vermittelt Nicole allerdings den Eindruck, dass sie wenig Hintergrundwissen und Vorstellungen über die einzelnen Parteien hat. So findet sich nicht eine Äußerung, die zeigt, dass sie Vorstellungen über die ideologische Ausrichtung der Parteien oder deren Arbeit hat. Auch im dritten Interview, drei Monate vor den Wahlen, kann Nicole nicht formulieren, wodurch sich die einzelnen Parteien unterscheiden.

„Nö,- ich seh da sowieso nicht durch ... Ich weiß nur, dass die Grünen halt für die Umwelt sind. So alles mögliche für die Umwelt tun wollen."

Die Partei Bündnis 90/Die Grünen hebt sich anscheinend für Nicole von den anderen Parteien ab. So weiß Nicole, dass Bündnis 90/Die Grünen für Umweltschutz stehen und die Benzinpreise erhöhen wollen. Außerdem weiß sie, dass sich alle Parteien gleichermaßen für die Verringerung der Arbeitslosigkeit einsetzen.

Kurz vor der Wahl ändert sie ihre Begründung für eine Nichtbeteiligung dahingehend, dass sie nicht wählen wird, weil keine der zur Wahl stehenden Parteien ihren Vorstellungen entspricht. Ihre Verweigerungshaltung versucht sie mit den Worten:

„... bevor ich dann irgendwas Falsches wähle ..."

noch weiter zu rechtfertigen. Nicole beteiligt sich dann trotzdem an der Bundestagswahl 1998. Von der Wichtigkeit zu wählen, ist sie allerdings nicht überzeugt.

„Man sagt ja, durch die Wahlen hat man Mitbestimmungsmöglichkeiten."

Auf die Frage des Interviewers, ob sie das auch so empfindet, antwortet sie dann jedoch:

„Nee eigentlich nicht."

Sie gibt als Begründung für ihre Wahlbeteiligung an:

„... dann hab ich gehört, na ja, alle gehen wählen."

Nicole hat bei der Bundestagswahl ihre Stimme der SPD gegeben. Diese hatte sie nach folgenden Kriterien ausgewählt.

---

62 Allerdings muß Nicoles Verhalten als widersprüchlich betrachtet werden. Sie kreuzte nämlich bei der ersten Fragebogenerhebung 1996 Bündnis 90/Die Grünen als die Partei an, die sie bei einer anstehenden Bundestagswahl wählen würde. Zum zweiten und dritten Erhebungszeitpunkt kreuzte sie entsprechend ihren Ausführungen in den Interviews an, dass sie nicht wählen gehen würde.

"Na erstmal nach den Zielen, ob es überhaupt vorstellbar ist, was die für Ziele haben und was für mich persönlich auch am besten wäre, also welche Ziele für mich günstig sind für die Zukunft."

Ähnlich wie bei Dirk fanden bei Nicole also vorrangig persönliche Belange bei der Beurteilung der Parteien und damit bei der Wahlentscheidung Berücksichtigung.

Anders als bei den männlichen Jugendlichen und Jana hat auf Nicoles Wahlbeteiligung und ihre Parteipräferenz das schulische Umfeld einen wesentlichen Einfluss. So berichtet Nicole bereits 1996 und auch in den späteren Interviews, dass sie sich nur im Unterrichtsfach politische Bildung mit politischen Themen beschäftigt. Gleichzeitig sagt sie, dass das Fach und Politik nicht sehr beliebt sind. Nicole spricht dabei nicht von sich persönlich, sondern von ihrer Klasse, als deren Teil sie sich definiert. So sagt sie beispielsweise 1997:

"Ja wir halten alle nicht viel von Politik."

Sämtliche Informationen über die Parteien erhielt sie kurz vor der Wahl im Unterricht.

"Also ich wollte schon wissen, was denn nun, über die Vorhaben der Parteien. Und das haben wir dann speziell dann eigentlich auch im Unterricht gemacht, für also eine Stunde haben wir Material gekriegt von verschiedenen Parteien und konnten wir uns dann durchlesen und -- halt uns so informieren."

Außerhalb des Unterrichts im Freundes- oder Mitschülerkreis waren Politik und die Bundestagswahl jedoch kaum ein Thema.

Die Frage, ob sie politische Gespräche im Elternhaus führe, verneint Nicole. Ihre Eltern hätten ihr zwar gesagt, welche Partei sie wählen, aber es fand kein gegenseitiger Gedankenaustausch zu dem Thema statt, so dass sie die Beweggründe der Eltern für ihre Wahlentscheidung nicht nachvollziehen konnte. Obgleich Nicole kaum Gespräche mit Freunden und Eltern über Politik führt, gibt sie an, dass ihre eigenen Vorstellungen hinsichtlich der Wahlentscheidung mit denen der Eltern und auch der Freunde übereinstimmen.

Doreen – *"Interessiert mich nicht."*

Im Gegensatz zu den anderen Jugendlichen handelt es sich bei Doreen um eine Jugendliche, die nach dem ersten Interview das Gymnasium verlassen hat, um eine berufliche Ausbildung zu beginnen. Sie stellt sich als eine politisch wenig interessierte Jugendliche dar, die noch nicht einmal Interesse am tagespolitischen Geschehen erwähnt.

Im ersten Interview 1996 spricht Doreen sich gegen eine Beteiligung an der Bundestagswahl aus. Sie begründet ihre Haltung damit, dass sie keine Ahnung davon hat.

Die Qual der Wahl

Auch in den folgenden Interviews gibt sie als Begründung stets ihr mangelndes Wissen hinsichtlich der Parteien an, jetzt aber mit dem zusätzlichen Hinweis auf ihr politisches Desinteresse.

„Interessiert mich nich und deswegen weiß ich auch nicht mehr davon."

Doreen benutzt anfänglich, wie fast alle anderen bisher beschriebenen Jugendlichen, das Argument, nicht zu wissen, was sie wählen soll. Sie kann den Parteien keine inhaltlichen oder ideologischen Schwerpunkte zuordnen. Im Gegensatz zu den anderen Jugendlichen fehlt ihr jegliches Interesse, sich Hintergrundwissen anzueignen. Sie äußert nicht wie diese den Wunsch oder das Vorhaben, sich zu informieren.

Neben dem geringen politischen Interesse kommt bei Doreen noch ein mangelndes Vertrauen in politische Institutionen hinzu, das anscheinend aus einem Vergleich mit gesellschaftlichen Verhältnissen in der DDR resultiert.

„Im Gegenteil, es wird schlechter. Ich meine, früher waren nicht so viele Lehrstellenprobleme, früher waren nicht so viele Arbeitslose – eigentlich nur ein Nachteil."

Ihr politisches Desinteresse sowie mangelndes Vertrauen in politische Institutionen sorgen dafür, dass sich Doreen erst gar nicht intensiver mit den einzelnen Parteien und deren inhaltlichen Zielen beschäftigt.

„Ich hab auch nicht vor, mich mit den Parteien zu beschäftigen. Würd eh nichts bringen, denk ich. Na weil sich nichts ändert. Allet wird nur teurer, ja das ist die einzige Änderung."

Über die Zeit von 1996 bis 1998 festigt sich ihre Meinung, dass es gleichgültig ist, welche Partei an der Regierung ist. Ihrer Meinung nach liegen die Schwerpunkte innerhalb der Politik auf der Einsparung finanzieller Mittel. „Die Kleinen" sind in diesem Zusammenhang in jedem Fall die Betroffenen, unabhängig davon, welche Partei politische Probleme zu lösen versucht. Eine Auseinandersetzung mit den Parteien lohnt sich daher für Doreen nicht und damit auch nicht die Teilnahme an der Bundestagswahl.

Doreen erklärt anfangs, dass sie sich mit niemandem über politische Themen unterhält. Über ihre Eltern berichtet sie, dass diese sich über das aktuelle politische Tagesgeschehen informieren, darüber reden und diskutieren. Im dritten Interview erzählt sie dann, dass sie sich an den Diskussionen der Eltern auch beteiligt.

„Ja. – Naja, wenn die Steuererhebung ist für die Autos und so, da diskutier ich schon mit, aber nur solche Sachen, die mich interessieren."

Die Einstellungen von Doreen und ihren Eltern stimmen wohl nur bedingt überein. Im Interview danach befragt, antwortet sie:

„Nee. Vielleicht ein bißchen anders ... Naja, mehr, dass ich mehr dagegen bin."

Sie bezieht sich hier auf die vorher im Interview angesprochene Einstellung gegenüber Ausländern, aber eventuell auch auf die vorherrschende Politik. Doreen's Mutter ist anscheinend der politisch interessiertere Elternteil.

„Meine Mutter liest Zeitung, meine Mutter war wählen, mein Vater war nicht wählen, ja."

Der Freundes- und Mitschülerkreis könnte eventuell stärkeren Einfluss auf Doreens Einstellungen haben, da sie ihre Freizeit größtenteils in einer Clique von 20 Leuten verbringt, die sie ebenfalls als desinteressiert und inaktiv beschreibt.

Judith – „Na das werde ich, denke mal, nicht machen"

Judith, die zweite Nichtwählerin in den hier ausgewählten Fällen, befindet sich zum Zeitpunkt der Wahl ebenfalls nicht mehr auf dem Gymnasium, sondern ist in ein Oberstufenzentrum gewechselt. Sie beschreibt sich im ersten Interview genau wie Frank und Dirk als politisch interessiert, und auch bei ihr nimmt dieses Interesse mit zunehmendem Alter ab. Während sie 1996 noch angibt, dass sie politische Sendungen sieht und den „Focus" liest, sagt sie 1998 Folgendes:

„Also ich guck mir och keene Nachrichten grundsätzlich nich an. Weil sowieso bloß immer schlechte Nachrichten sind, so Erdwetter is schlecht und von daher, ick weeß nich, det jefällt mir och alles nich so, wat se machen. Ihre Diäten erhöhen se immer mehr, und so ... weeß ick nich, also se kriegen immer mehr Jeld und ... die Kleenen müssen immer mehr druffzahlen."

Schon 1996 lehnt sie eine Wahlbeteiligung mit der Begründung ab, dass sie nicht entscheiden könnte, welche Partei ihr persönlich Vorteile bringen würde:[63]

„Weeß ick nich – also ob ick das so bestimmen könnte, wer für mich nun gut iss."

Im zweiten Interview ein Jahr später zeigt sie sich schwankend in Bezug auf eine Wahlbeteiligung. Im Frühjahr 1998 sagt sie wieder klar, dass sie sich an der Bundestagswahl nicht beteiligen will. Ihre Nichtbeteiligung begründet sie zu diesem Zeitpunkt damit, dass sie sich von Politik nicht betroffen fühlt und sehen muss, ob ihre Mutter zur Wahl geht.

An der Bundestagswahl im Herbst 1998 beteiligt sie sich dann wirklich nicht. Dies begründet sie anfänglich mit fehlender Zeit aufgrund ihres Arbeitsverhältnisses, räumt dann jedoch ein, dass es ihr egal ist, wer an der Regierungsmacht ist. Gleichzeitig bringt sie zum Ausdruck, dass sie das Ge-

---

63 Im standardisierten Fragebogen der ersten Erhebungswelle kreuzte Judith jedoch bei der sogenannten „Sonntagsfrage" die SPD an. An den anderen standardisierten Befragungen beteiligte sie sich nicht mehr.

Die Qual der Wahl

fühl hat, durch eine Wahlbeteiligung keinen Einfluss auf die Politik nehmen zu können.

„a) weil ick keine Zeit hatte, ick war nämlich arbeiten und danach -- keine Lust mehr gehabt. ------ Eigentlich weil mir det och ejal war muß ick sagen. Ja, wie gesagt, weil et mir mehr oder weniger ejal war, wer da nu rankommt. Weil sie sowieso machen, wat se wollen."

Im Laufe des Interviews kristallisiert sich dann eine weitere Begründung für ihre Nichtbeteiligung heraus. So sagt sie:

„--- aber mir jeht es gut, ick hab keene Probleme. ---- Und von daher war et mir ejal ob nun CDU oder SPD."

Judiths Einstellungen erscheinen sehr widersprüchlich. So beklagt sie zum einen, dass die Belange der normalen Bevölkerung zu wenig berücksichtigt werden, die Wahrnehmung ihrer Mitbestimmungsmöglichkeit würde daran nichts ändern können. Zum anderen argumentiert sie, dass es ihr persönlich gut geht und dies auch so bleiben wird, egal ob nun die SPD oder die CDU regiert, und sie deshalb ihre Mitbestimmungsmöglichkeit nicht nutzen muss.

Judith äußert in keinem der Interviews eine Parteipräferenz, hat jedoch inhaltliche Vorstellungen über die Parteien. So beschreibt sie das Bündnis 90/Die Grünen als die Partei, die sich für den Umweltschutz einsetze, wohingegen die PDS die Interessen der Personen vertrete, die durch die Wende eher Nachteile haben. Des weiteren argumentiert sie, dass es sich bei der Bundestagswahl lediglich um eine Entscheidung zwischen den Parteien SPD und CDU handele.

Judith orientiert sich in ihren politischen Einstellungen und in ihrem Verhalten sehr stark an ihrer alleinerziehenden Mutter, welche ebenfalls nicht wählen ging. Der Bezug zwischen ihren eigenen Ansichten und Äußerungen der Mutter wird in allen vier Interviews deutlich. Im ersten Interview gibt sie ihre Mutter als wichtigste Gesprächspartnerin bezüglich politischer Themen an. Diese Gespräche ergeben sich aus alltäglichen Gegebenheiten und aufgrund aktueller Ereignisse. Judith nutzt häufig Sätze wie:

„Ja da hab ich mich auch mit meiner Mama unterhalten da drüber. Die war auch der gleichen Meinung."

Die Kenntnisse und Meinungen, die Judith in den Interviews äußert, basieren selbst im vierten Interview zu einem großen Teil immer noch auf dem Urteil und den Erfahrungen der Mutter:

„Zum Beispiel weeß ich jetz von meiner Mama, dass seitdem SPD is, dass die zum Beispiel mehr Lohn, so Steuern und so zahlen müssen. Und so aber – oder ... also ick seh det zum Beispiel bei meiner Mama, wenn man det hört wat die für Abzüge haben und so. Aber det wär nu ob CDU oder SPD, det is ejal."

Judith gibt dem Verhalten ihrer Mutter die Schuld an ihrem eigenen politischen Desinteresse oder auch ihrem mangelnden Wissen über Parteien. Auch ihr Wahlverhalten versucht sie mit dem Verhalten ihrer Mutter zu rechtfertigen:

„Meine Mutter war och nich wählen, also – uns is det eigentlich mehr oder weniger ejal."

Das Gleichaltrigenumfeld dürfte dagegen weniger Einfluss ausüben oder aber ihre eher gleichgültigen bis negativen Einstellungen verstärken. So beschreibt sie ihre Freundin ebenfalls als politisch nicht interessiert.

Judith erwähnt in den ersten drei Interviews außerdem ihren Freund als Gesprächspartner über politische Themen. Sie beurteilt ihren Freund als politisch sehr interessiert. Im Vergleich zu ihr, die sich eher rechts einordnen würde, steht er eher links. Hieraus ergeben sich für beide häufig Gespräche, aber sie diskutiert mit ihm auch über Themen wie die Berlin-Brandenburg-Fusion oder den Euro. Judith vermittelt den Eindruck, dass sie sich bei Meinungsverschiedenheiten eher unterordnet.

„Ich unterhalte mich dann zwar ab und zu mal mit mein Freund, weil der interessiert sich eigentlich schon dafür –aber– der sagt mir dann auch immer „so und so ist das" und dann ist auch gut ja - (lacht) -- ich nee ich hab dann auch eigentlich nicht – weiter weil – ich meine lass sie alle machen."

Im ersten Interview erwähnt Judith, dass in der Schule ein Austausch über politische Themen stattfindet. Sie berichtet über Konfrontationen zwischen links- und rechtsorientierten Jugendlichen in der Schule sowie in ihrer Klasse. Die Situation in ihrer Klasse scheint durch Intoleranz geprägt:

„--- wer eben keene, keene Markenklamotten hat, der iss dann auch abgestempelt, sowat eben."

1997 stellt sie die Situation an ihrer Schule folgendermaßen dar:

„Och an der Schule bei uns, also da wird meistens die Meinung von den anderen so uffgedrängt."

Auf die Frage des Interviewers, ob man sich dagegen nicht wehren kann, antwortet sie:

„Na weeß ick nich, ich bin nich so'n Typ, dass ick da nu, weeß ick nich so gegenreden kann ... also mir fällt det'n bisschen schwer. Ick bin da eher'n bisschen schüchtern, ma so zu sagen."

Die Qual der Wahl 233

8.3 Typen der Wahlbereitschaft und ihre Begründung

Bei der Betrachtung der verschiedenen Fallbeispiele kristallisierten sich hinsichtlich der Wahlbereitschaft vier verschiedene Typen von Jugendlichen heraus, diese sollen im Folgenden genauer dargestellt werden.

1. Typ – frühe und durchgehaltene Wahlbereitschaft

Hierbei handelt es sich um Jugendliche, die über den Zeitraum von 1996 bis Herbst 1998 stabil die Bereitschaft zeigten, sich an einer Bundestagswahl zu beteiligen. Eine Begründung für ihre Verhaltensbereitschaft gaben die beiden Jugendlichen dieses Typs (Frank und Jana) in den ersten drei Interviews nicht. Die Wahlbeteiligung war für sie eine Selbstverständlichkeit, über die nicht gesprochen werden musste. Sie wurde nicht in Frage gestellt und erschien als Pflicht.

Frank war ein politisch interessierter und gut informierter Jugendlicher. Zwar entwickelte er im Wahljahr eine negative Haltung gegenüber dem politischen System und erwog als Protest die Abgabe einer ungültigen Stimme, aber sich nicht zu beteiligen kam ihm nicht in den Sinn.

Jana war im Vergleich zu Frank nur mäßig interessiert und eher wenig informiert. Dass sie wählen gehen würde, stand für sie jedoch außer Zweifel. Sie entschied sich erst kurz vor der Wahl für eine Partei und war neugierig auf den Wahlakt.

Aus unserer Stichprobe können weitere vier männliche und vier weibliche Jugendliche diesem Typ zugeordnet werden.

2. Typ – schwankende Wahlbereitschaft, Entschluss zur Beteiligung

Die Jugendlichen dieses Typs (Dirk und Max) zeigten in dem Zeitraum von 1996 bis Frühjahr 1998 eine unsichere und schwankende Haltung in Bezug auf ihre Wahlbereitschaft, entschieden sich am Ende jedoch für die Teilnahme an der Bundestagswahl.

Dirk war wie Frank ein politisch interessierter Jugendlicher, berichtete aber, zu wenig über die Parteien zu wissen. Als er wie Frank eine kritische Haltung gegenüber den Parteien und der Politik entwickelte, erwog er die Nichtwahl. Möglicherweise kam seine schwankende Bereitschaft dadurch zustande, dass er zwischen den Gleichaltrigen (Orientierung an Republikanern) und den Eltern (Orientierung an CDU) stand.

Max war weniger als Frank und Dirk an Politik interessiert. Auch er beklagte ein mangelndes Wissen hinsichtlich der Parteien und äußerte sich unzufrieden über das politische Angebot der Parteien und die Leistungen der Politik. Max hatte vor allem Angst, falsch zu wählen und konnte sich deshalb nicht für eine Partei entscheiden. Er überlegte zwischendurch ebenfalls, seinen Stimmzettel ungültig zu machen. Grund für seine schwankende Haltung könnte des weiteren der Einfluss der Mutter sein, die ebenfalls unsicher war.

Diesem Typ können zwei weitere männliche Jugendliche der Stichprobe zugeordnet werden.

3. Typ – durchgehaltene Nichtbereitschaft, plötzlicher Entschluss zur Beteiligung

Diesen Typ spiegelt der Fall Nicole wieder. Nicole äußerte in dem Zeitraum von 1996 bis kurz vor der Wahl, dass sie an der Bundestagswahl nicht teilnehmen würde. Sie entschied sich dann kurz vor der Bundestagswahl 1998 plötzlich doch zur Teilnahme.

Ihre Nichtbereitschaft zur Teilnahme begründete auch Nicole mit mangelndem politischen Interesse. Sie besaß keine Kenntnisse über die Parteien und wusste daher nicht, welche Partei sie wählen sollte. Kurz vor der Wahl begründete sie ihre Nichtteilnahme dann damit, dass ihr die Angebote der Parteien nicht zusagten. Erst kurz vor der Wahl entschied sie sich zur Teilnahme, weil alle anderen aus ihrem sozialen Umfeld zur Wahl gingen.

4. Typ – durchgehaltene Nichtbereitschaft bei gelegentlichen Schwankungen

Zu diesem Typ zählen Doreen und Judith. Doreen sprach sich in dem Zeitraum von 1996 bis 1998 durchgängig für die Nichtbeteiligung aus, auch Judith tat dies, schwankte zwischendurch jedoch einmal.

Doreen begründete ihre Haltung mit politischem Desinteresse sowie mit Unkenntnis. Hinzu kam bei ihr ein mangelndes Vertrauen in politische Institutionen sowie die Ansicht, politisch keinen Einfluss nehmen zu können.

Judith war anfänglich politisch interessierter und verfügte über mehr Kenntnisse, entwickelte aber ein zunehmendes Desinteresse an Politik. Die artikulierte Unzufriedenheit mit den politischen Gegebenheiten hatte sie anscheinend von der Mutter übernommen. Sie selbst fühlte sich politisch nicht betroffen. Da sie mit ihren persönlichen Verhältnissen eher zufrieden war, hatte sie nicht den Anspruch, politisch etwas verändern zu wollen.

Die Qual der Wahl

Begründungen der Wahlbereitschaft

An dieser Stelle sollen anhand der Begründungen der Jugendlichen die Aspekte zusammengetragen werden, welche die Entscheidung, wählen oder nicht wählen zu gehen, beeinflussten. Wodurch entwickelte sich bei den Jugendlichen eine unsichere Haltung? Dabei werden auch Unterschiede zwischen den Geschlechtern berücksichtigt.

Positiv beeinflusst wurde die Wahlbereitschaft durch politisches Interesse und Wissen. Politisches Interesse fördert sowohl die Aufnahme als auch die Suche nach vielfältigen Informationen und steigert die Bereitschaft, sich mit politischen Themen auseinander zu setzen. Jugendliche, die politisch interessiert waren, verfügten über ein umfangreicheres und vielseitigeres Wissen, was es ihnen wiederum erleichterte, Sachverhalte zu analysieren und zu beurteilen. Sie waren häufiger der Meinung, politisch Einfluss nehmen zu können und damit Einfluss auf gesellschaftliche Veränderungen zu haben. Dies trifft sowohl für männliche als auch für weibliche Jugendliche zu.

In diesem Zusammenhang fallen jedoch einige Unterschiede zwischen den Geschlechtern auf. Männliche Jugendliche bezeichneten sich insgesamt als interessierter als weibliche Jugendliche. Selbst männliche Jugendliche, die sich als politisch wenig interessiert beschrieben, berichteten über die Nutzung vielfältiger Informationsquellen und offenbarten in den Interviews umfangreiches Hintergrundwissen und Überlegungen zu diversen politischen Problemen. Der Interpretin erschienen teilweise männliche Jugendliche, die sich als wenig interessiert beschreiben, interessierter als weibliche Jugendliche, die angaben, stark interessiert zu sein. Möglich ist aber auch, dass männliche und weibliche Jugendliche ein unterschiedliches Verständnis von Politik haben. Des weiteren zeigte sich, dass es zwischen den Geschlechtern ein unterschiedliches Interesse für bestimmte politische Themen gibt. Bei den männlichen Jugendlichen kamen neben Äußerungen zu sozialen und arbeitsmarktpolitischen Aspekten auch gesamtgesellschaftliche Aspekte und ideologische Fragestellungen ins Blickfeld, wie Einfluss der Wirtschaft auf gesellschaftliche Machtverhältnisse, gesellschaftliche und wirtschaftliche Entwicklung, Öffnung zu einer multikulturellen Gesellschaft. Dagegen sprachen die weiblichen Jugendlichen eher Einzelaspekte an wie etwa zu hohe Gehälter von Politikern, Entscheidung politischer Probleme zuungunsten der „Kleinen", steigende Lebenshaltungskosten, Lehrstellen- und Arbeitsplatzmangel, Friedens- und Umweltschutz. Weibliche Jugendliche setzten sich anscheinend eher mit Fragen des persönlichen Lebensumfeldes und mit Themen, die dem Lebenserhalt dienen, auseinander.

Für eine schwankende, unsichere Haltung hinsichtlich der Wahlbereitschaft gaben die Jugendlichen verschiedene Begründungen an. Eine häufig genannte Begründung war Unwissenheit. Geringe Kenntnisse über die Parteien und deren inhaltliche Ziele verhinderten die Entscheidung für eine Wahlbeteiligung. Eine weitere Begründung stellt die Kritik am System dar. Sie führte zu Überlegungen, aus Protest den Stimmzettel ungültig zu machen oder aus Protest nicht zu wählen. Auch die Angst, etwas Falsches zu wählen, sorgte für Unsicherheit und die Überlegung, den Stimmzettel ungültig zu machen. Verunsichernd wirkte des weiteren die Orientierung an unsicheren Eltern oder der Verkehr in Gruppen des sozialen Umfeldes, die gegenteilige Meinungen vertreten (cross-pressure).

Ebenfalls negativ auf die Wahlbereitschaft wirkte sich politisches Desinteresse aus. Jugendliche mit einem geringen Interesse an Politik verfügten über mangelndes politisches Wissen (nicht nur in Bezug auf die Parteien) und zeigten wenig Bereitschaft, sich die nötigen Kenntnisse anzueigen. Sie vertraten eher die Meinung, dass die Wahl keine wirkliche Mitbestimmungsmöglichkeit bietet. Die desinteressierten Jugendlichen konnten aufgrund ihrer geringen Kenntnisse und Informationen politische Sachverhalte nicht eigenständig bearbeiten und übernahmen dann unreflektiert die Urteile ihrer Umwelt, darunter auch die Haltung, nicht zu wählen.

Unzufriedenheit mit gesellschaftlichen Zuständen wurde als eine weitere Begründung für das Nichtwählen gegeben. Es gab unzufriedene Jugendliche, die annahmen, dass sich durch veränderte politische Machtverhältnisse an ihrer Lebenssituation und an den gesellschaftlichen Umständen nichts Wesentliches ändert. Diese Jugendliche erachteten eine Wahlbeteiligung als sinnlos. Dabei kann es sich allerdings um eine Rationalisierung handeln. Aber auch Zufriedenheit kann zur Ursache für eine Nichtbeteiligung an Wahlen werden. In diesem Fall lässt die Zufriedenheit mit der eigenen Lebenssituation die Wahlbeteiligung als unnötig erscheinen.

8.4 Parteipräferenz

Die in den Fallbeispielen dargestellten Jugendlichen äußerten im Zeitraum 1996 bis Frühjahr 1998 zum größten Teil, nicht genug Kenntnisse über die Parteien zu besitzen. Hierbei fiel auf, dass die weiblichen Jugendlichen in den ersten Interviews noch geringere Kenntnisse als die männlichen Jugendlichen besaßen. Sie äußerten lediglich Vorstellungen zur Partei Bündnis 90/Die Grünen. Während sie die anderen Parteien lediglich vom Namen her kannten, wussten alle, dass Bündnis 90/Die Grünen für den Umweltschutz stehen. Über die Wahlprogramme informierten sich alle Jugendlichen vorwiegend erst kurz vor der Wahl. Nur wenige Jugendliche berichteten über eine stabile Parteipräferenz. Einige Jugendliche benannten keine Partei, der sie zuneigen, gaben jedoch an, eher mit einer Partei des rechten oder des linken Spektrums zu sympathisieren.

Die Qual der Wahl 237

Im weiteren wird in gebündelter Form betrachtet, aus welchen Gründen sich die Jugendlichen für die Wahl der einen oder anderen Partei entschieden haben.[64] Dabei soll auch berücksichtigt werden, inwieweit bei den dargestellten Jugendlichen bereits eine längere Präferenz für die gewählte Partei vorlag.

SPD

Die SPD wurde von zwei männlichen jugendlichen Wählern der Fallbeispiele nicht aufgrund ihrer parteipolitischen Inhalte, sondern weil ein Regierungswechsel gewünscht wurde, gewählt. Die Wahl der SPD stellte ihrer Meinung nach die einzig mögliche Alternative dar, um die Abwahl der CDU zu erreichen. Frank wählte, trotz seiner eigentlichen Präferenz für die PDS, mit seiner Zweitstimme die SPD, um den Regierungswechsel zu sichern. Max war sich sicher, dass die SPD gewinnt, gab ihr jedoch zur Sicherheit seine Erststimme.

Weitere drei männliche Jugendliche der Stichprobe gaben der Partei ihre Zweitstimme, da nur der Sieg der SPD den Regierungswechsel bewirken konnte. Der Wunsch nach einem Regierungswechsel wurde mit der Hoffnung nach neuen Impulsen für die Wirtschaft und die Menschen, nach Verringerung der Arbeitslosigkeit sowie nach einer gerechteren Sozialpolitik begründet.

Ein weiterer SPD-Wähler unter den männlichen Jugendlichen, der sich durchweg positiv auf die inhaltlichen Vorstellungen der Partei bezog, war ein aktives Mitglied der Jusos.

Nicole wählte als einzige weibliche Jugendliche unserer Stichprobe die SPD. Sie äußerte bis zum Zeitpunkt der Wahl keine Präferenz für eine Partei. Ihre Wahlentscheidung hatte sie von den Zielen, die sich die Parteien gesetzt hatten, abhängig gemacht. Sie hatte zugunsten der Partei, deren Ziele die positivsten Auswirkungen für ihre persönliche Zukunft haben dürfte, entschieden. Die Informationen bekam sie durch die Schule.

CDU

Dirk ist der einzige männliche CDU-Wähler der Stichprobe. Dirk sympathisierte bereits zu einem früheren Zeitpunkt mit der CDU. Er fand, dass die Politik der CDU in die richtige Richtung führt und diese Partei die Belange der verschiedenen gesellschaftlichen Gruppen gleichermaßen in ihrer Politik berücksichtigt. Seine Wahlentscheidung für die CDU begründete er damit, dass er sich persönliche und familiäre Vorteile durch die Politik dieser Partei erhofft. Da sein Vater Unternehmer ist und er selbst diese berufliche Per-

---

64 Einige Jugendliche verteilten ihre Stimmen (Erst- und Zweitstimme) auf unterschiedliche Parteien und werden daher doppelt erwähnt.

spektive anstrebt, erwartet er durch die unternehmerfreundliche Politik der CDU positive Auswirkungen.

Jana, deren Wahlentscheidung ebenfalls zugunsten der CDU ausfiel, sympathisierte in den beiden ersten Interviews 1996 und 1997 mit der Partei Bündnis 90/Die Grünen. Sie gab dafür allerdings keine Gründe an. Zu vermuten ist, dass sie über diese Partei die konkretesten Vorstellungen hatte. Das Engagement dieser Partei für den Umweltschutz machte sie ihr sympathisch. Das Vorhaben der Partei, die Benzinpreise auf 5,- DM pro Liter zu erhöhen, wie es im Vorfeld der Bundestagswahl diskutiert wurde, lehnte sie als Autofahrerin jedoch ab. Ihre Wahlentscheidung traf sie dann zugunsten der CDU. Diese Stimmvergabe an die CDU beruhte weniger auf dem politischen Angebot der Partei als vielmehr auf der Sympathie für den Kanzlerkandidaten. Jana erklärte, dass sich die CDU in ihren Augen von der SPD nicht unterscheidet. Die CDU wählte sie, weil ihr die Person Helmut Kohl kompetenter und sympathischer erschien als die Person Gerhard Schröder.

Zwei weitere weibliche Jugendliche der Stichprobe wählten ebenfalls die CDU. Sie wiesen auf die geringe Trennschärfe zwischen den beiden Parteien SPD und CDU hin und gaben an, aus Sympathie für die Person Kohl die CDU gewählt zu haben.

PDS

Die beiden Jugendlichen (Frank: Erststimme, Max: Zweitstimme), die sich bei der Stimmvergabe für die PDS entschieden, bekundeten gleichermaßen, dass sie diese Partei als Oppositionspartei in den Bundestag einziehen sehen möchten. Die politischen Ideen der PDS gefielen ihnen, auch wenn sie sie als teilweise utopisch betrachteten. Sie hofften, dass die PDS in ihrer Funktion als Oppositionspartei andere politische und gesellschaftliche Orientierungen einbringt als es von der bisherigen Oppositionspolitik zu erwarten wäre. Die Parteipräferenz für die PDS blieb bei beiden Jugendlichen über den Zeitraum 1996 bis 1998 stabil.

Ein weiterer männlicher und zwei weibliche Jugendliche der Stichprobe wählten per Zweitstimme die PDS. Der männliche Jugendliche wünschte ebenfalls, dass die PDS einen stärkeren Einfluss auf der Bundesebene erhält, um Ideen wie größere Gleichberechtigung zwischen den Bevölkerungsschichten, Gleichberechtigung von Frauen, Akzeptanz von Ausländern und eine bessere Umweltpolitik einzubringen. Die beiden weiblichen Jugendlichen wollten den Regierungswechsel unterstützen und wählten deshalb eine linke Partei.

Die Qual der Wahl

Bündnis 90/Die Grünen

Diese Partei wurde von keinem der in den Fallbeispielen dargestellten Jugendlichen gewählt. Es haben jedoch ein männlicher Jugendlicher sowie eine weibliche Jugendliche der Stichprobe per Zweitstimme und eine weibliche Jugendliche per Erststimme diese Partei gewählt.

Alle drei Jugendlichen gaben an, dass ihnen der besondere Machtkampf zwischen der CDU und der SPD bewusst war und sie einen Regierungswechsel wünschenswert fanden. Der Wahlsieg der SPD erschien ihnen gewiss, deshalb entschlossen sie sich, die von ihnen präferierte Partei zu wählen.

Dem männlichen Jugendlichen war der Umweltschutz wichtig, daher sollte die Partei in Form einer Koalition mitregieren. Die beiden weiblichen Jugendlichen äußerten sich ebenfalls in diese Richtung. Sie betonten beide die Bedeutung des Umweltschutzes für den Erhalt der ökologischen Lebensgrundlagen.

8.5 Kontexteinflüsse

Bei der Herausbildung der Wahlbereitschaft und Parteipräferenz spielten die unterschiedlichen Lebenswelten eine wichtige Rolle. Der Einfluss des familiären Umfeldes, der Gleichaltrigen sowie der Schule wirkten in den einzelnen Fällen unterschiedlich stark.

Generell konnte anhand der Fallbeispiele festgestellt werden, dass ein aktives politisches Umfeld die Bereitschaft, selbst politisch aktiv zu werden, fördert. Die Jugendlichen, die durchgängig wählen wollten (Frank und Jana) und wählen wichtig fanden, aber unsicher waren (Dirk und Max), setzten sich in ihrem familiärem Umfeld und im Freundeskreis durch Gespräche und Diskussionen mit Politik auseinander.

Ein inaktives politisches Umfeld bringt dagegen eher politisch inaktive Jugendliche hervor, wie an den Fällen der Nichtwählerinnen (Doreen und Judith) und der Jugendlichen, die zunächst nicht wählen wollte, dann aber doch wählte (Nicole), deutlich wird. Diese Jugendlichen berichteten seltener über politische Gespräche aber häufiger über inaktives politisches Verhalten in ihrem Umfeld.

Familie

Die Bedeutung und der Einfluss des familiären Umfeldes auf die Herausbildung der Wahlbereitschaft und auf die Wahlentscheidung war in den verschiedenen Fällen unterschiedlich stark.

In dem Fall von Frank mag das Elternhaus für die Herausbildung seiner Präferenz für die PDS bedeutsam gewesen sein. Die Eltern wählten bisher immer PDS, sie fühlten sich nicht in das neue System integriert. Aber den entscheidenden Einfluss auf die Entwicklung von Frank in politischer Hinsicht dürfte ein Onkel gehabt haben, der in der DDR Kulturattaché war. Von diesem hat er zu einem Teil politische Einstellungen übernommen, zu einem anderen Teil förderten die Gespräche und die Akzeptanz, die der Onkel Frank entgegenbrachte, sein eigenständiges Denken und die Neigung zur Auseinandersetzung mit politischen Sachverhalten.

Dirk berichtete, dass ein Teil seiner politischen Einstellungen von seinen Eltern abgelehnt wird und er seine Ansichten daher zu Hause nicht offen vertritt. Trotzdem orientierte er sich in seiner Wahlentscheidung am familiären Unternehmen, an dem er sich später beteiligen möchte, und wählte wie seine Eltern die CDU.

Max wurde besonders durch die weltoffene, kreative Atmosphäre, welche seine eher alternativ eingestellte Mutter schaffte, in der Entwicklung seiner politischen Einstellungen beeinflusst. So sah er sich als linksorientiert an und sprach sich für eine multikulturelle Gesellschaft aus. Die Orientierung an seiner in Bezug auf eine Parteipräferenz schwankenden Mutter ließ auch ihn zeitweise unsicher in seinen Entscheidungen werden.

Judith orientierte sich ebenfalls stark an ihrer Mutter, was zu einer widersprüchlichen Einstellung führt. Sie übernahm zum einen die Unzufriedenheit der Mutter mit dem politischem System und zum anderen äußerte sie persönliche Zufriedenheit. Wie ihre Mutter beteiligte sie sich nicht an der Wahl.

Der Einfluss des familiären Umfeldes ist anscheinend dort besonders groß, wo Gespräche stattfinden, in denen der Jugendliche die Einstellungen der Eltern nachvollziehen kann und zum eigenständigen Denken angeregt wird. Besonders wichtig ist anscheinend auch, dass der Jugendliche offen seine Meinung darlegen kann und sich mit dieser ernstgenommen fühlt. In Familien, in denen dies nicht gegeben ist, erhält das Gleichaltrigenumfeld einen stärkeren Einfluss.

Gleichaltrige

In den Fallbeispielen zeigte sich, dass es zum einen Jugendliche gibt, die sich einen politisch gleich oder ähnlich orientierten Freundeskreis suchen oder aufbauen. Zum anderen gibt es Jugendliche, die sich in das vorhandene

Gleichaltrigenumfeld integrieren und dann dessen politische Orientierung übernehmen.

Auf Dirks politische Einstellungen hatte anders als bei Frank und Max stärker das Gleichaltrigenumfeld gewirkt. Frank und Max hatten weniger Freunde, diese hatten sie jedoch nach ihren politischen Ansichten ausgewählt. Dirk verkehrte anfänglich in einem sehr großen Bekannten- und Freundeskreis. Er berichtete über Freunde aus dem rechten Spektrum an seinem Wohnort und über Freunde aus dem linken Spektrum in seiner Klasse. Da er in den Interviews eher ausländerfeindliche Einstellungen vertrat und 1997 die Republikaner gewählt hätte, dürfte er eher den Einstellungen seiner rechtsorientierten Freunde zuneigen.

Im Fall von Jana hatte die beste Freundin den wesentlichen Einfluss auf die Herausbildung ihrer Wahlentscheidung. Die Freundin war ihre wichtigste Gesprächspartnerin hinsichtlich politischer Themen, Meinungsverschiedenheit gab es zwischen ihnen anscheinend kaum. Der Einfluss der Freundin konnte vermutlich so bedeutend werden, weil sie die politischen Ansichten des Vaters nicht verstand, die gesellschaftlichen Umstände anders bewertete als er und weil sie sich in den Gesprächen mit ihrem Vater nicht ernst genommen fühlte.

Auch im Fall von Nicole nahm das Gleichaltrigenumfeld stärker Einfluss, hier waren es die Gleichaltrigen des Klassenverbandes. Sie fühlte sich als Teil dieses Systems und orientierte sich an diesem. Sie berichtete sowohl von ihrem eigenen als auch von dem politischen Desinteresse in der Klasse. Erst wollte sie nicht wählen, dann erfuhr sie jedoch, dass die anderen zur Wahl gehen, also beteiligte sie sich ebenfalls. Nicole orientierte sich in ihren politischen Einstellungen und in ihrem Verhalten an ihren Klassenkameraden, um dazu zu gehören.

Schule

Der schulische Bereich hatte auf fast alle Jugendliche insofern Einfluss, als ihnen hier die Bedeutsamkeit der Wahlteilnahme vermittelt und Wissen über die Wahlprogramme der verschiedenen Parteien zugänglich gemacht wurde. Fast alle Jugendlichen berichteten, dass sie vor der Wahl dankbar über die gebündelten Informationen über die Parteien waren.

Die beiden Nichtwählerinnen hatten bereits einen beruflichen Ausbildungsweg eingeschlagen. Beide Jugendliche machten in den Interviews keine Aussagen zum politischen Bildungsunterricht, während fast alle anderen Jugendlichen diesen erwähnten. Daher ist zu vermuten, dass sie nicht mehr in demselben Maße wie die Jugendlichen im schulischen Bereich mit politischer Bildung konfrontiert wurden.

8.6 Diskussion

Die Auseinandersetzung mit Politik hatte bei den jugendlichen Gymnasiasten der 10. Klasse einen eher untergeordneten Stellenwert und gewann erst durch das Geschehen um die Bundestagswahl an Bedeutung. Die Lebensbereiche Schule, Ausbildung, Freunde und „Spaß am Leben" waren für die Heranwachsenden wesentlich bedeutsamer.

Bei der Untersuchung der Wahlbereitschaft fanden sich vier Typen von Jugendlichen. Es handelte sich dabei um Jugendliche mit einer durchgehaltenen Wahlbereitschaft, um schwankende Wähler, um Nichtwähler, die dann doch wählten, und um konsequente Nichtwähler. Im Alter von 16, 17 Jahren sprachen sich zwar viele Jugendliche für eine Wahlbeteiligung aus, aber ein großer Teil der Jugendlichen war doch unsicher. Die Jugendlichen brachten zum Ausdruck, dass ihnen die nötige Reife und das nötige Wissen über die Parteienlandschaft fehlte, um eine sinnvolle Wahlhandlung vornehmen zu können. Die Argumentationslinien änderten sich erst mit zunehmendem Alter.

Bei der Analyse kristallisierte sich heraus, dass politisches Interesse, politisches Wissen, Zufriedenheit oder Unzufriedenheit mit dem gesellschaftlichen System sowie das soziale Umfeld wesentliche Einflussfaktoren auf die Wahlbereitschaft bilden.

Die hier untersuchten Fälle machten außerdem deutlich, dass politisches Interesse für die Herausbildung der politischen Identität eine wichtige Rolle spielt und den Prozess der Identitätsbildung beschleunigt. Das politische Interesse fördert sowohl die Aufnahme als auch die Suche nach Informationen und steigert die Bereitschaft, sich mit politischen Themen auseinander zu setzen.

Politisch interessierte Jugendliche hatten ein umfangreicheres und vielseitigeres Wissen, was es ihnen wiederum erleichterte, politische Sachverhalte zu analysieren oder zu beurteilen. Die interessierteren Jugendlichen standen dem politischen System durchaus kritisch, aber positiver, gegenüber als desinteressierte Jugendliche. Da sie Regeln, Normen und Funktionieren der politischen Kultur besser verstanden als die desinteressierten Jugendlichen, waren sie auch überzeugter, dass die Wahrnehmung politischer Mitbestimmungsmöglichkeiten notwendig und sinnvoll ist.

Einen starken Einfluss auf die Wahlbereitschaft und auf die Parteipräferenzen übten die verschiedenen Sozialisationskontexte aus. So kam dem Unterrichtsfach Politische Bildung, was die Wissensvermittlung betrifft, besondere Bedeutung zu. Im Unterricht erfuhren die Jugendlichen über die Bedeutung der Mitbestimmungsmöglichkeit durch die Bundestagswahl, und hier wurde ihnen gebündelt Wissen über die Wahlprogramme der Parteien vermittelt. Im familiären und im Gleichaltrigenumfeld wurden dagegen die Grundlagen für politische Orientierungen und für die Form gelegt, in der sich die Jugendlichen mit Politik auseinandersetzten. Der Einfluss des familiären Umfeldes zeigte sich dort am stärksten, wo sich eine offene, gesprächsbereite Atmosphäre fand, in der die Einstellungen und Haltungen der Gesprächspartner nachvollzogen werden konnten und sich die Jugendlichen mit ihren eigenen Ansichten akzeptiert fühlten. Bei Jugendlichen aus Familien, in denen dies weniger gegeben war, zeigte sich ein stärkerer Einfluss der Gleichaltrigengruppe. In jedem Fall förderte jedoch ein aktives politisches Umfeld die Bereitschaft der Jugendlichen, selbst politisch aktiv zu werden.

Das Geschlecht der Jugendlichen spielte ebenfalls eine Rolle in Bezug auf die Wahlbereitschaft und die Parteipräferenz. Zwar zeigten sich die Jugendlichen beiden Geschlechts unentschieden in Bezug auf die Wahlbeteiligung, doch erschienen die männlichen Jugendlichen dabei interessierter als die weiblichen Jugendlichen. Hierbei blieb unklar, ob die männlichen Jugendlichen tatsächlich stärker politisch interessiert waren oder dies aufgrund eines anderen Verständnisses von Politik und eines themenspezifisch anders gearteten Interesses nur so erschien. Die männlichen Jugendlichen zeigten stärkeres Interesse an den klassischen politischen Themen und verfügten über umfangreicheres Wissen über aktuelle politische Fragen sowie über inhaltliche Vorstellungen und die Geschichte der Parteien. Die weiblichen Jugendlichen reflektierten eher einzelne Aspekte wie soziale oder arbeitsmarktpolitische Belange, hohe Politikergehälter, steigende Lebenshaltungskosten und Lehrstellen- und Arbeitsplatzmangel.

Männliche Jugendliche waren durch ihr anders gelagertes Interesse und Wissen früher als die weiblichen Jugendlichen in der Lage, politische und gesellschaftliche Zusammenhänge zu analysieren und die Rollen der Parteien dabei zu berücksichtigen. In den Interviews wurde ersichtlich, dass sowohl ihr geschichtliches als auch ihr aktuelles Wissen den männlichen Jugendlichen eine bessere Orientierung in der Politik sowie die Erarbeitung eigener politischer Standpunkte ermöglichte. Dies führte wiederum dazu, dass sie bereits zu einem frühen Zeitpunkt eine Parteipräferenz ausbilden konnten. Des weiteren könnte die unterschiedliche Interessenlage der Geschlechter auch Auswirkungen auf die Bewertung der Wahlbeteiligung als politische Mitbestimmungsmöglichkeit gehabt haben. Die männlichen Jugendlichen reflektierten häufiger über die Bedeutung der Wahlteilnahme und Nichtteilnahme und stellten Überlegungen dazu an, was passieren würde, wenn sie nicht wählen würden. Auch wenn sie von den Politikangeboten frustriert waren, entschieden sie sich für die Wahlbeteiligung. Sie glaubten, dass die Wahlbeteiligung wichtig ist, um gesellschaftliche Prozesse beeinflussen zu können. In der Hoffnung auf Veränderung der gesellschaftlichen Umstände oder deren Erhalt nutzten sie ihre Mitbestimmungsmöglichkeit. Den weiblichen Jugendlichen, die sich für eine Wahlbeteiligung entschieden, dürfte ebenfalls bewusst gewesen sein, dass sie damit die Möglichkeit der politischen Mitbestimmung nutzten. Allerdings erwähnten sie diesen Aspekt nicht.

Kapitel 9
Die Brandenburger Erstwählerstudie im Überblick

Hans Oswald und Karin Weiss

Dieses Buch bedeutet, auch im internationalen Vergleich, eine Premiere. Zum ersten Mal wurde das politische Verhalten junger Menschen untersucht, die gerade das Alter erreicht haben, in dem sie an einer Bundestagswahl teilnehmen dürfen und die sich in dieser Situation für eine Partei oder die Wahlenthaltung entscheiden. Zum ersten Mal wurden Jugendliche über einen längeren Zeitraum vor dieser Wahlentscheidung untersucht um festzustellen, wie sich diese Entscheidung zusammen mit politischen Einstellungen herausbildet. Und zum ersten Mal wurden gleichzeitig über mehrere Befragungen hinweg auch Eltern und Freunde befragt, um abschätzen zu können, ob diese die Wahlentscheidung beeinflussen.

Die zentrale Absicht dieses Buches besteht darin, die Handlungsweise dieser Jugendlichen am Wahlsonntag verständlich zu machen und zu erklären. Warum gehen diese Jugendlichen zur Wahl oder enthalten sich ihrer Stimme? Warum entscheiden sie sich für bestimmte Parteien und lehnen andere ab? Technisch ausgedrückt sind die zentralen abhängigen Variablen unserer Untersuchung die Beteiligung an der Bundestagswahl und die Entscheidung für eine bestimmte Partei. Die Ergebnisse, die in diesem Buch vorgestellt werden, bilden einen Beitrag zur Wahlforschung ebenso wie zur Sozialisationsforschung und zur Entwicklungspsychologie. Außerdem handelt es sich um einen Beitrag zur Transformationsforschung in den neuen Bundesländern, weil die Untersuchung in Brandenburg durchgeführt wurde.

In diesem abschließenden Kapitel möchten wir die wichtigsten Ergebnisse knapp zusammenfassen und ihre Bedeutung diskutieren, wobei wir, um der Merkbarkeit und Lesbarkeit willen, auf Zahlen und Referenzen verzichten. Belege und Beweise können in den vorstehenden Kapiteln nachgelesen werden. Dort nehmen wir auch ausführlich auf die Forschungsliteratur Bezug.

Die Jugendlichen dieser Erstwählerstudie wurden zusammen mit ihren Eltern und Freunden zwischen 1996 und 1998, beginnend in der 10. Klasse, dreimal zu ihren politischen Einstellungen befragt. Ein viertes Mal füllten sie Fragebögen nach der Bundestagswahl im September 1998 aus, nachdem sie zum ersten Mal wahlberechtigt gewesen waren. Für die erste Erhebungswelle wurden zwei für Zehntklässler in Brandenburg repräsentative Stichproben gezogen, eine an Gymnasien und eine an Gesamt- und Realschulen. Insgesamt beteiligten sich 2.633 Schülerinnen und Schüler. Trotz der Repräsentativität zu Beginn ist unsere Wahlstudie wie alle Längsschnittuntersuchungen nicht repräsentativ, weil von Erhebungswelle zu Erhebungswelle immer mehr Jugendliche und Eltern ein neuerliches Interview verweigerten. Diese Verweigerungen verteilten sich nicht zufällig, sondern betrafen besonders die politisch weniger Interessierten. An der Befragung nach der Bundestagswahl beteiligten sich 1309 Jugendliche, von denen die meisten Abitur machten. Die 1111 Abiturienten können mit 198 Jugendlichen verglichen werden, die sich zum Zeitpunkt der Wahl in der Berufsausbildung oder in einem Arbeitsverhältnis befanden. Die nicht erreichte und auch gar nicht erreichbare Repräsentativität der Untersuchung wäre nur von Nachteil, wenn es, wie bei Wahlprognosen, auf die genauen Stimmanteile der Parteien ankommen würde. Das ist nicht der Fall. Unser Interesse besteht vielmehr in der Darstellung der Determinanten von Wahlbereitschaft und Parteipräferenz. Genauere Auskünfte zu Stichproben und Datensätzen gibt Kapitel 2.

Interesse an Politik und die aktivierende Wirkung des Wahlkampfes

Jugendliche der 10. Klasse sind im Durchschnitt nur mäßig an Politik interessiert, die jungen Frauen noch weniger als die jungen Männer und die Jugendlichen aus Real- und Gesamtschulen noch weniger als die Gymnasiasten. Das liegt daran, dass andere Probleme drängender sind und größeren Handlungsdruck erzeugen. Politik erfordert in normalen Zeiten von Jugendlichen kein einklagbares Engagement, sie bekommen keine politische Verantwortung auferlegt, sie müssen sich nicht interessieren. Insofern mag es eher erstaunen, dass die Mehrheit der Jugendlichen in der 10. Klasse die Wahlnorm bereits kennt und für richtig hält, was sich daran ablesen lässt, dass sie die Bereitschaft erklärt, später bei Bundestagswahlen wählen zu gehen. Man kann also davon sprechen, dass für eine Mehrheit der Schüler im Alter von etwa 16 Jahren der Prozess der politischen Identitätsbildung begonnen hat, auch wenn insgesamt das politische Wissen nicht umfangreich und politische Überzeugungen noch nicht gefestigt sein dürften.

Deutlich ist hingegen die aktivierende Wirkung des Wahlkampfes. Zwischen der dritten und vierten Befragungswelle stieg das politische Interesse und das Ausmaß an Gesprächen mit Eltern und Gleichaltrigen über Politik, das politische Kompetenzbewusstsein, die Zufriedenheit mit der Demokratie und das Vertrauen in Politiker und politische Institutionen an. Der bevorstehende, Handlungsdruck ausübende Wahlsonntag erhöhte die Bereitschaft, sich an der Wahl zu beteiligen. Der Anstieg in verschiedenen Einstellungs- und Handlungsbereichen gilt für junge Frauen wie für junge Männer, für

Jugendliche in Schulen wie für Jugendliche in Berufsausbildung und im Arbeitsleben.

Der Wahlkampf, die Auseinandersetzung um die richtige Handlungsentscheidung und der Entschluss, zu wählen und einer bestimmten Partei und einem bestimmten Kandidaten seine Stimmen zu geben oder dem Wahllokal fern zu bleiben, dies alles dürfte die Bildung und Festigung der politischen Identität vorantreiben. Die interessante Forschungsfrage, welche längerfristigen Folgen diese Entscheidung am Wahltag für das politische Handeln und für die Identitätsentwicklung hat, unter welchen Bedingungen mit der ersten Festlegung die dauerhaftere Bindung an eine Partei begründet wird, kann mit unserer Untersuchung nicht beantwortet werden, weil wir die Jugendlichen in den Folgejahren nicht weiter befragen konnten.

Nichtwähler

Diejenigen, die nicht wählen, sind außerordentlich desinteressiert und, wie wir aus anderen Studien und unseren qualitativen Interviews wissen, politisch sehr uninformiert. Aus demokratietheoretischer Sicht erscheint es wünschenswert, dass diese Wahlberechtigten der Wahl fern bleiben, weil Desinteressierte und Uninformierte ihre Wahlentscheidung aus wenig rationalen Gründen zu fällen pflegen.

Einer der besten Prädiktoren der Wahlenthaltung ist Politikverdrossenheit. In der öffentlichen Diskussion wird diese Politikverdrossenheit der Nichtwähler gelegentlich mit Sorge registriert und die Schuld wird Politikern und dem Erscheinungsbild der Parteien gegeben. Auch wenn wir denen zustimmen, die hier Verbesserungen anmahnen, müssen wir doch feststellen, dass die von Wahlabstinenten in Tonbandinterviews geäußerte Politikverdrossenheit substantiell wenig überzeugend dargelegt wird. Sie erweckt eher den Eindruck, als handle es sich um eine vorgeschobene Begründung, mit der die Abstinenz, die aus Desinteresse und Uninformiertheit resultiert, gerechtfertigt wird. Eine andere Rechtfertigung oder Ausrede, die die Mehrheit der Nichtwähler von sich aus nennt, lautet, sie seien verhindert gewesen.

Die Wahlenthaltung hängt nicht mit dem Geschlecht zusammen, Mädchen und Jungen nehmen zu gleichen Anteilen an der Wahl teil, obgleich in früherem Lebensalter, wenn die Wahl noch fern ist, mehr Jungen als Mädchen ihre Wahlbereitschaft bekunden. Die Wahlenthaltung hängt aber mit der Höhe der Schulausbildung zusammen. In der 10. Klasse bestehen zwar in Bezug auf die Antworten zur Sonntagsfrage noch keine Unterschiede zwischen Schülern der verschiedenen Schularten. An der Bundestagswahl beteiligen sich aber signifikant weniger Jugendliche in Ausbildung als Abiturienten. Es ist allerdings hinzuzufügen, dass auch die überwiegende Mehrheit der Jugendlichen in Ausbildung wählen geht.

Langfristige Parteibindung oder kurzfristiger Entschluss

Die Frage, wann die Entscheidung für die Wahl einer bestimmten Partei fällt, wird in Kapitel 4 zweifach beantwortet. Erstens lassen sich über die drei Jahre unserer Untersuchung hinweg für alle Parteien Stabilitäten in der Parteipräferenz, gemessen an den Antworten auf die Sonntagsfrage und die Frage nach der tatsächlichen Wahlentscheidung, feststellen. Diese Stabilitäten deuten auf längerfristige Bindungen an die Parteien hin. Zweitens gab es große Schwankungen in der Parteipräferenz zwischen den Messzeitpunkten und etwa ein Fünftel der Jugendlichen hat erst innerhalb des letzten halben Jahres vor der Bundestagswahl entschieden, überhaupt wählen zu gehen. Diese zwei Antworten widersprechen sich nicht. Es gibt tatsächlich Jugendliche, die sich früh festlegen und dann bei dieser Entscheidung bis zum Wahlsonntag und möglicherweise darüber hinaus bleiben. Und es gibt ebenfalls Jugendliche, die sich die ganze Zeit über unsicher fühlen, Angst haben, etwas falsch zu machen, mal der einen und mal der anderen Partei zuneigen, mal auf Eltern und mal auf Freunde hören, aus diesen Gründen mehrfach ihre Meinung ändern und sich zum Teil erst am Wahlsonntag endgültig entscheiden.

Diese beiden Typen von Jugendlichen bilden keine scharf abgegrenzten Gruppen, sondern ein Kontinuum zwischen sehr früh Festgelegten und denen, die sich in letzter Minute entschließen. Wie die Fallstudien in Kapitel 8 zeigen, befinden sich unter den Schwankenden ernsthafte und gut informierte junge Menschen, die sich ihre Entscheidung schwer machen und viele Informationsquellen benutzen, bevor sie sich am Wahlsonntag festlegen. Auch unter den kurzfristig Entschlossenen befinden sich also interessierte und informierte Wähler. Unter den kurzfristig Entschlossenen sind allerdings auch Desinteressierte, die sich zum Schluss dennoch aufraffen, wie das Beispiel einer jungen Frau in den Fallbeispielen zeigt, die sich zuletzt für die Wahl entscheidet, weil alle anderen aus ihrer Klasse auch hingehen. Die Schule scheint im Übrigen unmittelbar vor der Wahl eine bedeutsame Rolle für die Beteiligung der Jugendlichen auch dadurch zu haben, dass sie über die Programme der Parteien informiert.

Wählerprofile

Für die Erklärung, wie es zu der Entscheidung für eine bestimmte Partei kommt, haben wir zwei Wege beschritten, nämlich Analysen im Sinne der politikwissenschaftlichen Wahlforschung in den Kapiteln 4 und 5 und Analysen in der Tradition der Sozialisationsforschung in Kapitel 6 und 7. Bei ersterem geht es um den Zusammenhang der Parteiwahl mit Grundüberzeugungen und mit der rationalen Abwägung von Gründen, bei letzterem geht es um den Einfluss von Eltern, Freunden, Schule und Ausbildung. Im Folgenden fassen wir zusammen, wie es zu der Entscheidung, eine bestimmte Partei mit der Zweitstimme zu wählen, gekommen ist. Dabei übergehen wir die FDP, weil die Ergebnisse multivariater Analysen aufgrund des geringen Anteil von 4,1 Prozent der Erstwähler in unserer Stichprobe nur bedingt interpretierbar sind. In Kapitel 4 und 6 haben wir die Ergebnisse für die FDP dennoch dargestellt, so dass sie von den daran Interessierten nachgelesen werden können.

SPD

Die SPD war unter den von uns untersuchten Erstwählern mit 38,3 Prozent der Stimmen die Wahlgewinnerin. Viele Wähler wollten Kohl und die CDU/CSU abwählen und entschieden sich deshalb für die SPD. Dies mag der Grund dafür sein, dass die Erklärung durch andere Faktoren schwach bleibt und das Profil der SPD-Wähler weniger ausgeprägt ist als das der Wähler der anderen Parteien. Es handelt sich um eine heterogene Gruppe, deren politische Orientierung eher indifferent ist und die sich auf dem Links-Rechts-Kontinuum fast genau in der Mitte einordnet. Die Wähler der SPD sind politisch eher weniger interessiert und setzen sich etwas stärker als der Durchschnitt für Law and Order ein.

Im Gegensatz zu den Wählern der CDU, der PDS, von Bündnis 90/Die Grünen und der rechtsradikalen Parteien lassen sich die Wähler der SPD durch die von uns der Wahlforschung entnommenen Prädiktoren also nur in geringem Ausmaß voraussagen. Bei den meisten Indikatoren entsprechen die SPD-Wähler dem Durchschnitt aller Wähler. Legt man allerdings wie in Kapitel 5 das Modell des rationalen Wählers zu Grunde, dann ergibt sich eine bessere Erklärung für das Wahlverhalten der SPD-Wähler: Die Leistungen der CDU in der vergangenen Legislaturperiode wurden von vielen Erstwählern schlecht beurteilt und deshalb schwenkten sie zur SPD, um den Wechsel der Regierung zu erreichen.

SPD-Wähler stimmen überproportional häufig mit ihren Eltern überein, besonders wenn beide Eltern dasselbe wählen. Der Zusammenhang mit der Wahlentscheidung der Väter und Mütter ist jedoch insgesamt geringer als bei CDU, PDS und Bündnis 90/Die Grünen, und zwar deshalb, weil viele Jugendlichen auch dann SPD wählen, wenn ihre Eltern sich anders entscheiden.

CDU

An zweiter Stelle in der Wählergunst unserer Erstwähler lag mit 18,4 Prozent die CDU. Die CDU-Wähler ordnen sich leicht rechts von der Mitte ein, sie befürworten die Idee der Demokratie, sind zufrieden mit der in der Bundesrepublik bestehenden Demokratie, fühlen sich als Ostdeutsche nicht benachteiligt und vertrauen den Politikern und den politischen Institutionen. Sie lehnen die Idee des Sozialismus ab und beurteilen die Wende positiv. Weiter lehnen sie Gewalt ab, sprechen sich für Pflicht- und Akzeptanzwerte und für Law and Order aus und haben eine eher traditionelle Geschlechtsrollenorientierung. Die meisten Jugendlichen in Brandenburg und in unserer Stichprobe gehören keiner Religionsgemeinschaft an. Unter den CDU-Wählern sind indessen Angehörige von christlichen Religionsgemeinschaften überproportional vertreten.

Erstwähler, die sich für die CDU entscheiden, entsprechen weitgehend den CDU-Wählern, wie sie aus der Wahlforschung bekannt sind. Die Übereinstimmung mit den Eltern ist deutlicher ausgeprägt als bei den SPD-Wählern. Die Übereinstimmung ist wieder besonders hoch, wenn beide Eltern dieselbe Partei wählen. Die Übereinstimmung mit Vätern kann nach den von uns berechneten Kausalmodellen teilweise als Einfluss interpretiert werden. Erstwähler, die sich für die CDU entscheiden, orientieren sich an Eltern, an deren Interessen und Bezugsgruppen, wie etwa das Fallbeispiel eines jungen Mannes in Kapitel 8 zeigt, der das Geschäft seines Vaters übernehmen will und sich trotz Bedenken und Vorbehalte wie seine Eltern für die CDU entscheidet. Zusätzlich verfügen wir über einen empirischen Hinweis dafür, dass Jugendliche ihre Mütter bei der CDU-Wahl beeinflussen.

PDS

Die PDS lag mit der CDU fast gleichauf und brachte es bei unseren Erstwählern auf 18,3 Prozent der Stimmen. Die PDS-Wähler ordnen sich zu allen vier Messzeitpunkten weiter links ein als die Wähler aller anderen Parteien. Sie befürworten die Idee des Sozialismus und beurteilen den Sozialismus der DDR eher positiv. Die Wende und die Demokratie, wie sie heute in der Bundesrepublik praktiziert wird, wird eher negativ gesehen. PDS-Wähler gehen überdurchschnittlich häufig aufs Gymnasium und haben häufiger Eltern mit Abitur als der Durchschnitt der Erstwähler. Sie kommunizieren häufig mit ihren Eltern über Politik und sind überdurchschnittlich politisch interessiert und engagiert. Überproportional häufig gehören sie keiner Religionsgemeinschaft an. Junge PDS-Wähler lehnen Law and Order und Pflicht/Akzeptanz-Werte sowie Materialismus ab, dagegen befürworten sie bürgerliche Freiheitsrechte, Kritikfähigkeit und Prosozialität. Sie sind unterdurchschnittlich autoritär, wenig ausländerfeindlich und befürworten die Gleichstellung von Mann und Frau in Familie und Beruf.

Auch bei den PDS-Wählern stimmen die Jugendlichen überproportional häufig mit ihren Eltern überein. Dies ist wieder besonders häufig der Fall, wenn beide Eltern PDS wählen. Deutlicher als bei den Wählern aller anderen Parteien kann die Übereinstimmung zwischen Eltern und Kindern als Einfluss interpretiert werden. Bezeichnend für die stark ausgeprägten Familienprozesse ist darüber hinaus, dass die PDS-Wähler die einzigen sind, bei denen sich

Die Brandenburger Erstwählerstudie im Überblick

neben dem Elterneinfluss auch ein Einfluss der Jugendlichen auf beide Eltern zeigt.

Das Bild der jugendlichen PDS-Wähler entspricht nur teilweise dem Bild der erwachsenen PDS-Wähler, wie es in der Literatur zum ostdeutschen Elektorat beschrieben wird. Trotz der von uns festgestellten Beeinflussungsprozesse in PDS-Familien scheint sich hier ein Generationenunterschied in der PDS-Wählerschaft anzubahnen. Auf der einen Seite passen die Erstwähler, die sich für die PDS entscheiden, in das Bild erwachsener PDS-Wähler. Sie fassen sich wie der Durchschnitt aller PDS-Wähler als links auf und bekennen sich nicht nur zur Idee des Sozialismus, sondern sie finden überdurchschnittlich häufig auch gute Seiten am Sozialismus der DDR, den sie selbst nur in sehr jungem Alter erlebt haben. Diese Haltung verbindet sich mit Kritik an der Wende und Distanz zum demokratischen System der Bundesrepublik.

Allerdings bezieht sich die Distanz auf die Realisierung der Demokratie in der Bundesrepublik, nicht auf die Idee der Demokratie. In ihrer grundsätzlichen Unterstützung der Idee der Demokratie unterscheiden sie sich nicht vom Durchschnitt aller Erstwähler. Dass sie die Nachteile der neuen Verhältnisse stärker betonen, hängt vielleicht mit dem Wendeschicksal der Familie zusammen. Aber sie sehen sich wie SPD- und CDU-Wähler und im Unterschied zu den Wählern rechtsradikaler Parteien nicht als benachteiligt gegenüber westdeutschen Jugendlichen an. Das Gefühl, als Ostdeutsche Bürger zweiter Klasse zu sein, ist bei den PDS-Erstwählern nicht ausgeprägt. Außerdem sind die jugendlichen PDS-Wähler überdurchschnittlich an Politik interessiert und in der Politik engagiert und setzen sich prosozial und solidarisch für andere ein. Sie lehnen einen starken Staat im Sinne von Law and Order zu Gunsten bürgerlicher Freiheitsrechte ab, sie äußern sich deutlich nichtautoritär und distanzieren sich mit alldem vom DDR-Autoritarismus. Zusätzlich äußern sie sich deutlich postmaterialistisch, sie sind gegen Ausländerfeindlichkeit und befürworten die Gleichberechtigung von Mann und Frau in Beruf und Familie.

Bündnis 90/Die Grünen

Für diese Partei entschieden sich in unserer Stichprobe 12,3 Prozent der Erstwähler. Das Profil der Wähler von Bündnis 90/Die Grünen hat eine gewisse Ähnlichkeit mit dem der PDS-Wähler, unterscheidet sich aber charakteristisch in einigen Punkten. Auch die Wähler von Bündnis 90/Die Grünen ordnen sich links ein und befürworten die Idee des Sozialismus, aber sie lehnen den Sozialismus der DDR ab. Konsistent damit und im Unterschied zu den PDS-Wählern beurteilen sie die Wende eher positiv. Auch die Wähler von Bündnis 90/Die Grünen gehen überdurchschnittlich häufig aufs Gymnasium und haben häufiger Eltern mit Abitur als der Durchschnitt, aber anders als die PDS-Wähler gehören sie eher einer Religionsgemeinschaft an und engagieren sich in kirchlichen Gruppen. Wie die PDS-Wähler lehnen sie Law and Order und Pflicht- und Akzeptanzwerte zu Gunsten von bürgerlichen Freiheitswerten und Werten wie Selbstverwirklichung und Kritikfähigkeit ab. Auch sie sprechen sich überdurchschnittlich häufig für Prosozialität aus. Sie erweisen sich wie die PDS-Wähler als wenig autoritär, wenig ausländerfeindlich und befürworten die Gleichberechtigung von Mann und Frau. Wie die PDS-Wähler sind sie überdurchschnittlich politisch interessiert und engagiert.

Auch die Wähler von Bündnis 90/Die Grünen stimmen überproportional häufig mit ihren Eltern in der Parteienwahl überein. Der Zusammenhang mit der Wahlentscheidung von Vätern und Müttern ist jedoch geringer als bei CDU und PDS. Wie bei CDU und PDS kann ausweislich der berechneten Kausalmodelle die Übereinstimmung zwischen Eltern und Kindern teilweise als Einfluss interpretiert werden. Zusätzlich findet sich ein Hinweis darauf, dass nicht nur beide Eltern die Jugendlichen, sondern auch die Jugendlichen die Väter beeinflussen.

Rechtsradikale Parteien (DVU, NPD, Republikaner)

Für die rechtsradikalen Parteien entschieden sich 5,8 Prozent der Erstwähler unserer Stichprobe. Diese ordnen sich auf der Links-Rechts-Skala weit rechts ein und lehnen die Idee des Sozialismus ab. Die Wähler der rechtsradikalen Parteien sind stark ausländerfeindlich, beurteilen die Wende negativ und sind gewaltbereit. Diese Wähler sind mehrheitlich junge Männer und streben unterdurchschnittlich häufig das Abitur an. Auch ihre Eltern haben seltener Abitur als der Durchschnitt der Erstwähler. Die Wahl rechtsradikaler Parteien hat wenig mit Eltern aber, im Unterschied zur Wahl aller anderen Parteien, viel mit den Gleichaltrigengruppen zu tun. Unterdurchschnittlich häufig unterhalten sich die Wähler rechtsradikaler Parteien mit Eltern, überdurchschnittlich häufig mit Freunden über Politik. Die rechtsradikalen Wähler sind überdurchschnittlich häufig Befürworter von Law and Order, sie haben eine traditionelle Geschlechtsrollenorientierung und sind autoritär und materialistisch. Als einzige Wählergruppe fühlen sie sich als Ostdeutsche gegenüber Westdeutschen benachteiligt, sie sind politisch desinteressiert, glauben, politisch nichts bewirken zu können, und sind misstrauisch gegenüber Politikern und politischen Institutionen wie den Parteien.

Die Übereinstimmung mit den Eltern bei der Wahl einer rechtsradikalen Partei war vor allem deshalb sehr viel niedriger als bei den anderen Parteien, weil Väter zu einem weit geringeren Anteil und Mütter mit wenigen Ausnahmen gar nicht in dieser Weise wählten. Dieses Ergebnis entspricht nicht unseren Erwartungen. Nach der oben referierten Literatur handelt es sich bei rechtsradikalen Orientierungen von Jugendlichen zumindest teilweise um das Ergebnis intrafamilialer Sozialisationsprozesse. Dies lässt sich jedoch am Wahlverhalten der Erstwähler nicht nachweisen. Deutlich sind hingegen die

Hinweise darauf, dass sich Jugendliche untereinander beeinflussen. Freunde stimmen bei der Wahl rechtsradikaler Parteien weit häufiger überein als bei der Wahl anderer Parteien. Damit liefern wir einen Beleg für den bislang postulierten aber kaum empirisch nachgewiesenen Einfluss von Gleichaltrigengruppen und -beziehungen auf die rechtsradikalen Orientierungen von Jugendlichen.

Deutlich ist auch, dass Gymnasiasten und Schüler der gymnasialen Oberstufen an Gesamtschulen weniger zu rechtsradikalen Parteien tendieren als Jugendliche in Berufsausbildung oder in einem Arbeitsverhältnis. In der 10. Klasse fand sich noch kein signifikanter Unterschied in der Bevorzugung rechtsradikaler Parteien zwischen den Schülern unterschiedlicher Schularten. Der Anstieg der rechtsradikalen Orientierung und die signifikante Auseinanderentwicklung findet also erst nach dem Verlassen des allgemeinbildenden Schulwesens im Zusammenhang mit der Berufsausbildung statt. Einschränkend ist zu diesem Befund zu sagen, dass der Effekt der Ausbildungsvariablen nicht sehr stark ist. Hinzu kommt die geringere Bildung der Eltern als Indikator eines geringeren Sozialstatus der Herkunftsfamilie. Und insgesamt wird die Wahl rechtsradikaler Parteien stärker durch politische Grundorientierungen in Verbindung mit dem Gefühl, als Ostdeutsche benachteiligt zu sein, als durch die Ausbildung beeinflusst.

Rationale Erstwähler

Die vorstehende Beschreibung der Wählerprofile zeigt, dass die Zugehörigkeit zu bestimmten sozialen Standorten und die damit verbundenen ideologischen Orientierungen auch bei Erstwählern die Wahlentscheidung beeinflussen. Hinzu kommen rationale Abwägungen. Zu denen gehören bei der Bundestagswahl 1998 vor allem solche, die die Abwahl der CDU begründen. Zusätzlich trauen die Erstwähler der von ihnen gewählten Partei die Kompetenz zur Lösung bestimmter Probleme zu. So wird der SPD von ihren Erstwählern vor allem zugetraut, soziale Sicherheit zu gewährleisten, Lehrstellen zu schaffen und Arbeitsplätze zu sichern. Die CDU-Wähler glauben, dass ihre Partei besser als andere für Schutz vor Verbrechen sorgt und den Zuzug von Ausländern begrenzen kann. Bei der PDS steht der Kampf gegen Rechtsextremismus und, in geringerem Maße, die Gewährleistung von sozialer Sicherheit im Vordergrund. Bündnis 90/Die Grünen wird besondere Kompetenz beim Umweltschutz zugebilligt; diese Meinung teilen auch die meisten Wähler der anderen Parteien.

Was die Zuschreibung der Kompetenz zur Lösung von Problemen an die Parteien anbetrifft, besteht ein bedenkliches Ergebnis unserer Untersuchung darin, dass bei sieben der acht vorgelegten Probleme zwischen einem knappen Drittel der Erstwähler (bei der sozialen Sicherheit) und über der Hälfte der Wähler (bei der Friedenssicherung) keiner Partei die Kompetenz zur Lösung der Probleme zutrauen. Trotzdem gehen sie wählen. Die Ausnahme bildet der Umweltschutz. Dank der Kompetenz, die nach Meinung fast aller Jugendlichen bei Bündnis 90/Die Grünen liegt, besteht hier eine geringere Skepsis in Bezug auf die Problemlösefähigkeit der Partei als bei den anderen Problemen und Parteien. Bemerkenswert ist, dass die Erstwähler bei vielen Problemen die Problemlösekompetenz nicht nur der Partei zutrauen, die sie selber wählen, sondern auch anderen Parteien. Dies spricht dafür, dass viele Erstwähler in gewissem Ausmaß informiert und sachorientiert sind.

In den Analysen zum rationalen Erstwähler hatte die höchste Voraussagekraft die Parteieigung, die in Kapitel 5 als eine generalisierte Leistungsbewertung interpretiert wird. Insgesamt scheinen allerdings die Erstwähler noch nicht im selben Ausmaß rational zu wählen wie ältere Wähler. Die Qualität der Voraussage in Kapitel 5 erreichte nicht dasselbe Niveau wie das anderer Untersuchungen, die sich auf den Durchschnitt aller Wähler bezogen. Vermutlich verfügen Erstwähler im Vergleich zu älteren Wählern doch noch nicht über genügend Erfahrungen und Möglichkeiten der Informationsgewinnung.

Einfluss von Eltern und Freunden

Bei den Wählerprofilen der einzelnen Parteien wurde bereits auf den Elterneinfluss eingegangen. Ergänzend sei für alle Jugendlichen nachgetragen, dass der Elterneinfluss insgesamt beträchtlich ist. Die überzeugendsten Belege erbringen die querschnittlichen Analysen. Ungefähr die Hälfte aller Jugendlichen wählt dieselbe Partei wie ihre Eltern. Dass dies als Einfluss interpretiert werden kann, dafür spricht die Bedeutung moderierender Variablen. Die Übereinstimmung in der Wahlentscheidung zwischen Kindern und Eltern steigt, wenn beide Eltern dieselbe Partei wählen, wenn viel mit dem Vater über Politik kommuniziert wird, wenn die Kinder die Parteisympathie ihrer Eltern kennen und wenn die Eltern politisch interessiert sind. In den Fallbeispielen von Kapitel 8 zeigt sich deutlich, dass darüber hinaus ein politikfernes Elternhaus zur Wahlenthaltung führen kann, wohingegen in an Politik interessierten Elternhäusern viele Diskussionsprozesse ablaufen, die für die Meinungsbildung der Jugendlichen eine Rolle spielen.

Die Querschnittsanalysen zeigen darüber hinaus, dass im politischen Meinungsbildungsprozess die Väter nicht dominieren. Obwohl Väter stärker in die direkte Kommunikation über Politik involviert sind, scheinen die Mütter in ihrem Einfluss auf die Wahlpräferenzen der Jugendlichen den Vätern nicht nachzustehen. Dies könnte dafür sprechen, dass Mütter für die Entwicklung der politischen Identität von Jugendlichen ebenso wichtig sind wie Väter. Dies betrifft sowohl die Jungen als auch die Mädchen, für eine gleichgeschlechtliche Identifikation, dass also junge Frauen häufiger mit Müttern und junge Männer häufiger mit Vätern übereinstimmen, finden sich keine Belege.

Um zusätzliche Evidenz für die kausale Interpretation als Einfluss zu gewinnen, haben wir ergänzend längsschnittliche Analysen durchgeführt. Bei derartigen Analysen können nur diejenigen Jugendlichen als durch die Meinung der Eltern beeinflusst interpretiert werden, die ihre Meinung zwischen den verglichenen Zeitpunkten geändert haben. Die Jugendlichen, deren Parteipräferenz stabil bleibt, können zwar auch von ihren Eltern beeinflusst sein, doch lässt sich dies anhand unserer Daten nicht belegen. Der Nachweis von Einfluss durch Kreuzpfadmodelle ist also recht schwierig. Dennoch haben wir, wie oben dargestellt, für CDU, PDS und Bündnis 90/Die Grünen jeweils einige signifikante Ergebnisse, die für das Vorliegen von Beeinflussungsprozessen sprechen. Gar keine Beeinflussung durch Eltern konnten wir längsschnittlich bei der SPD und den rechtsradikalen Parteien nachweisen.

Für die These, dass auch Jugendliche ihre Eltern beeinflussen, konnten ebenfalls längsschnittliche Hinweise gefunden werden. Auch hier gilt, dass der Einfluss der Jugendlichen nur bei den Eltern statistisch nachgewiesen werden kann, die ihre Parteipräferenz ändern, und dass deshalb der Nachweis durch signifikante Kreuzpfade meist schwierig zu führen ist. Bei der CDU fanden wir dennoch einen signifikanten Einfluss der Jugendlichen auf ihre Mütter, bei Bündnis 90/Die Grünen fanden wir einen entsprechenden Einfluss auf die Väter und bei der PDS fanden wir sowohl die Mütter als auch die Väter von den Jugendlichen beeinflusst.

Auch wenn wir hiermit erstmals längsschnittliche Belege für Beeinflussungsprozesse auf Wahlentscheidungen innerhalb der Familie liefern, bleiben die Ergebnisse für den Einfluss der Eltern hinter unseren Erwartungen zurück. Dies mag teilweise an den genannten methodischen Problemen liegen. Es lenkt den Blick aber auch darauf, dass der Einfluss der Eltern früher einsetzen dürfte als in der 10. Klasse, in der unsere Untersuchung begann. Die relativ große Bedeutung von Grundorientierungen auf die Wahlentscheidung der Erstwähler spricht dafür, den Einfluss der Eltern auf diese Grundüberzeugungen näher zu untersuchen. Da anzunehmen ist, dass sich grundlegende Werte bereits in der Kindheit herausbilden und dass elterliche Erziehung hierbei von großer Bedeutung ist, müssten Untersuchungen zum Elterneinfluss auf mit politischen Grundüberzeugungen verbundene Werte früher einsetzen als unsere Untersuchung.

In der Gymnasiastenstichprobe konnten wir auf Grund der klassenweisen Befragung zahlreiche Freundespaare befragen und vergleichen. Auch hier können die Übereinstimmungen Hinweise auf Beeinflussungsprozesse geben.[65] Bei allen Parteien stimmen Freunde überproportional häufig in ihrem Wahlverhalten überein. Je mehr Freunde miteinander über Politik kommunizieren, desto höher wird die Übereinstimmung. Am ausgeprägtesten ist die Übereinstimmung von Freunden bei rechtsradikalen Parteien, was dafür spricht, dass die rechtsradikale Orientierung ein Peer-group-Phänomen ist. Die Übereinstimmung zwischen Freunden ist umso höher, je enger die Freundschaft ist. Bei einer Schätzung des relativen Einflusses von Eltern und gleichaltrigen Freunden, gelangen wir zu dem Ergebnis, dass Eltern stärker beeinflussen als Freunde. Bei sehr eng befreundeten Jugendlichen ist die Übereinstimmung indessen fast so hoch wie mit Vätern und Müttern und bei rechtsradikalen Jugendlichen ist die Übereinstimmung mit Freunden weit höher als mit den Eltern.

Politische Identität

Wir begannen dieses Buch mit Überlegungen dazu, dass die Statuspassage ins politische Erwachsenenalter, die an dem Tag stattfindet, an dem junge Menschen das erste Mal das Recht haben zu wählen, rituell nicht betont ist. Die in Kapitel 8 analysierten Tonbandinterviews enthielten tatsächlich auch keine Hinweise auf irgendwelche Feierlichkeiten. Wohl aber wurde deutlich, dass Jugendliche zumindest teilweise die Bedeutung der Wahlhandlung kennen und sich der Tatsache bewusst sind, dass sie an diesem Tag ins politische Erwachsenenalter eintreten. Auch äußern einige Neugier auf die Begleitumstände, die mit dieser ihnen bisher nicht zugestandenen Handlung verbunden sind, und geben als eine der Begründungen für ihre Wahlbeteiligung an, wissen zu wollen, wie ein Wahllokal aussieht und wie es darin zugeht. Erst die sinnliche Erfahrung der Handlung in dem dafür vorgesehenen Ambiente bedeutet den Vollzug der Statuspassage und damit den Erwerb der neuen Identität.

Das Erreichen dieser Identität wird allerdings lange vorher vorbereitet. Das für den Vollzug dieser Handlung erforderliche Wissen wird teilweise in der Schule erworben. Ein Teil der Schüler verweist ausdrücklich darauf, dass in der Situation der Ratlosigkeit, welche Personen und welche Partei sie wählen sollen, der politische Unterricht in der Schule hilfreich ist. Mit Mitschülern wird im Durchschnitt häufiger als mit Freunden oder mit Eltern über

---

65 Längsschnittanalysen für Freunde wurden nicht durchgeführt, weil die Freundschaften zwischen den Messzeitpunkten oft wechselten und weil für das Zulassen von Kreuzpfaden von Freund 1 auf Freund 2 oder von Freund 2 auf Freund 1 jedes theoretische Kriterium fehlt, da die Positionierung an erster oder zweiter Stelle zufällig geschieht. Insofern kann auch keine plausible Hypothese dazu formuliert werden, welcher der beiden Kreuzpfade signifikant werden muss, wenn die Hypothese des Freundeseinflusses als bestätigt gelten soll.

Politik diskutiert und gestritten. Auch für die Immunisierung gegenüber rechtsradikalem Gedankengut scheint die Schule eine Bedeutung zu haben. Dies mag einige der Unterschiede erklären, die in Kapitel 7 zwischen Abiturienten und Jugendlichen in Ausbildung gefunden wurden und die wir im Einzelnen in dieser Zusammenfassung bereits darstellten. Diese Ergebnisse können die Diskussion darüber neu anstoßen, welchen Stellenwert die politische Bildung auch in Berufsschulen und anderen Institutionen der Berufsausbildung haben sollte. Erstaunlich ist nämlich, dass alle Indikatoren für Bedingungen am Arbeitsplatz, die in der Literatur als wichtig für die Entwicklung identitätsbedeutsamer Einstellungen genannt werden, nur wenige und geringe Zusammenhänge mit der Wahlhandlung erbrachten. Das könnte teilweise daran liegen, dass die von uns befragten Jugendlichen diesen Arbeitsbedingungen noch nicht allzu lange ausgesetzt waren. Insofern mögen Studien, die die Entwicklung der Sozialisation am Arbeitsplatz mit der Entwicklung von Abiturienten über einen längeren Zeitraum hinweg vergleichen, deutlichere Zusammenhänge erbringen. Unsere Untersuchung macht jedenfalls deutlich, dass das Fehlen von schulischer Instruktion auf dem Gebiet der Politik während der Berufsausbildung Folgen hat, die nicht wünschenswert sind.

Bei der politischen Identitätsbildung von Abiturienten und Jugendlichen in Ausbildung gibt es aber auch viele Gemeinsamkeiten. So fanden wir bisher kaum Hinweise darauf, dass die Bedeutung der Eltern für Schülerinnen und Schüler größer ist als für Jugendliche in Berufsausbildung. Auch fanden wir, abgesehen vom Sonderfall der kleinen Gruppe rechtsradikal orientierter Jugendlicher, keine Hinweise dafür, dass Freunde für Jugendliche in Berufsausbildung eine größere Rolle spielen als für Abiturienten. Eltern und Freunde sind unabhängig vom Bildungsweg für junge Erstwähler bedeutsam in Bezug auf die Entwicklung ihrer politischen Identität.

Wir haben dies Einfluss genannt und diesen als wechselseitig bezeichnet, weil es auch Indizien für einen Einfluss der Jugendlichen auf ihre Eltern gibt und weil wir Wechselseitigkeit unter Freunden schon damit unterstellten, dass wir hier auf Längsschnittanalysen verzichteten. Solche Wechselseitigkeit entsteht in den zahlreichen Kommunikationen über Politik, die nach unserer operationalen Definition auch Streit einschließen. Insofern kann man auch sagen, dass Jugendliche ihre politische Identität in Auseinandersetzung mit Eltern und Freunden konstruieren, wobei der Stoff für diese Auseinandersetzungen zum großen Teil durch Massenmedien vermittelt ist. Theoretisch lässt sich auch postulieren, dass diese Konstruktion politischer Identität eine gemeinsame ist. Doch eine solche Ko-Konstruktion kann mit den Mitteln unserer Untersuchungsanlage und unserer Untersuchungsinstrumente nicht belegt werden. Belegt ist hingegen, dass die Sozialisationskontexte Eltern, Gleichaltrige und Schule für die Entwicklung politischer Identität zwischen dem Besuch der 10. Klasse und der Zeit der ersten Beteiligung an einer Bundestagswahl eine wichtige Bedeutung haben und dass die Prozesse in diesen Kontexten wechselseitig sind.

Literaturverzeichnis

Ackermann, P.: Das Schulfach Politische Bildung als institutionalisierte politische Sozialisation. In: Claußen, B./Geißler, R. (Hrsg.): Die Politisierung des Menschen. Instanzen der politischen Sozialisation. Ein Handbuch. Opladen: Leske+Budrich, 1996, S. 91-100

Acock, A. C.: Parents and their children: The study of inter-generational influence. In: Sociology and Social Research 68(1983/84), S. 151-171

Adorno, T. W./Frenkel-Brunswik, E./Levinson, D. J./Sanford, R. N.: The authoritarian personality. New York/London: W.W.Norton & Company, 1982, abridged version

Allerbeck, K. R./Jennings, K. M./Rosenmayr, L.: Generations and families: Political action. In: Barnes, S. H./Kaase, M./et al. (Hrsg.): Political action. Mass participation in five western democracies. Beverly Hills: Sage Publications, 1979, S. 487-522

Andreß, H.-J./Hagenaars, J. A./Kühnel, S.: Analyse von Tabellen und kategorialen Daten. Log-lineare Modelle, latente Klassenanalyse, logistische Regression und GSK-Ansatz. Berlin/Heidelberg: Springer, 1997

Arzheimer, K./Falter, J. W.: „Annäherung durch Wandel"? Das Wahlverhalten bei der Bundestagswahl 1998 in Ost-West-Perspektive. In: Aus Politik und Zeitgeschichte B 52(1998), S. 33-44

Bacher, J.: In welchen Lebensbereichen lernen Jugendliche Ausländerfeindlichkeit? In: Kölner Zeitschrift für Soziologie und Sozialpsychologie 53(2001), S. 334-349

Backhaus, K./Erichson, B./Plinke, W./Weiber, R.: Multivariate Analysemethoden. Eine anwendungsorientierte Einführung (7. Auflage). Berlin: Springer, 1994

Baker, K. L.: The acquisition of partisanship in Germany. In: American Journal of Political Science 18(1974), S. 569-582

Baranowski, M. D.: Adolescents' attempted influence on parental behavior. In: Adolescence 13(1978), S. 585-604

Barnes, S. H.: Partisanship and electoral behavior. In: Jennings, M. K./van Deth, J. W./et al. (Hrsg.): Continuities in political action. A longitudinal study of political orientations in three western democracies. Berlin/New York: de Gruyter, 1990, S. 235-272

Barnes, S. H./Kaase, M./et al. (Hrsg.): Political action. Mass participation in five western democracies. Beverly Hills: Sage Publication, 1979

Baumert, J./Heyn, S.: Projekt Bildungsverläufe im Jugendalter. Befragung zum Berufsübergang. Kiel: Institut für die Pädagogik der Naturwissenschaften an der Universität Kiel, 1995

Beck, U.: Die Risikogesellschaft. Auf dem Weg in eine andere Moderne. Frankfurt am Main: Suhrkamp, 1986

Beckmann, M./Görtler, E.: Der Einfluß der Massenmedien auf den politischen Diskurs in der Familie. In: Publizistik 34(1989), S. 310-328

Best, H.: Politische Eliten, Wahlverhalten und Sozialstruktur. Aspekte historisch und interkulturell vergleichender Analysen. In: ders. (Hrsg.): Politik und Milieu. Wahl- und Elitenforschung im historischen und interkulturellen Vergleich. St. Katharinen: Scripta Mercaurae Verlag, 1989, S. 3-18

Blankenburg, E.: Kirchliche Bindung und Wahlverhalten. Olten/Freiburg: Walter, 1967

Brosius, G./Brosius, F.: SPSS. Base system and professional statistics. Bonn/Albany: International Thomson Publishing, 1995

Brunner, W.: Bundestagswahlkämpfe und ihre Effekte: Der Traditionsbruch 1998. In: Zeitschrift für Parlamentsfragen 30(1999), S. 268-296

Bürklin, W.: Links und/oder demokratisch? Dimensionen studentischen Demokratieverständnisses. In: Politische Vierteljahresschrift 21(1980), S. 220-247

Bürklin, W./Klein, M.: Wahlen und Wählerverhalten. Eine Einführung. Opladen: Leske+Budrich, 1998

Campbell, A./Gurin, G./Miller, W.: The Voter Decides. Evanston: 1954

Campbell, B. A.: A theoretical approach to peer influence in adolescent socialization. In: American Journal of Political Science 24(1980), S. 324-344

Chaffee, S. H.: Mass communication in political socialization. In: Renshon, S. A. (Hrsg.): Handbook of political socialization. Theory and research. New York/London: The Free Press, 1977, S. 223-258

Chaffee, S. H.: Die Massenmedien als Agenturen der politischen Sozialisation. In: Behrmann, G. C. (Hrsg.): Politische Sozialisation in entwickelten Industriegesellschaften. Bonn: 1979, S. 183-198

Connell, R. W.: Political socialization in the american family: The evidence re-examined. In: Public Opinion Quarterly 36(1972), S. 323-333

Conway, M. M./Wyckoff, M. L./Feldbaum, E./Ahern, D.: The news media in children's political socialization. In: Public Opinion Quarterly 45(1981), S. 164-178

Cooley, C. H.: Human nature and the social order. New York: Scribner's, 1902

Corsten, M./Lempert, W.: Moralische Dimensionen der Arbeitssphäre. Materialien aus der Bildungsforschung. Berlin: Max-Planck-Institut für Bildungsforschung, 1992

Cusack, T.: Die Unzufriedenheit der deutschen Bevölkerung mit der Performanz der Regierung und des politischen Systems. In: Kaase, M./Schmid, G. (Hrsg.): Eine lernende Demokratie. Berlin: Edition Sigma, 1999, S. 237-261

Dalton, R. J.: Reassessing parental socialization: Indicator unreliability versus generational transfer. In: The American Political Science Review 74(1980), S. 421-431

Dalton, R. J./Beck, P. A./Flanagan, S. C.: Political forces and partisan change. In: Dalton, R. J./Flanagan, S. C./Beck, P. A. (Hrsg.): Electoral change in advanced industrial democracies. Realignment or dealignment. Princeton: Princeton University Press, 1984, S. 451-476

Dalton, R. J./Bürklin, W.: The two german electorates: The social base of the vote in 1990 and 1994. In: German Politics and Society 13(1995), S. 75-99

Dalton, R. J./Wattenberg, M.: The not so simple act of voting. In: Finifter, A. W. (Hrsg.): Political science: The state of the discipline II. Washington: The American Political Science Association, 1993, S. 193-218

Downs, A.: An economic theory of democracy. New York: Harper & Row, 1957

Downs, A.: Ökonomische Theorie der Demokratie. Tübingen: Mohr, 1968

Droß, C./Lembert, W.: Untersuchungen zur Sozialisation in der Arbeit 1977-1988. Ein Literaturbericht. Materialien aus der Bildungsforschung. Berlin: Max-Planck-Institut für Bildungsforschung, 1988

Dunphy, D. C.: The primary group. New York: Meredith, 1972

Literaturverzeichnis 261

Easton, D.: A systems analysis of political life. New York/London/Sydney: John Wiley & Sons, 1965
Easton, D.: A re-assessment of the concept of political support. In: British Journal of Political Science 5(1975), S. 435-457
Eisenstadt, S. N.: Von Generation zu Generation. München: 1966
Engel, U./Hurrelmann, K.: Psychosoziale Belastung im Jugendalter. Berlin: Walter de Gruyter, 1989
Erikson, E. H.: Identität und Lebenszyklus. Suhrkamp, 1973
Esser, H.: Alltagshandeln und Verstehen. Zum Verhältnis von erklärender und verstehender Soziologie am Beispiel von Alfred Schütz und „Rational Choice". Tübingen: Mohr, 1991
Falter, J. W.: Politischer Extremismus. In: Falter, J. W./Gabriel, O. W./Rattinger, H. (Hrsg.): Wirklich ein Volk? Die politischen Orientierungen von Ost- und Westdeutschen im Vergleich. Opladen: Leske+Budrich, 2000, S. 403-433
Falter, J. W./unter Mitarbeit von M. Klein: Wer wählt rechts? Die Wähler und Anhänger rechtsextremistischer Parteien im vereinigten Deutschland. München: Beck, 1994
Falter, J. W./Gabriel, O. W./Rattinger, H. (Hrsg.): Wirklich ein Volk? Die politischen Orientierungen von Ost- und Westdeutschen im Vergleich. Opladen: Leske+Budrich, 2000
Feist, U./Hoffmann, H.-J.: Die Bundestagswahlanalyse 1998: Wahl des Wechsels. In: Zeitschrift für Parlamentsfragen 30(1999), S. 215-251
Fend, H.: Identitätsentwicklung in der Adoleszenz. Lebensentwürfe, Selbstfindung und Weltaneignung in beruflichen, familiären und politisch-weltanschaulichen Bereichen (Entwicklungspsychologie der Adoleszenz in der Moderne; Bd. 2). Bern/Stuttgart: Huber, 1991
Fiorina, M. P.: Retrospective voting in american national election. New Haven: Yale University Press, 1981
Forschungsgruppe Wahlen e.V.: Umfrage zur Bundestagswahl 1998. Tabellenband. Mannheim, 1998
Fuchs, D.: Die Unterstützung des politischen Systems der Bundesrepublik Deutschland. Opladen: Westdeutscher Verlag, 1989
Fuchs, D.: Welche Demokratie wollen die Deutschen? Einstellungen zur Demokratie im vereinigten Deutschland. In: Gabriel, O. W. (Hrsg.): Politische Orientierungen und Verhaltensweisen im vereinigten Deutschland. Opladen: Leske+Budrich, 1997, S. 81-113
Fuchs, D./Klingemann, H.-D.: Das Links-Rechts-Schema als politischer Code. Ein interkultureller Vergleich auf inhaltsanalytischer Grundlage. In: Haller, M./Hoffmann-Nowottny, H.-J./Zapf, W. (Hrsg.): Kultur und Gesellschaft. Frankfurt am Main: Campus, 1989, S. 484-498
Fuchs, D./Klingemann, H.-D.: The Left-Right Schema. In: Jennings, M. K./van Deth, J. W./et al. (Hrsg.): Continuities in political action. A longitudinal study of political orientations in three western democracies. Berlin/New York: de Gruyter, 1990, S. 203-234
Fuchs, D./Kühnel, S.: Wählen als rationales Handeln: Anmerkungen zum Nutzen des Rational-Choice-Ansatzes in der empirischen Wahlforschung. In: Klingemann, H.-D./Kaase, M. (Hrsg.): Wahlen und Wähler. Analysen aus Anlaß der Bundestagswahl 1990. Opladen: Westdeutscher Verlag, 1994, S. 305-364

Gabriel, O. W.: Demokratische Einstellungen in einem Land ohne demokratische Traditionen? Die Unterstützung der Demokratie in den neuen Bundesländern im Ost-West-Vergleich. In: Falter, J. W./Gabriel, O. W./Rattinger, H. (Hrsg.): Wirklich ein Volk? Die politischen Orientierungen von Ost- und Westdeutschen im Vergleich. Opladen: Leske+Budrich, 2000, S. 41-77

Gabriel, O. W./Brettschneider, F.: Die Bundestagswahl 1998: Ein Plebiszit gegen Kanzler Kohl? In: Aus Politik und Zeitgeschichte B 52(1998), S. 20-32

Garramone, G. M./Atkin, C. K.: Mass communication and political socialization: Specifying the effects. In: Public Opinion Quarterly 50(1986), S. 76-86

Geißler, R.: Politische Sozialisation in der Familie. In: Claußen, B./Geißler, R. (Hrsg.): Die Politisierung des Menschen. Instanzen der politischen Sozialisation. Ein Handbuch. Opladen: Leske+Budrich, 1996a, S. 51-70

Geißler, R.: Die Sozialstruktur Deutschlands. Opladen: Westdeutscher Verlag (2. Aufl.), 1996b

Geißler, R.: Kein Abschied von Klasse und Schicht. Ideologische Gefahren der deutschen Sozialstrukturanalyse. In: Kölner Zeitschrift für Soziologie und Sozialpsychologie 48(1996c), S. 319-338

Gensicke, T.: Sozialer Wandel durch Modernisierung, Individualisierung und Wertewandel. In: Aus Politik und Zeitgeschichte B 42(1996), S. 3-17

Gille, M.: Wertorientierungen und Geschlechtsrollenorientierungen im Wandel. In: Hoffmann-Lange, U. (Hrsg.): Jugend und Demokratie in Deutschland. DJI-Jugendsurvey 1. Opladen: Leske+Budrich, 1995, S. 109-158

Gille, M.: Werte, Rollenbilder und soziale Orientierung. In: Gille, M./Krüger, W. (Hrsg.): Unzufriedene Demokraten. Politische Orientierungen der 16- bis 29jährigen im vereinigten Deutschland. Opladen: Leske+Budrich, 2000, S. 143-203

Gille, M./Krüger, W.: Unzufriedene Demokraten. Politische Orientierungen der 16- bis 29jährigen im vereinigten Deutschland. Opladen: Leske+Budrich, 2000

Gille, M./Krüger, W./de Rijke, J.: Politische Orientierungen. In: Gille, M./Krüger, W. (Hrsg.): Unzufriedene Demokraten. Politische Orientierungen der 16- bis 29jährigen im vereinigten Deutschland. Opladen: Leske+Budrich, 2000, S. 205-265

Gluchowski, P.: Wahlerfahrung und Parteiidentifikation. Zur Einbindung von Wählern in das Parteiensystem der Bundesrepublik. In: Kaase, M./Klingemann, H.-D. (Hrsg.): Wahlen und politisches System. Analysen aus Anlaß der Bundestagswahl 1980. Opladen: Westdeutscher Verlag, 1983, S. 442-477

Häfeli, K./Kraft, U./Schallberger, U.: Berufsausbildung und Persönlichkeitsentwicklung. Eine Längsschnittstudie. Bern: Hans Huber, 1988

Händle, C./Oesterreich, D./Trommer, L.: Aufgaben politischer Bildung in der Sekundarstufe I. Studien aus dem Projekt Civic Education. Opladen: Leske+Budrich, 1999

Heinz, W. R.: Arbeit, Beruf und Lebenslauf. Weinhein/München: Juventa, 1995

Heitmeyer, W./et al.: Die Bielefelder Rechtsextremismus-Studie. Erste Langzeituntersuchung zur politischen Sozialisation männlicher Jugendlicher. Weinheim/München: Juventa, 1992

Herzog, D./Rebenstorf, H./Weßels, B. (Hrsg.): Parlament und Gesellschaft. Eine Funktionsanalyse der repräsentativen Demokratie. Opladen: Westdeutscher Verlag, 1993

Hoff, E.-H./Lempert, W./Lappe, L.: Persönlichkeitsentwicklung in Facharbeiterbiographien. Bern: Hans Huber, 1991

Hoffmann, J.: Von der Jungwählerpartei zu alternden Generationenpartei? Das Bündnis 90/Die Grünen nach der Bundestagswahl 1998. In: Pickel, G./Walz, D./Brunner, W. (Hrsg.): Deutschland nach den Wahlen. Befunde zur Bundestagswahl 1998 und zur Zukunft des deutschen Parteiensystems. Opladen: Leske+Budrich, 2000, S. 253-276

Literaturverzeichnis

Hoffmann-Lange, U. (Hrsg.): Jugend und Demokratie in Deutschland. DJI-Jugendsurvey 1. Opladen: Leske + Budrich, 1995a

Hoffmann-Lange, U.: Politische Grundorientierungen. In: Hoffmann-Lange, U. (Hrsg.): Jugend und Demokratie in Deutschland. DJI-Jugendsurvey 1. Opladen: Leske+ Budrich, 1995b, S. 159-193

Hoffmann-Lange, U.: Einstellungen zur Rolle der Bürger im politischen Prozeß. In: Gabriel, O. W. (Hrsg.): Politische Orientierungen und Verhaltensweisen im vereinigten Deutschland. Opladen: Leske + Budrich, 1997, S. 211-234

Hoffmann-Lange, U.: Bildungsexpansion und politische Kultur in der Bundesrepublik. In: Kuhn, H.-P./Uhlendorff, H./Krappmann, L. (Hrsg.): Sozialisation zur Mitbürgerlichkeit. Opladen: Leske+Budrich, 2000a, S. 219-241

Hoffmann-Lange, U.: Bildungsexpansion, politisches Interesse und politisches Engagament in den alten Bundesländern. In: Niedermeyer, O./Westle, B. (Hrsg.): Demokratie und Partizipation. Festschrift für Max Kaase. Opladen: Westdeutscher Verlag, 2000b, S. 46-64

Hoffmann-Lange, U./Gille, M./Krüger, W.: Jugend und Politik in Deutschland. In: Niedermeyer, O./Beyme, K. (Hrsg.): Politische Kultur in Ost- und Westdeutschland. Opladen: Leske+Budrich, 1996, S. 140-161

Hoffmann-Lange, U./Krebs, D./de Rijke, J.: Kognitive politische Mobilisierung und politisches Vertrauen. In: Hoffmann-Lange, U. (Hrsg.): Jugend und Demokratie in Deutschland. DJI-Jugendsurvey 1. Opladen: Leske + Budrich, 1995, S. 359-387

Hofmann-Göttig, J.: Jungwählerverhalten. In: Heitmeyer, W./Jacobi, J. (Hrsg.): Politische Sozialisation und Individualisierung. Perspektiven und Chancen politischer Bildung. Weinheim/München: Juventa, 1991, S. 119-144

Hopf, C./Hopf, W.: Familie, Persönlichkeit, Politik. Eine Einführung in die politische Sozialisation. Weinheim/München: Juventa, 1997

Hradil, S.: Soziale Ungleichheit in Deutschland. Opladen: Leske+Budrich (7. Aufl.), 1999

Infratest-dimap: Wahlreport. Wahl zum 14. Deutschen Bundestag. 27. September 1998. Berlin: 1998

Ingrisch, M.: Politisches Wissen, politisches Interesse und politische Handlungsbereitschaft bei Jugendlichen aus den alten und neuen Bundesländern. Eine Studie zum Einfluß von Medien und anderen Sozialisationsbedingungen. Regensburg: S. Roderer Verlag, 1997

Jennings, K. M./Allerbeck, K. R./Rosenmayr, L.: Generations and families. General orientations. In: Barnes, S. H./Kaase, M./et al. (Hrsg.): Political action. Mass participation in five western democracies. Beverly Hills: Sage Publications, 1979, S. 449-486

Jennings, K. M./Niemi, R. G.: The transmission of political values from parent to child. In: American Political Science Review 12(1968), S. 169-184

Jennings, M. K./Langton, K. P.: Mothers versus fathers: The formation of political orientations among young Americans. In: The Journal of Politics 31(1969), S. 329-358

Jennings, M. K./Niemi, R. G.: The political character of adolescence. The influence of families and school. Princeton NJ: Princeton University Press, 1974

Jugendwerk der Deutschen Shell (Hrsg.): Jugend 92. Lebenslagen, Orientierungen und Entwicklungsperspektiven im vereinigten Deutschland. Opladen: Leske+Budrich, 1992

Jülisch, B.-R.: Zwischen Engagement, Apathie und Resignation. Politische Orientierungen Jugendlicher in Ost und West. In: Mansel, J./Klocke, A. (Hrsg.): Die Jugend von heute. Selbstanspruch, Stigma und Wirklichkeit. Weinheim: Juventa, 1996, S. 69-87

Jung, M./Roth, D.: Wer zu spät geht, den bestraft der Wähler. Eine Analyse der Bundestagswahl 1998. In: Aus Politik und Zeitgeschichte B 52(1998), S. 3-18

Kaase, M.: Demokratische Einstellungen in der Bundesrepublik Deutschland. In: Wildenmann, R. (Hrsg.): Sozialwissenschaftliches Jahrbuch für Politik. Band 2. München: Olzog, 1971, S. 119-326

Kaase, M.: Politische Einstellungen der Jugend. In: Markefka, M./Nave-Herz, R. (Hrsg.): Handbuch der Familienforschung. Bd.2. Neuwied: Luchterhand, 1989, S. 607-624

Kaase, M.: Jugend und Jugendpolitik unter den Aspekten: Politische Partizipation in verfaßten Formen. Jugend und Gewalt und Jugendprotest. In: Eckert, R./et al. (Hrsg.): Lebensverhältnisse Jugendlicher. Zur Pluralisierung und Individualisierung der Jugendphase. (Materialien zum 8. Jugendbericht, Bd. 2). München: DJI-Verlag, 1990, S. 149-192

Kaase, M./Klingemann, H.-D.: Der mühsame Weg zur Entwicklung von Parteiorientierungen in einer „neuen" Demokratie: Das Beispiel der früheren DDR. In: Klingemann, H.-D./Kaase, M. (Hrsg.): Wahlen und Wähler. Analysen aus Anlaß der Bundestagswahl 1990. Opladen: Westdeutscher Verlag, 1994, S. 365-396

Kärtner, G./Leu, H. L./Wahler, P.: Die Entwicklung gesellschaftlich-politischer Handlungsfähigkeit in der Berufsausbildung. Bericht aus einer laufenden Längsschnittuntersuchung. In: Soziale Welt 32(1981), S. 57-85

Kitschelt, H.: The transformation of european social democracy. New York: 1994

Klages, H.: Wertorientierungen im Wandel. Frankfurt am Main: Campus, 1985

Klein, M./Jagodzinski, W./Mochmann, E./Ohr, D. (Hrsg.): 50 Jahre Empirische Wahlforschung in Deutschland. Entwicklung, Befunde, Perspektiven, Daten. Wiesbaden: Westdeutscher Verlag, 2000

Klein, M./Ohr, D.: Gerhard oder Helmut? „Unpolitische" Kandidateneigenschaften und ihr Einfluß auf die Wahlentscheidung bei der Bundestagswahl 1998. In: Politische Vierteljahresschrift 41(2000), S. 199-224

Kleinhenz, T.: Die Nichtwähler. Ursachen der sinkenden Wahlbeteiligung in Deutschland. Opladen: Westdeutscher Verlag, 1995

Klewes, J.: Retroaktive Sozialisation. Einflüsse Jugendlicher auf ihre Eltern. Weinheim: Beltz, 1983

Klingemann, H.-D.: The background of ideological conceptualization. In: Barnes, S. H./Kaase, M./et al. (Hrsg.): Political action. Mass participation in five western democracies. Beverly Hills/London: Sage, 1979, S. 255-277

Kohn, M. L.: Class and conformity. A study in values. Homewood/ILL: The Dorsey Press, 1969

Kohn, M. L.: Occupational structure and alienation. In: American Journal of Sociology 82(1976), S. 111-130

Kohn, M. L./Schooler, C.: Class, occupation and orientation. In: American Sociological Review 34(1969), S. 659-678

Kohn, M. L./Schooler, C.: Occupational experience and psychological functioning: An assessment of reciprocal effects. In: American Sociological Review 38(1973), S. 97-118

Kraft, U.: Der lange Arm der Berufsausbildung: Zur Entwicklung von Selbstkonzept und gesellschaftlicher Partizipation bei Lehrlingen. Dissertation. Universität Zürich, 1986

Krampen, G.: Entwicklung politischer Handlungsorientierungen im Jugendalter. Ergebnisse einer explorativen Längsschnittsequenz-Studie. Göttingen: Hogrefe, 1991

Krappmann, L.: Die Entwicklung vielfältiger sozialer Beziehungen unter Kindern. In: Auhagen, A. E./v. Salisch, M. (Hrsg.): Zwischenmenschliche Beziehungen. Göttingen: Hogrefe, 1993, S. 37-58

Kruse, W./Kühnlein, G./Müller, U. (Hrsg.): Facharbeiter werden - Facharbeiter bleiben? Frankfurt am Main/New York: Campus, 1981

Kuhn, H.-P.: Mediennutzung und politische Sozialisation. Eine empirische Studie zum Zusammmenhang zwischen Mediennutzung und politischer Identitätsbildung im Jugendalter. Opladen: Leske+Budrich, 2000

Lazarsfeld, P. F./Berelson, B./Gaudet, H.: The people's choice. How the voter makes up his mind in a presidential campaign. New York: Columbia University Press, 1944

Lempert, W.: Moralische Entwicklung und berufliche Sozialisation. In: Bertram, H. (Hrsg.): Gesellschaftlicher Zwang und moralische Autonomie. Frankfurt am Main: Suhrkamp, 1986, S. 224-257

Lempert, W.: Politische und moralische Sozialisation im Betrieb. In: Zeitschrift für Berufs- und Wirtschaftspädagogik 83(1987), S. 99-112

Lempert, W.: Moralische Sozialisation im Beruf. In: Zeitschrift für Sozialisationsforschung und Erziehungssoziologie 93(1993), S. 1-35

Lenz, K.: Alltagswelten von Jugendlichen. Frankfurt am Main: Campus, 1986

Lipset, S. M./Rokkan, S.: Party systems and voters alignments: Cross-national perspectives. New York: The Free Press, 1967a

Lipset, S. M./Rokkan, S.: Cleavage structure, party systems and voter alignments: An introduction. In: dies. (Hrsg.): Party systems and voter alignments. New York: The Free Press, 1967b, S. 1-64

Maier, J.: Die zentralen Dimensionen der Politikverdrossenheit und ihre Bedeutung für die Erklärung von Nichtwahl und „Protestwahl" in der Bundesrepublik Deutschland. In: van Deth, J. W./Rattinger, H./Roller, E. (Hrsg.): Die Republik auf dem Weg zur Normalität? Wahlverhalten und politische Einstellungen nach acht Jahren Einheit. Opladen: Leske+Budrich, 2000, S. 227-249

Marcia, J. E.: Identity in adolescence. In: Adelson, J. (Hrsg.): Handbook of adolescent psychology. New York: Wiley, 1980, S. 159-187

Marsh, D.: Political socialization and intergenerational stability in political attitudes. In: British Journal of Political Science 5(1975), S. 509-516

Mayer, E./Schumm, W./et al.: Betriebliche Ausbildung und gesellschaftliches Bewußtsein. Die berufliche Sozialisation Jugendlicher. Frankfurt am Main/New York: Campus, 1981

Molitor, U./Neu, V.: Das Wahlverhalten der Frauen bei der Bundestagswahl 1998 - kaum anders als das der Männer. In: Zeitschrift für Parlamentsfragen 30(1999), S. 252-267

Müller, W.: Klassenspaltung im Wahlverfahren - Eine Reanalyse. In: Kölner Zeitschrift für Soziologie und Sozialpsychologie 52(2000), S. 790-795

Niedermeyer, O.: Der neue Faktor PDS. Die Zukunft des Parteiensystems. In: Bertram, H./Beyme, K. v./Kleßmann, C. (Hrsg.): Brüche und Übergänge. Das neue Deutschland in der Welt. Funkkolleg des Deutschlandfunks. Studienbrief 3. 1997, S. 1-40

Noelle-Neumann, E.: Das Fernsehen und die Zukunft der Lesekultur. In: Fröhlich, W. D./Zitzlsperger, R./Franzmann, B. (Hrsg.): Die verstellte Welt. Beiträge zur Medienökologie. Weinheim/Basel: Beltz, 1992, S. 222-254

Norris, P.: Does television erode social capital? A replay to Putnam. In: Political Science & Politics 24(1996), S. 474-480

Nunner-Winkler, G.: Enttraditionalisierungsprozess: Auswirkungen auf politische Orientierungen bei Jugendlichen. In: Heitmeyer, W./Jacobi, J. (Hrsg.): Politische Sozialisation und Individualisierung. Perspektiven und Chancen politischer Bildung. Weinheim/München: Juventa, 1991, S. 57-75

Oesterreich, D.: Autoritäre Persönlichkeit und Gesellschaftsordnung. Der Stellenwert psychischer Faktoren für politische Einstellungen - eine empirische Untersuchung von Jugendlichen in Ost und West. Weinheim: Juventa, 1993

Oesterreich, D.: Flucht in die Sicherheit. Zur Theorie des Autoritarismus und der autoritären Reaktion. Opladen: Leske+Budrich, 1996

Oswald, H.: Der Jugendliche. In: Lenzen, D. (Hrsg.): Erziehungswissenschaft. Ein Grundkurs. Reinbek: Rowohlt, 1994, S. 383-405

Oswald, H./Kuhn, H.-P./Rebenstorf, H./Schmid, C.: Brandenburger Jugendlängsschnitt. Politische Sozialisation von Gymnasiasten in Brandenburg (Teilprojekt B). Instrumente und erste Ergebnisse (Erhebungswelle 1). Potsdam: (Unveröffentliches Manuskript) Universität Potsdam, 1997

Oswald, H./Kuhn, H.-P./Rebenstorf, H./Schmid, C.: Brandenburger Jugendlängsschnitt. Politische Sozialisation von Gymnasiasten in Brandenburg (Teilprojekt B). Ausgewählte Bereiche politischer Identitätsbildung: Entwicklungsverläufe, Übereinstimmungen mit Eltern und gleichaltrigen Freunden (Erhebungswellen 1-3). Potsdam: (Unveröffentliches Manuskript) Universität Potsdam, 1999

Oswald, H./Schmid, C.: Political participation of young people in East Germany. In: Flockton, C./Kolinsky, E. (Hrsg.): Recasting East Germany. London: Frank Cass, 1998, S. 147-164

Oswald, H./Völker, I.: Gymnasiasten - Religiöse Partizipation und politische Orientierung unter dem Einfluß der Eltern. In: Wehling, H.-G. (Hrsg.): Jugend zwischen Auflehnung und Anpassung. Stuttgart: Kohlhammer, 1973, S. 116-147

Pappi, F. U.: Das Wahlverhalten sozialer Gruppen bei Bundestagswahlen im Zeitvergleich. In: Klingemann, H.-D./Kaase, M. (Hrsg.): Wahlen und politischer Prozeß. Analysen aus Anlaß der Bundestagswahl 1983. Opladen: Westdeutscher Verlag, 1986, S. 369-384

Patzelt, W. J.: Wie man Politik erfährt. Jugendliche und ihre Nutzung politischer Informationsquellen (Themenheft: Sozialisation durch Massenmedien). In: Publizistik 33(1988), S. 520-534

Pekrun, R.: Schulische Persönlichkeitsentwicklung. Frankfurt am Main: Lang, 1983

Piaget, J.: Das moralische Urteil beim Kinde. Frankfurt am Main: Suhrkamp, 1973

Pickel, G.: Wählen die jungen Wähler anders? - Jugendliche und junge Erwachsene bei der Bundestagswahl 1998. In: Pickel, G./Walz, D./Brunner, W. (Hrsg.): Deutschland nach den Wahlen. Befunde zur Bundestagswahl 1998 und zur Zukunft des deutschen Parteiensystems. Opladen: Leske+Budrich, 2000, S. 187-204

Pickel, G./Pickel, S.: Die Abkehr von der Politikverdrossenheit - Bringt der Regierungswechsel 1998 die Rückkehr des Vertrauens in die Demokratie? In: Pickel, G./Walz, D./Brunner, W. (Hrsg.): Deutschland nach den Wahlen. Befunde zur Bundestagswahl 1998 und zur Zukunft des deutschen Parteiensystem. Opladen: Leske+Budrich, 2000, S. 165-186

Pickel, G./Walz, D./Brunner, W. (Hrsg.): Deutschland nach Wahlen. Befunde zur Bundestagswahl 1998 und zur Zukunft des deutschen Parteiensystems. Opladen: Leske+Budrich, 2000

Pollack, D./Pickel, G.: Die Bundestagswahl 1998 in Ostdeutschland - Zwei getrennte Elektorate oder nur partielle Abweichungen? In: Pickel, G./Walz, D./Brunner, W. (Hrsg.): Deutschland nach den Wahlen. Befunde zur Bundestagswahl 1998 und zur Zukunft des deutschen Parteiensystems. Opladen: Leske+Budrich, 2000, S. 79-98

Popkin, S. L./Gorman, J. W./Phillips, C./Smith, J. A.: Comment: What have you done for me lately - Toward an investment theory of voting. In: American Political Science Review 70(1976), S. 779-805

Pöttker, H.: Legitimitätsdefizite und Fernsehen in der Bundesrepublik Deutschland. Das Medium als Instanz politischer Sozialisation. In: Publizistik 33 (Themenheft: Sozialisation durch Massenmedien)(1988), S. 505-519

Literaturverzeichnis

Pratto, F./Stallworth, L. M./Sidanius, J.: The gender gap. Differences in political attitudes and social dominance orientation. In: British Journal of Social Psychology 36(1997), S. 49-68
Putnam, R.: The strange disappearance of Civic America. In: The American Prospect 24(1996), S. 34-48
Rattinger, H./Maier, J.: Der Einfluß der Wirtschaftslage auf die Wahlentscheidung bei den Bundestagswahlen 1994 und 1998. In: Aus Politik und Zeitgeschichte B 52(1998), S. 45-53
Rebenstorf, H./Schmid, C./Kuhn, H.-P.: Autoritäre Reaktion und Erziehungsstil: Zur Entwicklung autonomer Persönlichkeit. In: Kuhn, H.-P./Uhlendorff, H./Krappmann, L. (Hrsg.): Sozialisation zur Mitbürgerlichkeit. Opladen: Leske+Budrich, 2000, S. 37-57
Renz, T.: Nichtwähler zwischen Normalisierung und Krise: Zwischenbilanz zum Stand einer nimmer endenden Diskussion. In: Zeitschrift für Parlamentsfragen 28(1997), S. 572-591
Rieker, P.: Ethnozentrismus bei jungen Männern. Weinheim/München: Juventa, 1997
Robinson, M. J.: Public affairs television and the growth of political malaise: The case of „The Selling of the Pentagon". In: The American Political Science Review 70(1976), S. 409-432
Roller, E.: Positions- und performanzbasierte Sachfragenorientierungen und Wahlentscheidung: Eine theoretische und empirische Analyse der Bundestagswahl 1994. In: Kaase, M./Klingemann, H.-D. (Hrsg.): Wahlen und Wähler. Analysen aus Anlaß der Bundestagswahl 1994. Opladen: Westdeutscher Verlag, 1998, S. 173-219
Roth, D.: Praxisferne Modellierungen. Rezension zu Paul W. Thurner, Wählen als rationale Entscheidung. Die Modellierung von Politikreaktionen im Mehrparteiensystem. In: Zeitschrift für Parlamentsfragen 32(2001), S. 214-215
Rupf, M./Bovier, E./Boehnke, K.: Linke Lehrer - rechte Schüler? Eine empirische Studie bei Neuntklässlern und ihren Lehrern. In: Zeitschrift für Pädagogik 47(2001), S. 297-312
Sartori, G.: Demokratietheorie. Darmstadt: Wiss. Buchgesellschaft, 1997
Schenk, M.: Medienwirkungsforschung. Tübingen: Mohr, 1987
Schmitt, H.: Issue-Kompetenz oder Policy-Distanz? Zwei Modelle des Einflusses politischer Streitfragen auf das Wahlverhalten und die empirische Evidenz aus drei Nachwahlumfragen zur Bundestagswahl 1994. In: Kaase, M./Klingemann, H.-D. (Hrsg.): Wahlen und Wähler. Analysen aus Anlaß der Bundestagswahl 1994. Opladen: Westdeutscher Verlag, 1998, S. 145-172
Schmitt, M./Montada, L.: Gerechtigkeitserleben im wiedervereinten Deutschland. Opladen: Leske+Budrich, 1999
Schneider, H.: Politische Partizipation - zwischen Krise und Wandel. In: Hoffmann-Lange, U. (Hrsg.): Jugend und Demokratie in Deutschland. DJI- Jugendsurvey 1. Opladen: Leske+Budrich, 1995, S. 275-335
Schulz, W.: Wird die Wahl im Fernsehen entschieden? Der „getarnte Elefant" im Lichte der neueren Forschung. In: Media Perspektiven (1994), S. 318-327
Schulze, G.: Politisches Lernen in der Alltagserfahrung. Eine empirische Analyse. München: Juventa, 1977
Schulze, G.: Spontangruppen der Jugend. In: Markefka, M./Nave-Herz, R. (Hrsg.): Handbuch der Familien- und Jugendforschung. (Bd. 2). Neuwied/Frankfurt am Main: Luchterhand, 1989, S. 553-570
Schumpeter, J. A.: Kapitalismus, Sozialismus und Demokratie. Bern: Francke, 1950

Sebert, S. K./Jennings, M. K./Niemi, R. G.: The political texture of peer groups. In: Jennings, M. K./Niemi, R. G. (Hrsg.): The political character of adolescence. The influence of families and school. Princeton NJ: Princeton University Press, 1974, S. 229-248

Silbiger, S. L.: Peers and political socialization. In: Renshon, S. A. (Hrsg.): Handbook of political socialization: Theory and research. New York: The Free Press, 1977, S. 172-189

Steinkamp, G.: Sozialstruktur und Sozialisation. In: Hurrelmann, K./Ulich, D. (Hrsg.): Neues Handbuch der Sozialisationsforschung. Weinheim/Basel: Beltz, 1991, S. 251-277

Sünker, H.: Informelle Gleichaltrigen-Gruppen im Jugendalter und die Konstitution politischen Alltagsbewußtsein. In: Claußen, B./Geißler, R. (Hrsg.): Die Politisierung des Menschen. Instanzen der politischen Sozialisation. Opladen: Leske+Budrich, 1996, S. 101-111

Tedin, K. L.: The influence of parents on the political attitudes of adolescents. In: The American Political Science Review 68(1974), S. 1579-1592

Tedin, K. L.: Assessing peer and parent influences on adolescent political attitudes. In: American Journal of Political Science 24(1980), S. 136-154

Torney-Purta, J./Lehmann, R./Oswald, H./Schulz, W.: Citizenship and education in twenty-eight countries. Amsterdam: IEA, 2001

Uehlinger, H.-M.: Die Partizipationsform der 80er Jahre: Direkte Aktion. In: Stiksrud, A. (Hrsg.): Jugend und Werte. Aspekte einer politischen Psychologie des Jugendalters. Weinheim/Basel: Beltz, 1984, S. 113-130

van Deth, J. W./Rattinger, H./Roller, E. (Hrsg.): Die Republik auf dem Weg zur Normalität? Wahlverhalten und politische Einstellungen nach acht Jahren Einheit. Opladen: Leske+Budrich, 2000

van Gennep, A.: Übergangsriten. Frankfurt am Main/New York: Campus, 1986

Vermunt, J. K.: LEM: A general program for the analysis of categorical data. Tilburg: Tilburg University Press, 1997

Vetter, A.: Political Efficacy - Reliabilität und Validität. Alte und neue Messmodelle im Vergleich. Wiesbaden: Deutscher Universitäts-Verlag, 1997

von Beyme, K.: Institutionelle Grundlagen der deutschen Demokratie. In: Kaase, M./Schmid, G. (Hrsg.): Eine lernende Demokratie. Berlin: Edition Sigma, 1999, S. 19-39

von Trotha, T.: Jugendliche Bandendelinquenz. Stuttgart: Enke, 1974

Wasmund, K.: Ist der politische Einfluß der Familie ein Mythos oder eine Realität? In: Claußen, B./Wasmund, K. (Hrsg.): Handbuch der politischen Sozialisation. Braunschweig: Agentur Pederson, 1982, S. 23-63

Weiss, K./Brauer, J./Isermann, K.: Brandenburger Jugendlängsschnitt. Politische und berufliche Sozialisation Jugendlicher in Brandenburg (Teilprojekt A). Instrumente und erste Ergebnisse (Erhebungswelle 1). Arbeitspapier A1/1997. Potsdam: Fachhochschule Potsdam, 2000b

Weiss, K./Brauer, J./Isermann, K.: Brandenburger Jugendlängsschnitt. Politische und berufliche Sozialisation Jugendlicher in Brandenburg (Teilprojekt A). Entwicklungsverläufe ausgewählter Bereiche politischer Identitätsbildung (Erhebungswellen 1-3). Arbeitspapier A2/1999. Potsdam: Fachhochschule Potsdam, 2000c

Weiss, K./Isermann, K./Brauer, J.: Die Entwicklung politischer Einstellungen von Jugendlichen im Zusammenhang mit unterschiedlichen (Aus-)Bildungswegen. In: Kuhn, H.-P./Uhlendorff, H./Krappmann, L. (Hrsg.): Sozialisation zur Mitbürgerlichkeit. Opladen: Leske+Budrich, 2000a, S. 259-277

Weiss, K./Mibs, M./Brauer, J.: Links-Rechts Konzepte unter Brandenburger Jugendlichen. In: Boehnke, K./Fuß, D./Hagan, J. (Hrsg.): Fremdenfeindlichkeit, Rechtsextremismus, Jugendgewalt: Internationale soziologische und psychologische Perspektiven. Weinheim: Juventa, (im Druck)

Weßels, B.: Gruppenbindungen und Wahlverhalten: 50 Jahre Wahlen in der Bundesrepublik Deutschland. In: Klein, M./Jagodzinski, W./Mochmann, E./Ohr, D. (Hrsg.): 50 Jahre Empirische Wahlforschung in Deutschland. Entwicklung, Befunde, Perspektiven, Daten. Wiesbaden: Westdeutscher Verlag, 2000, S. 129-158

Westle, B.: Politische Legitimität - Theorien, Konzepte, empirische Befunde. Baden-Baden: Nomos Verlagsgesellschaft, 1989

Whyte, W. F.: Die Street Corner Society. Die Sozialstruktur eines Italienerviertels. Berlin/New York: de Gruyter, 1996

Wiesenthal, H.: Rational Choice. Ein Überblick über Grundlinien, Theoriefelder und neuer Themenakquisition eines sozialwissenschaftlichen Paradigmas. In: Zeitschrift für Soziologie 16(1987), S. 434-449

Wilamowitz-Moellendorf, U.: Der Wandel ideologischer Orientierungsmuster zwischen 1971 und 1991 am Beispiel des Links-Rechts-Schemas. In: ZA-Information 32(1993), S. 42-71

Winkler, J. R.: Bausteine einer allgemeinen Theorie des Rechtsextremismus. Zur Stellung und Integration von Persönlichkeits- und Umweltfaktoren. In: Falter, J. W./Jaschke, H.-G./Winkler, J. H. (Hrsg.): Rechtsextremismus. Ergebnisse und Perspektiven der Forschung (Politische Vierteljahresschrift Sonderheft 27). Opladen: Westdeutscher Verlag, 1996, S. 25-48

Winterhoff-Spurk, P.: Fernsehen. Psychologische Befunde zur Medienwirkung. Bern/Stuttgart/Toronto: Huber, 1986

Wolf, C.: Konfessionelle versus religiöse Konfliktlinien in der deutschen Wählerschaft. In: Politische Vierteljahresschrift 37(1996), S. 731-734

Zentralarchiv für Empirische Sozialforschung an der Universität zu Köln (Hrsg.): Allgemeine Bevölkerungsumfrage der Sozialwissenschaften. ALLBUS 1994. Codebuch ZA-Nr. 2400. Köln: 1994

ZUMA - Zentrum für Umfragen, Methoden und Analysen e.V. (Hrsg.): ZUMA-Handbuch sozialwissenschaftlicher Skalen. Band 1-3. Mannhein/Bonn: Informationszentrum Sozialwissenschaften, 1983

Autorinnen und Autoren

Janette Brauer, Dipl.-Päd., Fachhochschule Potsdam, Fachbereich Sozialwesen, Friedrich-Ebert-Straße 4, 14467 Potsdam

Katrin Isermann, Dipl.-Psych., Fachhochschule Potsdam, Fachbereich Sozialwesen, Friedrich-Ebert-Straße 4, 14467 Potsdam

Dr. *Hans-Peter Kuhn*, Universität Potsdam, Humanwissenschaftliche Fakultät, Institut für Pädagogik, Karl-Liebknecht-Str. 24-25, 14476 Golm

Prof. Dr. *Hans Oswald*, Universität Potsdam, Humanwissenschaftliche Fakultät, Institut für Pädagogik, Karl-Liebknecht-Str. 24-25, 14476 Golm

Dr. *Hilke Rebenstorf*, Universität Hildesheim, Fachbereich I, Institut für Sozialwissenschaften, Samelsonplatz 1, 31141 Hildesheim

Christine Schmid, Dipl-.Soz., Universität Potsdam, Humanwissenschaftliche Fakultät, Institut für Pädagogik, Karl-Liebknecht-Str. 24-25, 14476 Golm

Prof. Dr. *Karin Weiss*, Fachhochschule Potsdam, Fachbereich Sozialwesen, Friedrich-Ebert-Straße 4, 14467 Potsdam